셀피

셀피

자존감, 나르시시즘,
완벽주의 시대를 살아가는 법

윌 스토 지음

이현경 옮김

글항아리

옳았던 당신,
찰스 휘트먼에게

낮이든 밤이든, 변함없는 사실은
당신 안에 왕국이 있다는 것이다.
"나는 사랑스러워, 사랑스러워, 사랑스러워!"
이 말을 세 번 연속 뱉으면
당신의 사랑스러운 자아가 마법처럼 자라날 것이다.

—

다이애나 루먼스, 『자존감 왕국의 사랑스러운 이들The Lovables in the Kingdom of Self-
Esteem』(1991)

나는 농노제, 약탈, 빈곤, 거짓과 수치심의 단어인 '우리'라는 괴물과 끝냈다.
그리고 이제 나는 신의 얼굴을 보고, 이 신을 이 땅에 세운다.
태초부터 사람들이 찾아온 신, 인간에게 환희와 평화, 긍지를 가져다줄 신.
신, 이 하나의 단어.
'나'

—

에인 랜드, 『성가Anthem』(1938)

차례

이 책의 상당 부분은 집단 간의 차이점을 다룬다. 때로는 세대를 비교하고 때로는 문화를 비교한다. 이는 학자들이 수많은 사람에게서 발견해온 일반적인 경향이라는 것을 강조해야겠다. 현실에서 개인마다는 큰 차이가 있으며, 특정 집단에 대한 일반적인 관찰은 특정인에 대한 관찰로 축소될 수 없다.

0.
죽어가는 자아

처음에는 아무것도 없었다. 그녀는 침대에 묶여 있었으며 그것이 다였다. 어떤 기억도, 생각도 없었으며, 전자 신호음과 윙윙거리는 기계음 같은 이상한 소리만 들릴 뿐이었다. 그러더니 뿌연 연기 속에서 목소리가 들려왔다. "이게 뭔지 알겠나요?"

그녀 앞으로 무언가 떠올랐다.

"펜?" 그녀가 말했다.

그녀는 어렴풋이 얕은 의식 속에서 방의 모습을 알아볼 수 있었다. 침대와 의자가 있었다. 그런데 어째서인지 그녀는 개별적인 사물들을 연결하여 전체적인 한 장면으로 볼 수 없었다. 그녀 곁에 있던 사람들은 그녀를 안다고 말하지만 정작 그녀는 자신이 누구인지 몰랐다. 그녀는 지금이 2007년 6월 둘째 주인 것을, 그녀가 마흔세 살이며 노스캐롤라이나주의 그린즈버러에서 온 데비 햄프턴이라는 것을 기억하지 못했다. 그래도 어떤 점에서는 자신의 상태에 대한 근본적인 사실을 이해하게 되었다. 그녀는 살아 있었으며, 그 사실에 분노했다.

그로부터 며칠 전, 데비는 열 종류 이상의 처방약을 90알 넘게 과다 복용했다.[1] 심지어 이웃집의 침대 옆 수납장에 있던 약을 훔치기도 했다. 그녀는 학창 시절 키가 크고 삐쩍 마른 소녀였는데, 원숭이라고 놀림을 받았고 낮은 자존감으로 힘들어했다. 그녀의 어린 시절은 평탄치 않았다. "열여섯 살 때 부모님이 이혼하고 그 자리에서 바로 내 아이들에게는 절대로 이런 일을 겪게 하지 않을 거라고 다짐했어요." 그녀가 말했다.

스물한 살에 그녀는 어린 시절의 애인과 결혼했으며 머지않아 아이를 낳았다. 그녀는 남편이 꿈꾸는 아내가 되기로 마음먹었다. "시어머니는 완벽한 어머니이자 아내의 본보기였어요. 집에서 아이를 키우는 그녀는 음식 솜씨가 뛰어나고 약삭빠른 사람이었죠. 나는 정말 시어머니처럼 되고 싶었어요." 하지만 아무리 노력해도 데비는 그런 여성이 될 수 없었다. 가정주부의 삶은 그녀에게 너무 지루했다. "나는 함께하기에 유쾌한 사람은 아니었어요. 늘 화가 나 있었어요." 결혼생활은 끝이 났고 그녀는 절대로 되지 않을 거라 다짐했던 싱글맘이 되었다. 종종 데이트를 하기도 했지만 잘 안됐다. "나는 막내아들이 복도 한가운데 주저앉아 닭똥 같은 눈물을 흘리는 것을 보았어요. '진짜' 아빠를 원했던 거죠." 어린 시절 그녀는 엄마가 바라는 딸이 되기 위해서 항상 노력했다. 성인이 되어서는 남편이 바랄 법할 아내가 되고자 힘겹게 노력했다. 그녀는 평생 완벽이라는 꿈을 좇았으며 그녀의 꿈은 손에 잡힐 듯 영원히 잡히지 않았다. 그녀가 느끼는 감정은 패배감이었다. "너는 좋은 엄마가 아니야. 너는 절대 돈을 벌지 못할 거야. 나이는 먹어가고 좋은 남자를 만나지도 못하고 남자를 만족시키지도 못할 거야." 그녀는 그렇게 생각했다.

2007년 6월 6일 오전 11시경, 데비는 침대에 앉아 싸구려 시라즈 와

인과 함께 약을 잔뜩 삼키고 죽어가면서 들을 다이도Dido, 잉글랜드의 가수의 앨범을 틀었다. 얼마 후에 그녀는 각성된 상태로 아래층에 내려가 컴퓨터를 켜고 유서를 적어 내려가기 시작했다.

사랑하는 가족들에게. 눈물을 흘리며 이 글을 남깁니다. 이제 다시는 가족을 못 본다는 것이 두렵네요. 나는 백인 남성에게 포로로 잡혀 먼 곳으로 떠나는 노예선에 몸을 싣고 있어요.

그녀는 대단히 기묘한 감정을 느꼈다. 그럼에도 한동안 계속해서 글을 쓰고 서명을 했다.

잘 있어요. 그리고 나처럼 잡히지 않도록 조심해요, 쿤타 킨테Kunta Kinte, 미국의 소설가 앨릭스 헤일리의 소설 『뿌리Roots』의 주인공.

그날 오후 3시쯤, 데비의 아들 중 하나가 부엌 바닥에 쓰러져 있던 그녀를 발견했다. 그녀는 곧바로 병원으로 이송되었고 의식을 되찾고는 스스로에게 분노했다. "나는 모든 것을 망쳐버려서 화가 났어요. 자살에 실패했다는 것 때문에 내 안은 자기혐오로 가득 찼어요. 얼마나 자기혐오가 심했는지, 그 혐오가 나를 뭉개 부숴버릴 것만 같았어요."

자살이란 참 불가사의한데, 이는 우리가 알고 있는 인간 본성에 대한 모든 사실과 어떤 본질적인 면에서 어긋나는 것처럼 보인다. 인간은 진화하는 동물이다. 우리는 행동가이자 노력가, 투사다. 목표가 좋든 나쁘든, 우리는 계속해서 목표를 밀어붙여 대도시를 건설하고 거대한 광산을 파고, 위대한 제국을 세우고 기후와 환경을 파괴하고, 과거 속 환상의 한계를 파괴하며 우주의 힘을 정복하고는 마법과도 같은 일을 우리 일상 속으로 들여온다. 어떤 것을 원하면 반드시 그것을 얻어내고야 만다. 우리는 탐욕스럽고 야심차며 영리하고 끈질기다. 자기 파괴는 이 도식에 들어설 자리가 없다. 맞지 않는다.

하지만 이는 도식에 맞다. 맞아야만 한다.

나는 데비의 이야기 속에 인간의 자아를 그토록 완전히 오작동시킬 수 있는 것이 무엇인지 알려주는 단서가 있지 않을까 생각했다. 지난 몇 년에 걸쳐 자살에 영향을 받았던 많은 사람과 이야기를 나누었는데, 그녀가 들려주었던 실패와 자신에 대한 거부 및 생을 끝내고자 하는 충동으로 이어지는 높은 기대감의 기본적인 서사가 계속해서 등장했다. 뉴사우스웨일스 출신의 그레임 카우언과 이야기를 할 때 이 서사가 다시 등장했다. 그는 항상 '내가 뛰어난 사람이 아닌 이상, 나는 남보다 못한 사람이야'라고 생각하며 직장에서의 거듭되는 실패 이후 집 뒷마당에서 전기선에 목을 매달아 자살을 시도했다. 잉글랜드 노퍽주 한 마을의 야심이 대단하며 존경받는 교장 선생인 드러먼드 카터에게서도 이 서사를 찾을 수 있었는데, 그는 아내의 계속된 불륜에 치욕스러워했고 결국 그의 자아는 산산조각 났다. 나는 전성기에 이르렀을 때 목이 부러지는 부상을 입게 된 유명한 럭비 선수 벤 로스("'내가 사라져버린다면' 하고 생각하기 시작하죠")와 그의 스포츠 닥터 콘 미트로폴로스 박사와 이야기를 나누면서 역시 이 서사를 발견했다. 콘 박사는 그의 선수들이 종종 그러한 생각을 한다고 했다. 그는 그 이유를 "모두가 그러하듯 우리는 스스로를 압박하며 성공하고자 하는 야망을 품고 열심히 노력하는 한 모든 것이 가능하다고 생각한다. 하지만 인생은 그렇지 않기 때문"이라고 말했다. 이 서사는 미국의 저명한 대학에 다니는 메러디스 시몬과 이야기를 나눌 때도 등장했다. 그녀는 자신의 체중과 주의력결핍과잉행동장애ADHD로 괴로워했으며, 예쁘고 날씬하며 다재다능한 자매들과 비교하면서 스스로를 형편없다고 느꼈다. 그녀는 자해를 시작했고 열네 살에는 자신의 방에 딸린 욕실에서 면도칼로 손목을 그어 자살을 시도했다. "나는 사람들을 실망시켰다. 나는 완벽한 아이가 되고 싶었기에 그 사실을 받아들이기 힘들었다"고 그녀는 말했다.

　나는 이러한 서사 패턴을 이미 알아챘었는지도 모르겠다. 나 스스로에게서도 이 서사를 발견하기 때문이다. 나는 평생 동안 내 재능과 인격이 할 수 있는 것보다 더 많은 것을 내 자신에게 기대하는 일에 사로잡혔던 것 같다. 실패를 거듭했던 시기, 자살은 내 마음의 반사적인 해결책이었다. '빌어먹을, 그냥 사라져버리면 돼'라고 생각하고 나면 마음이 따뜻해지면서 안심하곤 했다. 나는 남모르게 항상 정말로 그럴 수 있는 용기를 가진 사람들을 존경했다. 나에게 그들은 영웅이었다. 기어이 면도칼로 정맥을 긋거나 전깃줄로 목을 감는 것은 전혀 비겁한 짓이 아니었다.

　자살을 바라보는 방법 중 하나로, 자살을 인간 자아의 파멸적 붕괴로 보는 시각이 있다. 이는 현존하는 가장 극단적인 형태의 자해다. 많은 사람이 자살을 적극적으로 계획해본 적은 없더라도 언뜻 지나가는 식으로 생각해본 적은 분명히 있을 것이다. 내가 사라지면 이 문제도 해결돼. 이런 생각이 금기시될지라도, 실제로 당신이 상상하는 것보다 훨씬 흔할 거라고 짐작하는 이유가 있다. 내가 항상 강아지와 산책을 하는 길목의 나무에 목을 매고 죽은 남자, 내가 아내를 직장으로 데려다 주는 길에 늘 지나치는 차고에서 목을 매고 죽은 남자, 역시 목을 매어 자살한, 거의 매일 마주치곤 했던 상냥한 마을 집배원 앤디, 지난 크리스마스에 생을 마감한 나의 사촌. 지난 3년 동안 내 일상 속에는 네 건의 자살이 있었으며, 이것이 바로 내가 이 책을 쓰게 된 계기다.

여러분은 아마 내가 단지 재수가 나빠서 혹은 내가 민감해서, 아니면 자살한 사람들에 대한 글을 쓰게 되었기 때문에 자살을 더 많이 목격한 거라고 주장할 수도 있겠다. 사실 미국과 영국에서 자살률은 1980년대 이후로 하락세를 보이고 있다.[2] 하지만 1980년대에 등장하여 죽음에 이를 정도로 심각한 우울증에 매우 효과적인 것으로 알려진 항우울제가 '엄청난 성공'을 거두었다는 것도 사실이다.[3] 2000년대 초반 이후로 항우울제의 처방은 급속도로 증가했다. 오늘날 영국과 미국의 전체 성인 인구의 8~10퍼센트는 1년에 걸쳐 항우울제를 복용한다. 정신질환으로 고통받는 수백만 명의 사람에게 항우울제의 도움이 없었더라면 이러한 자살 통계는 더욱 악화된 수치를 보였을 가능성이 크다.

또한 이러한 자살 통계는 이미 심각한 수준이다. 오늘날 전쟁, 테러, 살인, 정부의 형 집행으로 사망한 사람의 수를 모두 합친 것보다 자살로 죽은 사람이 더 많다.[4] 세계보건기구에 따르면, 2012년 10만 명 중 11.4명이 자살로 사망하고, 10만 명 중 8.8명의 사람이 대인 폭력, 집단 폭력 및 법적 개입으로 인해 사망했다. 이는 상황이 더욱 악화될 것임을 나타낸다. 2030년에 이르면 이 수치는 12명 대 7명으로 차이가 더 벌어질 것으로 추정된다. 2000년에는 영국 성인의 3.8퍼센트가 자살을 생각해본 것으로 보고되었으며 이 수치는 2014년에 5.4퍼센트로 더욱 증가했다. 최근에 미국에서의 자살률은 지난 30년을 통틀어 최고치를 기록했다. 2008년에서 2015년 사이 미국에서 자살이나 자해 시도를 생각해본 후 병원에서 치료를 받은 청소년과 아동의 수는 두 배나 증가했다.

사실 이 수치들만큼이나 걱정스러운 것은 바로 이 수치들이 문제의 진정한 심각성을 가린다는 데 있다. 다양한 데이터 속에서 한 가지 분명한 사실은, 매해 자살 사망자 수의 20배가 넘는 자살 시도[5]가 있다는 것이다. 이는 자기 본위적이지 않을까 싶은 사람의 상당수가 어떤 이유에선지 자기 자신에게서 돌아서고 있다는 뜻이다. 몹시 이상한 현상이다. 인간의 심리적 기제를 이토록 어둡게 만드는 이 놀라운 힘은 무엇일까? 그 해로움이 얼마나 강력하기에 스스로를 파괴하게 만드는 것일까? 그렇다면 그것은 내가 나와 다른 이들에게서 발견한 서사의 패턴과 어떤 관련이 있을까? 어떤 것에 대한 높은 기대, 그리고 이어지는 실망감과 커져가는 끔찍한 자기혐오?

"이 뉴스 보셨나요?" 국제자살연구회 회장인 로리 오코너 교수가 자신의 사무실에서 내게 말했다. 로리는 글래스고대 자살행동연구소를 이끌고 있다. 우리가 만났던 날, 영국 언론들은 가장 최근의 통계 소식을 전했다. 지난 몇 년간 자살한 여성의 수는 거의 그대로인 반면, 남성의 수는 지난 10년을 통틀어 최고치를 기록했다. 현재로서 영어권 국가에서 남성이 전체 자살의 약 80퍼센트를 차지하고[6] 있긴 하지만, 이 새로운 급증은 걱정스러웠다. 언론들은 그 원인이 무엇인지 묻고 있었다.

우리는 좀더 일반적인 요인을 짚음으로써 논의를 시작했다. 자살을 연구하는 사람들은 대개 자살을 유도하는 요인이 단 하나가 아니라는 복잡미묘함을 대단히 강조한다. 충동성, 음울한 생각의 반추, 낮은 세로토닌 수치, 서투른 사회적 문제 해결 능력과 같은 많은 취약점[7]이 자살 위험성을 더욱 고조시킨다. 정신질환, 가장 흔하게로는 우울증이 일반적으로 먼저 나타나게 된다. "하지만 정말 중요한 점은, 우울증을 겪는 대부분의 사람은 자살을 하지 않는다는 거예요." 로리가 말했다. "우울증을 겪는 사람 중 자살을 하는 사람은 5퍼센트도 되지 않아요. 정신질환이 자살의 원인이라고 할 수는 없죠. 내 생각에 자살하고자 하는 결심은 심리적 현상이고, 우리가 이 실험실에서 하는 일은 자살하고자 하는 사람들의 심리를 이해하는 것이죠."

마흔세 살의 로리는 겉으로 소년처럼 보였으며 내면에는 청춘을 지니고 있었다. 그는 적극적이고 자신감이 넘쳤으며, 기린이 그려진 그의 셔츠는 소매 단추가 열려 소맷부리가 펄럭였고 미간을 가로질러 길게 갈라져 내려온 백발은 멋스럽게 다듬어져 있었다. 코르크로 된 게시판에 그의 자녀들이 그린 주황색 꽃게와 빨간색 전화기 그림이 붙어 있었고 그 와중에 『자살에 대한 이해』『불안한 마음』『젊은 자신의 손으로』 같은, 그가 모은 음침한 책들이 벽장에 자리잡고 있었다.

20년이 넘도록 자살을 연구한 로리가 자살을 하고자 하는 마음에 대해서 모르는 것이 없을 거라고 생각할지 모르겠다. 하지만 종종 그는 자신도 놀랄 만한 연구 결과를 마주하곤 한다. 그리고 '사회적 완벽주의'라고 불리는 사고방식에 대해 알게 되었을 때 그는 다시 한번 놀랐다. 만약 당신이 사회적 완벽주의의 성향을 갖고 있다면, 당신의 자존감은 당신이 갖고 있다고 생각하는 역할과 책임에 아주 위험할 정도로 의존적이게 된다. 당신은 '사람들은 내가 그야말로 완벽하기만을 기대해 '성공이란 다른 사람들을 만족시키기 위해 내가 더욱 열심히 노력해야 한다는 것을 의미해'라는 말에 동의할 것이다. 이는 자기 자신에게서 기대하는 것이 아니다. "이는 당신이 생각하기에 다른 사람들이 기대하는 것을 의미해요. 당신은 좋은 아버지, 좋은 형제가 되지 못했기 때문에 다른 사람들을 실망시켰어요. 그게 뭐든지요."로리는 설명했다.

그는 미국의 대학생들에게서 이러한 형태의 완벽주의를 처음으로 발견했다. "이러한 형태의 완벽주의는 영국의 환경에서는 적용이 불가능하지 않을까 생각했어요. 무척 어려운 처지의 사람들에게는 분명히 적용 불가능할 거라고 생각했죠." 그는 설명했다. "글쎄, 이건 뭐랄까. 대단히 영향력이 강력하더군요. 우리는 사회적 완벽주의와 자살 경향성 사이의 관계를 빈곤층과 부유층을 포함해 모든 사람을 대상으로 수행한 연구에서 찾을 수 있었어요." 그러나 '왜'인지는 아직 알려지지 않았다. "우리 가설은 사회적 완벽주의자들이 환경 속의 실패 신호에 훨씬 더 민감하다는 것이에요." 그가 말했다.

나는 혹시 이것이 남성의 자살과 관련이 있지 않을까 생각했다. 만약 자살이 역할을 제대로 이행하지 못한 것을 실패로 인식한 결과라면, 우리는 남성들이 어떤 역할을 수행해야 한다고 느끼는지 물어야 할까? 아버지의 역할? 가장의 역할?

"그리고 오늘날 사회는 변했어요. 당신은 메트로섹슈얼도시에 살면서 외모, 패션, 쇼핑 등에 관심이 많은 남자이 되어야 해요. 그만큼 기대가 더욱 많아졌고, 그 결과 남성들에게 더 많은 기회가 주어진 것이 더 많은 실패로 느껴지기도 하는 거죠." 그는 말했다.

연구 결과는 남성들이 매우 쉽게 이런 식의 감정을 느낀다는 것을 보여준다. 한 조사에서[8] 남성과 여성 모두에게서 오늘날 무엇이 남자를 '남자답게' 하는가 물었을 때, 남성들은 '투사' '승자' '제공자' '보호자'이며, 동시에 '장악력과 통제력을 유지할 줄 알아야' 한다고 대답했다. "당신이 이 중 어느 것이든 하나라도 충족하지 못한다면, 당신은 남성이 아니게 된다." 임상심리학자이자 논문의 저자인 마틴 시거가 말했다. 이 모든 것뿐만 아니라, '진정한 남성'은 약점을 드러내서는 안 된다. '도움을 필요로 하는 남성은 웃음거리가 된다.' 그의 연구 규모는 비교적 작았지만, 로리가 공동 집필한 사마리탄스the Samaritans, 전화로 우울증과 자살 충동에 시달리는 사람들의 고민을 상담해주는 영국의 자선단체의 남성 자살에 관한 보고서[9]에 영향을 미칠 만큼 놀라운 반향을 일으켰다. 사마리탄스의 보고서는 "남성들은 권력과 통제력 및 천하무적의 상징인 남자다움의 '황금 기준'과 자신을 비교하며 자신이 이 기준에 맞지 않는다고 생각할 때 수치심과 패배감을 느낀다"는 것을 보여주고 있다.

대화를 나누던 중 로리는 2008년에 자살한 가까웠던 친구에 대해 이야기했다. "그 일은 내게 아주 큰 영향을 미쳤어요." 그가 말했다. "나는 '왜 내가 진작 알아채지 못했지? 이럴 수가, 내가 수년째 이 일을 하고 있는데'라고 끊임없이 생각했어요. 나 스스로를 실패자라고 생각했죠. 그녀와 그녀 주위 사람들을 실망시킨 실패자라고."

"이거 사회적 완벽주의처럼 들리는데요?" 내가 말했다.

"오, 물론이에요. 저는 사회적 완벽주의자랍니다." 그가 이어서 말했다. "저는 사회적 비난에 극도로 예민해요. 이 점을 잘 숨기고 있긴 하죠. 그리고 내가 다른 사람들을 실망시킨다는 생각에 정말 민감해요."

그가 인정하길 자신을 고통스럽게 하는 또 다른 위태로운 특성은 음울한 생각을 반추하는 것이라고 한다. 생각이 꼬리에 꼬리를 무는 것이다. "저는 의심할 여지 없이 음울한 생각에 빠져드는 사람이자 사회적 완벽주의자예요. 정말로요. 우리가 헤어지고 오늘밤 잠들기 전까지 '오 이런, 내가 왜 그런 말을 했을까. 정말 죽어버- (그는 말을 멈췄다) 이것 참 창피해서야!'라고 생각할 거예요."

"로리, 혹시 스스로 자살 위험성이 있다고 생각하나요?" 내가 물었다.

그는 잠시 말을 멈추고는 하려던 말을 신중히 생각해보는 듯했다. "아니라고는 말 못하겠네요." 그가 말했다. "우리 모두 어느 정도는 스쳐지나가듯이 그런 생각을 한다고 생각해요. 글쎄, 모두가 그런 건 아니겠지만. 많은 사람이 그런 생각을 한다는 증거가 있어요. 하지만 전 우울해하거나 자살을 시도해본 적은 없어요, 다행스럽게도."

로리와 그의 연구팀은 저명한 심리학자 로이 바우마이스터 교수의 권위 있는 논문의 일부를 바탕으로, 자살사고모델을 개발해왔다. 그 논문은 자살을 '자신으로부터의 도피'라고 설명하는데, 바우마이스터는 한 사람의 생활 속에서 일어나는 일들이 '기준과 기대에 크게 미치지 못할 때' 그 과정이 시작된다는 이론을 제시했다.[10] 그렇게 되면 자아는 실패를 자신의 탓으로 돌리고 자신의 능력으로는 잘못된 일을 바로잡을 수 없을 거라고 믿는다. "우리는 이것이 벗어날 수 없는 패배감과 굴욕감이라고 생각해요." 로리가 말했다. 실패자라고 느끼는 것이 다가 아니다. 자아는 자신이 변화할 수 있는 능력이 없다고 믿게 될 것이다. "내적으로 또 외적으로 이런 일이 일어나요. 생활 환경에 갇혀버리고, 출구를 찾을 수 없고, 자신의 직업에 대한 전망이 바뀌지 않을 거라고도 생각하죠."

"막막한 감정이군요." 내가 말했다.

"정말 그렇죠. 덫에 걸린 느낌, 그리고 그 느낌은 다시 통제 아래 오게 됩니다."

"통제요?"

"신체적·정신적 건강을 아우르는 심리 이론들을 살펴보면, 모든 이론을 관통하는 큰 줄기는 바로 이 통제력이에요. 통제력을 잃으면 정말 큰 문제가 발생합니다. 괴로운 일을 겪으면 우리는 언제나 통제력을 되찾으려고 노력합니다."

인간 자아의 가장 중요한 기능 중 하나는 우리가 우리 삶을 통제하고 있음을 느끼게 하는 것이다. 완벽주의적 생각을 가진 사람들은 그들이 되어야만 한다고 생각하는 훌륭한 사람이 되기 위한 임무를 자신이 통제하고 있다는 느낌을 원한다. 문제는 그 임무가 진전되지 않거나 잘 풀리지 않거나 생각한 것과 반대로 흘러갈 때 생겨난다. 계획대로 되지 않고 엉망으로 흘러갈 때 그들은 통제권을 되찾고자 노력한다. 계속해서 실패하면 절망에 빠지게 된다. 이때부터 자아는 침몰하기 시작한다.

그리고 이는 모두에게 해당되는 사실이다. 남성들이 무적의 투사, 보호자, 승자가 되어야 한다는 강력한 문화적 기대감으로 괴로워하고 있다면, 여성들의 세상에도 맞서야 할 압력이 존재한다. 전 세계적 데이터가 비교적 부족하긴 하지만,[11] 실제로 많은 나라에서 더욱 많은 여성이 자살을 시도하는 것 같다.[12] 이는 불가능한 완벽의 기준에 부합하기 위해 엄청난 압박을 느끼는 사람이 그만큼 많다는 것을 나타낸다. 완벽한 직장생활과 가정생활, '모든 것을 해내야 한다'는 기대부터(남성과 여성 모두에게 전통적인 성역할을 훌륭하게 해낼 것이 기대된다. 강하지만 배려심 깊으며, 야심적이지만 가정적인 것과 같이 모든 면에서 전체적으로 완벽해야 한다) 패션지와 인기 있는 옷 가게에서 볼 수 있는 '23인치 허리'[13]에 건강을 위협하는 0.32의 허리둘레-신장 비율을 가진, 아픈 게 아닌가 싶은 마네킹의 '이상적' 몸매 이미지까지, 사실 여성 자아에 가해지는 폭력은 거의 항상 있어왔다. 최근의 한 연구는 영국의 여성과 소녀들 중 61퍼센트만이 자신의 몸에 만족하고[14] 있음을 발견했는데, 이는 5년 전 결과인 73퍼센트에 비해 현저히 떨어진 수치다. 한편 7세에서 10세 여자아이의 약 4분의 1이 '완벽할 필요가 있다'고 생각했으며, 이러한 문제는 아이들이 청소년이 되면서 더욱 심해졌다. 11세에서 21세에 이르면 그 비율은 61퍼센트로 치솟았다.

오늘날 여성 자아가 지고 있는 고통의 진정한 모습은 자살뿐만 아니라 특히 여성과 완벽주의자에게서 많이 보이는 자해와 섭식장애[15]를 포함하는 것으로 범위를 넓혀야만 제대로 이해할 수 있다. 그리고 범위를 넓혀 생각하고 나면 무언가 더 나쁜 일이 벌어지고 있음이 보이기 시작한다. 소셜미디어의 출현 이후 미국과 영국에서 섭식장애, 신체이형장애가 30퍼센트 정도 증가했다.[16] 영국에서 2000년에서 2014년 사이 자해를 한 성인의 수는 두 배나 증가한 것으로 보고됐다.[17] 한 원로 정신과의사는 "남녀 청소년 모두에게서 정신적 고통의 정도가 증가하고 정신건강장애가 증가하고 있다"는 임상의들의 진료 경험이 청소년 자해의 증가가 사실임을 확인시켜주는 것 같다고 전했다.[18] 미국에서는 2012년 이후 청소년층에서의 불안과 우울증이 증가하고 있다.[19] 신뢰할 만한 미 대학 신입생 설문조사는 2009년보다 2016년에 51퍼센트 더 많은 젊은 학생들이 '어쩔 줄 모르겠는' 감정을 느낀다는 것을 발견했다. 이보다 더 걱정스러운 것은, '우울감'을 느낀다는 학생의 수가 95퍼센트나 증가했다는 점이다.

이러한 급속한 증가에는 아마 문제 진단력이 향상되고 환자들이 자신을 드러내는 데 거리낌 없는 태도를 갖게 된 것을 포함하여 다양한 원인이 있을 것이다. 그러나 이 문제와 관련된 전문가들은 또한 젊은이들이 현재 겪고 있는 '전례 없는 사회적 압박'을 지적하고 있다. 영국 국민건강보험의 재키 코니시 박사는 "대부분의 전문가와 마찬가지로, 이는 학업적 성공과 최근 등장한 신체 인식 문제를 포함하는 스트레스 증가 및 사회적 압력으로 인한 것으로 생각된다"고 말했다.[20] 소아과의사 콜린 미키는 현대사회 생활에 깊숙이 자리잡은 스마트폰을 강하게 비난한다.[21] 젊은이들을 광고와 유명인들에 대한 끊임없는 정보의 바다로 몰아넣은 것에 대해 그는 "우리가 통제할 수 없는 거대한 괴물을 만들어낸 것만 같다"고 말했다.

전통적으로 몸매를 왜곡하여 인식하는 문제는 주로 여성들에게 나타나는 것으로 생각되었지만 이 또한 변하고 있다. 미국의 한 연구는 신체이형장애[22]가 여성들에게 일어나는 것만큼이나 남성들에게서도 흔히 나타난다는 것을 발견했다. 이러한 남성의 대다수는 '근육추형' 질환을 겪고 있고, 이는 25년 전에는 들어본 적 없는 것이었다. 그간 스테로이드의 사용량은 급증해왔다. 1980년대 이전에는 주로 소수의 엘리트 운동선수만이 스테로이드를 사용했는데 오늘날에는 400만 명에 이르는 미국인, 그중에서도 주로 남성들이 근육강화제를 복용하는 것으로 추정된다.[23] 영국에서는 남성들이 일반의의 진찰 후 식이장애 전문의에게 회부되는 비율이 단 2년 만에 놀랍게도 43퍼센트나 급증했다.[24] 그러는 동안 일부 도시에서는 2015년까지 지난 10년간 주사를 사용하고 주삿바늘을 교체하는 횟수[25]가 600퍼센트 증가한 것으로 보고되었다. 2015년에는 헬스장 회원권을 위한 지출만 44퍼센트가 증가했다.[26] 이러한 문제에 관한 정부의 공식 조사[27]는 신체 이미지 불만족도가 매우 높으며 불만족의 정도가 증가하고 있다는 결과를 발표했다. 우리는 모두 완벽해야 한다는 압박감을 분명 느끼고 있다.

이러한 위험은 대학 내에서도 더욱 분명해지고 있다. 펜실베이니아대 대책위원회는 학생들의 자살 문제에 대한 보고서를 발표하면서[28] '학업에 있어, 교외 활동에 있어, 또 사회적 활동에 있어 모두 완벽해야 한다는 학생들의 위험한 인식'에 주목했다. 한편 토론토에 있는 요크대의 사회과학자 고든 플렛 교수는 자신의 학생들 중 여럿에게서 위험한 완벽주의 신호를 감지했다. "처음에는 학업 문제로 온 줄 알았던 학생 두 명 중 한 명은 사실은 그게 아니라 기대를 충족하지 못하는 것과 관련된 정서적 문제 또는 이를 어떻게 대처해야 하는지에 대한 문제로 온 것이었어요." 그가 말했다. "믿기 어려울 정도로 심한 완벽에 대한 압박감에서 오는 불안과 스트레스로 허우적대는 매우 유능한 학생들을 보았습니다. 이는 그 학생들이 이런 기준을 사신의 것으로 받아들이기 때문이고, 또 사회적 완벽주의의 경우, 남들이 자신에게 그 기준을 요구하고 있다고 생각하기 때문입니다."

고든은 자살성 사고를 확장시키는 요소로서 완벽주의가 상당히 과소평가되어 있다는 논문을 공동 집필했다.[29] 다른 연구들에서 그는 자살한 고인의 친구와 가족의 56퍼센트가 묻지 않았음에도 고인이 '완벽주의자'였다고 말한 한 조사를 언급했다. 또 다른 조사에서는 남성 자살 희생자의 어머니들과 함께한 인터뷰에서 그들 중 71퍼센트가 자신의 아들이 스스로에게 '극도로 높은' 기준을 요구했다고 대답한 것을 발견했다. 이 문제를 가장 포괄적으로 다룬 연구[30]는 완벽주의와 자살 간의 '밀접한 연관'을 발견했다. 2017년 메타 분석 보고서의 저자들은 "완벽주의자들은 자기 패배의 고리에 갇혀 있는 사람들로, 그들에게 새로운 과제는 늘 혹독한 자기 힐책과 실망, 실패를 하기 좋은 기회"라고 설명했다.

물론 완벽주의는 우리가 갖고 있거나 갖고 있지 않은 것이 아니다. 이는 어떤 바이러스 또는 골절된 뼈가 아니다. 이는 생각의 패턴이다. 정도만 다를 뿐 모든 사람은 어느 정도 완벽주의자이며 그 정도가 심한 사람들은 주어진 환경에서 실패 신호에 더욱 민감하게 반응한다. 자신을 완벽주의자라고 생각하지 않을지라도 되어야 한다고 느끼는 모습에 대한 생각이 있을 것이며, 적어도 한 번쯤은 그 모습에 자신이 부합하지 않을 때 괴로움을 느낀 적이 있을 것이다. 실패했음을 깨달았을 때 서서히 퍼져오는 슬픔의 순간, 바로 그 순간이다.

고든은 요즘 사람들이 완벽주의를 '이상적인 모습'으로 여기는 것이 일반적이지만 이것의 어두운 결과는 덜 알려져 있으며 그 모습을 바꾼 완벽주의 또한 그렇다고 본다. '자기지향적 완벽주의'는 사회적인 것이 아니다. 자기 안으로부터 오는 완벽함에 대한 요구이기 때문이다. 또한 '자기도취적 완벽주의'를 가진 사람들은 자신이 아주 높은 기준에 얼마든지 미칠 수 있다고 믿지만 결국 자신이 그 기준에 미칠 수 없다는 것을 깨닫게 되면 취약해진다. 그리고 '신경증적 완벽주의'가 있는데, 데비와 내가 여기에 속하지 않을까 싶다. 이러한 사람들은 낮은 자존감에 괴로워하며 '기대를 절대 충족시키지 못할 것처럼 느낀다'. 그들은 걱정스러워하며 불안해하는 사람들로, 실제 나와 되고자 하는 나 사이에 '엄청난 격차'가 있다. 그들은 자신에 대해 섣부르게 일반화된 결론을 내려버린다. 그래서 그들은 자신이 특정한 어떤 일에 '유능하지 못한 것'을 자기 자신의 실패로 받아들인다. "이는 전부 아니면 아무것도 아닌 것이라는 생각이죠. 이와 함께 엄청난 자기혐오가 뒤따릅니다." 고든은 말한다. 종종 이는 자신이 중요하지 않다는 단순한 믿음에서 출발한다.

"하지만 어느 정도 성취를 이루게 되면 그들은 중요한 사람이 됩니다. 그래서 그들은 완벽한 사람이 되고자 함으로써 이런 결점을 보완하거나 그들이 그러한 결함을 가지고 있다고 생각하지 못하도록 남들을 속일 것입니다."

고든이 생각하기에 가장 중요한 원인은 우리 환경이 변하고 있다는 것이다. 그는 현대 남성성에 대한 로리의 의견을 잘 반영하듯, 오늘날 세상은 많은 경우 우리가 실패한 것처럼 느끼도록 한다고 말한다. "이는 더욱더 분명하게 나타나고 있습니다. 어느 정도는 인터넷과 소셜미디어 때문이죠. 어떤 유명인사가 실수를 하면 그 어느 때보다 더욱 강하고 매섭고 빠르게 대중의 반발심이 일어나는 듯합니다. 오늘날 아이들은 실수를 하면 어떻게 되는지를 이를 통해 보고 자라며 따라서 행여나 실수를 하지 않을까 매우 두려워하게 됩니다." 실제로 2016년 7월, 열여섯 살의 소녀 피비 코놉[31]은 장난스러운 사진 한 장으로 자신이 인종차별주의자로 매도되는 것이 두려워 스스로 목숨을 끊었다. "그 사진은 그녀가 생각했던 것보다 훨씬 더 많은 주목을 받았으며 사진에 대해 일부 부정적인 반응이 있었다"고 캐서린 톰킨스 경사는 사건조사 결과를 발표했다.

고든과 그의 동료들은 최근 '완벽주의자 표상'이라 불리는 현상에 대한 연구를 시작했다. "이는 실수와 결점을 은폐하고자 완벽해 보이는 거짓된 모습으로 위장하는 경향입니다." 그는 이어서 말했다. "이는 특히나 소셜미디어에서 자신의 삶을 연기하는 젊은 사람들 사이에서 찾아볼 수 있습니다. 다른 사람들에게 뒤처지지 않도록 애써야 한다고 생각하는 사람들은 더욱 압박감을 느끼는 듯합니다. 이는 마치 '여기 내 완벽한 인생을 좀 봐' 하는 것과 같습니다." 사람들은 자신을 다른 사람과 비교함으로써 스스로의 가치를 판단한다. 이렇듯 아주 단순한 사고방식이다. 이러한 이유로 고든은 소셜미디어가 자기 자신에 대한 이미지에 '아주 큰 영향'을 미친다고 생각하는 것이다.

고든만이 이러한 생각을 하는 것은 아니다. 『뉴욕타임스』는 15세에서 24세 사이의 자살률 증가에 대해[32] 코넬대 심리상담소 소장 그레고리 엘스를 특별 취재하여, 소셜미디어가 "학생들 사이에서 자신의 또래들은 별다른 어려움을 겪고 있지 않다고 오해하게 하는 주범"이라는 그의 주장을 보도했다. 캠퍼스의 다른 모든 친구가 행복해 보인다고 말을 하는 학생에게 그는 이렇게 말한다. "나는 캠퍼스를 돌아다니며 '저 학생은 병원에 다니고 이 학생은 섭식장애가 있으며 저기 저 학생은 항우울제를 복용했군'이라고 생각한단다."

나는 정신과에서 간호사로 일하는 친구로부터 이와 비슷한 감정에 대해서 들어본 적이 있다. 그녀의 말에 따르면 자신과 동료들이 요즘 '만성적 불만족'이라고 이야기하는 사례가 놀라울 정도로 증가하고 있다고 한다. 또한 나는 내 인터뷰 대상자들로부터도 이런 감정에 대해 들어보았다. 화장실에서 자신의 손목을 그었던 대학생 메러디스 시몬을 떠올려보자.[33] 그녀는 소셜미디어가 자살 기도의 주된 요인이었다고 생각한다. "저는 소셜미디어가 대중적으로 아주 인기 있는 시대에 자라났어요. 제가 좀더 어렸을 때는 AOL미국 아메리카 온라인사가 제공하는 PC 통신 서비스 대화 메신저가 있었죠. 메신저에 몇 명의 친구가 있는지로 잘나가는지 아닌지가 결정되곤 했어요. 그리고 나서는 페이스북이 인기 있어졌고, 이는 고역이었어요. 거기에 올라오는 게시물들을 보는 일이 힘들었거든요." 그녀는 말했다.

"뭐가 힘들었는데요?" 내가 물었다.

"그냥 사람들이 정말 행복해하는 것을 보는 것이요. 뭐랄까, 노골적인 사진들이었어요. '오, 난 내 인생을 사랑해'라고 말하는 사람들 있잖아요. 나도 그런 감정을 느끼고 싶은데 난 그러지 못해서 힘들었어요. 그렇지만 저도 그렇게 보이고자 그런 게시물을 올렸어요."

그러던 2018년, 한 새로운 중대한 연구[34]가 내가 지난 몇 년간 좇아오던 직감에 의미 있는 실증적 무게를 실어주었다. 미국, 영국, 캐나다의 4만 개가 넘는 대학의 데이터를 분석한 결과 심리학자들은 1989년과 2016년 사이에 완벽주의의 수준이 상당히 상승했다는 것을 발견했다. 그 기간 동안, 사람들이 '완벽한 사람이 되는 것에 비정상적인 중요성'을 부여하는 정도는 10퍼센트 증가했다. 한편, '인정받기 위해서는 완벽함을 발휘해 보여야 한다'고 느끼는 정도는 놀랍게도 33퍼센트나 증가했다. 연구자들은 이러한 연구 결과가 "요즘 세대의 젊은 사람들은 남들이 자신들에게 더 많은 것을 요구하고 그들도 남들에게 더 많은 것을 요구하며 그들 스스로에게 또한 더 많은 것을 요구한다고 인식한다"는 것을 시사한다고 결론을 내렸다. 변화하는 것은 환경만이 아니다. 우리 또한 변화하고 있다.

우리는 완벽주의 시대를 살아가고 있으며 이 완벽주의는 목숨을 앗아가는 생각이다. 이것이 소셜미디어든 21세기의 우리 모습은 말도 안 될 정도로 '완벽해야' 한다는 압박이든, 완벽한 몸매를 가져야 한다는 압박이든 직업적으로 성공을 거둬야 한다는 압박이든 간에, 스스로와 타인에게 과하게 높은 기대를 부여하는 무수히 다양한 방식으로 해로운 심리적 환경을 만들고 있다. 이는 완벽주의가 유일한 문제라거나 우리 시대에서만 볼 수 있는 문제라는 뜻은 아니다. 다른 세대의 사람들도 부당한 기대에 짓눌렸던 것과 마찬가지로 자살과 자해에는 다양한 원인이 있다. 하지만 만약 로리와 고든을 비롯한 사람들이 옳다면, 오늘날 문화적 환경의 양상은 특별히 해로우며 그것은 우리가 누구인지까지 변화시킬 수 있다.

나는 이러한 일이 어떻게 일어난 것인지를 알고자 한다. 이를 위해 두 가지 조사를 진행할 것이다. 먼저 나는 의지, 신념, 성격의 기제가 결합하여 우리가 누구인지를 만드는 '자아'에 대해서 조사할 것이다. 어떻게든 변하고 손상을 입게 되는 것은 바로 자아이기 때문이다. 물론 모든 자아는 다 다르지만 나는 이 표면 아래를 파고들어가 인간의 자아가 어떻게 작용하는지 근본적인 것을 알아낼 것이다. 우리는 자아의 힘을 느낀다. 지위, 매력, 성취, 도덕성, 처벌, 완벽함에 집착하도록 우리를 압박하는 것은 바로 자아다. 갈등과 사랑, 꿈에 말려드는 것은 오직 '우리'뿐이라고 생각하지만 모든 인간이 이 똑같은 행동 패턴을 반복해 보인다는 것은 실은 운용 중인 법칙과 기능, 즉 어떤 실재적인 장치가 존재한다는 사실을 드러낸다. 이 장치는 수백만 년 전부터 형성되기 시작했다. 이 장치의 여정을 추적하고 이 장치가 어떻게 설계되었는지를 드러내 보임으로써 나는 왜 완벽주의적 생각들이 살아남기보다는 스스로를 잡아먹어버리는 심각한 오작동을 일으키는지를 알아내고자 한다.

두 번째 조사는 우리를 완벽주의자로 만드는 환경에 관한 것이 될 것이다. 즉 문화를 살펴볼 것이다. 자신을 실패자라고 느낄 때, 사람들은 되어야만 하는 이상적 모습과 자기 자신을 비교하고는 어쩐지 기대에 미치지 못한다고 결론을 내린다. 주로 (전적으로는 아니지만) 이 이상적 자아가 누구이고 어떤 모습인지를 규정하는 것은 문화다. 모두가 그렇게 되고 싶어하는 이 완벽한 자아는 영화, 책, 쇼윈도, 신문, 광고 속에서, 텔레비전과 인터넷에서, 어디에서나 우리를 공격한다. 우리 대부분은 이 문화적 환경이 요구하는 완벽함에 걸맞아야 한다는 압박감을 느낀다.

물론 각자가 추구하는 이상적 자아는 성별 및 종교적 신념, 연령, 가정환경과 또래환경, 직업 등에 따라 약간씩 다르다. 예를 들어 데비의 '완벽한 아내와 어머니' 모델은 많은 사람이 구시대적이라고 생각하는 문화에 뿌리를 두고 있는 것 같다. 오늘날의 문화가 만들어내는 일반적인 이상적 자아를 떠올리는 것은 그래도 어렵지 않다. 이는 대개 외향적이고 날씬하고 아름다우며 개인주의적이고 낙관적이고 근면하며 사회성 있고 기업가적 자질을 갖추고 있으면서 셀카를 찍는 높은 자존감을 지닌 세계시민의 모습으로 묘사된다. 또한 어느 정도 스스로 독특하다고 생각하는 동시에 자신이 '세상을 더 나은 곳으로 만들기 위해' 노력하고 있다고 생각하는 것을 즐기며, 진정한 자신 또는 '진실됨'을 가장 중요한 가치로 여긴다는 특징이 있다. 또한 이들은 행복하고 성공적인 삶을 살기 위해서 '진정한 자신'을 찾고 '꿈을 좇아야' 한다고 역설할 것이다. 이러한 생각의 잔혹한 이면을 몸소 목격해온 스포츠 닥터 콘 미트로폴로스의 말마따나, 꿈을 크게 갖는다면 '무엇이든 가능하다'는 것을 발견할 것이다. 아, 그리고 보통 이들은 서른 살이 채 되지 않았다.

이러한 이상적 자아가 우리 문화 속 언제 어디서나 존재하고 있어 우리는 이것이 비정상적이라는 사실을 망각한다. 이 사람은 대체 누구인가? 나는 이 놀라운 이야기의 베일을 벗김으로써 어떻게 된 일인지를 알아보려 한다. 근본적인 출발은 인간의 문명보다 앞서긴 하지만, 오늘날 우리의 서구 자아 모델의 여정은 고대 그리스로부터 시작한다. 자신의 운명을 책임지는, 잠재적으로 완벽할 수 있는 개인이라는 우리의 생각은 그곳에서 탄생했다. 나는 기독교의 시대, 산업시대, 과학과 심리학의 시대를 거쳐 실리콘밸리의 시대와 초개인주의 시대, 우리 대부분이 자라온 시대이자 우리를 실패자로 느끼게 하는 새로운 기회들을 불러온 경쟁적 신자유주의 시대를 거쳐 진화해온 이 '개인주의'라는 개념을 추적하고자 한다.

내가 다루려는 모든 시대는 전부 대단하다고 느낄 정도로 다양한 방식으로 우리를 변화시켜왔다. 우리는 우리가 믿고 있는 것들의 상당수가 신념, 이야기, 철학, 미신, 거짓, 실수, 완벽하지 않은 사람들의 발버둥으로 이루어져 있다는 것을 깨닫지 못한다. 한마디로 이것은 우리의 문화다. 오래전 죽은 이의 목소리는 현재 우리 뇌리를 떠나지 않으며 종종 이는 무의식적이다. 그들이 벌인 논쟁, 그들이 빚어낸 반목, 그들이 쓴 명작 도서, 그들이 제시한 해결책, 그들이 일궈내고 파괴한 산업과 사회운동, 모든 것이 우리 안에 살아 있다. 내가 이 완벽주의 시대와 우리가 어찌된 일인지 갖게 된 이 독특한 자아 모델을 이해하고자 한다면, 이 이야기를 해야 할 것이다.

그러므로 여기, 자아 그리고 문화가 있다. 두 가지의 전혀 다른 것. 완벽해지고 싶은 것은 자아이고, 실제로 '완벽한' 것이 무엇인지 말해주는 것은 문화다. 곧 알게 될 테지만, 이 둘은 처음에 생각했던 것만큼 크게 다르지 않다. 그러나 지금으로서는 자아와 문화의 두 여정이 모두 시작되어야 하며, 그러기 위해서는 아리스토텔레스와 태초의 개인주의자들보다 더 멀리, 인간 이전의 시대로 거슬러 올라가야 한다.

1.
부족으로서의 자아

193센티미터에 이르는 키, 삭발한 머리, 검은색 티셔츠, 염소 같은 수염, 통나무같이 굵은 목, 손목에 느슨히 감겨 있는 보석이 박힌 무거운 시계. 거대한 남자. 존 프리드모어는 왼손을 주먹 쥐어 의자 팔걸이를 움켜잡고 내 앞에 반듯이 앉았다.[1] 나는 런던 동부 레이턴구에 있는 그의 연로한 어머니가 사는 노인 전용 아파트에서 그를 만나기로 했다. 밝았던 주위가 어두운 저녁의 색으로 물들 때까지 몇 시간 동안 이야기를 나누었는데, 한때는 그의 죽음을 빌었던 이 연약한 여인인 그의 어머니는 그의 말을 듣고 있다가 이따금씩 이런저런 말로 끼어들곤 했다.

나는 이 남자의 놀라운 이야기가 인간의 자아를 형성하는 가장 오래된 부분에 대해서 어떤 실마리를 던져주길 바라며 그를 만나러 런던 동부로 왔다. 우리가 느끼는 것, 믿는 것 또 우리가 생각하는 방식 등 오늘날 우리가 누구인가에 대한 문제는 대부분 인간 이전의 시대로 거슬러 올라가 추적할 수 있다. 최초의 현대 '인간'의 뇌는 20만 년 전의 화석 기록에서 찾아볼 수 있으며, 150만 년이 훨씬 넘는 세월 동안 우리는 부족 안에서 수렵과 채집을 하면서 살았다. 우리 뇌와 그 뇌가 만들어낸 자아가 수많은 중요한 발전을 겪은 것은 이때였다. 우리는 아직도 선사시대 부족의 본능을 우리 안에 지니고 있으며 존은 자기도 모르게 인생의 대부분을 이 본능에 따라 행동하며 살았다. 자아의 아주 깊은 곳에서 솟아나는 지위와 계급, 명성에 대한 집착뿐만 아니라 부족의 공격성 또한 그를 사로잡았다. 그의 이야기만큼이나 원초적인 본능이 우리 안에도 존재한다.

그의 이야기는 그가 열 살이었던 어느 저녁에서부터 시작된다. 해양소년단 활동 후에 집으로 돌아온 그는 형이 집 안에서 울고 있는 소리를 들었다. 아버지는 부엌에 있었는데 그 어느 때보다 단단히 화가 난 듯 보였다. "위층으로 올라가거라." 형은 부모님의 침실에 있었고 상실감에 빠진 얼굴로 침대에 걸터앉아 있었다.

그 전날 밤만 해도 존은 사랑받고 있다고 느꼈다. 따뜻한 홀릭스Horlicks, 맥아 가루를 뜨거운 우유에 섞어 만든 음료를 천천히 마시고 월섬스토의 그라나다 영화관에서 아버지와 존 웨인의 영화를 보며 헤이스팅스의 해변에서 행복한 휴가를 즐겼다. 그의 어머니는 청과물 가게에서 일했으며 아버지는 수년간 경찰관으로 근무하면서 만난 머리 좋은 사기꾼들과 유명한 범죄자들에 대한 놀라운 이야기를 들려주곤 했다. 그중에는 집을 여럿 털고 돌아가는 길에 잡히지 않도록 우체국에 들러 훔친 돈을 우편으로 부친 도둑 이야기, 체포하는 데 여덟 명이나 달려들어야 했던 '미소년' 로이 쇼부동산 투자가이자 작가, 사업가이기도 했던 인물로, 런던 동부 출신의 매우 폭력적인 A급 범죄자이자 싸움꾼 이야기, 또 어느 날 아버지가 속도 위반으로 멈춰 세운 전설적인 크레이 형제로널드 크레이와 레지널드 크레이. 런던 최악의 범죄자로 유명한 쌍둥이 형제 이야기도 있었다. "아버지는 경찰관보다 악당들을 존경하는 것 같았어요. 아버지가 들려주는 이야기는 마치 환상의 세계에서 벌어지는 일 같았죠. 그 이야기들로 인해 저는 악당들을 우상으로 삼게 되었어요."

그날 밤, 마침내 형제를 앞에 두고 아버지는 단도직입적으로 말했다. "너희 둘은 나와 엄마 중에 누구랑 살고 싶은지 선택해야 할 게다."

존은 이해할 수 없었다. 부모님이 장난치는 거라고 생각했다.

"왜요? 게임 하는 건가요?" 그가 물었다.

"아니, 이건 게임이 아니야." 아버지가 대답했다.

"엄마랑 아빠는 이혼할 거란다." 어머니가 말했다.

이혼이란 무엇인지, 부모님이 뭘 한다는 건지 알기나 했을까?

"하지만 나는 엄마 아빠 둘 다랑 함께 사는걸요. 우리 엄마이고 아빠잖아요."

"그게, 아무튼 같이 살 사람을 한 명만 골라야 할 거야."

그는 부모님을 번갈아 보았다.

"하지만 그럴 수 없어요."

존의 아버지는 다른 여자와 함께 살기 시작했고 어머니는 클레이버리 정신병원에 입원했다. 그는 병문안을 가곤 했다. "어머니는 멍하니 정신이 나가 있고 저를 알아보지 못하시거나 분노에 차서는 '너는 악마의 아들이야'라고 말하기도 했어요. 가끔은 다시 제 엄마로 돌아와 저를 안고 사랑한다고 말했는데, 그게 더 싫었어요."

머리부터 발끝까지 신경성 발진이 존의 온몸을 뒤덮었다. 의사는 그에게 더 이상 어머니를 보지 말라고 이야기했다. 집에서의 삶도 쉽지는 않았다. 아버지는 새로운 여자를 만난 후로 더 이상 그가 알던 아버지가 아니었다. "우리는 우리가 어떤 길로 들어서고 있는지 알 길이 없었어요. 마치 일촉즉발의 상황 같았죠." 존은 과식을 하기 시작했으며 아버지에게 말대꾸를 하기도 했다. 그는 자신의 장난감을 때려 부수기 시작했다. 아버지의 재떨이 속 동전을 훔쳐 게임을 하는 데 썼다. 데벤엄스Debenhams, 영국의 다국적 소매 백화점에서 냅킨을, 학교에서는 돈을 훔치기 시작했으며 가출을 시도했다. 아빠와 계모는 나쁜 짓을 그만두지 않으면 그를 교정 시설로 보내겠다고 했다. "아무도 전혀 몰랐겠지만 그때의 나는 아주 분노가 끓어올라 있었어요." 존이 말했다.

어느 날, 존과 그의 친구들은 하얀 쥐를 훔치기 위해 펫숍에 침입했다. 경찰이 왔으며 그는 재판에서 60건의 절도죄를 저질렀음을 인정했다. 그는 3개월 형을 선고받고 옥스퍼드셔주의 키들링턴시 소년원에 수감되었다. 그곳은 그가 상상했던 것보다 훨씬 더 나빴다. 그는 싸움을 배웠고 다른 수감자들이 싸우는 것을 지켜보았다. 그는 한 소년이 자신의 침대를 축축하게 만들었다는 이유로 소년원의 내원 의사가 그 소년을 두들겨 패는 것을 보았다. 석방된 후에는 형과 함께 살게 되었다.

지금은 건강을 회복한 그의 어머니는 앨런이라는 남자와 사랑에 빠졌다. 존은 런던 혹스턴 지역의 '라디오 언리미티드'라고 불리는 전기용품점에 취직했지만 새로운 직장 상사를 상사로서 존중하지 않았다. "누군가를 믿고 사랑하게 된다면 그들이 나를 배신할 거라고 생각했어요." 그는 계산대에서 돈을 훔치기 시작했고 도처에서 절도를 했으며, 이로 인해 3개월 형을 선고받고 서퍽주에 있는 홀레슬리베이 청소년 범죄자 수용소에서 지내게 되었다. 그는 열아홉 살이었다. 수용소에 도착하자 에이드리언이라는 소년이 존의 급료 중 일부를 요구했다. 많은 사내가 이를 지켜보고 있었다. 존은 키들링턴에 있을 때부터 지금이 바로 자신의 평판이 만들어지는 순간임을 알고 있었다. 이곳에서 이보다 더 중요한 것은 없었다. 에이드리언은 어떻게 자신의 비위를 맞춰야 하는지에 대해 계속 말을 늘어놓고 있었다. "그는 5분인지 10분인지 계속해서 말을 했고 나는 그냥 그를 한 대 후려쳤어요. 이놈들과 싸우거나 아니면 결국 그놈들에게 내 급료를 내줘야만 했을 거예요."

그는 독방에 감금되었다. 하루 중 23시간을 침대, 화장실, 세면대에서 보냈고 자신의 마음이 망가졌음을 깨달았다. "인생에서 내가 한 일이라곤 내 자신을 외면하기 위한 것들뿐이었는데, 갑자기 자기 자신을 마주한다고 생각해보라고요." 그가 말했다. 독방의 창문을 통해 그는 저 멀리 있는 북해를 보았다. 그는 어머니에게, 그리고 아버지에게 '자신의 인생은 실패'라고 편지를 써내려갔다. 그는 자기 자신이 싫었다. 그는 바다를 보고, 또 해변을 거니는 사람들을 보면서 몇 시간씩 시간을 보냈고 자살하는 공상에 빠지곤 했다. 그는 다시 어머니에게 그녀를 실망시켜서 미안하다는 내용의 편지를 썼다.

"나는 정말로 존이 나를 실망시켰다고 생각했답니다." 그의 어머니가 고개를 끄덕이며 말했다.

"아니, 엄마 한 번이라도 면회 오셨어요? 안 오셨잖아요. 그것 때문에 정말 화가 났었다고요." 존이 어머니를 제대로 쳐다보지 않은 채로 말했다.

"사실 기차로 가면 별로 멀지 않아서 면회를 갔을 텐데. 그런데 앨런이 훼방을 놓았던 것 같아. 그는 정말 하루 종일 뭔가를 하고 싶어하지 않았지, 그렇지 않니? 그는 항상 '오, 정말 먼 길이군'이라고 말하곤 했어."

나는 존에게 이 모든 것을 듣는 게 속상하진 않느냐고 물었다.

"아뇨." 그가 답했다.

하지만 그의 어머니는 눈물을 글썽이기 시작했다.

"내가 속상하지. 존에게 미안하거든요…… 내가 정말로 존을 실망시켰다고 생각해요." 그녀가 말했다.

존은 출소하고 런던 월섬스토에 있는 바운더리가의 한 중고 사무용 가구점에서 일하는 불러를 만났다. 불러와 그의 아들은 나이트클럽과 콘서트장의 경비를 책임지는 사업도 같이 하고 있었다. 존은 활발히 움직이기를 즐겼고, 또 싸움을 즐겼다. 하지만 불러는 이외에 다른 것에도 관심이 있었다. 어느 날, 불러는 존에게 도버로 가서 그곳에 있는 랜드로버 차를 운전해 다시 런던으로 와달라고 부탁했다. 그들은 존에게 5000파운드를 줬다. 존은 그 차 안에 마약인지 총인지 금인지, 뭐가 됐든 무엇이 있는지 몰랐다. 어쨌든 그는 문제없이 그 일을 했고, 이 사업은 점점 더 커졌다.

아주 험한 꼴을 볼 수도 있는 런던 남부의 주요 인사와 만남을 갖는 동안, 불러가 혹시 모를 일에 대비해 존에게 술집으로 나와달라고 부탁했을 때 존은 자신이 조직의 진정한 일부가 되었다고 느꼈다. '검은색 양복에 검은색 타이를 매야 한다'고 그는 말했다. 약속 장소로 갔을 때 존은 믿을 수 없었다. 최소 60명은 되어 보이는 사람들이 똑같은 옷을 입고 거기에 있었다. 이는 힘의 과시이자 원시 부족의 물리력에 대한 과시였다. 이는 곧 그의 보스의 명성을 나타내는 신호였다. 상대편이 도착하고 그 상대는 여섯 명의 사내와 함께 문을 통과해 들어갔다. 존은 그 기억을 떠올리며 히죽 웃었다. "나는 아직도 그의 얼굴 표정을 기억하고 있어요."

존이 당시 속해 있던 조직은 런던 웨스트엔드의 밤 문화를 위한 마약 거래 전체를 지배하고 있었다. 이 조직은 클럽 소유주들에게 그들의 경비 서비스를 이용하도록 강요함으로써 마약을 통제할 수 있었다. 조직원들은 승인된 마약상만 클럽 내에 입장할 수 있도록 관리했고, 그렇지 않은 마약상에게는 위협과 협박이 기다리고 있었다. 존은 조직 내에서 가장 중요한 행동대장이 되었다. 맞춤 가죽 코트 안쪽에 기워 만든 특별 주머니 한쪽엔 마셰티machete 칼을, 다른 한쪽엔 최루가스를 넣어 다녔다. 또한 휴대용 무기인 단도, 브래스 너클Brass Knuckle, 손가락 관절에 씌워 무기로 쓰는 금속 씌우개, 암모니아를 채운 레몬 주스병으로 무장했다. 매일이 폭력이었다. 빚은 청산되어야만 했고 라이벌 조직들은 방해 공작을 펼쳤다. 하지만 존과 그의 동료들이 그저 다른 범죄자 집단만을 우습게 본 것은 아니었다. "그때 우리에게, 평범한 사람들은 완전히 바보였어요. 별일 하지 않으면서도 큰돈을 만질 수 있는데 왜 아침 9시부터 오후 5시까지 일을 하지? 우리만이 깨어 있는 사람들이고 나머지는 다 사회의 해충 같은 사람들이라고 생각했죠." 그가 말했다.

그 당시의 존에게 왜 그런 일을 했느냐고 묻는다면, 아마 공감하기 어려운 대답을 했겠지만 적어도 본질적으로는 합리적이었을지도 모른다. 그는 조직 내에서 자신의 위상을 높이고자 했다. 이러한 방식으로 돈과 여자라는 보상을 받을 수 있었기 때문이다. 그는 사람을 때려눕혔다. 그 사람은 자신의 구역에 있어서는 안 되는 마약상이었기 때문이다. 그가 몸담은 조직과 조직원들의 삶의 방식은 편했다. 그들은 열심히 일하지 않으면서도 풍족한 삶을 살았다. 그가 '이것은 내 안의 원시적인 메커니즘에 의해 강요된 삶'이라고 말할 것 같진 않다. 그러나 어떤 면에서는 그것이 가장 진실된 대답일 것이다.

존의 새로운 삶에서 필수적으로 반복되는 서열과 영역 다툼, 부족정치, 지위와 부를 위한 피비린내 나는 투쟁은, 인간 자아의 가장 근본적인 것들이다. 인간은 인류 역사에서 90퍼센트 이상[2]을 무리를 지어 수렵 채집민으로서 보냈으며, 우리 안에는 이러한 원초적인 본능이 남아있다. 오늘날 우리가 누구인지 이해하고자 한다면 그 당시 우리가 누구였는지를 이해하는 것에서부터 시작해야 한다. 이를 이해하기 위한 한 가지 방법으로 인간의 행동과 침팬지의 행동을 비교해볼 수 있다. 침팬지와 인간은 공통의 조상을 가지고 있으며 침팬지와 인간의 DNA는 98퍼센트 이상 일치한다.[3] 보노보난쟁이 침팬지는 현존하는 동물 중 인간과 가장 가까운 친척이기도 하다.[4] 인간 자아와 침팬지의 자아가 공유하는 행동을 관찰함으로써 인간이 세계 문명의 정상에 오르기 전부터 오래도록 존재해온 우리 자아의 일부에 대한 단서를 발견할 수 있을지도 모른다.

우리 인간이 유인원적 면모를 가지고 있다는 것을 인지하는 일은 어렵지 않다. 인간과 침팬지는 기묘하게 비슷한 점이 많다는 것이 밝혀졌다. 인간처럼 침팬지도 정치적인 동물이다. 침팬지는 인간이 수십만 년 동안 부족생활을 한 것과 비슷하게 살아가며 그 무리의 규모는 인간 무리의 3분의 2 정도다.[5] 이는 침팬지들이 일상적으로 자기 주변의 침팬지들을 조종하여 자신의 운명을 좌우하려 한다는 것을 의미한다. 그들은 바라는 것을 얻기 위해서 자신의 감정을 숨긴다.[6] 그들은 오래도록 원한을 품는다.[7] 그들은 침략자들과 한데 모여 평화를 협상한다.[8] 만약 동료 침팬지보다 더 적은 양의 음식을 보상받으면 그들은 공명정대의 정신으로 저항할 것이며[9] 이기적인 침팬지를 의욕적으로 처벌하고자 할 것이다.[10]

그러나 침팬지들도 서열에 집착하여 존의 행동과 같이 인간 무리에서 볼 법한 전형적인 행동을 보이기 시작한다. 하층 집단은 지도부를 무너뜨리기 위해 극적이고 위험한 공격을 선동하고자 협력하기 때문에 약하고 어린 침팬지일수록 음모와 쿠데타에 자주 관여하게 된다.[11] 그들은 동맹 정보를 계속해서 파악한다. 만약 한 침팬지가 다른 침팬지를 어떤 공격으로부터 지켜준다면, 훗날 충돌이 생겼을 때 그들이 연합할 것으로 기대되기 때문이다. 이러한 도덕적 규범을 지키지 않으면 연대가 무너지는 위기를 초래할 수 있다. 그들은 정치적 구타와 살인을 저지른다.[12] 이러한 폭력 행위는 순간적인 동물적 분노의 산물이 아니라[13] 신중히 계획되어 실행된 것이다.

결정적으로 집단의 우두머리 자리에 오르기 위해 싸울 때, 침팬지는 이를 순전히 폭력을 통해서만 이끌지 않는다. 약삭빠른 정치가가 되어야 한다. 유명 영장류학자 프란스 드 발 교수가 연구한 우두머리 침팬지[14]는 일단 왕좌를 차지하고 나면, 싸움에서의 승리나 다른 강한 수컷들과의 관계 구축에 초점을 맞추기보다 부족의 약한 구성원들을 지원하여 그들로부터 공격받는 것을 막는 일에 집중하는 것으로 전략을 바꾸는 모습을 보였다. 드 발 교수는 이렇게 발표했다. "침팬지들은 무리를 이뤄 연대하는 것에 매우 영리하여 지도자는 더욱 큰 공동체를 수용하는 것뿐만 아니라 자신의 지위를 공고히 하기 위해서는 동맹을 필요로 한다. 정상의 자리에 머문다는 것은 지배를 확고히 하면서 지지자들을 만족시키고 집단 반란을 방지하는 것 사이의 균형을 잡는 일이다. 이는 익숙하게 들릴 텐데, 바로 인간의 정치도 이와 똑같기 때문이다."

드 발 교수는 루이트라 불리는 '위대한' 우두머리 수컷 침팬지의 행동에 대해 설명하는데,[15] 인간의 가장 가까운 사촌들이 생각하는 '이상적인' 자아의 자질은 우리를 감질나게 한다. "루이트는 암컷 침팬지들에

1. 부족으로서의 자아

게 인기가 좋았으며 분쟁이 있을 때면 강력한 결정권을 가졌고 억압받는 침팬지들을 보호하며, 침팬지와 인간 모두가 흔히 사용하는 분열과 통치 전략을 사용하는 데 있어서 경쟁자들 사이의 유대를 분열시키는 것에 유능했다." 힘과 지혜, 보살핌의 이 특별한 조합은 인간이 여전히 높이 사는 점들이라는 걸 바로 떠올릴 수 있을 것이다.

우리의 이상적 자아 모델과 침팬지의 모델이 적어도 윤곽은 매우 비슷하다는 점에서 침팬지들은 우리와 같다. 또한 둘의 공통점은 서열에 집착한다는 것이다. 인간이 서열에 집착하는 이유는 침팬지 무리와 마찬가지로 유동적인 위계질서를 가지고 있기 때문이다. 한 알파 수컷의 통치 기간은 대개 5년이 채 되질 않는다.[16] 이는 우리가 끊임없는 음모와 소문에 둘러싸이게 된다는 것을 의미한다. 계략과 승리, 그리고 피와 드라마가 있다. 우리가 지위에 매우 관심이 많은 건 이 지위가 변화를 만들어낼 가능성이 높기 때문이다. 또 다른 공통점은 인간 부족의 구성원들 또한 다른 부족들을 공격하기 위해서 하나로 뭉친다는 것이다. 생물인류학자인 리처드 랭엄 교수는 "침팬지와 인간이 공통적으로 파괴적인 집단 간의 공격성이라는 독특한 폭력 패턴을 보이며 (…) 4000마리의 포유류와 천만 종 또는 그 이상의 동물 중에서, 이러한 일련의 행동은 침팬지와 인간들 사이에서만 나타나는 것으로 알려져 있다"는 것을 확인했다.[17]

그러므로 우리는 부족적이다. 우리는 지위와 서열에 집착한다. 우리는 우리가 속한 내집단에 편향되어 있으며 다른 이들에 대해서는 편견을 가지고 있다. 이는 무의식적이다. 이것이 우리가 생각하는 방식이며 우리 모습이다. 인간의 삶을 산다는 것은 집단으로 사는 것이다. 여러 실험은 인간이 낯선 사람들을 만나게 되면 무의식적으로 곧바로[18] 그들에 대한 세 가지 정보만을 부호화한다는 것을 발견했다. 뇌가 근본적으로 중요하게 생각하는 이 세 가지는 무엇일까? 기본적인 사회적 상호작용에 있어 필수적인 나이와 성별, 그리고 그렇지 않은 인종이다. 아기들은 보편적으로 자신과 같은 인종의 얼굴을 선호하는 것으로 밝혀졌다.[19] 6세 정도의 어린아이들[20]에게 다양하게 해석될 수 있는 어떤 상황 속에 놓인 자신과 인종이 다른 사람들의 사진을 보여주면, 아이들은 그 사람들이 나쁜 짓을 하고 있다고 생각하는 경향을 보인다. 원시 수렵 채집민으로서의 시대는 막을 내렸을지 모르지만 우리 뇌는 아직도 그 시대의 사고방식대로 살고 있다. 이러한 사고방식이 세상을 지옥으로 만들어낸다는 것을 알고 있음에도 우리는 이 세계를 가차없이 내집단과 외집단으로 나누며 어찌할 도리 없이 무리 지어 살아간다. 어쩔 수 없다.

사회심리학자들이 실시한 수많은 실험에서 원시 부족적 두뇌의 영향을 확인할 수 있었다.[21] 그들은 한 집단을 무작위로 둘로 나누는 것만으로 인간은 무의식적으로 편견을 갖게 된다는 것을 발견했다. 나는 부족의 내전에 휘말려 납치되어 총살당할 뻔하다가 가까스로 탈출했던 남수단에서부터 마약무법지대인 과테말라시티 외곽의 구릉지대에 이르기까지, 많은 곳에서 수년간 기자 생활을 하면서 이 부족적 자아의 영향을 여러 번 경험했다. 나는 리고 가르시아라는 청년과 함께 과테말라시티의 페로니아라는 지역을 방문한 적이 있다. 페로니아는 적색경보 지역이다. 극도로 위험한 도시 안에 극도의 위험이 집중되어 있는 곳으로, 무시무시하게 폭력적인 나라의 중심지다. (그 당시, 과테말라의 살인율은 멕시코의 두 배 이상이었다.) 리고는 내게 그의 학창 시절과 학교 근처에 있던 복싱클럽에 대해서 이야기해주었다. 그 복싱클럽은 재밌고 편안한 분위기였다. 아이들은 남녀 할 것 없이 그곳에 와서 운동을 배웠으며 오전반과 오후반이 있었다. 두 반 사이에 선의의 경쟁의식이 생겨나나 싶더니 서서히 선의를 잃어갔다. 기량을 뽐내는 것은 위협이 되어버렸다. 사람들은 자신을 방어하기 위해 야구방망이와 칼을 들었다. 어느 날, 오후반 학생들이 오전반 수업을 급습했다. 겁에 질린 선생님들은 오전반 학생들을 체육관 내에 가두었다. 아이들은 배관 파이프와 텔레비전 금속 거치대의 막대로 집에서 총을 만들며 무기를 손수 제작하기 시작했다. 오전반과 오후반 아이들은 조폭 패거리가 되었다. "나와 같이 학교를 다니던 거의 대부분의 남자아이들은 살해당했어요. 그 아이들 중 한 명은 참수를 당하기도 했어요." 리고가 오싹하리만치 태연하게 말했다.

우리는 종종 이런 행동이 '무분별하다'고 이야기하는 것을 듣기도 하지만, 어떤 의미에서 부족적 공격성은 전적으로 예측 가능한 인간 자아의 산물일 뿐이다. 자아는 이렇게 형성되고 작용하는 것이다. 나는 존의 이야기를 들으면서 오늘날의 떠들썩한 소음과 첨단기술에도 불구하고 우리는 영장류 사람상과superfamily Hominoidea에 속하는 유인원[22]이라는 사실을 다시 한번 깨달았다. 우리는 동물이다.

행동대장으로서 존은 사람들을 지배해야만 했다. 그가 지배해야 했던 또 한 가지는 그의 양심이었다. 그는 주로 진탕 노는 것을 통해서 이를 지배했다. 섹스와 코카인은 고통을 완화시켜주는 데 탁월했다. 호화스러운 자동차도 그러했다. 그는 BMW7과 흰색의 메르세데스를 몰았으며 로드 크리켓 구장이 내려다보이는 런던 세인트존스우드에 있는 아파트의 펜트하우스에 살았다. 그는 노팅힐에서 열리는 술과 마약이 가득한 파티에 참석했다. 그는 어딜 가든 공짜로 술을 마셨고 사람들이 그를 알아보았으며 여자들에게 번호를 받았다. 존처럼 꽤나 이름을 날리면 아무것도 할 필요가 없었다. 여자들이 줄을 섰으니 말이다. 그는 셀 수 없을 만큼 많은 여자와 밤을 보냈다. 멋진 인생이었다. 그는 어릴 적 아버지가 들려주곤 했던 이야기 속 인물들처럼 최고의 악당이 되었다. 그는 높은 서열을 위해 싸우고 부족의 우두머리 자리에 점점 다가서며 자신의 지위를 쌓아 올리고 있었다.

어느 날 밤, 존은 소호 동쪽 끝에 있는 보더라인 클럽의 출입을 관리하는 업무에 배치되었다. 협소한 곳이었지만 유명인들이 자주 드나들었고 때로는 R.E.M미국의 록 밴드과 같은 국제적으로 인기 있는 뮤지션들의 비밀 공연이 주최되기도 했다. 존은 초대자 명단에 있던 한 여자에게 첫눈에 반해버렸다. 그리고 사람들이 자신은 초대된 손님인데 손님 명단에만 빠져 있을 뿐이라고 주장하는 일은 비교적 흔하게 일어난다. 하지만 이곳은 전혀 그런 문제가 없었다. 그날 밤, 그 일이 일어나기 전까지만 해도.

"당신들은 명단에 없는데요." 그 여자가 말했다.

"뭐, 어쨌든 우린 들어갈 거예요." 남자가 말했다.

"명단에 없으면 들어갈 수 없어요." 그 여자가 말했다.

존은 두 남자를 보았다. 그들은 존에게 전혀 위협적으로 보이지 않았다. 둘 중 하나가 존이 자신들을 바라보고 있는 것을 알아채곤 말했다. "당신도 우릴 막을 순 없어."

"나는 그들이 그 여자 앞에서 나를 망신 주고 있다고 생각했어요."

존이 말했다. "그녀는 눈부시게 아름다웠어요. 그래서 그녀와 잘해보고 싶었어요. 그리고 마지막으로……." 그는 고개를 가로저으며 말했다. "내가 가진 것이라곤 명성뿐인데 그 두 멍청이가 나를 존중하지 않는 걸 그녀가 봤잖아요. 그들은 내 자존심에 금이 가게 했어요. 그래서 나는 카운터 뒤에서 야구방망이를 가져다 그들을 팼어요. 솔직히 말하면 거의 죽기 직전까지 팼다고 할 수 있어요." 그가 말했다.

불러가 부하들에게 가장 강조하여 가르친 것은 명성의 중요성이었다. "뭐랄까, 정말로 돈과 여자를 차지한다기보다, 우리가 진짜 하고 있는 것은 바로 이름을 알리는 것이었어요. 그것이 이 세계에서 서열이 작동하는 방식이죠. '가장 용감하고 세고 악랄한 사람으로 존경받지 못한다면, 이름을 날리지 못한다면 그럼 아무것도 아닌 사람이 된다.' 하지만 참 이상했어요. 집에서 드라마 「초원 위의 작은 집」을 보고 있으면 눈물이 얼굴을 타고 흐르는데, 일하러 가서는 누군가를 기절시킬 정도로 두들겨 팼어요. 두 개의 다른 세계가 있는 것 같았죠. 처음 일을 시작했을 때 한번은 불러와 함께 술집에 있었는데 거기에는 항상 불러에게 일을 얻어내거나 일을 뺏으려 하는 작은 사내가 있었어요. 그는 나를 볼 때마다 '안녕, 멀대'라고 장난스레 말하곤 했어요. 어느 날 밤, 나는 그의 멱살을 잡고는 '한 번만 더 사람들 앞에서 나를 깔보면 네 머리를 날려버릴 줄 알아'라고 말했어요. 그러자 불러는 내게 '이제야 네가 이 세계를 이해하기 시작했군'이라고 말했죠." 존이 말했다.

명성에 대한 강박적인 집착으로 존은 다시 한번 잠자코 자신의 부족으로서의 자아에 의해 조종되었다. 하지만 이는 존에게만 일어나는 일이 아니다. 다른 사람들이 나에 대해서 어떻게 생각하는지를 신경 쓰는 것[23]은 인간의 커다란 관심사 중 하나다. 아이들은 다섯 살 무렵부터 자신에 대한 세간의 평가를 관리하고자 한다.[24] 물론 수렵 채집민으로 지내던 시절에도 좋은 명성을 유지하는 것은 매우 중요했다. 평판이 나쁘다는 것은 쉽게 얻어맞고, 죽임을 당하고 배척당한다는 것[25]을 의미한다. 그 당시 배척당한다는 것은 사형 선고와도 같은 일이었다. 오늘에 이르기까지 인간 자아의 가장 핵심적인 활동은 남들이 우리를 어떻게 생각하는지에 깊은 관심을 갖고 이를 통제하고자 하는 것이다. 우리 모두 어느 정도는 절실하고 과민한 자기 홍보 전문가다. 자신의 명성이 보잘것없다는 것을 알게 되면 자아는 고통, 분노, 절망의 상태로 접어든다. 심하면 자신을 부정하기까지 한다.

명성은 소문을 먹고 산다. 명성은 사회생활 속에서 우리를 표상하는 지나치게 단순화된 아바타로, 우리가 서로 이야기하는 아주 재밌고 짧은 이야기 속에서 생명을 얻는다. 우리가 도덕적인 이야기에 등장한다는 것은 자동으로 영웅 혹은 악당 역할을 맡게 된다는 것을 의미하며, 줄거리 속에서의 역할에 따라 결점이나 자질은 확대된다. 그리고 우리는 이 소문을 어찌할 도리가 없다. 소문이 대화에서 몇 퍼센트를 차지하고 있는지 측정한 연구들은 대략 65~90퍼센트를 차지한다고 어림잡았다.[26] 세 살이 되면 아이들은 누굴 믿을 수 있고 믿을 수 없는지에 대한 생각을 또래와 나누기 시작한다.[27] 성 고정관념과 다르게[28] 남자들 또한 여자들만큼이나 소문에 대해 이야기하기를 즐긴다. 남자들은 여자들이 주변에 있을 때 소문에 대해 덜 이야기하려는 것뿐이다. 영국 북아일랜드 벨파스트의 한 대학에서 진행한 소문에 대한 한 연구[29]

는 대부분의 소문이 도덕적 규범을 어긴 사람들에 관한 것임을 발견했다. 칭찬에 관한 것은 드물었다. 연구팀은 부정적인 소문이 무의식적으로 그 주제에 더욱 관심을 기울이게 만들어 우리 생각에도 영향을 미칠 수 있음을 밝혀냈다.[30]

이토록 타고나길 소문을 좋아할 수밖에 없는 것은 과거 부족생활로부터 물려받은 또 다른 유산이다. 인류학자인 로빈 던바 교수는 과거 당시 부족의 규모가 어떠했을지를 계산하고자 한 것으로 유명하다. '던바의 수'로 알려진 이 수치는 148을 조금 밑도는 것으로 나왔다.[31] 148명으로 이루어진 부족에서 태어났다고 가정해보자. 어떻게 그들에 대한 정보를 하나도 놓치지 않고 알 수 있을까? 누가 고기를 나눠줄지, 누가 내 것을 훔칠지, 또 누가 나의 목에 칼을 들이밀지 과연 누가 좋은 사람이고 나쁜 사람인지를 어떻게 알아낼 수 있을까? 조금씩 퍼지는 입소문을 통해서다.

하지만 소문은 중요한 정보를 알아내기 위한 방법일 뿐 아니라 부족을 통치하기 위한 것이었다. 중요한 규칙을 어긴 사람에 대한 이야기는 강력한 도덕적 분개심을 일으켰을 것이고[32] 이는 가혹한 처벌로 이어졌을 가능성이 크다. 물론 이러한 모습은 오늘날 완벽주의의 시대에도 무척이나 뚜렷하게 나타난다. 오늘날 남들에 대한 소문은 소셜미디어와 온라인 미디어에 의해 빠르게 퍼져 나가고 감정적인 도덕적 분노의 고조로 이어진다. 결국 이는 수치심을 유발하고 가혹한 처벌에 대한 요구로 이어지며, 그렇게 사람들은 직장을 잃고 삶도 잃는다. 사람들은 자신이 이 성난 군중만큼이나 도덕적이라고 생각하지만, 그들이 이런 행동에 휩쓸릴 때 사실 그들은 잔인하고 원시적인 힘에 의해 움직이게 되는 것이다. 그들은 자신이 천사인 줄 알지만, 사실은 유인원이다.

이 모든 것이 우리를 우리 여정의 중요한 장소로 인도한다. 우리는 완벽주의라는 현대적 감정의 가장 깊은 원인을 고대 부족에게서 찾았다. 우리는 단순히 얻어맞고 추방되는 것을 피하고자 명성을 갈구하는 것이 아니기 때문이다. 우리는 그것보다 더욱 야심찼고 여전히 그렇다. 또한 부족 내에서 높은 서열에 오르고자 남들에게 좋게 평가받길 원했다. 심리학자인 로버트 호건 교수가 한 유명한 말을 인용하자면,[33] 우리의 주된 관심사는 '남들과 사이좋게 지내며 출세하는 것'이었다. 우리는 평판을 좋게 만들어서 다른 사람들과 사이좋게 지내고 싶어했으며, 그러고는 출세를 위해 그 좋은 평판을 이용했다.

하지만 애초에 좋은 평판을 얻는 법을 우리가 어떻게 알았겠는가? 우리 부족이 어떤 자질을 가치 있게 여기고 싫어하는지를 어떻게 배웠겠는가? 부분적으로는, 부족 내의 소문을 들어서 가능했을 것이다. 우리를 도덕적으로 분노케 만드는 이야기는 성공하고자 한다면 먼저 어떤 사람이 되어야 하는지를 알려주었다. 그리하여 한편으로 완벽해지고 싶어하는 야심 있는 자아와 다른 한편으로 일종의 문화적 집단 개념인 이상적 자아, 이것이 우리가 뒤쫓고 있는 두 가지 자아다.

그 먼 시대의 이상적 자아가 어떠했을지 그 윤곽을 밝히는 것은 가능하다. 부족 내 좋은 일원과 나쁜 일원의 기본적인 특징들을 보면 된다. 이상하게 들리겠지만, 아기들을 대상으로 한 실험을 통해 이를 알수 있다. 우리가 가지고 태어나는 모든 기능과 성향이 전적으로 자아의 근본을 이루기 때문에 그 기능과 성향이 지극히 깊은 역사를 지니고 있다는 발상이다. 아동심리학자인 폴 블룸 교수는 이러한 것이 "배움을 통해 얻어지거나[34] 어머니의 양육을 통해 또는 학교나 교회로부터 배우게 되는 것이 아니라 생물학적인 진화의 산물"이라고 설명한다.

이런 아이들을 대상으로 한 실험을 통해 연구자들은 '좋은' 사람과 '나쁜' 사람을 판단하는 기본적인 규칙을 밝혀냈다. 언어 습득 이전의 아이들을 대상으로 한 일련의 실험 중에 간단한 인형극 실험이 있다.[35] 공 하나가 언덕을 오르려고 한다. 착한 사각형은 공 뒤에서 공을 밀어 올리는 반면, 심술궂은 삼각형은 공을 언덕 아래로 밀어서 공의 임무를 망치려 한다. 태어난 지 6~10개월이 된 아이들에게 이 인형극을 보게 하고 나서 도형을 가지고 놀도록 하면 대부분의 아이들은 이타적으로 기꺼이 남을 돕는 사각형에게 간다. 블룸 교수는 이를 두고 "아기들이 내린 진짜 사회적 판단"이라고 설명했다.

이와 같은 연구는 오늘날 사람들이 '선하다'고 말할 때 실제로는 '이타적임'을 의미하는 것이라고 이야기한다.[36] 우리는 다른 이들의 이익을 위해 기꺼이 어떤 희생을 할 용의가 있는 사람들을 찬양하고 보상한다. 부족의 관점에서 생각하면 이것이 합당할 수도 있겠다는 것을 이해할 수 있을 것이다. 당시에는 식량, 지식, 시간, 보살핌과 같은 자원을 공유하는 것이 매우 중요했을 테니 말이다. 물론 그 이면에는 이기심이 깔려 있는[37] 이 이타적 정신은 매우 쉽게, 때로는 폭력적으로 꺾이고 말았을 것이다.

물론, 완벽한 자아의 대략적인 윤곽은 변하지 않았다. 우리는 여전히 이타적인 사람들을 좋아한다. 우리는 소문 가운데 그리고 그보다 넓은 문화 속에서 그들을 존경한다. 유아 실험은 유아들이 본능적으로 집단 구성원 간의 나눔을 기대한다는 것[38]을 보여주었다. 심지어 유아들은 나눔의 정치적 이해관계에 대한 정보를 계속 파악하며[39] 누가 누구에게 빚을 졌는지도 알고 있었다. 네 살배기 아이들에게도 공정성을 유지하고 감찰하고자 하는 충동이 있음을 발견했다. 다른 아이들보다 더 적은 양의 간식을 주자,[40] 그들은 불공정한 거래를 받아들이기보다 아예 아무도 간식을 받지 않는 쪽을 택했다. 그 나이에도, 우리는 불공정한 자가 처벌받는 것을 보기 위해서 고통받을 준비가 되어 있었다. (하지만 우리는 이에 있어서 위선적이다. 그 아이들은 그 거래가 자신들에게 유리했다면 받아들였을 가능성이 크다.) 우리는 다른 사람들의 이기심을 통제함으로써[41] 부족을 원활하게 다스리고자 하는 것이다. 그리고 오늘날에도 이렇듯 심오한 부족의 규칙은 우리가 누구인지, 그리고 남들이 우리를 어떻게 생각하길 바라는지에 엄청난 영향력을 발휘한다.

하지만 이 모든 것을 듣고 나는 어리둥절해졌다. 그렇다면 존은? 그는 인간이 늘 해왔던 것처럼 동료들과 잘 지내고 출세하려고 노력하면서 이 부족을 일으켜 세우고 있었지만 그를 '이타적인' 사람으로 생각하기는 힘들다. 존의 이야기는 과학자들의 주장을 보란 듯이 빗나가지 않는가?

이에 대한 답은 우리가 '이기적' 또는 '이타적'이라고 분류하는 행동의 정도를 우리의 부족적 뇌가 어떻게 조정하는지를 이해하고 나서야 명확해졌다. 그룹의 구성원들이 서로 공유할 것을 자연스럽게 기대했던 유아들을 기억하는가? 유아들은 어떤 사람이 다른 그룹의 누군가와는 나누기를 거절할 것이라는 사실에 놀라지 않았다.[42] 이타적인 행위는 우리 부족을 위해서 행해지는 경우가 많다.[43] 존은 스스로를 조직에 도움이 되고자 계속되는 폭력적인 공격과 옥살이의 위험을 기꺼이 무릅쓰는 이타적인 사람이라고 생각했다. 조직의 관점에서, 그는 이타적이었다. 그는 조직에서 가장 이로운 사람이 되길 갈망했다. 저명한 신화학자 조지프 캠벨[44]은 "어떤 사람을 영웅이라고 부를지, 괴물이라고 부를지는 의식의 초점이 어디에 있느냐에 달려 있다. 제2차 세계대전 중 독일군을 죽이기 위해 독일로 파견된 미국인만큼이나 독일인도 영웅이었다"라는 말로 이 원리를 잘 설명했다.

자, 이제 우리의 부족과 부족스러운 모습으로 돌아오자. 완벽해지고 싶다고 느낄 때, 우리에게 실제로 '완벽한' 것이 어떤 것인지를 정의 내리는 것은 대체로 우리 부족이다. 이 정의를 알리는 방법 중 하나는 소문을 통해서이며 이는 많은 경우 중요한 규칙을 위반한 사람들에 대한 이야기다. 우리의 부족적 뿌리 때문에 모든 인간에게는 선량한 사람이란 곧 이타적인 사람이라는 근본 원칙이 있다.

이러한 것들은 보편적인 기본 원리다. 오늘날 우리가 정말로 부족 형태로 사는 것은 아니지만 심리적으로는 부족 내에서 살아간다. 우리 모두는 겹치는 여러 내집단의 일원이다. 예를 들어 흑인 또는 아시아인, 베이비 붐 세대 또는 밀레니얼 세대, 시골 또는 도시, iOS 또는 안드로이드로 구별될 수 있다. 그리고 사람들과 잘 지내고 출세하고 싶다면 어떤 사람이 되어야 하는지를 보여주기 위해서 더 이상 소문에만 의존할 필요가 없다. 우리는 신문과 영화, 책, 온라인을 통해 이러한 교훈이 전달되는 문화적 풍부함의 시대에 살고 있다. 종종 이런 이야기들은 고대의 무시무시한 이야기들과 놀랄 만큼 비슷한 결과를 가져온다. 영웅들은 칭송을 받고 지위가 높아지는 반면(영웅 역을 연기하는 배우들까지도) 규칙을 위반한 자들은 폭력이나 배척으로 처벌받는다. 우리 대부분은 일종의 영웅이 되기를 바랄 것이다. 즉, 우리는 우리 부족의 일상적이고 유동적인 사회적 이야기 속에서 좋은 '명성'을 얻길 바란다.

하지만 마지막으로 명성에 대해서 짚고 넘어가야 할 중요한 점이 하나 있다. 인간은 강한 자의식을 지닌 존재다. 다른 사람들이 우리를 평가하듯 우리는 스스로를 평가하면서 끊임없이 자기 자신을 감시한다.

우리가 명백히 이기적인 방식으로 행동하는 것을 스스로 인지하게 되었을 때, 우리 마음은 '죄책감'이라고 부르는 경각심을 통해 경고를 보낸다. 우리는 한 살 이전부터 죄책감이라는 감정을 느끼기 시작한다.[45] 이는 즐거운 경험이 아니다. 우리는 자신이 부족의 정상 자리에 오를 자격이 있는 좋은 사람이라고 믿고 싶어한다. 고통스러운 완벽주의적 사고에 시달린 적이 있는 사람이라면 알 수 있듯, 우리는 남들에게서 좋은 평판을 얻길 열망할 뿐 아니라 자기 자신에게서도 열망한다.

그는 존에게 별것도 아니었다. 머피는 아일랜드 출신 사내로 절름발이에 머리는 떡이 저 있었다. 입만 살아서는 유명해지길 간절히 바랐지만 하찮은 차량 절도범, 노점 상인에 지나지 않았으며 빌어먹을 풋내기일 뿐이었다. 당시 레이턴스톤런던 동쪽 지구에 위치한 구역에 있던 술집의 모든 사람이 알고 있듯 존은 런던에서 가장 악명 높은 범죄자였다. 존은 자판기에서 막 담배 몇 갑을 산 참이었으며 우연히 머피가 그를 스쳐 지나갔다. 존은 바에 기대서 담뱃갑을 뜯고는 술집 주인과 뉴스에 나온 일에 대해서 떠들고 있었다. 당시는 1991년으로 제1차 걸프전이 끝난 때였다. 머피가 그의 뒤로 다가왔다.

"사람이랑 부딪히면, 미안하다 말을 해야지."

존이 뒤를 돌아봤다.

"빌어먹을 풋내기를 봤나."

"뭐라고?"

"제기랄, 별것도 아닌 게."

"당신 무식할 뿐 아니라 귀머거리인가봐?"

존은 머피의 멱살을 잡았다. 그는 머피를 바닥에 내동댕이치고는 주먹으로 얼굴을 계속해서 때렸다. 머피는 바닥에서 버둥거렸으며 존의 셔츠는 피로 물들었다. 머피가 그를 칼로 찔렀다. 그러고는 허리 아래가 뭔가 얼얼한 느낌이 났다. 존이 고개를 들었다. 머피의 친구가 스탠리 칼삼각형의 날카로운 칼로 날의 교체가 가능하다을 들고 서 있었다. 그가 존을 찌른 것이었다.

술집 주인의 아내가 존의 상처를 붕대로 감는 동안 두 남자는 달아났다.

"당신, 병원에 가야 해요." 술집 주인의 아내가 말했다.

"어림없는 소리."

그는 그의 동료 필을 불렀다. "총을 가지고 곧장 여기로 와." 필은 구경 38밀리의 총을 가지고 도착했다. 그들은 머피의 아파트로 차를 몰고 가 현관문을 발로 차 열었고 텔레비전을 보고 있는 머피의 아내와 세 명의 아이들을 발견했다. 존은 머피의 아내에게 총을 겨누었다. "그를 보지 못했어요." 그녀가 그들에게 애원했다. 그들은 아파트 밖에서 세 시간이나 머피를 기다렸다. 머피를 만날 수 없었다. 그들은 이튿날 머피가 가끔 일했던 보몬트 호텔에서 그를 찾았으나 헛수고였다. 그들은 지역 마약상들에게 머피에 대해 물어보았다. 역시나 그를 찾을 수 없었다.

그러고는 마침내, 거의 1년이 지나서야 제보를 받았다. 머피가 가끔씩 아들의 학교로 아들을 데리러 간다는 것이었다. 존은 학교 근처에서 며칠을 기다렸다. 여전히 그 빌어먹을 풋내기는 보이지 않았다. 그러더니, 드디어 그가 자신의 여섯 살 된 아들과 함께 모습을 나타냈다. "머피!" 존이 외쳤다. "나 기억해?" 존은 주먹 한 방을 날려서 그 아일랜드 남자를 쓰러뜨렸다. 존은 머피의 위에 앉아서 주먹으로 얼굴을 마구 때리기 시작했다. 학부모들과 아이들이 주변에 몰려들어 소리를 질렀고 존은 머피의 귀를 잡아 들어서 그의 뒤통수를 길바닥에 내려치기 시작했다.

"이러다가 사람 죽겠어요!" 누군가 말했다.

존이 머피를 손에서 놓았다. "다음에 널 또 보게 되면 그땐 죽는 줄 알아."

며칠 후 존이 캣워스가에 있는 주택지구의 보몬트암스 술집에서 큰 마약 거래를 성사한 것을 축하하고 있을 때, 머피의 아버지가 그에게 다가왔다. 육십대인 그는 화가 나 있었다. "내 손자는 아빠가 두드려 맞는 것을 눈앞에서 보고 엄청난 충격을 받았소." 존은 맥주잔을 집어 들고는 그 노인의 얼굴을 향해 던졌다. 함께 온 머피의 형제가 아버지를 보호하고자 휘청거리며 끼어들었다. 존은 그에게 단도를 휘두르고 유리잔을 던졌다. 그는 숨죽이고 있는 사람들을 노려보았다. "뭘 봐!" 한 뚱뚱한 남자가 그에게 다가왔다. "당신이 누구이든 간에 60세 노인에게 유리잔을 던질 수는 없어." 하지만 존은 수적으로 열세였다. 그는 술집을 떠나 양복을 갈아입고는 두 명의 동료에게 전화를 걸었다. 그들은 골프채를 가지고 돌아왔다. 존은 그 뚱뚱한 남자를 정신이 나갈 때까지 두드려 패고 당구대에 던져두고는 눈에 보이는 것을 모조리 부숴버리고 그곳 주인에게 경찰을 부르면 죽이겠다고 협박했다.

몇 주가 지나고, 웨스트엔드의 나이팅게일 클럽 밖에서 존은 브래스 너클로 술을 마시고 있던 사람을 때리고는 그 사람의 머리가 터져 보도에 피가 흐르는 것을 바라보았다. "존, 너 그 녀석을 죽였을지도 몰라." 불러가 존을 차로 데려다주는 길에 혀를 차며 말했다. "성질 좀 죽여." 존은 레이턴의 보몬트 주택지구에 있는 자신의 아파트에서 홀로 대마초를 피우고 스페셜 브루^{맥주회사 칼스버그에서 생산하는 맥주 종류} 한 캔을 마시며 앉아 있었다. 벽에는 검들이 걸려 있고 바닥에는 피자 상자와 음란물이 있었다. 방은 검은색 페인트로 칠해져 있었다. 불러가 맞았다. 그는 최근 조금 예민했다. 침착해질 필요가 있었다. 만약 그 남자가 정말로 죽었다면 과실치사로 10년 형을 선고받을지도 몰랐다. 그는 일주일의 휴가가 필요하다고 결론을 내렸다.

그가 이렇게 생각하고 있을 때, 몇 마일 떨어진 캡워스가에서 어머니는 절망적인 일들을 굽어살피는 수호신인 성 유다에게 아들을 데려가달라고 간청하며 9일 기도를 드리고 있었다. "나는 나대신 신께 말씀을 잘 전해달라고 성 유다께 부탁하고 있었지. 나는 '평생을 기도해도 아들은 변하지 않습니다. 저는 할 만큼 했으니 이제 그를 데려가시옵소서. 그는 악마입니다'라고 기도했어."

저녁 9시쯤 존은 어떤 목소리를 들었다. 그 목소리는 그가 지금까지 저질렀던 모든 나쁜 행동을 나열하고 있었다. 폭력, 여자, 마약, 배신. '이것이 너의 인생이다. 이것이 네가 한 짓이다.' 그 목소리는 그렇게 말했다. 그는 텔레비전 소리라고 생각했다. 하지만 텔레비전이 이를 어떻게 알겠는가?

그는 텔레비전을 껐다.

그의 모든 죄를 열거하는 그 목소리는 여전히 들렸다. "내가 끔찍한 죄인이라고 느낄 때까지, 모든 죄가 차례로 나를 덮쳐왔어요." 그 목소리가 무엇인지 그리고 그에게 무엇을 말하는지 존은 그때 알게 되었다.

그는 지옥에 갈 것이었다.

존은 아파트 밖 거리로 내달렸다. 그는 무릎을 꿇고 인생에서 처음으로 기도를 했다. "도와주세요!" 그는 황금빛으로 일렁이는 경외심 속에서 축복의 경이로움에 잠겼다. 그는 생애 최고의 흥분을 느꼈다고 말했다.

"그럼, 마약보다 더 좋았다는 건가요?" 내가 물었다.

"비교도 안 되죠."

오밤중에 그는 어머니의 집을 찾아갔다.

"엄마, 일이 생겼어요." 그가 말했다.

"무슨 일이?"

"신을 찾았어요."

그녀는 놀라서 그를 바라보았다.

"신을 찾았다고? 새벽 1시에?" 그녀가 말했다.

존의 어머니는 그에게 자신의 집에 머물러도 좋다고 했다. 그녀의 연인인 앨런이 존에게 성경을 주었다. 존은 누워서 성경을 펼쳐 들고 회개한 탕아의 이야기를 읽었다. 길을 잃고 죄를 짓고 다시 돌아온 그 탕아는…… 존과 같았다. 그는 눈물을 훔쳤다. 그날 밤은 초자연적인 경이로움으로 가득했다. 쿵 하는 소리, 와르르 무너져 내리는 소리, 울부짖는 소리와 같은 지옥의 소리가 그를 에워쌌다. "매우 이상했어요." 그가 내게 말했다. 마침내 날이 밝았을 때, 그 소음을 들었던 앨런 또한 존에게 말했다. "악마가 지난밤 네게 아주 화가 났었나 보구나."

존은 앨런에게 완전히 익명으로 자백을 구할 수 있는 곳이 있는지 물었다.

"웨스트민스터 성당이 있단다." 앨런이 말했다.

그는 지하철을 탔고 한 수녀 뒤에 줄을 섰으며 어두운 고해소에 들어서 안도감을 느끼자마자 그가 떠올릴 수 있는 최악의 것들을 전부 읊어대기 시작했다.

"아는 기도문이 있으신지요?" 존이 말을 끝내자 신부가 물었다.

"주기도문을 압니다."

"그럼 주기도문을 외우시죠. 잘 오셨습니다." 신부가 말했다.

성당을 나서면서 그는 춤을 추고 싶은 기분이었다. 몇 주 후, 켄트주에 있는 에일스퍼드 수도원에서 신부님께 더 많은 고해를 했다. 고해는 몇 시간 동안이나 계속되었다. 그는 고해성사를 더욱 많이 하게 되었고 하루에 네 시간이나 걸릴 때도 있었다. 그는 고행을 시작했다. 성경을 읽으면서 일부러 잠을 자지 않고, 한 번씩 며칠 동안 음식을 먹지 않기도 하면서 이스트엔드의 길을 따라 11.2킬로미터 떨어진 교회까지 맨발로 걸어갔다. 하지만 모든 분노와 그의 기적적인 종교로의 귀의에도 불구하고, 그가 발견한 이 새로운 세계에서도 그를 혼란스럽게 하는 것들은 여전히 존재했다. 예를 들어, 왜 로마가톨릭교회는 그토록 많은 사람이 가난했을 때 그렇게 부유했을까? 그리고 어째서 교황은 어떤 강력한 부족의 지도자처럼 행동했을까? 마치 왕처럼?

존은 이런 하찮은 트집들을 마음속 한구석에 넣어두려고 했다. 그는 할 일이 많았다. 그는 달라졌다. 그는 더 나은 사람이 되어야 했다. 그는 이제, 그동안 자신이 얼마나 이기적으로 굴었는지 깨달았다. 그는 신께 기도했다. '나는 이제껏 뺏기만 했습니다. 이제는 베풀고 싶습니다.'

사람들은 흔히 자아를 '이야기'라고 한다. 만약 그렇다면, 그 악마의 밤에, 존의 이야기는 폭력적인 조직 폭력배에서 신앙심 깊은 가톨릭교도로 변하는 이야기로, 아주 놀랍게 다시 쓰였다. 그 기이한 밤에 일어난 사건들은 우리 여정에 있어 아주 중요한 단서들을 제공한다. 이 단서들은 자아가 어떻게 구성되는지뿐만 아니라 잠재적으로 어떤 사건들과 패턴들이 파멸적인 붕괴로 이어질 수 있는지를 발견하는 데 도움을 준다.

존에게 일어난 일을 이해하기 위해서, 우리는 심리학자들과 신경과학자들이 '이야기'로서의 자아에 대해 말할 때 그들이 의미하는 단 한 가지 측면만을 고려해야 한다. 이렇게 하는 것은 인간 자아에 대해 중요하고도 충격적인 사실을 드러낸다. 즉 이것은 우리가 누구인지에 대한 이야기를 들려주기 위해서 만들어진 것이며, 그 이야기는 사실 거짓이라는 것이다.

지각 있는 인간이란 무엇인지 잠시 생각해보자. 경험에는 본질적으로 네 가지가 있다. 첫째는 감각 경험으로 시각, 청각, 후각, 미각, 피부로 느끼는 신체적 감각이다. 둘째는 우리 마음이 과거, 미래, 환상의 이미지를 소환하도록 하는 환각적 여행의 감각이다. 셋째는 일상 속에서 몸부림치고 벅차오르며 두려움과 흥분, 사랑, 욕망, 증오 등 감정의 바다를 마구 휘젓는 감정 경험이다. 마지막은, 이 모든 것을 이야기하는 수다스러운 목소리인 내적 독백이다. 이는 우리에게 일어난 모든 일을 해석하고 이에 대해 토론하며, 이론을 만들고 결코 입을 다물지 않는다.

이제 존이 겪었던 그 악마의 밤을 생각해보자. 그의 경험 속에는 어떤 다른 요소가 있었을까? 우선 그는 알 수 없는 곳에서 들려오는 목소리를 들었다. 둘째로 그는 서구 기독교 문화에서 볼 수 있는 악마, 용서, 천벌이라는 개념을 상기했다. 셋째로 그는 두려움에 떨고 있었다. 마지막이자 가장 결정적으로, 그는 내면의 독백을 들었다. 그의 내면의 목소리는 존이 경험한 모든 이질적인 요소를 하나로 묶어 모든 것을 납득시키는 하나의 훌륭한 이야기를 만들어냈다. 그 목소리는 "네가 듣고 있는 이 무시무시한 목소리는 사탄이다. 너는 지옥에 갈 거라는 뜻이다. 하지만 겁먹지 말아라, 존. 너는 무엇을 해야 할지 알고 있으니. 너는 신에게 용서를 구해야 한다"고 말하고 있었다. 존은 그날 밤 자신에게 일어난 일이 악마의 강림이라 믿는다. 하지만 나는 그가 일시적인 정신병적 증세를 보인 것이라고 생각한다. 그리고 그를 계속되는 심각한 붕괴 상태에서 구해준 것은 존이 통제력을 잃지 않도록 하고 그에게 무슨 일이 일어나고 있는지, 또 이제 무엇을 해야 할지 말해주는 자신의 머릿속 목소리였다. 그의 내면의 소리는 그 모든 것을 하나로 묶고 안전한 길로 이끌며 광기를 가로질러 급선회했다. 신경과학자들은 이 목소리를 '좌뇌 해설자'라고 부른다. 만약 자아가 이야기라면, 이 약삭빠른 이야기꾼을 만날 준비를 하자.

자아 해설자의 이 이상한 작업은 인지신경과학자인 마이클 가자니가의 한 연구팀에 의해서 1960년대에 처음 정식으로 알려졌다.[46] 그들은 이 자아 해설자를 속이는 기발한 방법을 생각해냈다. 그들은 위험한 중증 발작이 일어나는 것을 방지하기 위해 뇌의 두 반구 사이의 연결을 끊는 '뇌 분리' 수술을 받은 간질 환자들을 통해 이를 해낼 수 있었다. 놀랍게도, 이 수술은 발작에 효과가 있었으며 환자들은 수술 후 비교적 평범한 삶을 살 수 있었다. 그러나 환자들의 뇌가 분리되어 있고 이 해설자가 의존하는 언어와 말하기에 관여하는 기관의 대부분은 뇌의 좌반구에 위치하기 때문에, 연구원들은 뇌의 우반구에 환자들의 내면의 목소리 모르게 생각을 주입할 수 있다는 것을 깨달았다. 그리고 만약 내면의 목소리가 어떤 정보가 우반구에 있다는 사실을 모른다면, 그 목소리는 환자에게 그 정보를 '설명'해줄 수 없었다.

실험은 다음과 같다. 어떤 특별한 방법으로 환자들이 왼쪽 눈으로 사진과 비디오를 보게 한다. 그러면 뇌가 연결된 방식으로 인해 사진과 비디오의 이미지는 환자 뇌의 우반구로 이동하게 된다. 하지만 환자들의 우뇌에, 예를 들어 '이것은 닭의 사진이야'라는 내면의 목소리가 없었기 때문에 환자들은 닭의 사진은 고사하고 그 어떤 이미지를 보았다는 의식조차 없다. 만약 한 사람의 우뇌에 모자 사진을 보여주었다면, 그 사람은 아무것도 본 적이 없다고 부인할 테지만 그의 왼손이 (알다시피 물론, 왼손은 우뇌에 의해 조종된다) 갑자기 어찌된 일인지 자기 의지로 모자를 가리키기 시작하면서 그는 깜짝 놀랄 것이다. 이런 일이 실제로 일어난 것이다.

한 여성의 뇌 우반구에 한 남성이 불속으로 밀려 들어가는 무서운 영화를 보여준 실험이 있었다. 불현듯 어떤 불분명한 경험이 떠오르긴 했지만, 그녀가 지각하고 있는 것이라곤 갑작스럽게 느껴지는 공포의 감정뿐이었다. "왜인지는 모르겠지만 뭔가 무서워요. 뛰어내리는 듯한 느낌이 들어요. 이 방이 싫어서 그런가. 아니면 글쎄, 당신, 당신이 나를 불안하게 만드는 것 같아요." 그녀가 박사에게 말했다. 그녀는 실험 조수에게 돌아서더니 말했다. "저는 가자니가 박사님이 좋은 분이라는 걸 알아요. 하지만 지금은 그가 무서워요." 그녀의 좌뇌 해설자는 이 영화가 두려움을 촉발했다는 것을 모르고 자신의 환경 속에서 감정을 설명할 수 있는 1차적인 원인을 찾고는 그것을 사실로 만들어냈다. '이건 가자니가 박사님 때문이야. 그가 너를 겁에 질리게 해'라고 말하는 것이다. 환자는 그 거짓을 사실로 받아들였다. "좌뇌 해설자는 사건의 정황이나 원인을 찾고자 한다. 가장 먼저 떠오른 그럴듯한 설명이면 충분하다"라고 박사는 발표했다. 그와 그의 연구팀은 이런 현상을 '작화증作話症'이라고 부르며 계속해서 증명해 보였다. 한 남자의 분리된 뇌의 우반구에 어떠한 신호를 통해 '걸어'라는 명령을 전달하자, 그는 순순히 일어나서 부엌을 향해 걸어갔다. 왜 그렇게 했느냐고 묻자 그는 '목이 말라서 그랬다'라고 이야기를 만들어냈다. 한 여성의 분리된 뇌의 우반구에 핀업 걸벽에 걸어두고 보고 싶을 만큼 매력적인 여성. 대개 성적으로 이상화된 여성의 이미지의 사진을 보여줬다. 그녀는 피식 웃기 시작했고 왜 그렇게 웃느냐고 연구원들이 묻자 연구원들이 '재밌는 기계'를 가지고 있다고 말하며 말도 안 되는 이야기를 지어냈다.

이 사람들이 결코 '미쳤기' 때문에 이러한 착각을 하는 것이 아니라는 것을 기억하자. 뇌 분리 수술은 가자니가 박사로 하여금 이 해설자가 어떤 일을 하는지를 밝혀낼 수 있게 했다. 불편한 진실은 우리 모두가 우리 삶 속에서 이야기를 말하는 해설자를 가지고 있으며 해설자는 그저 추측만 할 뿐이라는 것이다. 우리는 항상 이야기를 만들어낸다. 우리는 무의식적으로 세계를 돌아다니고 어떤 일을 하고 어떤 감정을 느끼고 어떤 것을 말하는 반면, 우리 뇌의 특정 부분은 계속해서 우리가 무슨 일을 하고 있는지, 왜 하고 있는지에 대한 그럴듯한 이유를 만들어내려고 애쓴다. 하지만 목소리는 우리가 어떤 일을 하는 진짜 이유에 직접 접근할 수 없다. 목소리는 우리가 느끼는 것을 왜 느끼는지, 우리가 하는 일을 왜 하는지 알지 못한다. 이야기를 지어낼 뿐이다.

이러한 실험 이후 진행된 다른 실험들은 뇌 분리 수술을 받지 않은 실험 참가자들 역시 매일 일상적으로 이야기를 지어낸다는 사실을 증명했다. 가장 흥미로웠던 건[47] 사람들에게 이성의 사진을 두 장 보여주고 어떤 사람이 더 매력적인지를 고르라고 한 실험이다. 그런 다음 사진을 뒤집고는 날쌘 손놀림으로 사진을 바꿔치기했다. 그러고 나서 사진을 도로 뒤집어서 보여주었다. 이제 사진의 위치는 처음과 달라져 있다. 놀랍게도 참가자 중 17퍼센트만이 사진이 바뀌었다는 사실을 알아챘다. 사진이 바뀐 것을 알아채지 못한 사람들에게 왜 이 사람이 더 매력적으로 느껴지는지 자세히 설명해줄 것을 부탁했다. 그들은 사실 엉뚱한 사람에 대해서 묘사하고 있었음에도 여러 이유를 대며 즐겁게 이야기를 만들어냈다.

우리 뇌는 우리가 우리의 생각, 감정, 행동을 통제하고 있다고 느끼려 하기 때문에 이와 같이 이야기를 지어낸다.[48] 해설자의 추측이 어쩌면 옳을 수도 있겠지만 당연히 많은 경우 틀리다. "우리가 우리 행동을 설명하고자 할 때, 이 모든 설명은 비의식적 처리과정을 거치지 않은 사후 관찰을 통한 사후 설명이다"라고 가자니기 박사는 전한다. 해설자의 이야기에 들어맞지 않는 모든 불편한 사실은 무시되거나 숨겨진다. 그에 따르면 "당신이 그토록 자랑스러워하는 '자신'은 당신 해설자의 모듈이 당신의 행동을 최대한 구체화할 수 있을 정도로 설명하기 위해 짜맞춘 이야기이며, 해설자는 그 외의 것들을 부정하고 합리화한다." 이 사실들은 '사람들의 행동에 대한 설명을 듣는 것은 흥미롭지만 종종 시간 낭비'[49]라는 것을 의미한다.

만약 이것이 사실이라면, 우려스러운 결론에 이르게 된다. 인간이 다음과 같이 행동한다고 생각해보자. 당신은 단지 무의식적으로, 때로는 아주 무질서하게 행동하는 좀비다. 당신이 당신의 행동을 통제하고 있다고 생각하는 단 한 가지 이유는 당신 머릿속에 당신이 누구인지를 말해주는 거짓 목소리가 있기 때문이다. 누구를 좋아할지 결정하거나 런던의 나이트클럽 밖에서 어떤 사람이 정신을 잃을 때까지 패는 등의 행동을 할 때, 당신의 희미한 목소리는 이러한 행동들이 당신이 내린 의식적인 결정의 결과라고 말한다. 그러고는 당신이 옳은 이유들을 나열한다. 하지만 사실 당신은 자유의지 없이, 거짓말하는 희미한 목소리에 속아 의식적으로 선택할 수 있는 능력을 가졌다고 믿는 좀비와 같다. 이상하지 않은가?

글쎄, 이 또한 사실로 널리 받아들여진다. 불편한 사실은, 우리가 어떤 학문을 신임하는가에 따라 우리 무의식이 대체로 또는 전적으로 이 세상에서 우리가 하는 일들을 통제한다는 것이다. "만약 나처럼 뇌, 호르몬, 유전자, 진화, 어린 시절, 태아, 환경 등이 행동과 어떤 관계가 있는지를 연구하는 데 전념한다면 자유의지가 있다고 생각하는 것은 도저히 불가능해 보인다."[50] 생물학, 신경과학, 신경외과 교수 로버트 새폴스키는 말한다. 우리에게 자유의지가 있다고 주장하는 사람들은 대부분[51] 자유의지의 힘이 제한적이거나 미미하거나 조건적이라고 생각한다. 우리가 자유의지를 가지고 있다는 환상은 자아가 하는 일 중 아마 가장 중요하고도 기만적인 일이 아닐까 싶다.

악마의 밤에 나타난 것처럼, 작화증은 우리 여정에 두 가지 중요한 생각을 제시한다. 먼저, 자아는 어느 정도 '이야기'라는 점이다. 이는 외부와 내면 세계의 혼란을 매우 단순화된 이야기로 바꾸며, 우리가 정신적으로 건강하다면 이는 우리가 통제력을 가지고 있고 모든 것이 괜찮다며 우리를 안심시키는 역할을 한다. 완벽주의적인 사고와 씨름하는 사람이라면 물론, 이 목소리는 너는 불안하고 슬퍼. 왜냐하면 너는 충분하지 않고, 실패자이며, 멍청한 놈이고, 뚱뚱하고 못생겼으며 앞으로도 계속 그럴 것이기 때문이야라고 말하는, 친구라기보다 적이 될 수 있다. 이러한 이야기를 만드는 과정은 누구에게나 일어난다. 모든 인간의 뇌는 이러한 방식으로 구조화되어 있다. 이것이 우리 뇌가 진화한 방식이다.

하지만 존의 경험에는 우리를 다음 단계로 인도하는 또 다른 단서가 있다. 그 악마의 밤에 존의 마음은 그가 속한 문화로부터 존의 새로운 삶의 구조를 형성할 '이야기'를 포착했다. 그는 가톨릭 국가에서 가톨릭 신자인 어머니 밑에서 자랐다. 그의 미래 계획과 대체 정체성은 이러한 환경으로부터 형성된 사상으로 만들어졌을 것이다. 그의 자아가 그의 문화로부터 이야기를 선택했으며, 의도에 따라 이야기는 알아서 수정되었다. 이는 문화의 놀라운 힘을 암시하며 우리를 둘러싼 특정한 이야기들이 우리를 지배할 수 있음을 시사한다. 동시에 '자아'와 '문화'가 결국 크게 다르지 않을 수도 있다는 것을 의미한다.

"인생에서, 만약 당신이 통제력을 가지고 있다면, 천하무적이라고 느끼게 돼요. 내가 어떤 상황을 통제할 수 없다고 느꼈을 때, 그 두려움이 나를 매우 화나게 했어요. 나는 그 분노 속에서 통제력을 갖곤 했어요. 사람들이 나를 해칠 수 없도록 말이죠." 존이 내게 말했다. 존이 이제 행복을 찾았다면, 적어도 부분적으로 그가 갖고자 했던 통제력을 신께 맡겼기 때문이다. "내 인생에서 가장 큰 변화는, 더 이상 두려움을 많이 느끼지 않는다는 것이에요. 신으로 충만할수록 두려움은 줄어들어요. 그리고 통제하고자 하는 마음을 비우고 이 일을 신께 맡길수록 나는 더욱 평화롭고 인내하게 돼요." 존이 말했다.

존과 그의 어머니와 헤어지기 전, 나는 그가 실제로 얼마나 많이 변했는지 알고 싶었다. 그가 진정으로 변한 것일까, 아니면 존의 뇌가 그가 변화된 삶을 살도록 만들어낸 이야기에 불과한 것일까? "전 완벽하지 않아요. 저는 엄청나게 이기적일 수 있어요. 저는 욕정에 가득 찼죠. 여전히 흥분하곤 해요." 그렇게 말하고서 그는 잠시 생각에 잠겼다. "정말이지 저는 분노 그 자체예요. 만약 누군가와 말이 통하지 않는 것 같으면 상황을 통제하여 사람들을 이해시키고자 하는 그 분노가 바로 저죠." 그는 다시 생각에 잠겼다. "그리고 누군가 다른 사람을 부당하게 대우하거나 여자 앞에서 욕을 하는 것 등을 보게 된다면요." 그는 어머니를 쳐다보았다. "1년 전쯤 엄마한테 어떤 남자가 침을 뱉었던 사건이 있었거든요."

"적어도 차 창문이 닫혀 있었지." 그의 어머니가 말했다.

"어떤 일이었죠?" 내가 물었다.

"차가 신호에 멈춰 있을 때, 그 남자가 우리 엄마한테 침을 뱉었어요."

"그래서 당신은 어떻게 했나요?"

"차에서 내려 그를 한 방 먹였죠. 그는 나가떨어지고 그의 휴대전화는 멀리 날아가 길에 떨어졌어요." 그가 말했다.

"그러면 자신을 통제할 수 없다고 느끼지 않았나요?"

"전혀요. 예수님을 만나기 전이었다면 저는 그를 심하게 팼을 거예요. 거기서 멈추지 않았을 거예요." 그가 대답했다.

2.
완벽할 수 있는 자아

이 일은 보통 주차되어 있는 차를 스쳐 지나갈 때 일어난다. 나는 차 창문에 비친 내 모습을 보고는 내 셔츠에서 무언가 끔찍한 것이 튀어 나와 있는 것을 언뜻 보게 된다. 아니야, 나는 내 자신을 안심시킨다. 이건 왜곡일 뿐이야. 자동차 모양이 다 이렇지 뭐. 자동차는 가운데가 불룩하지. 승합차의 창문, 그다음은 부동산 중개소, 또 그다음은 대형 슈퍼마켓의 유리창, 그리고 최고의 적나라함을 원한다면 애플 스토어의 유리창으로 은밀하게 쏜살같이 향하는 나의 눈은 커져가는 절망과 함께 매번 내 모습을 관찰한다. 이 단계쯤 되면, 벌써 몇 주간 부정의 과정을 겪은 후다. '배가 고파서 배가 부었나 보다.' '밥 먹은 지가 얼마 안 돼서 배가 나온 거야.' '회전식 건조기가 또 바지를 쪼그라들게 했네.' 나는 호리호리한 동료들과 있을 때 팔짱을 끼고, 카메라와 젊은 사람들 가까이 있을 때 볼을 빨아들이는 내 모습을 발견하곤 했다. 잠자리에 들기 위해 옷을 벗고 벌거숭이가 되는 위기의 순간에는, 다른 데 말고 커튼을 바라보려고 애썼다. 그 후로 이어서 또다시 다이어트에 돌입하고 3개월 동안 비참한 시간을 보낸다. 그러고는 이 전 과정을 다시 반복한다.

나는 더 이상 과하게 다이어트를 하지 않는다. (정말로 나는 이 글을 쓰면서 영양학적으로 완벽한 형태의 '인간 연료'를 만들고자 하는 휴엘가루로 된 영양식이자 이를 유통하는 영국의 유통사명. 이 영양식은 인체에 필요한 영양소를 제공하도록 설계되어 있다의 아침식사용 식품을 먹고 있었다. 이는 참으로 우리 시대 완벽주의의 주요 산물이다.) 내 삶의 대단한 즐거움인 불량식품을 줄이려고 노력하고 있긴 하지만, 또한 동시에 내가 더 이상 스물세 살이 아니라는 사실을 받아들이려 애쓰고 있다. 내 자신에게 나는 마흔 살이며 그러므로 약간의 뱃살은 있어도 된다고 말한다. 나는 정말 솔직하게 이렇게 생각한다. 그렇지만 내가 정말로 느끼는 것은 완전히 다르다. 나는 굉장히 자주 벨트위로 흘러나온 뱃살덩어리를 부여잡고 이를 잡아당기는 내 모습을 발견할 것이다. 셔츠 아래 숨겨둔 이 턱받이 같은 비곗덩어리는 그냥 신체의 일부라기보다는 심리적 결함이 된 것이다. 말하자면 내가 만질 수 있는 수치심이다. 체중은 내가 누구인지에 대한 이야기를 들려준다. 침대에 박혀서 주말을 보내는 것을 좋아하는 사람. 피자 박스에 둘러싸여 있으며 손가락은 끈적이고 트림을 해대는, 어쩌면 기저귀를 차는 게 나을지도 모르겠는 성인. 나의 뚱뚱함, 내 몸매는 내가 마치 도덕적인 잘못을 저지른 것처럼 느끼게 할 수 있다.

외모와 도덕적 우수함이 직접적으로 연결되어 있다는 이 이상한 개념이 뇌에 너무나 깊이 박혀 있어서 나는 이를 정서적 차원에서 사실이라고 느끼게 된다. 이 감정은 너무나도 강력해서 이것이 터무니없는 생각이라고 생각하는 나를 너무 쉽게 제압해버린다. 하지만 이는 문화의 발명품이며 인간에 의해 만들어졌다. 런던 킹스칼리지의 고전학자인 마이클 스콰이어는 "고대 그리스인들은 육체적으로 아름다운 것은 도덕적으로 선한 것과 같고, 마찬가지로 육체적으로 추한 것은 도덕적으로도 추한 것과 같다는 개념을 가지고 있었다"고 했다. 그들은 이를 뜻하는 단어도 갖고 있었다. kalokagathia, 이 단어는 '아름다움'을 뜻하는 'kalos', '그리고'를 뜻하는 'kai', '선함'을 뜻하는 'agathos'로 구성돼 있다. "누군가가 어떤 사람인지를 이해하는 데 외형이 본질적으로 매우 중요하다는 이 생각은 우리에게도 여전히 존재한다"고 스콰이어는 말한다. 고전학자인 베르너 예이거 교수는 이 단어가 초기 그리스 귀족정치에 뿌리를 둔다고 말한다.[1] 또한 이는 그리스인들의 "완벽한 인간의 이상으로, 민족의 엘리트들은 이 이상에 닿기 위하여 끊임없이 훈련을 받았다"고 설명한다. 존 프리드모어의 자아가 그는 누구이며 어떤 사람이어야 하는지에 대한 핵심 아이디어를 그의 문화 속에서 얻었듯이, 내 자아도 그렇게 한 것이다.

우리가 익숙하게 우리 자신이라고 느끼는 대부분의 모습이 오래전 죽은 사람들의 생각과 경험의 산물이라는 것은 이상하고 받아들이기 어렵다. 우리 얼굴 뒤에 다른 사람이 있다는 것을 깨닫게 되는 일이니까. 사회과학자인 존 휴잇에 따르면, 우리가 이를 어려워하는 부분적인 이유는 지난 세기에 걸쳐 또는 그와 비슷한 시기에 사람이란 무엇인가, 사람의 행동을 유발하는 것은 무엇인가에 대한 우리 정의가 주로 심리학에서 나왔기 때문이라고 한다. "우리가 가진 뇌와 그 뇌가 만들어내는 심리가 중요하다. 하지만 이는 우리가 설명하고자 하는 많은 것을 설명해주지 않는 반면, 문화와 사회는 이를 설명해준다"고 그는 말했다. 그렇다면 어느 정도, 우리는 우리가 태어난 문화 속의 문화인 걸까? '어떤 의미에서, 문화는 우리가 누구인지의 90퍼센트 정도를 차지한다고 말할 수 있다.'

놀랍게도 자라나는 아기의 뇌에서 자아가 문화를 삼키는 것을 추적해볼 수 있다. 앞으로 필요한 모든 뉴런을 거의 다 가지고 태어났음에도 아이의 뇌 무게는 생후 15개월 동안 30퍼센트 이상 증가한다.[2] 이 급격한 무게의 증가가 뇌세포의 생성 때문이 아니라면 무엇 때문이겠는가? 증량의 원인은 대체로 그 세포들 사이에 형성되는 새로운 연결, 다른 말로 '시냅스'의 무게 때문이다. 두 살쯤 되면 아기는 성인이 만들어내는 양의 두 배인 100조 개 이상의 시냅스를 만들어내게 된다.[3] 이렇듯 엄청난 두뇌의 기능은 아이들의 인지 능력을 발달시키기도 하는데 어른들에게는 이 능력이 부족하다. 생후 6개월 된 아기들은 다른 인종의 얼굴을 쉽게 구별할 수 있는데,[4] 이는 우리가 인종차별주의자가 아닌가 하는 걱정을 살짝 하게 한다. 아기들은 심지어 원숭이의 얼굴을 쉽게 구별해낼 수 있다.[5] 아기들은 그들의 부모가 듣지 못하는 외국어의 어조를 들을 수 있다.[6] 아기들은 또한 색을 맛보는 것과 같은 기괴한 감각의 혼합인 공감각의 경험 등을 하는 것으로 짐작된다.[7]

하지만 그러고 나서 이는 도태되기 시작한다. 이 연결들은 초당 최대 10만 개의 속도로 소멸한다.[8] 이것은 뇌가 환경에 맞게 스스로를 형성하는 방법 중 하나로 보인다. 대규모의 연결은 광범위한 잠재적 가능성에 대처할 준비가 되어 있음을 의미한다. 그러다가 뉴런들 사이의 연결이 활성화되지 않으면 뉴런들은 죽는다. 사람들은 이를 '신경망 가지치기'라고 부르는데, 이는 조각가가 대리석 덩어리에 얼굴을 조각하는 것과 비슷하게 작용한다. 이는 없어지는 것이지 더해지는 것이 아니며 정말로 우리가 누구인지를 만드는 일이다.

우리가 태어날 때 우리 뇌는 세상을 위해, 적어도 어떤 세상을 위해 준비가 되어 있다. 우리 뇌는 세상을 맞이하기 위해 달려나가고 세상을 이해한다. 그러고 나서 자신이 속해 있는 그 특정 문화 속에 꼭 맞도록 스스로 가지를 쳐낸다. 우리가 누구인지를 결정하는 환경적 영향력의 상당 부분은 우리 뇌의 가소성의 발달이 고조되는 시기인 유년기와 청소년기에 발휘된다. 우리 뇌가 최초로 연결된 방식에 영향을 주는 것은 우리 유전자다. "하지만 게놈은 뇌의 최종 형태를 특정하지 않는다." 조너선 하이트 교수는 말했다. "이는 정말로 출발 조건만을 명시할 뿐이다. 그러한 일종의 초기 방향성은 마음의 초안이라고 할 수 있다. 하지만 그러고 나서는 자라나면서 우리는 환경으로부터 모든 종류의 정보를 얻길 기대한다. 뇌는 환경의 정보를 통합하는 와중에 성장을 계속한다."

사람들은 유전자와 환경 중 우리가 누구인지를 결정하는 데 무엇이 더 중요한지에 대해 오랫동안 논쟁해왔다. 한 연구에서 퀸즐랜드의 연구원들은 2748개 논문의 결과를 수집·분석한 결과,[9] 모든 인간의 특성과 질병에 걸친 평균적인 변이는 49퍼센트의 유전적 요인과 51퍼센트의 환경적 요인에 의해 야기된다고 결론 내렸다. 공동 저자인 베벤 벤야민은 '사회적 가치와 태도'에 관련된 측면에 환경이 더욱 큰 영향을 미치는 것 같다고 덧붙였다.[10]

그러나 또한 오늘날 새로이 알게 된 것은, 천성과 양육이 인간의 마음과 몸을 지배하고자 싸우며 전쟁을 벌이고 있는 것이 아니라는 점이다. "내가 학부생이던 25년 전에는, 유전학과 환경이 발달에 영향을 주는 두 가지 별개의 것으로 언급되었을 것이다." 신경과학자인 소피 스콧 교수가 말했다. "이제 우리는 이것이 단순히 유전 한 숟갈에 환경 한 큰술이 아니라 이보다 훨씬 더 복잡하다는 걸 알게 되었다." 그 관계는 공생적이다. 유전과 환경은 경쟁하는 것이 아니라 한통속이다. 그렇다고 해서 환경이 우리를 정확히 어떻게 변화시켰는가 하는 그 위대한 의문이 해소된 것은 아니다. "우리는 유전자가 어떻게 작용하는지에 대한 훌륭한 지식을 많이 갖고 있기에 유전적 현상의 모형화를 어렵지 않게 해냈다." 심리학자 크리스 맥마누스 교수가 말했다. "하지만 환경 모형에도 이를 시도하고 같은 작업을 해봤으나 실패했다. 환경이 실제로 어떻게 영향을 미치는가에 대한 정보를 거의 가지고 있지 않기 때문이다."

'환경'이라는 광범위한 용어에는 개인의 경험이 포함된다. 정신적으로 충격받는 일은 물론 우리가 겪는 일들은 우리 삶이 어떻게 될지에 분명히 영향을 미친다. 존 프리드모어가 부모님의 이혼이 그를 어떻게 변화시켰는지 자신의 이론을 통해 증명해 보였듯이, 우리는 흔히 이러한 영향력에 대해서 매우 잘 알고 있다. 특히 심리치료가 대중화되면서 우리는 좌뇌 해설자가 우리에게 일어난 일들을 우리 삶의 이야기 속에서 골자가 되는 줄거리로 사용하는 것에 익숙해져 있다.

문화의 영향력은 자아에 은밀하게 침투한다. 이는 다양한 방면에서 오는데, 자라면서 가치와 신념을 공유하게 되는 가족으로부터, 특히 청소년기에는 친구들과 주변인들로부터 또한 성, 계급, 인종 등과 같은 '사회적 범주'로부터 오며, 우리는 그 문화적 규범들을 아주 쉽게 흡수한다. 이는 또한 교회, 영화관, 소셜미디어, 텔레비전, 책, 신문에서와 같이 '문화'에 대해 이야기할 때 더욱 일반적으로 떠올리게 되는 다양한 매개체에 의해서 전달된다. 문화는 컴퓨터 코드와 같이 우리를 빈틈없이 에워싸고 있는 지시 사항의 거미줄로 볼 수 있다. 이것은 우리가 어떤 사람이 되어야 하는지, 즉 어떻게 생기고 어떻게 행동하며 무엇을 원하는지를 말해준다. 우리는 이러한 규칙을 내면화하고 그 규칙들이 우주의 법칙이라도 되는 것처럼 그 규칙을 충실히 지키기 시작한다. 내 배가 '이상적인 몸매'와는 거리가 멀다는 이유로 스스로 혐오감을 느낄 때, 이는 내 문화가 그렇다고 말하고 있는 것이다. 나는 그 문화를 흡수했다. 내 안에 있다. 마치 기생충처럼 내가 이상적인 모습과 멀어졌을 때 나를 꾸짖으며 아주 놀라울 정도로 나를 지배한다.

고대 그리스의 이상적인 신체가 오늘날의 관점과 매우 비슷하게 보인다는 것은 놀랍고 동시에 다소 우울하기도 하다. 실제로, 2500년 전의 헤라클레스와 아도니스에 대한 묘사는 다음 달 『맨즈 헬스』 표지를 기꺼이 장식할 수 있을 것이다. 그들은 골반 브이라인까지도 완벽하다. 그러나 서구의 거품을 걷어내고 보면 많은 것이 어리둥절할 정도로 다르다. 소피 스콧 교수는 자료를 수집하며 탄자니아에 머무르곤 했던 한 친구에 대해 이야기해주었다. "그곳에서 뚱뚱하다는 것은 지위를 나타냅니다." 그녀가 말했다. "그 친구가 살이 빠지면 사람들은 부정적인 말을 할 거예요. 그러나 영국으로 돌아오면 사람들은 "어머나, 너 정말 근사해졌다! 살 많이 뺐구나!"라고 말하겠죠. 자라온 환경에서 벗어나서 자기 자신에 대해 생각하기란 아주 아주 힘들어요."

소피가 힘바족을 만나기 위해서 나미비아 북부로 그녀의 연구실을 옮겼을 때 발견한 것처럼 문화가 영향을 미치는 범위는 이보다 더욱 깊다. "그들은 석기시대의 생활방식을 가지고 있어요." 그녀가 말했다. "그들은 우리 문화에 오염되지 않았었기에 그들과 함께 연구를 하고자 했죠." 소피의 연구팀은 일부러 아주 단순한 연구를 설계했다. 힘바족은 두 가지 소리를 듣고 이어서 세 번째 소리를 듣고는, 처음 두 소리 중 어떤 것이 세 번째의 소리와 같은 감정을 표현하는지를 말해야 했다. "우리는 그곳에 도착하자마자, 모든 실험을 완전히 다시 해야 했어요. 그들은 우리가 무슨 말을 하는지 전혀 모르고 있었죠. 그때 우리가 영국에서 행한 대부분의 실험이 정규 교육을 받은 사람들을 대상으로 했다는 것을 깨닫게 되었죠. 작업 기억 속에 정보를 담은 다음 그 정보를 생각하고 조작하고 반응하는 것, 우리는 이를 해내도록 학습된 거예요. 그런데, 그들은 우리가 하지 못하는 많은 것을 해낼 수 있어요." 그녀가 말했다. 예를 들어 탄자니아에서 자란 아이들은[11] 보통의 서구인이 보기에 아무런 특징이 없는 풍경 속에서도 길을 찾을 수 있고 훨씬 뛰어난 공간적 기억력을 갖고 있다. "그 누구도 아이들에게 그런 것을 가르쳐주지 않았어요. 환경이 이를 배울 수밖에 없도록 한 거예요."

우리가 젊음에 집착하는 것 또한 문화적 뿌리를 둔 것으로 밝혀졌다. 소피는 사람들에게 자신의 삶에 대해서 이야기해보라고 했을 때, 일생에 걸친 무작위의 이야기를 꺼내는 것이 아니라는 사실을 증명한 한 과학 단체의 연구에 대해 설명했다. 그 대신, 사람들은 대부분 이십 대 때 일어난 일들에 대해서 말했다. "뇌는 이십대일 때 다르게 작용하는 것으로 보이며 더욱 많은 기억을 간직하는 것으로 생각됩니다. 그게 설명의 일부예요. 그러나 좀더 최근에 어떤 사람이 실험을 했는데, 나이 든 사람들이 아니라 10세에서 18세를 대상으로 했어요. 그리고 젊은 사람들도 똑같이 반응한다는 것이 밝혀졌어요. 그들은 자신의 이십대에 무슨 일이 일어날지에 대해 이야기를 했어요! 기본적으로 우리 문화에서는 이십대가 찬란하다고 여겨져요." 그녀가 말했다.

존 프리드모어의 경험은 우리가 어디에서 왔든 우리 모두가 공유하는 인간 자아의 몇 가지 특징을 보여줬다. 우리는 집단적인 성향을 가지고 있고 소문을 듣고 분노하고 이를 처벌함으로써 치안을 유지한다. 이타심을 높이 사고 이기심을 증오한다. 사람들과 잘 지내고자 하는 이 끊임없는 욕망은 우리에게 위신을 가져오고 출세하고자 하는 욕망은 지위를 가져온다.[12] 우리의 '스토리텔링' 두뇌는 이야기를 만들어내는 서술자와 함께, 이야기가 그럴듯하게 들리면 우리가 내면과 바깥 세계를 모두 통제하고 있다는 느낌을 준다. 이것들은 자아의 가장 오래된 특성이다. 하지만, 이 기본적인 인간 메커니즘의 장치들 위로는 기계 가공으로 복잡하게 다듬어진 여러 층이 있다. 우리가 누구인지를 만들기 위해 쌓아 올려진 그 풍요로움과 세부 양식이 바로 그것이다. 그리고 이 기계 가공의 상당 부분은 문화다.

우리가 문화적 동물이 되기 시작했다고 인정할 수 있는 시기는 약 4만 5000년 전부터다.[13] 하지만 존처럼 만약 당신이 서구에서 태어났다면, 당신의 미세하고 아주 중요한 톱니바퀴, 용수철, 바퀴의 대부분은 극적인 드라마 속에서, 그리고 지중해의 산과 바다의 짐승 같은 아름다움 속에서 2500년 전쯤에 구축되었다.

우리의 문화적 태생의 땅이 그 땅에 의지하는 사람들에게는 지옥이 될 수도 있다. 멀리 떨어진 북쪽 평야를 제외하고는 고대 그리스 땅의 5분의 1만이 농업에 적합했으며[14] 나머지는 대부분 들쭉날쭉한 산과 섬, 작은 만이었다. 기원전 500년쯤에 숲마저 대부분 목재를 위해서 잘려 나갔다. 관개가 불가능해 가뭄이 오래도록 이어졌으며 이는 치명적인 위협으로 다가왔다. 토양은 빈약했다. 살아남은 사람들은 대부분 자신의 기지에 의지해 간신히 또는 거의 자급자족에 가까울 정도로 아주 적은 것에 의존해 살아갔다. 대부분의 사람들이 사냥, 수렵, 가축 사육 또는 작은 농장을 운영하며 근근이 생활했다. 어떤 이들은 올리브

유, 동물의 가죽, 밤, 도기, 와인을 생산했다. 하지만 고대 그리스를 번성하게 하고 복잡하고 발전된 계급체계와 부를 낳게 한 것은 지중해였다. 소크라테스가 말한 것처럼 "우리는 연못 주변에 사는 개미나 개구리처럼 바다 주위에 거주한다."[15] 그 '연못'은 그들의 구세주이자 창조자였다.

불모의 땅은 그들을 물가로 밀어냈다. 그리스인들은 수출업자이자 수입업자인 대담한 여행가였다. 그들은 해적이었으며[16] 사기꾼이었다. 그들은 해안 항로를 따라 서로 무역을 했으며 교류하고 거래하기 위해 위험한 바다로, 이집트와 근동으로 또 그 너머를 향해 나아갔다. 그들의 항구[17]는 먼 나라로부터 그 지역 주민들의 케케묵은 생각에 충격을 주는 진기한 상품과 새로운 기술, 참신한 생각을 가지고 온 방문객들을 환영했다. 역사학자 베르너 예이거 교수에 따르면, 이 최초의 기업가 정신과 여행, 참신함, 토론의 세계는 "각 영혼이 그 자체로 무한한 가치의 목적인 개인의 가치라는 새로운 개념의 출발로 보이는 것"[18]을 형성하기 시작했다고 한다. 개인을 자기 계발의 잠재력을 지닌 가치의 중심으로 보는 이 생각은 오늘날 우리가 살아가는 자유와 명성, 민주주의, 자기 계발의 서구 현대 문명을 탄생시켰다.

이러한 가운데, 고대 그리스는 오늘날 우리가 알고 있는 국가와는 달랐다. 개미와 개구리는 들쭉날쭉한 해안가에 한데 모여 '도시 문명'[19]을 이루었다. 고대 그리스는 주로 1000개 이상의 자치 도시국가들로 구성된[20] 수많은 점으로 이루어진 세계였다. 그 규모는 거의 보잘것없는 작은 마을부터 코린트, 테베, 아테네, 스파르타 같은 역사의 막을 내린 전설적인 도시들까지 다양했다. 그 머나먼 땅에서 왕과 폭군은 신권을 부여받았음을 주장하고[21] 피와 두려움으로 그들의 통치를 유지했다. 고대 그리스에서 이러한 시도들은 그리 오래 통하지 않았다. 기원전 423년 에우리피데스의 비극 『탄원하는 여인들』에서 "이방인이여, 그대는 이곳의 폭군을 찾고자 거짓된 말로 연설을 시작했구나.[22] 하지만 그 도시는 한 사람에 의해 지배되는 것이 아니기에 자유롭다네"라고 아테네의 왕이 자랑한 것처럼 말이다. 아테네에서 반세기에 걸쳐 자유, 즉 민주주의가 새로운 정치 체제의 근본이 되었다. 정치계급이 생겨났고 '희극의 아버지'인 아리스토파네스의 풍자극과 같은[23] 풍자가 탄생했으며 그의 희극 『바빌로니아인』은 음해하다고 조롱받으며 정치인들에게 비난을 받았다.

물론, 이 '자유'는 일부 사람만이 누렸다. 부분적이긴 해도 이는 오랜 인간 역사에서 놀라운 업적이자 신기원을 이룬 발전으로 남아 있다. 아테네인들은 연극과 시를 즐기기 위해 아주 먼 거리를 자유롭게 이동할 수 있었다.[24] 사람들은 올림픽에 출전하기 위해 일을 내팽개치고 떠날 수 있었다. 평민들은 고문이나 죽음을 두려워하지 않고 왕족에 대해 이야기할 수 있었다.[25] 만약 어떤 이가 이웃과 충돌하거나[26] 출생지의 법률에 저촉하게 된다면 쉽게 다른 도시로 이주하여 삶을 다시 시작할 수 있었다. 그리스인들은 활동적이었으며 그들의 삶과 세계를 변화시킬 수 있는 힘이 그들 안에 있었다.

그리스의 평민들은 선사품과 존경을 아낌없이 바쳐서 신을 다스리고자 했다.[27] 그렇게 함으로써 얻는 보상은 지상낙원의 사후세계에서 이뤄지는 것이 아니라, 바로 지금 이루어진다. 그리스인들에게 천국과 가장 흡사한 곳은 엘리시움Elysium이었는데 이곳은 도덕성이 아닌 지위에 근거하여 입성할 수 있었다. 그들에게 지옥[28]은 타르타로스로, 가장 괴기한 범죄를 저지른 사람들이 머무르는 약간은 모호한 영역이다. 시시포스가 오직 바위를 굴러떨어지도록 하기 위해 거대한 언덕으로 밀어 올리고 이를 영원히 반복해야만 하는 형벌을 받은 것도 이 타르타로스에서였다. 모든 노력을 수포로 돌아가게 하는 궁극의 악몽, 대행자의 재앙이 막을 내리게 되었다는 것은 매우 그리스적이다. 심리학자 리처드 니스벳 교수는 자신이 '생각의 지도'라고 명명한 연구를 개척했다. "그리스인들은 다른 고대 민족보다, 사실은 오늘날 지구상의 어떤 이들보다 더욱 개인 대행자'대행자agency'로서의 개인이 삶을 스스로 변화시킬 수 있는 능력을 갖고 있고, 이를 바탕으로 자신의 삶을 의도적으로 바꾸도록 노력할 수 있다는 인식에 대한 감각, 즉 스스로가 자신의 삶에 책임을 지며 선택에 따라 자유롭게 행동할 수 있다는 놀라운 감각을 지니고 있었다. 행복에 대한 그리스인의 정의 중 하나로, 행복이란 구속 없는 삶 속에서 우수함을 추구하기 위해 자신의 힘을 행사할 수 있는 것이었다."[29]

성취할 수 있는 최고 업적 중 하나는 정치계급에 속하여 공동체를 위해 헌신하는 것이었다. 아테네의 일반 시민들은 우수함 추구를 더욱 훌륭하고 유용한 사회 구성원이 되는 한 방법으로 보았다. 이를 해내기 위해서 그들은 이성이 미신보다 더욱 강력한 도구라는 획기적인 결론에 도달하게 되었다. 기원전 6세기에 탈레스는 만물이 환원될 수 있는 단 하나의 물질이 무엇인가 물음으로써 과학의 등장을 예고했다. (그는 그 물질이 물이라고 했다.) 100년 후, 소크라테스는 탈레스와 같은 물질적 세계가 아닌 근본적인 본질, 추상적인 진리에 집착했다. '용기란 무엇인가?' 그는 그를 둘러싼 지성인들에게 물었으며 논쟁이 생겨날 때마다 그들을 각각 더욱 심화된 논쟁에 당면하도록 했다. '아름다움이란 무엇인가?' '행복이란 무엇인가?'

이러한 지성인 중 한 명인 플라톤은 이상적인 도시국가에 대한 의문에 사로잡히게 되었으며, 순수한 형태의 형이상학적 영역의 존재를 믿게 되었다. 그의 제자인 아리스토텔레스는 우리가 감지할 수 있는 것만이 현실이라 주장하면서 이를 거부했다. 그는 우리가 물질세계에 살고 있으며 각 물질은 특정한 법칙에 따라서 정의되고 분류되며 예측 가능하게 행동하는 독특한 성질을 가지고 있다고 생각했다. 그는 사과가 가볍기 때문에 바다에 뜨는 것처럼 땅에 떨어지는 사과는 중력에 의해 그렇게 되는 것이라고 했다. 현실과 변화에 대한 그의 견해는 매우 낙관적이었다. 역사학자 에이드리엔 메이어는 아리스토텔레스가 '자연 속의 만물은 자신의 잠재력을 완벽하게 발휘하는 것을 지향했다'고 믿었다고 말한다.[30]

인간은 이 세상에서 변화를 겪어나가는 만물 중 하나다. 한 사람은, 사과와 마찬가지로 독립된 물체로서 그 고유한 속성을 지니고 있다. 그런데 인간은 어떤 종류인가? 아리스토텔레스는 인간이 일종의 '정치적 동물'이라고 생각했다. 그리고 결정적으로 사람은 개선될 수 있는 동물이다. 이러한 이유로 예이거 교수는 "유럽에서 자아의 역사는 그리스인들로부터 시작되어야 한다"고 주장하고 있다.[31]

고로 완벽한 인간 자아를 숭배하고 추구하는 문화인 새로운 형태의 완벽주의 시대가 이곳에 있었다. 그리스인의 생활 속에서 비범한 사람들의 재능은 숭배되었다. 조각상들은 남성스럽고 여성스러운 형태의 이상을 절정으로 묘사했다. 남성들은 창 던지기, 전차 경주와 투우에 출전했다. 시장부터 군대까지 어디에서나 있을 수 있는 토론의 실력[32]은 매우 중요하게 여겨졌다. 경쟁심으로 시민들의 살갗은 땀으로 흥건했고 다른 이의 성공을 질투에 가득 찬 눈으로 바라보았다. 헤시오도스는 "도공은 다른 도공을, 목수는 다른 목수를 미워하며 걸인은 다른 걸인을, 시인은 다른 시인을 질투한다'[33]는 글을 남겼다. 사람들은 고기와 돈이라는 포상을 위해 최고가 되는 영광을 바랐지만 그보다 명성과 영예를 더 원했다. 승자에게 있어 모든 이로부터 존경받지 못하는 것[34]은 불명예로 여겨졌고 대중의 존경 거부는 '인간의 가장 큰 비극'[35]이었다. 하지만 이런 자기중심적인 문화로부터 경고가 쏟아졌다. 이는 아주 자연스럽게 이야기의 형태로 나타났다. 오만한 사냥꾼이 물에 비친 자신의 모습을 보고는 사랑에 빠졌는데, 그 욕망의 대상이 단지 반사된 자신의 상像이었다는 것을 깨닫고는 절망에 빠지고 결국 슬픔에 잠겨 죽었다는 이야기다. 그의 이름은 나르키소스였다.

니스벳과 같은 학자들에게,[36] 이 모든 것은 땅과 함께 시작되었다. 고대 그리스의 생태는 조용하지만 큰 영향력으로 인간의 새로운 모습을 만들어냈다. 그 땅의 건조한 바위산과 언덕, 작은 만과 섬, 메마른 땅과 악천후는 소상공인 위주의 경제가 될 수밖에 없도록 했고, 이들은 자기 자신 외에는 의지할 데가 없었으며 그들과 가장 가까운 사람들은 살아남기 위해 그들에게 의지했다. 또한 그 땅은 물리적 구조, 즉 도시국가 네트워크의 형성을 꾀했다. 해상 교역소는 새로운 생각을 가져왔고 토론을 활발하게 했다. 이러한 도시 문명 속에서 자란 이들은 지배 권력을 갖고자 경쟁하게 되었다. 한 사람의 가치와 사회에서 출세하는 성공은 대체로 그들의 재능과 자기 신념에 달려 있었다. 유명인사들은 환영받았으며 아름다운 '몸'은 존경받았다. 개개의 풍경이 모여 개개의 국가가 되고, 이는 개개의 마음을 지닌 개개의 민족을 이루었다. "이 이야기는 생태학에서 경제로, 사회적 관습으로 또 인식으로 나아간다"고 니스벳 교수는 말했다. 서구의 자아는 이 세분화된 세계의 자손이다.

개인주의는 고대 그리스에서 만들어졌다. 지적 활동이 역동적으로 일어났던 곳답게, 많은 비평가가 이러한 개념을 가지고 있었다. 하지만 이는 오늘날에도 여전히 우리 삶을 지배하고 있다. 사실, 이 그리스의 개념 속에서 21세기 완벽주의 시대의 토대를 발견하기란 너무나 쉽다. 그래서 나는 에게해의 하늘 아래에서 시작되어 오늘날 우리를 현혹하며 과열되고 더욱 완벽함을 요하는 '신자유주의'의 등장에 이르기까지의 진화에 초점을 맞추고자 한다. 이는 아리스토텔레스 시대 이후, 서구에서는 어떻게 스스로를 전체의 일부로 보기보다 개인으로 보는 경향을 갖게 되었는지에 대한 생각의 여정이 될 것이다. 이 개인적인 형태로서의 자아의 본질을 탐구하고 그것이 어떻게 변화했는지를 추적하며, 왜 변했는지를 생각해보는 동시에 이것이 가져온 중대한 결과의 일부를 검토해볼 것이다.

나는 사람들을 따라 이 이야기를 뒤쫓을 것이며 그들 삶을 우리 역사의 광활한 세계로 통하는 디딤돌로 삼으려 한다. 이는 다소 부분적이고 단순화된 이야기가 될 것이다. 게다가 과거의 결정적인 사건들을 대개 무시하는 결과를 낳을지도 모른다. 하지만 나는 자유에 집착하고 나 자신에 초점을 맞추는 개인주의자가 된다는 것이 무엇인지에 대한 생각을 어떤 본질적인 방법으로 바꿔놓은 몇몇 사람의 삶과 시대를 바라봄으로써, 현재 우리를 괴롭히는 이 슬픔의 진정한 의미를 밝힐 수 있을 거라고 생각한다. 고대 그리스에서 시작해 중세 기독교, 산업혁명, 전후 미국과 실리콘밸리 시대를 다룰 거라는 뜻이다. 각 시기는 오늘날 우리를 비웃는 이상적인 자아 모델에 새롭고 독특한 어떤 것을 추가했다.

그러나 나아가기에 앞서 다뤄야 할 중요한 문제가 있다. 어떻게 2500년 전 사람들의 신념과 가치관이 21세기의 우리 자신을 형성하는 데 일조할 수 있다는 말인가? 당연히 이 질문에 대한 답은 여러 가지다.

하지만 지금으로서는, 어떻게 문화가 들어오고 우리를 변화시키는지에 대한 조사는 '이야기꾼'으로서의 자아 개념으로 돌아와야 한다. 그렇게 함으로써, 우리는 우리를 둘러싼 이야기와 우리 자체인 이야기 사이의 경계가 실제로는 얼마나 허술한지를 깨닫게 될 것이다.

여러모로 우리는 우리의 삶을 이야기로써 경험할 수밖에 없다. 또한 이에 대해 이야기를 만들어내는 해설자의 작용만을 탓할 수 없다. 우리 뇌가 기능하는 방식 때문에 '나'에 대한 우리 감각은 자연스럽게 이야기 방식으로 이어진다. 우리는 마치 우리가 동맹과 악당, 갑작스러운 행운의 역전, 행복과 포상을 향한 어려운 임무가 모두 갖춰진 우리 삶의 끊임없이 펼쳐지는 이야기 속 영웅인 것처럼 느낀다. 우리의 부족적 뇌는 친구들에게 후광을 드리우고 적들의 머리에는 뿔을 심는다. '일화적 기억'은 삶을 어떤 장면의 연속, 즉 인과의 단순한 연쇄로 경험한다는 것을 의미한다. '자서전적 기억'[37]은 이러한 장면들에 숨겨진 주제와 도덕적 교훈을 불어넣는다. 우리는 끊임없이 목표를 추구하며 다른 사람의 삶을 포함해 우리 삶을 어떻게든 더욱 좋게 만들기 위해 적극적인 탐색을 계속하고 있다. 신경과학자인 크리스 프리스 교수의 말에 따르면, 자아를 갖는다는 것은 스스로를 '세계의 중심의 보이지 않는 행위자'인 것처럼 느끼는 것을 의미한다.[38]

그리고 우리의 편향된 두뇌는 우리 자신인 '보이지 않는 행위자'가 대개 올바른 가치와 의견을 가진 도덕적 수준이 높은 선한 사람이라는 확신을 준다. 고대 그리스에서와 마찬가지로, 우리는 우리 삶이 잠재된 완벽함을 향해 나아가는 패턴을 가지고 있다고 생각하고 싶어한다. 좌절을 겪을지라도, 우리는 점점 더 나아지고 있으며 완벽에 가까워지고 있는 것이다. 건강하고 행복한 두뇌[39]는 우리가 이런 기분을 느끼도록 온갖 교활한 속임수를 쓴다. 우리가 실제보다 더 잘생기고 더 친절하며, 더 지혜롭고 더 지적이면서 더욱 정확한 판단력을 갖고 있고 편견이 적으며, 사생활과 직장생활 또한 더욱 효과적으로 해낸다고 상상하면서 보통 스스로에 대해 매우 후하게 평가한다. 이러한 종류의 편견을 조사한 최근의 한 연구는, "사실상 모든 개인은 자신의 도덕적 자질을 비정상적으로 부풀렸다"[40]는 것을 발견했다.

니컬러스 에플리 교수를 포함한 심리학자들의 연구[41]는 우리가 스스로를 영웅적으로 생각하는 반면, 주변인들은 깎아내리는 경향이 있다는 특히 불공평한 편견을 보여주었다. 이는 사람들이 일을 추진하는 데 필요할지도 모르는 두 가지 다른 동기를 중심으로 한다. 자부심과 새로운 것을 배우는 기쁨, 가치 있는 일을 해내는 어떤 업적과 같은 영웅적인 '내적 동기'와 보수와 고용 보장, 상여금과 같은 더욱 수상쩍어 보이는 '외부적 동기'가 있다. 매년, 에플리 교수는 시카고대의 경영학과 학생들을 시험해본다. 그리고 결과는 항상 같다. 그에 따르면, "실험은 학생들이 동급생들의 인간성을 미묘하게 말살한다는 것을 보여준다. 물론 학생들은 이 모든 인센티브가 중요하다고 생각하지만, 다른 학생들보다 자신이 내적 동기를 훨씬 더 중요하게 여긴다고 판단한다. 실험 결과는 대부분이 '나는 가치 있는 일에 관심이 있다. 하지만 다른 사람들은 주로 돈을 위해서 그 일을 한다'고 생각하고 있음을 보여준다." 다른 연구들 또한 비슷한 결과를 나타냈다.

그러므로 뇌는 이야기꾼이자 동시에 영웅 제작자다. 그리고 뇌가 만드는 영웅은 바로 당신이다. 그렇다고 해서 뇌가 만드는 영웅과 뇌가 형성하는 당신 삶의 이야기가 무無에서 창조된 것은 아니다. 뇌는 표절자로, 자신을 둘러싼 이야기로부터 아이디어를 훔치고는 아이디어를 자아로 편입시킨다. 존 프리드모어와 그가 차용한 고대의 성서 이야기처럼, 우리는 우리 문화 주변에 흐르는 이야기들을 흡수하고 이를 우리의 과거와 미래를 이해하는 데 사용한다. 또한 이는 우리가 누구인지, 어떤 사람이 되고 싶은지를 알아내는 데 도움을 준다. 우리는 이야기를 '이야기 정체성'을 구축하는 데 사용한다.

부모님이 우리에게 들려주는 이야기와 그 이야기 특유의 형태[42]는 2세 이전에 우리가 자아와 삶에 대한 이해력을 기르는 데 영향을 미치기 시작하는 것으로 보인다. 5세에서 7세 사이에, 문화적 역할, 제도, 가치에 대한 개념을 포함하는 이야기의 내용[43]은 우리가 누구이며 사회에서 어떤 이가 되어야 하는지에 대한 감각과 통합되기 시작한다. 우리는 이제 우리의 '문화적 자아' 모델을 갖게 되었다. 심리학자 댄 매캐덤스 교수에 따르면, 우리가 삶을 '거대한 이야기'로 이해하기 시작하는 것은 사춘기 때라고 한다.[44] 이 이야기를 만들어내기 위해 우리 과거의 기억들은 뒤섞이고 뒤틀려지는데 이는 마치 호감가는 영웅적 캐릭터를 만드는 교활한 시나리오 작가에 의해 편집되는 것과 같다. 또한 우리는 만들어내고 있는 이야기에 맞는 방식으로 미래를 상상하기 시작한다.

또한 우리 안의 이야기꾼은 자신이 속해 있는 문화의 영향을 많이 받는다. 우리가 어릴 때 듣는 동화부터 영화와 문학작품, 이 세계를 더 직접적으로 이야기화하는 다큐멘터리와 뉴스, 성서 속 고대의 우화까지, 이야기는 오락 및 일종의 자아의 쇼핑몰로서 작용한다. "문화는 사람들에게 어떻게 살아갈 것인가에 대한 다양한 이야기 메뉴를 제공한다.[45] 그리고 우리 모두는 그 메뉴 안에서 이야기를 선택한다"고 매캐덤스 교수는 말한다. 우리는 '문화로부터 이야기를 도용함으로써' 우리가 누구인지에 대한 감각을 기른다. 우리 삶을 신화로 바꾸는 것[46]이 '성인기의 모든 것'이라고 그는 말한다. 우리 이야기는 삶에 의미와 목적을 부여한다.[47] 이는 혼돈과 절망, 진실에 대한 두려움으로부터 우리 마음을 달랜다.

하지만 현대 스토리텔링의 기본적인 형태 속에서 문화 이면을 파고드는 것과 수백만 년 전에 깔린 기본적인 구조를 찾는 것은 가능하다. 지난 50년 동안 서구의 인기 있는 이야기꾼들에게 아마도 그 누구보다 더 많은 영향을 미쳤을 신화학자 조지프 캠벨은 진정한 영웅이 되는 것은 "더욱 숭고한 것에 자신을 바치는 일이며[48] 우리가 자신과 자기 보존에 관해 생각하기를 그만둘 때, 우리는 진정한 영웅적 의식의 변화를 겪는다"고 설명한다. 한편 이야기 이론가인 크리스토퍼 부커는 "이야기 속의 '어두운 힘'은 '괴물'의 원형으로부터 가장 극명하게 의인화된 자아의 힘을 나타낸다. (…) 이 불완전한 생명체는 대단히 강력하며[49] 이 세상 모든 사람을 희생시켜 자신의 이익을 추구하는 데에만 관심이 있다"고 한다. 물론 캠벨과 부커가 설명하고 있는 것은 우리가 완전한 인간이기 전에 나타난 인간의 도덕적 축인 이타심과 이기심의 특성들이다. 이야기의 뿌리는 상상할 수 없을 정도로 깊은 듯하다.

실제로 부커는 또한 '수준 이하'의 하위 계층 인물들이 '수준 이상'의 부패한 지배 권력층을 넘어뜨리고자 공모하는 전형적인 이야기가 빈번히 나타나는 것을 발견한다. "핵심은 하위 계층에서 어떤 결정적인 활동이 일어나지 않는다면 상류 세계의 문제가 개선될 수 없다는 것이다."[50]라고 그는 말한다. "하위 계층으로부터 삶이 재건되어 다시 상류 세계로 돌아오게 된다." 이를 읽고서 나는 '수준 이상'으로 가고자 결탁하여 싸우는 하위 계층의 침팬지를 떠올리지 않을 수 없었다. 이는 오늘날의 이야기 속에서도 여전히 발견할 수 있는 침팬지와 인간의 유동적인 위계질서 패턴일 뿐만 아니라 이야기의 이상적 자아 모델인 문학 속 영웅의 줄거리이기도 하다. 부커는 "이야기는 우리에게 인간 본성에 대한 이상적인 그림을 제시한다.[51] 우리가 보는 것은 끊임없이 되풀이되는 똑같은 상황이다. 완벽한 해피엔딩에 이르기 위해서는 남녀 주인공이 힘, 질서, 감정, 이해심의 네 가지 가치의 완벽한 조화를 이루어야 한다"고 말한다. 우리 이야기 속에서 '영웅'으로 나타나는 이상적 자아는 힘겹게 정상 자리에 오른 뒤에 강하지만 자비롭고 약한 자를 배려하는 모습을 보이는 우두머리 침팬지와 소름 끼칠 정도로 닮았다.

만약 보이는 바와 같이 이야기가 부족적 토대를 기초로 한다면, 고대 그리스의 유산은 우리가 말하고 살아가는 이야기에 무엇을 덧붙여 왔는가? 물론, 이 둘을 정확히 분리할 수는 없다. 그러나 나는 유명 심리학자 티머시 D. 윌슨 교수가 말하는 심리적으로 건강한 사람들이 채택하는 이야기적 정체성에서 아리스토텔레스의 흔적을 감지하지 않을 수 없었다. 이러한 행복한 이야기는 '책임감이 있고 훌륭한 목표를 향해서 노력하는 강인한 남녀 주인공'[52]을 특징으로 한다. 이 목표는 자유의지로 선택되어야 하고 우리는 그 목표의 추구를 통제해야 한다. "우리가 자율적이고 효율적이며 통제력을 지닌다는 느낌을 주는 목표를 추구하는 것이 중요하다"고 윌슨 교수는 덧붙였다. 나는 이 모든 것이 수상쩍게도 그리스적으로 들린다.

하지만 과연 그럴까? 문화의 영향력에 대해 생각할 때 한 가지 문제는 그 문화를 습득한 자에게는 그 영향력이 보이지 않는다는 것이다.

문화에 대한 설명을 전해 듣게 된다면, 우리는 그저 단순하게 "그런데 그건 문화나 개인주의라고 불릴 만한 게 아니라, 그저 너무나도 당연한 사람 사는 모습인걸"이라고 생각할 수 있다. 이 세상을 독립된 사물로 이루어진 것으로 보는 것은 당연하다. 우리를 통제하는 권위에 도전하려는 것은 당연하다. 경쟁하는 것은 당연하다. 자유를 갈망하는 것은 당연하다. 유명인을 숭배하는 것, 유명인이 되고자 하는 것은 당연하다. 아리스토텔레스가 만물은 완벽함을 지향한다고 생각한 것처럼, 모든 문명화된 사람의 집단은 당연히, 속절없이 이러한 이상향을 향해 몰려갈 것이다. 하지만 반드시 그렇지만은 않다는 것을 꽤나 확신할 수 있는데, 고대 그리스로부터 서구의 자아가 형성되고 있듯이 동쪽의 지평선 너머 멀리에서 매우 다른 종류의 인간이 만들어지고 있었기 때문이다.

아리스토텔레스와 개인들에 의해 서구적 자아가 형성되어가고 있던 시기, 지구 반대편에서는 심술궂고 빈정대며 옹졸한 사상가가 제자들을 모아서 세상을 구하고자 배회하고 있었다. 그의 땅은 전쟁의 땅이었다. 수백 년 동안 주나라의 통치자들은 거대한 제국을 비교적 평화롭게 다스려왔다. 그리스의 바위산, 섬들과는 대조적으로 그의 국민 대부분은 드넓은 평원과 완만한 산 사이에서[53] 살았다. 이러한 깊고 넓은 평원은 농업에 있어서는 축복이었지만 정복하기 쉬웠고 중앙집권적으로 통치되기 쉬웠다. 또한 그들은 고립되어 있었다. 농사를 짓는 내륙 사람들은 외국인이나 외국의 신앙과 접촉할 일이 거의 없었다.[54] 평화로운 주나라 시대에 하천 관개와 수원 보호 사업이 시작되었다. 이는 대규모 농업 사업을 지원하는 중대한 계획이었으며 성공하기 위해서는 많은 사람의 노력을 필요로 했다. 고대 중국은 야망에 찬 개인주의자가 있을 만한 곳이 아니었다. 개인 대행자보다는 집단의 화합이 생존에 유리한 방식이었다.

그러나 기원전 2500년에 이르러, 주나라의 찬란한 영광은 무너지게 되었다. 지방은 학살과 정복의 혼란 속으로 빠져들었다. 놀라운 괴짜인 공자는 이 난장판 가운데 등장했다.[55] 그는 중국을 보다 평화로웠던 시절로 되돌리고자 하는 생각에 빠져 있었다. 그는 어떤 사람에게는 친절했지만 또 다른 이에게는 악랄하고 엄격하며 현학적인 이상한 인물이었다. 그는 옷깃이 비단으로 돼 있고 소매가 검붉은 옷을 피하라고 강조했다. 그는 과식을 싫어했으며 요리가 제대로 준비되지 않고 양념이 적절하지 않으면 한술도 뜨지 않았다. 공자에게 예절은 매우 중요했다. 어느 날, 다리를 넓게 벌리고 있는 청년을 우연히 마주친 공자는 청년의 정강이를 지팡이로 때렸다. 그러나 그도 매우 무례한 적이 있었다. 한번은 자신을 찾아온 유비를 보지 않으려 꾀병을 부리고는 불쌍한 유비가 자리를 뜨자 거문고를 타며 다 들리게 노래를 불러 유비 자신이 모욕당한 것임을 알게 했다.

우리는 공자의 자아가 어떠했는지를 『논어』를 통해 짐작해볼 수 있다. 『논어』는 공자가 죽고 시간이 흐른 뒤 그의 제자들에 의해 쓰인 글이다. 이 평원의 효자는 고대 그리스의 자랑스럽고 자유로우며 경쟁적인 동시대인과는 판이하게 달랐다. 『논어』「팔일」에서 "군자는 다투는 바가 없다. 그러나 반드시 활쏘기에서는 다툴진저, 경의를 갖춰 인사하며 사대射臺에 오른다君子無所爭. 必也射乎! 揖讓而升"고 했다. 그는 '자만하지 않으며' 대신에 '자신의 덕을 숨기고자' 했다. 그는 '교우 간의 화합을 도모'하고 '균형과 조화의 상태가 온전하게 존재하도록' 했다. 한편 공자가 생각하는 '소인小人'이란 과시적인 서양인의 모습과 같을 수도 있다. 그는 '의義'가 아니라 '이利'만을 생각하는 사람이다. 이 사람은 '유리한 점을 알고' 있으며 '재물로써 명예를 구하는데' 이는 그의 '일상을 더욱 파멸로 치닫게' 한다. 공자는 자신의 위치를 알고 그 안에 머물러 있어야만 백성 사이에 화합이 가능하다고 생각했다. "군자는 자신의 위치에 맞는 일을 하며 이 이상을 넘어서기를 원치 않는다君子素其位而行." 또한 분명히 이는 개인적 이익을 위해서가 아니다. 역사학자 마이클 슈먼은 "공자는 사람들이 옳은 일을 하길 바랐는데, 단지 이것이 옳은 일이기 때문이지 미래 어느 시점에 그들이 보상받을 것이기 때문이 아니다"[56]라고 했다.

생진에 공자는 뜻을 이루지 못했다. 춘추전국시대가 막을 내리고 250년이 지나도록 그는 그다지 영향력을 발휘하지 못했다. 한나라의 새로운 통치자들은 지지자들이 대를 이어 명맥을 이어온 공자의 예禮와 의義 철학이 국가를 통합하여 통치하려는 그들의 계획과 아주 잘 맞는다는 것을 알아냈다. 종국에, 공자는 막강한 힘을 가진 '천자天子'인 단일 황제가 중국을 다스려야 한다고 늘 설파했다. (그렇다고는 하지만, 한 왕조에게도 설명이 좀더 필요했던 것 같다. 고대 역사학자 사마천은 한 왕조의 시조이자 훗날 지도자가 된 유방이 "유생 모자를 쓴 자가 그를 보러 올 때마다, 그는 즉시 머리에서 모자를 낚아채고는 모자에 오줌을 누었다"[57]고 기록하고 있다.)

결정적으로 한 왕조가 유가사상을 수용한 것은 결국 세상을 영구히 바꿔놓게 되었다. 리처드 니스벳과 같은 학자들은 평평하고 비옥한 중국의 지형이 그 사상의 운명을 이미 결정지었다고 주장한다.[58] 그리스

2. 완벽할 수 있는 자아

인들이 그들의 섬과 도시국가와 함께 현실에 대한 견해를 개별 물체의 집합으로 보는 것과 대조적으로, 중국의 완만하고 외딴 정복되기 쉬운 평원과 고개는 집단일 때 가장 뛰어난 자아를 만들어냈다. 이는 또한 그들이 현실을 물체의 집합으로 보는 것이 아니라, 상호 연결되어 있는 힘의 영역으로 보게 하는 결과를 낳았다. 유학자들에게 우주의 만물은 독립된 것이 아니라 하나였기 때문이다. 개인의 성공이 아닌 조화를 추구해야 한다는 것은 이로부터 유래했다. 이러한 관점은 동아시아의 자아가 현실을 경험하는 방식에 지대한 영향을 미쳤다. 현대 중국의 95퍼센트[59]는 한족에 속하며 공자의 영향력은 여전히 일본, 베트남, 한국에서 맹위를 떨치고 있다. 수천 년 전의 물리적 풍경에 뿌리를 두고 있는 이러한 차이점들은 놀랍게도 오늘날 살고 있는 수억 명의 사람에게서 쉽게 발견된다. 그 풍경은 자아가 살아가는 뚜렷한 형태를 만들어왔으며 물리적인 세계를 서구의 우리와 다르게 볼 뿐만 아니라, 인간이 된다는 것은 무엇인가에 대한 개념 또한 다르다.

공자의 후손들에게 현실은 개별 물체의 집합체가 아니라 상호 연결된 힘의 장이다. 이는 동아시아인들이 그들의 환경 속에서 일어나고 있는 일을 더욱 잘 인지하고 있음을 의미한다.[60] 그들은 단지 대상만을 보는 것이 아니라 큰 그림을 본다. 그들은 또한 자신이 처한 상황의 힘에 의해서 행동이 야기될 수 있음을 이해할 것이다. 반면 개체와 그 개체가 지닌 힘에 초점을 맞추는 아리스토텔레스 사상가들은 개체와 그 개체가 가진 힘이 행동을 유발하기 때문에 사람은 개체와 그 개체가 가진 힘에 따라 행동한다고 가정할 가능성이 크다. 그리고 실제 이것은 많은 연구를 통해 밝혀졌다.

물고기 동영상 실험[61]은 중국인들이 행동의 원인을 환경적 요인으로 돌리는 경향이 있는 반면, 미국인들은 물고기의 성격과 의지를 탓한다는 것을 보여준다. 물고기 동영상과 관련된 후속 연구로, 교토대 학생들은 그 영상에 대한 보고서를 맥락 서술('이는 연못으로 보인다')로 시작하는 경우가 많았던 데 비하여, 미시간대 학생들은 표면의 밝은 색깔, 빠른 움직임, 과시적인 물고기라는 말로 보고서를 시작하는 경향이 있다는 것을 발견했다. 중심이 되는 '물고기'에 대한 언급 횟수는 모든 기록에서 거의 같았지만, 동아시아인은 배경 속 물체에 대해 60퍼센트 이상 더 언급을 많이 했다.[62] 아이들의 그림에 대한 조사는 이러한 문화적 차이가 점점 더 커졌음을 시사한다.[63] 캐나다와 일본의 초등학교 1학년 학생들은 비슷한 방식으로 그림을 그렸는데, 1년 만에 차이를 나타냈다. 일본 어린이들은 자신의 작품에 더 많은 정보를 포함하고 시야를 넓히기 시작했는데 이는 보다 맥락 지향적인 세계를 시각적으로 경험하는 것과 같은 경향이며, 또한 수 세기를 거슬러 올라가는 전통적인 동양 미술의 특징이다.

"이는 그저 단순히 동양인과 서양인이 세상을 다르게 생각한다는 개념이 아니에요." 니스벳이 내게 말했다. "그들은 말 그대로 다른 세상을 보고 있습니다. 사람들에게 3초간 사진을 보여주면, 서양인은 사진 속 중심 대상을 꼼꼼히 살펴보고 가끔 배경으로 눈길을 돌리죠. 반면 중국인들은 끊임없이 대상과 배경을 왔다 갔다 합니다. 우리는 1000분의 1초마다 그들의 눈 움직임을 추적했습니다. 이는 중국인들이 관계에 대해서 더 많은 것을 알아챌 수 있음을 의미하죠. 그리고 바로 이 점이 맥락 없이 대상 자체를 보여주고 전에 본 적이 있느냐고 물었을 때 동양인들이 당황하는 이유입니다. 그들이 본 것은 '맥락 속' 대상이었기 때문이죠. 동양인들은 서양인들보다 훨씬 더 환경의 복잡성을 용인하는 일이 가능합니다. 그러니까, 동아시아 거리의 풍경은 서양인에게 그저 혼란스러울 뿐이죠. 그러면 사람들은 '아, 그럼, 타임스퀘어는 어떤가요?'라고 묻습니다. 이에 대한 내 답은 '그래, 그렇다면 타임스퀘어는 어떨까요?'입니다."

유교적 사고와 아리스토텔레스적 사고의 차이점은 한 신문 보도의 연구에서도 드러났다. 연구원들은 『뉴욕타임스』와 중국 『세계일보』에 실린 두 살인마의 이야기를 해체 이론을 통해 분석했다.[64] 그들은 미국 언론인들이 살인범들은 '매우 욱하는 성질'이 있거나 '정신적으로 불안정'하다며 그들의 성격상의 결함을 비난하는 경향이 있다는 것을 발견했다. 한편, 중국 언론은 한 살인범은 직장을 잃었고 또 다른 살인범은 중국 사회에서 '고립'되었다며 외적 생활의 문제들을 강조했다. 이러한 연구 결과는 중국인들이 살인을 삶의 압박감 탓으로 돌릴 가능성이 더 높으며, 만약 살인범이 스트레스를 덜 받는 상황이었다면 살인을 하지 않았을지도 모른다고 믿는 사람이 많다는 것을 증명한 인터뷰를 통해 입증되었다. 반면 선과 악에 대한 미국인들의 흑백논리는 그 범죄가 불가피했음을 더욱 확신하게 했다.

과거 부족적인 수렵 채집 시대에서 알아낸 바와 같이, 모든 인간 자아가 근본적으로 원하는 것은 모두와 사이좋게 지내며 출세하는 것이다. 공통적으로 그렇다. 세상에 태어나고, 우리 뇌는 이 깊고 원시적인 욕구를 가장 잘 충족시키기 위해 어떠한 사람이 되어야 하는지를 알고자 환경을 살핀다. 뇌는 문화적 환경 속에 존재하는 이상적 자아 모델을 찾고 있는 것이다. 문화적 환경 속에서 가장 효과적으로 남들과 잘 어울리고 출세할 만한 유형의 자아가 자유를 사랑하는 개인주의적 장사치라면, 바로 그것이 뇌가 되고 싶어할 모습이다. 그러나 그 유형이 화합을 숭배하는 팀플레이어라면, 바로 그것이 뇌가 목표로 삼을 모델이 될 가능성이 크다.

특정 종류의 자아를 형성하며 그 지역의 성공을 위한 최우수 모범 관행인 이 기본 패턴은 다른 문화권에서도 발견되어왔다. 니스벳 연구팀이 터키 흑해 지방의 세 지역사회[65]를 연구한 결과, 어부와 농부와 같이 협력 네트워크를 기반으로 사업을 하는 사람들은 온전히 자신만의 책략에 의지하는 양치기들보다 더욱 전체적인 측면에서 생각하는 것으로 나타났다. 미국에서 남자 대학생들을 대상으로 진행한 한 연구는 난폭하게 떠밀리고 심한 욕설을 들었을 때 남부 출신들이 북부 출신들보다 더욱 공격적으로 반응한다[66]는 것을 발견했다. 심리학자들은 이러한 결과가 조상들이 살아가던 방식으로부터 발전한 남부의 '체면 문화'에서 비롯된 것이라고 예측했다. "법 집행이 부당하고 부를 빼앗길 위기에 처했을 때, 목부牧夫는 기꺼이 무력을 써서 자신과 재산을 지켜야 한다. 옛 남부 지방에서, 부당한 대우를 받고 보복하지 않고 모욕당하기만 하고 있는 것은 만만하고 이용당할 수 있는 사람임을 자처하는 것이었다"고 심리학자들은 말한다. 그들의 가설을 뒷받침하는 증거로 남부인들의 침 속에서 테스토스테론과 코르티솔(불안과 흥분, 스트레스와 연관된 호르몬)의 분비가 치솟은 것이 발견되었으며, 일련의 실험에서 모욕을 당한 직후 그들이 보인 행동 또한 이를 증명한다. 그들은 비교적 감정 동요가 없는 북부 사람들보다 더욱 화를 많이 냈을 뿐 아니라, 자신의 남성성을 의심하고는 더욱 지배적이고 호전적인 방식으로 행동할 가능성이 높았다.

버지니아대 토마스 탤헬름 교수가 이끄는 한 연구팀은 현대 중국 내에서의 차이점에 주목했는데,[67] 협동 작업이 중요한 쌀 재배가 주 업무인 남쪽 사람들이 밀을 선호하는 북쪽 사람들보다 더욱 집단적인 사고방식을 가지고 있음을 발견했다. 텔헬름 교수에 따르면 이러한 차이점들은 중국 내에서도 북쪽 사람들이 더욱 치열하고 독립적이라는 고정관념으로 오래도록 인식되어왔다고 한다. 물론 미국에서도 독립적인 목부들이 사는 남부 지방 사람들이 더욱 폭력적이라는 평판을 유지하고 있다.

아마도 아리스토텔레스적 인간과 유교적 인간의 가장 큰 차이는 자신이 전체의 일부임을 뚜렷하게 의식하는 경향에 있을 것이다. 아시아인의 자아는 변두리에서 자신을 둘러싸고 있는 자아들 속으로 녹아들어가는 반면, 서구인의 자아는 더 독립적이고 자기 자신의 행동과 운명을 지배하고 있다고 느끼는 경향이 있다. 많은 연구가 아시아인들은 서구인들과는 다르게 자신의 삶을 통제할 수 없다고 생각할 뿐만 아니라[68] 그럴 필요성도 느끼지 않는다는 것을 보여준다. 변화는 개인보다 집단의 기능이며 자유보다 화합을 우선시한다. 이러한 깊은 사상의 뿌리가 표면상의 놀라운 차이점들로 이어질 수 있다. 중국 학생들 사이에서는 겸손하고 성실한 아이들이 인기가 있고, 직장에서는 수줍음이 리더십의 자질로 여겨진다.[69] "중국인들은 누군가가 부당하게 처벌당하더라도, 만약 그것이 집단에 더욱 이롭다면 이를 기꺼이 용인합니다. 개인의 권리를 우선하는 서구인들은 이러한 행위에 대해 분노하죠. 하지만 그들에게는, 집단이 전부입니다." 니스벳이 말했다.

또한 이는 유교적 질서에서도 나타나는데, 그 질서하에서는 중범죄를 처벌할 때 범인의 가족 3대가 연좌된다. 나는 일본을 방문하던 중들었던 (그러곤 금세 잊었던) 소문에 대해 한국의 인하대 경영학과에서 학생들을 가르치는 사회심리학자 김의철 교수에게 물어봤다. 회사에 취업 원서를 내면, 회사가 지원자의 가족들을 조사한다는 것이었다. 만약 형제가 감옥에 있다면, 취업에 성공하지 못할 것 같았다. 이는 터무니없이 불공평해 보였다. 정말일까? "물론 사실입니다." 그가 말했다. "정신 질환이나 장애가 있다면 취직을 못 할 거예요. 결혼으로 맺어진 가족이나 일가 친척이라도 마찬가지죠. 그러니 감춰야 합니다."

동양의 자아는 언어에도 영향을 미쳤다. 중국어에는 '개인주의 individualism'라는 말이 없다.[70] (중국어로는 가장 비슷한 말로 '이기주의'로 번역된다.) 일본어와 한국어에서 '인간'이라는 단어[71]는 '인간 사이人間'라는 말로 번역된다. 대부분의 연구는 동아시아인들이 서양인들보다 자존감이 더 낮다는 것을 보여준다.[72] 리처드 니스벳은 그의 일본인 친구가 말하기를, 미국인들은 서로의 자존감을 높여줄 기회를 항상 엿보고 있는 것 같다고 했다며 이렇게 이야기했다. "누군가 연설을 하면, 아무리 형편없을지라도 미국인들은 '정말 좋은 연설이었어'라고 말할 거예요. 일본 사람들은 '오, 정말 안됐어. 너무 긴장한 것 같아 보이더라'라고 말할 거고요. 일본인들은 다른 사람들의 자존감을 높여주는 것을 의무로 여기지 않습니다. 물론, 미국은 이 터무니없는 일의 척도를 세웠죠. 마찬가지로 캘리포니아는 미국의 척도를 세웠고요. 기본적으로 서쪽으로 갈수록 더욱 개인주의적이며, 선택에 대해 망상적이고 자존감과 자아가 전부라는 것을 강조하다 못해 결국 태평양에 모든 것이 빠져버린 셈이죠. 캘리포니아에 자존감을 높이는 데 쓰이는 예산이 있다는 것을 알고 계시는지 모르겠군요."

"어디서 그런 얘기를 읽어본 적 있는 것 같아요." 내가 대답했다.

"그 기간 동안에 미시간주의 앤아버 교육위원회는 학교의 주요 임무가 지식을 전달하는 것인지 아니면 자존감을 높이는 것인지 토론을 벌였고, 그 결과 자존감이 이겼지요."

서구의 자아가 개인적인 영웅이 완벽을 향해 노력하는 끊임없는 이야기라면, 우리가 말하는 이야기들 속에서 이 똑같은 패턴을 발견하는 것은 놀랄 일이 아니다. 그리스 신화 속에는 위험한 괴물과 눈부시도록 놀라운 포상을 얻기 위해 무모한 모험을 떠나는 용감한 영웅들이 있다. 충분한 용기를 가지고 나아간다면 자신의 삶과 세상을 더 좋게 변화시킬 수 있는 위대한 힘이 한 사람의 손에 쥐어질 수 있다는 믿음을 신화화한 것이다. 2500년이 지난 지금도 우리는 여전히 그러한 이야기를 하며 살아가는 것 같다. 우리는 영웅들을 본보기로 삼아 우리 삶을 인도하고 가치를 판단한다. 올바른 삶의 모습뿐만 아니라 어떤 사람이 되어야 하는지까지 생각을 형성하는 데 영향을 미친다. 나는 유학자들이 우리와 다르게 개인적인 포상과 영광을 위해 노력하지 않았다면 그들의 신화적 전통에도 그런 점이 반영되어 있는지 궁금했다. 그들은 우리와 다른 이야기를 갖고 있을까? "그거 정말 흥미로운 질문이네요." 그가 말했다. "내가 이에 대해 생각해봤을 거라고 생각할 테지만, 그런 적이 없네요."

나는 김의철 교수에게 물어보기로 했다. 동아시아의 이야기가 다를 뿐 아니라, 이 차이점이 그들의 자아가 어떻게 다른지를 반영하고 있다는 것을 발견하길 바랐다. 만약 그렇다면 이는 분명히, 자아와 문화는 정말로 공생 관계라는 더욱 강력한 증거가 될 것이었다.

"동양의 이야기는 다릅니다." 그가 내게 말했다. 동양의 이야기 구조를 형성하는 것은 엄청난 부자도, 소녀의 사랑도, 수많은 자객도 아니다. '조화'다. 살인과 같은 사건은 여러 목격자의 관점에서 재조명되고, 그다음에 어떤 사건이나 반전이 일어나고 어찌어찌 이 모든 것이 설명

된다. 이것이 전통적인 동양의 이야기들이 취하는 형식이다. 그러나 이 설명이 분명할 거라고 기대해서는 안 된다. "절대 답은 주어지지 않습니다. 결말이 없다고 할 수 있죠. 행복하게 오래 살았다는 결말은 없고, 스스로 해결해야 하는 의문들이 남게 되죠. 이것이 곧 이야기의 즐거움입니다."

"어떤 인물의 관점이 옳았는지에 대한 이야기꾼의 암시조차 없는 건가요?"

"인물들은 완전히 옳고 또 완전히 그르지요. 그렇고말고요!"

마찬가지로 '기승전결'이라고 알려진 동양적 형태의 이야기에서는 어떤 일이 일어나고, 이후 이와 연관성이 없어 보이는 어떤 일이 발생하는데, 이를 통해 처음에 일어난 일을 새로운 시각으로 보게 된다. 그리고 우리는 이 사건들 간의 조화를 찾고자 한다. "동양의 이야기에서 한 가지 혼란스러운 점은, 결말이 없다는 것이죠. 인생에 간단하고 분명한 답은 없습니다. 우리는 이 답을 찾아야 합니다." 김 교수가 말했다. 동양의 작가들은 보통 이야기를 통해 간단한 지혜의 교훈을 주지 않는다. 한 영웅, 한 작가조차 진실을 알 수 없는데 그들이 어떻게 진실을 알 수 있었을까? "어떻게 절대적 진실을 아느냐? 그들은 단지 아는 것만을 이야기할 수 있습니다. 서양 사람들은 인간을 대상으로 봅니다. 하지만 사실 이는 잘못되었습니다. 인간은 주체입니다. 사람은 매우 자기중심적이죠. 내가 느끼고 본 것은 내 관점으로부터 비롯됩니다. 하지만 나를 보는 사람은 다른 관점을 가질 수 있고 제3자는 제3의 관점을 가질 수 있습니다. 이 세 가지 관점이 존중되고 결합되는 것이 진실입니다. 그렇게 조화에 이르게 되는 것이고요. 그러나 서구에서는 이것이 옳은가 그른가로 결정되죠. 간단합니다." 그가 말했다. 다른 관점들을 조화시키는 법을 배우는 이 과정은 동양의 사상가들이 '자아의 양성'에 대해 말할 때 이야기하는 것으로, '지혜의 길이다.'

스토리텔링에 있어서 아마 가장 특별하고 흥미로운 차이점은 본질적으로 나에 초점을 맞춘 장르인 자서전에 있을 것이다. 현실의 영웅 이야기를 하는 것보다 더 분명한 것이 무엇이겠는가? 그리고 영웅들의 시각으로, 그들과 함께 그들이 한 행동의 중심에 있는 것처럼 그들을 둘러싼 행동에 대한 결정과 견해를 설명하면서 영웅의 삶을 체험해보는 것 말고는 어떻게 그 이야기를 더 잘 전달할 수 있겠는가? 왕치王琦 교수에 따르면[73] 거의 2000년 동안 중국 문학에는 자서전이랄 게 없었다고 한다. 있다 하더라도 대부분 그 존재를 거의 인지할 수 없는데, 중국에서 신분이 높은 사람의 삶에 대한 기록은 그들의 의견이나 그들에 대한 주관적인 사실을 포함하지 않는 경향이 있기 때문이다. 대신에 중국 문학은 '완전히 억압된 개인의 목소리'란 특징을 갖는다. 이야기의 집중 조명을 받기보다 이야기의 주인공은 일반적으로 주변인으로서 '그림자 속에' 나타난다.

물론 그렇다고 동양에 우리가 아는 서양의 이야기처럼 '영웅'을 중심으로 한 이야기가 전혀 없다는 것은 아니다. 그러나 김 교수에 따르면, 영웅은 보통 다른 방식으로 지위를 얻는다. "서양에서는 악에 맞서 싸우고 진실이 승리하며 사랑이 모든 것을 정복합니다." 그가 말했다. "동양에서 영웅은 희생하는 사람이며 가족과 지역사회, 나라를 보살피는 사람입니다."

두 문화의 이야기를 하나로 묶는 것은 그 이야기가 모두 변화에 대한 설명이라는 점이다. 서양에서는 변화의 힘을 용감히 정복하려고 하는 반면 동양에서는 그 힘을 화합시킬 방법을 찾는다. 하지만 모든 이야기는 기본적으로 무섭고 끊임없이 변화하는 세상에 맞서기 위해 우리가 어떤 사람이 되어야 하는지를 알려주는 기능을 수행한다. 로이 바우마이스터는 "인생은 안정을 갈망하는 변화다"[74]라는 인상적인 말을 했다. 당신이 어디에서 왔든, 이야기는 당신에게 안정을 얻는 방법을 가르쳐준다. 이야기는 통제에 관한 교훈들이다.

그렇다면 이 모든 것이 왜 중요한가? 이것이 우리를 자살로 되돌아가게 하기 때문이다. 우리 문화의 이야기와 우리가 우리 자아와 삶을 형성하는 모든 방식을 알게 되고 나니, 그렇다면 완벽주의자의 자살은 산산조각 난 이야기라고 할 수 있을까 하는 의문이 들기 시작했다. 자살 연구소로 돌아가서, 로리는 자살 충동을 느끼는 마음이란 벗어날 수 없는 굴욕감과 패배감이라고 말했다. "생활 환경에 갇혀버리게 되고 출구를 찾을 수 없고 또는 자신의 직업에 대한 전망도 바뀌지 않게 된다든지, 그런 일들이 일어나죠." 이는 살아 있는 지옥이라는 그리스식 개념, 즉 오직 굴러떨어지게 하기 위해 바위를 밀어 올리고 이를 영원히 반복하는 시시포스를 연상시켰다.

서양인이라면 보통 삶이 전형적인 그리스적 궤도를 따를 것이라고 예상할 것이다. 우리는 매일 전투를 벌이고 보상받고 우리 삶과 이 세상을 더 좋게 만들며 개인의 완벽함을 향해 꾸준히 나아갈 것이다. 아마도 자아는 우리가 우리 이야기를 통제할 수 없게 되었을 때 무너지기 시작하는 것이 아닐까 싶다. 데비, 그레임, 로스, 메러디스와 나, 우리는 노력했지만 완벽에 가까운 적이 없었다. 우리는 덫에 걸렸고 이야기는 멈췄다. 우리는 실패한 그리스 영웅 이야기였을까? 그것은 우리 문제였을까?

김 교수와 이야기를 나누던 중 내 이론을 시험할 방법을 알게 되었

2. 완벽할 수 있는 자아

다. 자살이 실패한 영웅의 이야기라면, 동아시아의 자살은 유교적 줄거리를 따랐을까? 그들은 서양에서와는 다른 이유로 스스로 목숨을 끊었고 그 이유는 희생적이며 집단에 충성하는 인물인 그들의 영웅 개념에 부합했을까?

나는 놀라워서 말이 안 나왔는데, 그 답은 바로 그렇다는 것이었다. 유교 문화에서 사람들이 죽는 이유는, 예상대로 흔히 서양의 이유와는 다르다. 동양에서는 집단에 화합을 가져와야 하는 의무를 등한시하는 사람은 실패자로 간주될 가능성이 높다. 몹시 가부장적인 이 사회에서, 이 의무가 여성들에게는 가족에 대한 의무로 다가올 수 있다. "자녀를 돌볼 수 없다면, 자녀를 죽이고 스스로 목숨을 끊는다"고 김 교수가 말했다.

"그런 일이 많나요?"

"네. 최근에는 남편과 아내가 자신의 자녀들을 먼저 죽이고 자살하기로 결심했는데, 이는 그 부부가 아이를 돌볼 방법이 없었기 때문이죠."

중국에서는 부패한 남성 관료들이 범죄 수사를 중단시키고 가족들이 부정직하게 취득한 재산을 간직할 수 있도록 스스로 목숨을 끊는 일이 드물지 않다. 2009년에 한국의 노무현 전 대통령은 뇌물수수 혐의를 받자 절벽에서 뛰어내렸다. "아내와 아들을 구하고자 한 결정이었습니다. 그가 수사를 중단시킬 수 있는 유일한 방법은 스스로 목숨을 끊는 것이었습니다." 김 교수가 말했다. 한편, 일본에서는 오래전부터 기업과 정치지도자들의 자살이 명예롭게 여겨져왔다. "한 회사의 최고경영자는 그의 회사를 자신의 가족처럼 여길 것"이라고 인류학자 지카코 오자와데 실바 교수가 말했다. "'안녕하세요, 데이비드입니다'라고 말하는 대신 일본에서는 '안녕하세요, 소니에 다니는 데이비드입니다'라고 합니다." 그녀가 말했다.

"사회생활 속에서도요?" 내가 물었다.

"매우 편안한 모임에서도 그렇지요."

실패할 경우 개인이 모든 책임을 지려는 일본인들의 경향은 유례없이 치명적일 수 있다. "자살은 수년간, 어쩌면 수 세기 동안 도덕적으로 고양되어왔습니다. 이는 아마 사무라이 시대로 거슬러 올라갈 것입니다. 이는 한 개인이 본인의 삶을 희생함으로써 그 명예가 복구되며 가족 구성원이 굴욕을 면하게 된다는 생각에서 비롯합니다. 하지만 이 비유가 너무 널리 확장되어, 최고경영자가 목숨을 끊는 것이 일본인의 이치에 합당한 것이 되었습니다. 한 최고경영자는 '나는 회사를 책임질 것이다'라고 말하고 목숨을 끊을 수 있으며 언론과 사람들은 대체로 이를 매우 존경받을 만한 행동으로 여길 것입니다." 그녀가 말했다. 집단의 동의가 그토록 중요한 곳에서, 집단의 거부는 자아의 파멸을 초래할 수 있다. "이런 두려움은 보편적일 수 있겠지만, 이는 일본에서 두드러지게 나타납니다. 이는 항상 사람들의 마음속에 있습니다." 그녀가 말했다.

그러므로 동아시아 사람들은 그들만의 특유하고 심각한 완벽주의적인 사고의 문제들을 분명히 가지고 있다. 사실 자살 통계는 동아시아에서 심각하게 높은 수준을 기록한다. 한국은 일부 통계에 따르면 세계에서 두 번째로 자살률이 높다.[75] 한국에서는 약 40명이 매일 스스로 목숨을 끊는데, 이는 이전 세대보다 5배나 높은 수치다.[76] 한 여론조사[77]에 따르면 십대의 절반 이상이 지난해 자살 충동을 느낀 적이 있다고 한다. 김 교수는 이 현상의 상당 부분을 단기간에 도시로 생활을 이주하며 생겨난 참혹한 불행과 그로 인한 동양의 집단주의와 서양의 개인주의 문화의 충돌로 설명할 수 있다고 했다. "한 세대 내에서, 이전에는 농업 공동체에 살았던 사람들의 70퍼센트가 이제는 도시에 살고 있습니다. 유교는 서로에 대해 알고 서로를 돌보아야 하는 농업 문화를 바탕으로 하죠. 하지만 도시는 매우 경쟁적이고 성과주의적입니다." 즉 성공적인 자아를 의미하는 정의가 바뀌었다는 말이다. "사람들은 지위와 권력, 부에 의해 정의되고 이는 전통적인 문화의 일부가 아닙니다. 시골 농촌에 사는 유학자는 매우 현명하겠지만 가난합니다. 우리는 부자가 되고 싶었습니다." 이는 사람들에게서 의미를 없애는 결과를 낳았다. "이는 뿌리가 없는 문화인 셈이죠."

그는 최근 중국의 호재가 오래갈 거라고 생각하지 않는다. 놀랍게도 중국에서는 시골에서 도시로의 대이동이 이루어지는 동안 자살률이 58퍼센트나 떨어졌다.[78] 김 교수는 그들이 희망의 물결에 의한 '소강상태'를 겪고 있다고 본다. 한국 또한 경제가 급성장할 때 비슷하게 자살률 하락세를 보였다. "사람들은 부유해지면 더욱 행복해질 것이라고 믿죠. 목표에 집중할 때 사람들은 자살하지 않습니다. 하지만 그 목표에 다다르고 그것이 기대와 다르다면, 무슨 일이 일어날까요?" 그가 말했다.

우리가 고대에 그리스인이었을 때쯤, 인류는 벌써 많은 발전을 이루었을 것이다. 수렵 채집민으로서 보낸 오랜 진화 주기는 우리에게 부족적 뇌를 주었다. 우리가 살던 집단의 유동적인 성질은 위계와 지위에 집착하도록 만들었다. 우리는 남들과 잘 어울리고 싶었다. 그리고 출세하고 싶었다. 이러한 충동은 빈번히 충돌하고 인간 자아의 핵심에 위선을 가져왔다. 우리가 진짜 누구인가에 대한 현실은 더욱 복잡해졌음에도 우리는 이타적인 명성을 추구했다. 우리는 부족을 위해 베푸는 자를 높이 사고 이기적으로 빼앗는 자를 벌했다. 우리는 다른 집단의 구성원을 탐탁치 않게 여기고 자신의 집단은 편애하게 됐다. 한편 우리 마음속 해설자는 우리의 나날들을 이야기화했다. 우리는 우리가 다른 사람보다 더욱 도덕적이고 지혜로우며 더 잘생겼다고 믿는 경향이 있었다. 우리는 우리 존재에 목적과 의미를 주는 개인적인 이야기를 발전시켰다. 그리스의 섬과 해안의 세분화되고 모험 가득한 경제는 우리에게 새로이 개인주의적이며 이성적이고 완벽을 추구하는 자아감을 주었으며, 우리 삶에서 모델로 삼을 새로운 이야기를 주었다.

그러자 서구 자아의 요람이 무너졌다. 고대 그리스의 몰락은 수년간의 분열과 전쟁으로 이어졌다. 본질적인 문화적 정체성을 발견했던 찬란하고 독창적이며 자유에 취했던 세계는 더 이상 없었다. 구시대의 압제는 그리스인들에게서 개인적인 명성과 성공에 이르는 그들의 가장 효과적인 수단을 강탈했다. 자유와 함께 희망도 야망도 사라졌다. 그리스인들과 신들의 관계는 유별났으나 그리스인들은 절망 속에서 신에 반발했다. 정치철학자 셸던 월린 교수는 이렇게 말했다. "신들이 진정으로 인간의 안녕을 염려했더라면, 도시생활이 미개상태에 이를 지경으로 도시가 와해되도록 두지 않았을 것이다. 만약 인간이 신의 신성한 대리자를 신뢰할 수 없고 도시국가 내에 인간의 완벽함이 더 이상 존재할 수 없다면, 인간의 운명이란 순전히 개인의 문제라는 것이 유일한 결론인 듯하다."[79]

만약 우리 운명이 이제 개인의 문제라면 이는 완벽의 추구를 내면의 일로 돌린다는 뜻이다. 새로운 사상가인 견유학파와 스토아학파는 인간의 문명이 부패했고 행복은 낡은 유혹을 거부하는 것에 있다고 설교했다. 완벽한 자아는 명성과 영광의 자아가 아니라 결국 경건한 덕을 지닌 자아였다. 정의로운 자는 겸손하고 순종적으로 살았다. 그는 유혹에 저항하도록 스스로 훈련했다. 사방의 악으로부터 우리 영혼을 지키기 위해, 젊은 시절의 무수한 죄를 스스로 정화하고 순수해져야 했다. 그래서 우리는 무릎을 꿇고 앉아 성호를 긋고 기도했다.

기독교는 결국 고대 세계의 몰락에서 비롯되었다. 기독교는 완전히 새로운 사회적·경제적 지형을 형성하고 강화하면서 수 세기 동안 성행했다. 기독교의 이상적 자아 모델은 오래도록 지속될 것이었는데, 특히 중세시대에 이 모델이 사람들과 잘 어울리고 출세하고 싶다면 우리가 되어야만 하는 모습과는 적대적인 현실에 적합했기 때문이다. 기독교는 오늘날에도 민족의 지배적인 종교로 남아 있으며, 이 풍조와 형체는 이 이야기에 대한 믿음이 없는 사람에게도 존재한다.

다음은 서구 자아의 진화에 있어서 아주 중요한 장이 될 것이다.

3.
나쁜 자아

4월의 어느 이른 저녁, 내가 탄 택시가 플러스카든 수도원 밖에 멈춰섰고 엔진은 꺼져 조용했다. 자아에 대한 탐구는 동이 트기 전에 나를 침대에서 벗어나도록 만들었고, 그로부터 몇 시간 후 나는 지친 상태로 길을 잃은 채 스코틀랜드의 외딴 계곡에 남게 되었다. 먼저 풍경을 가로질러 굽이쳐 흐르는 길 바로 옆의 낮은 건물 밖에 차를 세워놓았는데, 알고 보니 그 건물은 여성 전용 숙소였다. 녹색 울 점퍼를 입은 여인이 허둥지둥 나를 내쫓았다. 택시는 부드러운 속도로 꿩들이 노닐고 간소한 묘지 표목이 줄지어 있는 쟁기질 된 들판을 지나 수도원 본당 건물에 도착했으며, 21세기의 엘긴시로 돌아오기에 앞서 그곳에 나를 내려줬다. 그 한적한 곳에서 나는 완전히 혼자였다.

나는 전율이 일게 하는 사명감을 가지고 플러스카든 수도원에 왔다. 먼저, 나는 어떻게 기독교가 서구의 자아를 변화시켰는지 정확히 알고 싶었다. 다음으로, 수도원과 그곳의 사람들을 유심히 살펴 고대 그리스가 멀리서 보내오는 신호를 찾고 싶었는데, 내가 충분히 세심한 주의를 기울인다면 여전히 감지할 수 있지 않을까 싶었다. 마지막으로, 내가 함께 생활하게 될 이 예복을 입은 사람들로부터 인간 자아의 비밀스러운 메커니즘에 대한 어떤 신선한 시각을 얻게 될 수 있을지 궁금했다.

나는 답을 찾고자 플러스카든을 선택했다. 이곳 수도사들과 이 시기의 역사는 아주 직접적으로 연관되어 있기 때문이다. 1290년부터 이곳에는 수도원이 있었다. 지금과 같이 그때도 6세기의 이탈리아인들이 정한 규칙에 따라 살았던 성직자들인 베네딕트회 수사들이 거주하고 있었다. 로마제국이 야만인들에 의해 몰락한 후, 14세의 베네딕트는 로마의 이교 숭배에 넌더리가 나 48킬로미터나 떨어진 수비아코 마을에 있는 한 동굴에서 살겠다 마음먹고 그곳을 떠났다. 베네딕트는 대단한 은둔자였다. 사실, 그의 재능에 대한 소문이 금방 퍼져 나가 제자들을 끌어들이기 시작한 것은 아주 좋았다. (하지만 이는 은둔자에게는 여간 성가신 일이 아니었을 것이다.) 그는 수도원을 짓게 되었으며 웃어른으로서 그곳에서 수도사회를 운영하며 배운 모든 교훈을 기록했다. 『베네딕트의 규칙서』는 수도원을 운영하거나 수도원에서 살고자 하는 사람들을 위한 일종의 안내서다. 오늘날, 글래스고에서 동북쪽으로 307킬로미터 떨어진 플러스카든 수도원의 25명의 수도사들은, 그들의 말에 따르면 규칙서와 '본질적으로 전혀 다르지 않은'[1] 삶을 살면서 그 규칙의 전통을 이어간다.

수도원 구내를 배회하며 멀리 산울타리를 따라 빈 벤치와 벌집이 있는 것을 보았고, 풀밭에는 고양이가 파헤쳐놓은 것으로 추정되는 동물 내장이 잔뜩 쌓여 있었다. 마침내 옆 건물에서 수행 체험 중인 방문객들을 위한 곳이라고 쓰여 있는 문을 발견했다. 나는 노크를 하고 문을 올려다보며 뒤로 물러섰다. 누군가에게 전화나 걸어볼까 싶어 휴대전화를 꺼냈다. 신호가 잡히지 않았다. 언덕 위 소나무 숲에서부터 바람이 엄습해와 코트 안을 파고들어서 수도원으로 들어가야겠다고 생각했다. 그곳은 매우 넓었다. 아치형으로 치솟은 창문과 옅은 색의 돌, 건물 구조 자체가 거대한 십자가 형태를 띠고 있었으며 땅 위로 그림자가 길게 드리워졌다. 뒤에서 발자국 소리가 나서 나는 몸을 돌렸다. 그리고 거기에는 낡은 의복과 샌들 속의 700년 전으로부터의 환영, 재촉하는 망령, 중세시대의 유령이 있었다. 그는 육십대쯤 되어 보였고 약간 뚱뚱했으며 젖빛의 예복 차림으로 옷은 넓은 소매가 펄럭였으며 몸통에는 밧줄을 두르고 옷단은 진흙으로 얼룩진 채, 창백한 얼굴로 약간 숨을 헐떡거리고 있었다.

나는 그를 따라 수도원으로 들어갔다. 황혼의 꺼져가는 빛이 위쪽에 있는 창문을 통해 흐릿한 색을 풍기고 있었다. 나는 지각을 한 것처럼 보이는 그가 건물 본관의 일부인 교회로 걸어 들어갈 때, 부속 예배당으로 들어갔다. 그곳은 어두컴컴한 습기를 머금고 있었고 신도석이 늘어서 있는 서늘한 공간이었으며 오래된 종이와 밀랍, 향 냄새가 죄의식과 공포를 자아냈다. 수도사들은 보이지 않는 곳에서 느리고 슬픈 라틴어로 된 찬송을 불렀는데 그 악보는 노인의 손가락마냥 쪼그라들어 있었다. 이 돌들의 노래는 이 분위기에 딱 맞는 것 같았다. 나는 신도석에 놓인 책자를 하나 집어 들었다. 내가 듣고 있던 찬송을 번역해놓은 것이었다. 나는 이토록 거룩하고 차분하게 들리는 이 말들이 무엇인지 궁금했다. '네 오른손에 계시는 주께서 진노하시는 날에 왕을 무너뜨릴 것이다. 그는 민족을 심판할 것이다. 시체가 쌓일 것이다. 그는 이 드넓은 땅 위의 우두머리들을 짓누르실 것이다.'

다시 내려놓았다.

노래는 이어졌고 계속해서 나를 휘감았다. 궁금증에 나는 결국 다시 다른 소책자를 집어 들었다. '전능하신 하느님과 형제들이여, 내가 내 잘못, 내 잘못, 내 엄청난 잘못으로 생각의, 말의, 행동의, 태만의 크나큰 죄를 지었음을 고백합니다.' 이는 마치 타임머신에서 굴러떨어져서 자아도취적이고 야망적이며 아름답고 떠들썩하며 탐욕스럽고 개인주의적인 태양이 따뜻이 비치는 고대 그리스의 어린 시절에 뒤이은 음울한 청소년기에 떨어진 것 같았다. 나는 엄청나게 우울했다. '훌륭해.' 나는 생각했다. 나는 제대로 된 장소에 있었다.

마침내 찬송이 끝나고 나는 남자 숙소에 들어갈 수 있게 되었다. 방으로 오는 길에 수염을 기르고 구부러진 지팡이를 들고 언짢은 표정을 한 남자의 나무 조각상을 지나쳤는데 그는 성 그레고리였다. 올이 다 드러난 천이 깔린 일단 침대, 방수 깔개, 개수대, 성경책과 그 위에 모서리가 해진 설명서들이 놓인 작은 책상, 그리고 침대 위에는 육중한 십자가상이 놓여 있는 예비용 숙소였다. 나는 드러누워 예수의 발을 응시하며 지난 몇 시간의 경험 뒤에 피어나고 요동친 그 이상한 기분이 뭔지 궁금해졌다.

작화증에 대해서 알게 된 이후로 내 감정을 경험하면서 멀리서 일종의 곁눈질로 내 감정을 지켜보는 것은 거의 제2의 천성이 되어 있었다. 나는 내가 느끼는 것과 그 감정을 해설하는 목소리가 분리되어 있음을 알고 있었고 이를 점점 더 의심하고 있었다. 사람들이 흔히 하는 말로, 우리는 우리 자신에게 정말로 미스터리하다. 나는 가끔 뚜렷한 이유 없이 행복함을 느끼며 잠에서 깨는데, 일단 그 이유를 지어내고 나면 더 이상 신경 쓰이지 않았다. 기분이 우울할 때도 마찬가지다. 내가 왜 이러지? 왜 이런 기분이지? 이유를 알 수 없었다. 그저 물웅덩이에 빠진 개처럼 바보같이 그 기분 속에 있었다.

나는 내 자아가 독립된 두 부분으로 이루어져 있다고 생각하게 되었다. 하나는 재잘거리며 종종 성가신 해설자, 다른 하나는 고유하고 주변 환경을 혼란스럽게 하고 모든 것에 영향을 미치며 가끔 나를 압도하는 나의 감정과 욕구다. 날씨와 같이 상황에 따른 것이 내 기분에만 영향을 미치는 것이 아니라, 내가 어떻게 사람들과 상호작용하는지, 내가 얼마나 스스로에게 가혹한지, 우연히 뉴스에 나온 사람들에게 내가 얼마나 공감하는지, 사실은 나인 그 사람…… 바로 나의 자아에도 깊은 영향을 미칠 수 있다는 것을 알게 되었다. 그러나 지금으로서는 우울하지만 안전하고 따뜻한 감정에 휩싸여 있다는 것만이 내가 아는 것의 전부였다. 이 가톨릭 신자들과 어울린다는 것에 관한 어떤 것이 내 속을 파고들고 있었는데 이는 마치 내가 익숙하면서도 오래도록 잊고 지내던 상태로 역행하고 있는 듯했다.

나는 침대 위의 십자가로 재빨리 눈을 돌렸다. 그곳에서 죽어가는 예수님은 어렸을 때 교회에서 보았던 모습 그대로였다. 가슴 근육, 브이라인의 골반, 섹시한 고뇌로 힘이 들어간 허벅지와 이두박근을 갖춘 벌거벗은 완벽한 몸. 이 '신의 아들'은 중동에서 태어났을 테지만 그의 벗은 몸과 외모, 강조된 칼로카가시아 속에서 그는 헤라클레스처럼 그리스인이기도 했다.

내가 막 잠에 들려고 할 때, 창문 밑에서 목소리가 들렸다. 궁금한 마음에 책상 위로 올라가서 아래를 내려다보니 벤치 옆에 서서 찻잔을 들고 있는 두 중년 남성이 눈에 띄었다. "내가 이상하다고 느끼는 건, 내겐 성체가 허락되지 않는다는 거야." 흰 수염의 조르디식_{잉글랜드 동북부 타인사이드 지역} 사투리를 쓰는 남자가 말쑥한 용모의 젊은 사내에게 말하고 있었다. "난 가톨릭 신자가 아니야. 하지만 다 같은 기도이고 그거면

되잖아. 만약 내 교회에 온다면 나는 당연히 성찬식 빵을 줄 거야." 나는 그의 말이 맞다고 생각했다. 성체를 받는 것은 미사에서 가장 의미 있는 과정이다. 그리스도의 몸이 마법처럼 납작한 빵으로 바뀌어 나타난 것은 이야기의 절정으로 기적이 일어난 것이다. 그 수도사가 가톨릭 신자가 아니라는 이유만으로 제외되는 것은 조금 가혹한 듯했다. 나는 다른 남자가 맞장구를 쳐줄 것으로 예상했지만 그는 신발만 쳐다보고 있었다. "그러게요, 그거 복잡하군요." 그는 싱겁게 말했다.

다시 책상에서 기어 내려오며 나는 한숨을 쉬었다. 부족주의. 이 수도사들은 우리 모두가 그렇듯 유인원으로, 그들의 흰 예복은 런던의 술집에서 불러가 프리드모어에게 마지막 결전의 날에 입도록 지시한 폭력배의 표식인 검은 양복과 다를 바 없다. 책상을 내려오다가 나는 실수로 책상 위의 작은 책더미를 넘어뜨렸다. 책을 주우려고 허리를 구부렸을 때, 나는 빨간색의 얇은 책을 한 권 발견했다. 『베네딕트의 규칙서』였다. 나는 침대로 가지고 와서 훑어보기 시작했다.

명확히 정의할 수는 없지만 거의 곧바로 알게 되었다. 바로 여기에, 서구 자아의 새로운 버전이 있었다. 그리고 나는 그것이 어떻게 이렇게도 많이 변했는지 믿을 수 없었다. 우선, 재미는 없었다. "죽음은 쾌락의 관문 근처에 자리하고 있다."[2] 개인주의도 그랬던 것 같다. "우리가 우리 자신의 의지를 행하는 것은 엄밀히 금지되어 있다.[3] 성서가 우리에게 너희 욕망을 외면하라 말하기 때문이다." 명예와 영광에 대한 갈증마저 없어졌다. "인간은 그의 입으로 인정할 뿐 아니라 진심으로 자신이 그 모든 것보다 열등하고 귀함이 덜하다고 믿기에 겸손히 굴며 선지자와 함께 다음과 같이 말한다. 나는 인간이 아니라 사람들에게 괄시당하고 민족에게 멸시당하는 벌레와 다름없다."[4]

멸시당하는 벌레? 어떻게 이런 일이 일어났을까? 이 시무룩한 내성적인 자아는 유교인이 아닌가 싶을 만큼 정말 그리스인답지 않아 보였다. 실제로, 플러스카든의 전 수도원장 아엘레드 칼라일의 책에서 기독교 생활의 '주요 본질'은 '하느님께서 우리에게 명하시는 위치를 정확히 지키고 그 상태에서 우리 의무를 다하여, 우리 삶이 신께서 의도한 대로 되게 하는 것'이라는 것을 읽었다.[5] 나는 리처드 니스벳이 서쪽으로 이동할수록 증가하는 개인주의에 대해서 말했던 것이 생각났다. 물론, 기독교는 멀기는커녕 가깝지만, 동쪽에서 왔다. 저 위의 예수님의 모습을 보니 기독교인들이 그들의 그리스 문화유산을 완전히 씻어내버리진 않았다는 것에 안심이 되었다. 이는 자아의 교체가 아니라 업데이트였다. 그러나 그 변화는 분명 극적이었다. 그리고 이 모든 것 밑에 불협화음을 내는 골칫덩어리의 낮은음 화음이 있었다. 기독교는 이와 함께 낮은 자존감의 집착인, 자기혐오를 가져온 듯 보였다. 나는 아까 예배당에서 이를 알아챘으며 나의 가톨릭 가정교육으로부터 이 감정을 떠올릴 수 있었다.

나는 가톨릭 학교에 다니고, 금요일에는 낚시를 하고, 일요일에는 교회에 가고, 합창단에서 노래를 부르고 복사로서 미사를 돕고, 고해하고, 견진 성사를 받는 가톨릭 가정에서 자랐다. 내가 신을 정말 믿었는지는 기억이 나질 않지만, 죄의식과 죄에 대한 가톨릭주의의 어슴푸레한 집착이 내 일부가 되었다는 것도 부정할 수 없었다. 그날 저녁 일전에 신도석에 앉아 있었을 때, 나는 다시 모형틀 속으로 돌아간 젤리가 되어 있었다. 말썽꾸러기이며 죄를 지은 아들이자 학생으로서 내가 습득한 인생의 교훈은 나는 결코 가톨릭 신자가 될 수 없으리라는 것이었다. 실제로 신경학적 방식으로 그 신앙은 내 일부가 되었다. 인간 본성에 대한 가톨릭적 견해가 내 일상적인 경험의 근본적 구조를 형성했다. 인간의 삶은 위험하고 불안정하며 타락했다는 것이 나의 암묵적이고 비관적인 믿음이다. 일요일 오전 9시 반에서 10시 반 사이에 우리는 모두 '죄인으로 태어났다'는 것과 하늘의 힘에 완전한 용서를 구하는 것만이 우리를 지옥 불에서 구해줄 수 있다는 것을 가차없이 일깨우는 교회의 신의 목소리로부터 나의 낮은 자존감을 들먹이며 혹평을 일삼는 내면의 소리를 분리하기란 힘들다는 것을 발견했다.

하지만 지금 처음으로, 나는 자기반성적이고 두려우며 자해적인 버전의 자아와 더불어 중세 교회의 메시지가 왜 이러했는지를 이해하기 시작했다. 고대 그리스와 중국에서 그랬듯, 먼 옛날 기독교인들이 되고자 했던 이 자아는 사람들과 가장 잘 어울리고 출세할 수 있을 법한 자아였다. 마치 그들의 뇌가 근본적인 질문을 던진 것 같았다. 이러한 환경 속에서 성공하기 위해서는 내가 어떤 사람이 되어야 하는가?

중세시대의 잔혹한 봉건적 현실 속에서 출세한 자아는 순응적이고 근면하며 겸손했을 것이다. 먹을 것이 종종 부족했고[6] 세상은 폭력적이었으며 누군가를 돌볼 상황이 아니었다. 지방에 사는 사람들은 보호를 받고 또 보통은 농지를 얻기 위해 힘있는 영주들에게 의존해야 했다. 인구의 10분의 1이 노예[7]였으며 나머지 대부분의 소작농이나 농노들[8]은 영지의 영주들에게 복종을 맹세하고 빚과 노역과 노예의 삶을 견뎌야 했다. 농노들은 평생 주인에게 속박되었고 보통은 재산 소유가 금지됐으며 결혼하거나 영지를 떠나기 위해서는 영주의 허락을 받아야 했다. 나는 성 베네딕트와 그가 경멸하는 벌레를 떠올렸다. '우리가 우리 자신의 의지를 행하는 것은 엄밀히 금지되어 있다…….' 그런 환경에서 가장 성공할 수 있는 종류의 인간은 고개를 숙이고 자아를 억누르며 그들을 지배하는 전능한 신을 숭배하는 사람이었을 것이다. 그리고 이 것이 정확히 내가 플러스카든에서 만나고 있던 자아 모델이었다.

점심시간에 우리는 구내식당으로 안내받았다. 수행 체험 중인 사람들은 간소한 방의 한쪽 끝에서 식사를 하는 반면 수도사들은 하얀 벽에 늘어선 긴 식탁에서 나란히 식사를 했다. 식사 의식은 매우 인상적이었다. 그들은 서서 은총을 노래하고는 수도원장이 식탁을 두드리면 수도복의 모자를 머리에 쓰고 나무로 조각된 성서대 위에 우뚝 서 있는 한 수도사가 『베네딕트의 규칙서』를 읽었다. 수도원장은 다시 식탁을 두드렸고, 그와 동시에 식사 준비를 하기 위해 앉았으며 이는 침묵 속에서 진행됐다. 식사를 마치고 그들은 각자의 그릇을 씻었고 수도원장이 이끄는 의식이 다시 시작되었다.

내가 보고 있던 장면은 하급 수도사들이 수도원장을 모사하고 그를 향해 경의를 표하는 것을 의식화하여 나타낸 것이었다. 어떤 의미에서 이는 우리 뇌가 지도자로 인정하는 사람들 앞에서 우리가 어떻게 행동하는가에 대한 것이다. 다른 점은 그 상황에서 우리는 반사적이고 거의 무의식적이라는 것이다. 우리는 우리가 그런 식으로 행동한다는 것을 인지하지 못하며 그럴 수밖에 없다. 이 과정이 어떻게 작용하는지를 이해하는 것은 문화가 퍼져 나가서 우리를 물들이는 또 다른 방식을 발견하는 것이다.

＊

지금까지 '생각의 지도'를 연구하는 학자들은 우리가 어디에 있는지가 우리가 누구인지를 형성한다는 것 정도를 밝혀냈다. 우리가 어떤 사람

3. 나쁜 자아

이 되는가는 우리가 처한 특정 환경 속에서 우리가 어떤 사람이 되어야 하는지에 의해 크게 좌우된다. 그렇다고 해서 남녀 개인이 스스로를 변화시킬 힘이 없다는 것은 아니다. 이를 주장하는 것은 예수와 아리스토텔레스, 공자 그리고 우리가 이 여정에서 만나게 될 다른 모든 뛰어난 문화적 지도자들이 우리에게 끼친 영향을 부정하는 일이다. 사실 우리가 남들과 잘 어울리고 출세하기 위해서 어떤 사람이 되어야 하는지 생각할 때, 우리는 단지 이야기에서 우리 정보를 빼내는 것만이 아니다. 부족적 동물로서 우리는, 또한 어쩐지 성공적인 삶의 비법을 터득한 듯 보이는 사람들을 발견하고자 환경을 끊임없이 살펴본다. 우리가 찾고 있는 이상적 자아는 오직 소설과 소문에만 존재하는 것이 아니라 바로 우리 눈앞에 있다. 그리고 이러한 사람들은 강력한 영향력을 미칠 수 있다. 심리학자 조지프 헨리치 교수는 우리 주변의 그런 사람들로부터 일어나는 '문화적 학습'이 "우리 뇌로 직접 전달되어 우리가 사물과 사람에 부여한 신경학적 가치관을 변화시키며, 그렇게 함으로써 우리가 우리 자신을 판단하는 기준 또한 설정하게 된다"고 한다.[9]

우리 뇌는 지도자들과 그들의 주변인들이 보내는 '신호'에 민감하게 반응함으로써 그들을 식별한다. 우리가 찾는 기본 신호는 '자기 유사성'으로,[10] 어떤 근본적인 방식으로 우리와 비슷한 사람들을 따라하면 그들의 핵심적인 특징들을 배울 수 있을 것이라는 단순한 이유로 이를 찾는다. (우리 자신과 비슷한 사람들에게 끌리고 그들을 모방하는 본능은 불행히도 우리가 무의식적으로는 아직도 부족적이라는 말이다.) 또 다른 신호는 나이인데,[11] 이는 특히 아이들에게 중요하다. 신체적 우세함은 원시 조상까지 거슬러 올라갈 수 있는 신호로[12] 존 프리드모어가 선호하던 영향력 행사 방식이었다. 하지만 우리는 개인이 자신의 문화뿐만 아니라 오늘날 우리가 살고 있는 정신 나간 유명인사의 세계에도 아주 큰 영향을 미치게 되는 것을 설명하는 데 매우 큰 기여를 하는 두 가지의 더욱 변덕스러운 특징을 또한 찾을 것이다. 이러한 신호들은 출세와 위신이다.[13]

연구에 따르면 생후 14개월 정도가 되면 우리는 임무를 수행하며 역량을 발휘하는 사람들을 보고 따라하기 시작한다고 한다.[14] 우리가 성장함에 따라 이런 '역량의 신호'는 '출세의 신호'라는 보다 상징적인 형태를 띠기 시작한다.[15] 수렵 채집의 과거를 예로 들면, 사냥으로 많은 이빨 목걸이를 착용한 사냥꾼의 행동을 따라하는 것이 합당할 텐데 그의 출세 신호가 뛰어난 역량을 증명하기 때문이다. 디자이너 의류, 값비싼 손톱 손질과 빠른 자동차들이 오늘날의 이러한 시선을 사로잡는 과시에 해당하는 듯하다. 출세 신호는 우리 뇌가 진화해온 방식으로 인해 매우 깊은 인상을 남긴다. 페라리의 증권 인수업자가 우리가 관심 있는 그 어떤 종류의 훌륭한 점, 또는 정말로 어떠한 훌륭한 점을 전혀 내보이지 않는다고 주장할 수도 있다. 안타깝게도 이는 잘못된 생각이다. 이 행동은 자동적이고 무의식적이다. 이런 일은 그냥 일어난다. (그리고 만약 부를 동반하는 이 신호에 왠지 영향을 받지 않는다면, 마찬가지로 강력하고 대개 은밀히 영향을 미치는 다른 출세 신호들이 분명히 있을 것이다.)

그러나 우리는 누구를 모방할 것인가를 생각할 때, 누가 능력이 좋고 성공적인지에 대한 우리 자신의 감각에만 의존하지 않는다. 매우 사회적이고 집단적인 종으로서 우리는 남들이 주목할 가치가 있다고 여기는 사람들을 바라보는 경향이 있다.[16] 우리는 먼저 이러한 사람들에게 수많은 추종자가 있다는 점에 주목할 것이다. 세계에서 가장 명망 있는 은둔자인 성 베네딕트처럼 모두가 왠지 그런 이들에게 끌리는 듯하다.

"일단 사람들이 어떤 이를 배울 점이 있는 사람으로 인식하게 되면,[17] 상호작용을 통해 정보를 보고 듣고 끌어내면서 사람들은 반드시 그 사람 주위에 있어야 한다고 느낀다"고 헨리치는 말했다. 이러한 선택된 사람과 그 주변인들은 '위신의 신호'를 보내기 시작한다. 이 선택된 사람의 몸짓 언어와 말투는 다른 점을 보일 것이다. 다른 사람들은 눈을 맞추고 말을 붙이며 수많은 방법으로 그들을 따를 것이다. 사람들은 선택된 이들에게 선물을 주거나[18] 그들의 잡일을 도와주고 그들에게 절을 하고 고개를 숙일 수도 있으며 또는 수도사들이 수도원장에게 하는 것처럼 공개적이고 의례적인 방식으로 그들의 행동을 모방할 수도 있다. 자기도 모르게, 사람들은 몸짓을 버릇을 또 목소리를 종종 흉내낼 것이다.[19]

우리가 문화적 지도자들을 흉내내고 그들에게 경의를 표하는 더욱 음험한 방법은 완전히 우리 의식 밖에서 일어난다. 인간의 목소리는 500헤르츠의 저주파 음역대를 포함하지만 이는 쓸모없다고 여겨졌는데, 더욱 높은 주파수가 걸러지고 나면 남는 것이라고는 의미 없는 험고주파수에 섞여 나타나는 잡음으로 불명료하며 낮게 지속되는 붕 소리를 내는 음이기 때문이다. 그러나 이 험이 사실은 '무의식적인 사회적 악기'라는 사실이 밝혀졌다.[20] 사회적 상황에서 이 영향력 있는 사람은 험의 수준을 설정하고자 하며 다른 이들은 그들의 험을 이에 맞게 조정한다.[21] 래리 킹의 CNN 인터뷰 25건을 분석한 결과 그가 경의를 표하면서 조지 부시와 엘리자베스 테일러의 험에 맞게 자신의 험을 조정했다는 것을 발견했다. 하지만 댄 퀘일과 스파이크 리는 래리 킹의 험에 맞게 조정했다. 껄끄러웠던 앨 고어와의 인터뷰에서는 분명히 그 누구도 험을 상대에 맞게 바꾸지 않았던 것 같다.

우리는 본능적으로 위신의 신호에 끌리며 일찍이 이를 따르기 시작한다. 헨리치 연구팀의 기발한 실험은 미취학 아동들에게[22] 두 사람이 같은 장난감을 다른 방식으로 가지고 노는 동영상을 보여줬다. 두 사람이 장난감을 가지고 놀 때, 두 명의 구경꾼이 방에 들어와 먼저 한 사람을 쳐다보고 나서 다른 사람을 쳐다보고는, 둘 중 한 명을 '선택적으로 바라보았다'. "구경꾼의 시각적 주의는 '위신의 신호'를 제공했으며[23] 이는 겉보기에 두 사람 중 한 사람에게만 나타났다." 그 후, 아이들이 위신의 신호를 보이는 사람의 장난감 사용 방식을 따라할 가능성이 13배 더 높았다.

무의식적으로 존경하고 모사함으로써 이러한 신호에 대응하는 방식은 현대 유명인 문화의 기이한 면 중 하나를 설명하는 듯하다. 예를 들어, 바비큐 그릴에 붙은 전 권투선수 조지 포먼의 모습이 적어도 무의식중에 그 그릴을 구입한 1억 명의 소비자에게 아주 큰 영향을 미칠 수 있는 것이다.미국에서 선풍적인 인기를 끌며 1억 개가 팔린 전기 바비큐 그릴로 전 권투선수 조지 포먼이 광고 모델이었다. 만약 누군가가 위신의 신호를 보내면, 우리는 본능적으로 이러한 행동에 이르게 된다.[24] 특히 그 사람이 내집단의 일원이라면 더욱 그러하다. 정신은 실제로 이것이 타당한 것인지, 즉 이 사람이 우수함을 보이는 분야가 이 사람이 판매하게 된 이 제품을 판단하는 데 정말로 유용한지 고민하지 않는다. 이는 단지 신호와 행동이 이해한 멍청한 메커니즘이다.

이는 종종 '패리스 힐턴 효과'[25]라고 알려진 현상으로 이어진다. 우리는 이미 관심 대상이 된 사람들을 주목하도록 타고났기 때문에 이따금 정말 이유도 모른 채 미디어 속의 사람들에게 이끌린다. 유명인들에게 끌리는 것은 언론이 그들에게 더더욱 주목하도록 만들기 때문이다. 그러면 사람들은 그들에게 더욱 주목하고, 또 언론도 더욱 그들에게 주목하게 되어 그 결과 본질적으로 별 특징 없는 사람이 말도 안 되게 부풀려지는 악순환의 통제 불가 상태가 되어버린다.

그렇게 우리는 사람들을 모방한다. 우리는 그들에게 속수무책으로 끌린다. 우리는 사람들과 잘 어울리고 출세하는 법을 가장 잘 아는 것 같은 사람들을 식별해내고는 그들을 지켜보고 듣고 그들의 영향력을 받아들인다. 그리고 보통 그들이 우리에게 가르쳐준 것들을 내면화시킨다.[26] 그들은 완벽한 자아의 본보기로 흡수되었다. 이제 그들은 우리 일부다. 그리고 이렇게 문화가 퍼져 나간다.

찬양 이후, 이튿날 새벽 4시 30분에 묘지 표목을 가로지르는 조용한 길에 정신이 팔렸다. 궁금해서 그 길을 따라갔다. 낡은 돌담 뒤에서 나는 우연히 런던에서 온 로버트라는 사람을 만났다. 얼굴이 창백하고 얇은 곱슬머리에 작고 동그란 안경을 끼고 파란 우비를 입은 사십대 중반의 그는 수도사가 될 생각으로 플러스카든에 머무르고 있다고 말했다.

"두렵다가도 '나를 방해하려는 것이 그저 악마인가?' 생각하죠. 신앙이 있다면 두려울 게 없어야 할 텐데 말이죠."

"왜 두려운데요?"

그가 목소리를 낮추고는 말했다. "벗어날 수 없어요. 죽기 위해 이곳에 온 거예요."

"죽음이요?"

"뭐랄까, 옛 자아가 죽고 성령이 자아를 대신한 것 같아요."

"저도 그 생각을 하고 있었어요. 이런 곳에서는 죄를 짓기가 힘들 것 같아요. 자연스럽게 당신은 더 나은 사람이 되겠네요." 내가 말했다.

그의 표정이 내가 잘못 짚었음을 말해줬다.

"자기 자신을 위해 사는 것은 죄악에 빠져 사는 것이죠. 여기서 수도사들이 하는 일은 오푸스 데이^{Opus Dei}, 즉 '하느님의 위업'을 하는 것이죠."

"그런데 그 일을 매일 하면 좀 지루해질까 걱정되지 않나요?"

그는 화가 난 듯 보였다. "그렇지만, 바로 그게 핵심이에요."

감사하게도 안전한 내 방으로 돌아와서 나는 로버트가 한 말을 곰곰히 생각해보았다. 수도사가 된다는 것은 지루해지는 것인가? 나는 기념품점에서 집어든 어떤 책에서 그가 말했던 '오푸스 데이'를 발견했다. 그의 말이 옳았다. 이는 '하느님의 위업'을 의미하며 '끝없이 이어지는 기도와 찬송, 의식의 연속'이라고 설명되어 있었다. 끝없는! 수도원 뒤쪽의 안내판에서 수도사들이 교회에서 5시간을 보내고 영적 독서를 하며 3시간 반을, 육체 노동으로 4시간을 보내고 '자유 시간이 30분 정도' 있다는 내용을 읽었다. 그들은 내 추측대로 지역 사회 봉사활동을 하지 않았다. 그들의 역할은 사람들을 돕는 것이 아니었다. 그들은 재산을 가질 수 없었다. 그들은 태어날 때부터 가지고 있던 이름조차 지킬 수 없었다. 그들은 절대 풀리지 않는 시계태엽처럼 그저 먹고 자고 일어나고 같은 옷을 입고 똑같은 생각을 하며 새벽부터 해질 때까지 기도했다.

물론 이것은 내가 사람들에 관해 배워온 모든 이치에 어긋난다. 이야기 학자 로버트 매키는 '주인공은 의지가 있는 인물'²⁷이라고 한다. 그리고 이는 심리학적으로 건강한 삶을 사는 사람들에게도 마찬가지다. 우리 삶에서 우리가 하는 일들이 정서적으로 또 어쩌면 신체적 행복에 있어 얼마나 중요한지를 파악하지 않고서는 인간을 제대로 이해하기란 불가능하다. 우리는 마음이 우리를 우리 삶의 영웅으로 만든다는 것을 이미 배웠다. 하지만 영웅들은 일을 한다. 성공적인 이야기를 만들기 위해 자아는 사명이 필요하다. 이야기가 필요하다.

인간은 결과의 원인 제공자가 되는 것을 스스로 그만둘 수 없다. 심리학자들은 세상의 구성 요소를 조종하고 지배하는 추진력인 '효능 동기'를 '음식, 물과 거의 같은 기본 욕구'로 설명한다.[28] 어두운 염수 수조에 눈을 가린 채 떠 있게 되면[29] 사람들은 '자극 행위 욕구'를 경험한다. 그들은 손가락을 비비거나 말을 하거나 또는 물에 물결을 일으켜서 마음을 가라앉히고자 할 것이다. 한 기발한 연구는 409명의 사람이 휴대전화를 빼앗긴 채 15분간 할 일 없이 방에 남겨진 모습을 관찰했다.[30] 단, 그들은 스스로에게 전기 충격을 줄 수 있는 기계를 사용할 수 있었는데, 이 전기 충격은 너무 고통스러워서 실험 참가자들은 그 고통을 다시 느끼지 않기 위해 돈이라도 낼 수 있다고 말했다. 67퍼센트의 남성과 24퍼센트의 여성은 상황을 못 견디고 스스로에게 전기 충격을 가하기 시작했다. 과학자들은 "대부분의 사람이 그게 나쁜 것일지라도 아무것도 안 하는 것보다 무언가를 하는 것을 더 선호하는 것 같다"고 결론을 내렸다.

뇌와 신체는 삶에 의미를 주는 이야기를 추구하면서 우리가 적극적으로 우리 삶을 발전시킬 때 긍정적으로 반응하는 듯하다. 신경생물학자 로버트 새폴스키는 약에 취한 듯한 쾌락을 줌으로써 우리 행동을 인도하는 뇌의 도파민 보상 체계가 우리가 보상을 거머쥘 때보다 그 보상을 추구할 때 더욱 활성화된다고 주장해왔다.[31] 한편 유전학자인 스

티브 콜 박사와 그의 동료들은 아리스토텔레스가 에우다이모니아적

Eudaimonia, 인간의 고유한 기능이 덕에 따라 탁월하게 발휘되는 영혼의 활동이자 성취 가능하고 완전하고 자족

적인 행복 행복이라고 부르는 상태의 의미 있는 목표 추구를 우리가 용케

잘 해내고 있을 때 심장병과 신경 퇴행성 장애의 위험성이 낮아지고,

항바이러스 반응이 상승이 일어나 신체적 건강이 좋아질 수도 있다는

것을 최근에 발표했다.[32] "이것은 숭고한 목표 추구를 위한 노력이라 할

수 있다"고 그가 말했다.

"그럼 이것이 문학적 의미에서의 영웅적 행동인가요?" 내가 말했다.

"네, 정확히 그렇죠." 그가 말했다.

후속 연구들은 더욱 큰 목적의식을 지닌 사람들과 '사람들은 목표

없이 인생을 방황하지만 나는 그렇지 않다'고 말할 것 같은 사람들이

나이나 행복과 같은 요소의 제약을 받을지라도, 실제로는 다른 사람들

보다 더 오래 사는 것을 발견했다.[33] 심리학자 브라이언 리틀 교수는 우

리가 목적의식을 갖고 추구하는 목표들을 수십 년간 연구해왔다. 그는

이런 목표를 '개인적 과제'라고 부르고 수천 명의 실험 참가자들의 수만

가지 개인 과제에 대해 조사했다. 그는 일반적으로 사람들이 대략 열

다섯 가지의 개인 과제를 수행하게 된다는 것을 발견했다.[34] 개에게 앉

으라고 가르치는 것과 같이 일상적인 것이든 이 세상에서 인종차별주

의를 없애는 것과 같은 유의미한 '핵심 과제'든 간에, 이 과제들이 자아

감각에 매우 필수적이어서 그는 이것이 실제로 우리 자아를 이루고 있

다고 생각한다. "여러 면에 있어, 우리는 우리의 개인적 과제, 우리는 우

리가 하고 있는 일들이다"라고 그는 말했다.

행복하기 위해서 그 과제가 의미 있을 뿐만 아니라 그 과제에 대한

통제력을 지녀야 하는지는 아직 밝혀지지 않았다. 전통적으로, 허구적

인 이야기 속 영웅들은 그들이 원하는 것을 얻기 위한 투쟁 속에서 궁극적으로 성공을 거두며 우리도 그래야만 한다고 느끼는데, 즉 아무리 상황이 힘들어질지라도 우리는 어떤 진전을 이뤄내야 한다. 내가 리틀 교수에게 핵심 과제라는 것이 위기, 투쟁, 해결의 3막으로 구성된 이야기의 전형을 통해 더 나은 삶을 위해 싸우는 문학 영웅들의 과제라고 할 수 있는 것과 일맥상통하는지 물었을 때, 그는 "그렇다, 몇천 번이고 그렇다"고 답했다.

그렇다면 행복해지기 위해 우리는 정말로 이야기로서의 삶을 살아야 한다. 우리는 목표를 가지고 그 목표를 추구하며 적어도 어느 정도는 성공적이라고 느껴야 한다. 자살은 진전을 보이지 못하여 영웅의 지위가 박탈당할 때 일어난다. 그러나 만일 그렇다면, 수도사들의 이야기는 무엇이었을까? 싸움과 희망은 어디에 있었는가? 그들의 삶의 투쟁은 어떤 형태를 띠는가? 저 밖의 나무 묘지 표목의 십자가 밑에서 생을 마감할 때까지 몇 시간씩, 몇 년씩 계속해서 충분한 추진력을 발휘할 수 있는 방식의 형태일까? 수도원은 마치 자아의 가장 근본적인 욕망을 뿌리뽑기 위해 특별히 설계된 것 같았다. 이들은 어떤 상태에 갇혀 있다. 그리고 내가 좇아온 이 생각들이 맞는다면, 이는 그들에게 자살 충동의 위험이 있어야 함을 의미한다. 내 말은, 그들은 그럼에도 여전히 좀 심술궂어 보였다……. 그 이튿날 느지막이 수도원장 아엘레드의 책으로 다시 돌아가서 나는 신을 믿지 않는 '유물론자'에 대한 특징을 알게 되었다.[35] "유물론자들에게 영적인 것이란 순전한 시간 낭비이며 그들에게 있어 봉헌적인 삶은 임의의 규범에 얽매이는 음울한 일, 불모지이자 헛된 인생으로 보일 것이다."

'그것에 전적으로 동감한다.' 나는 생각했다.

마틴 신부는 열아홉 살 때 처음으로 플러스카든으로 오기까지 먼 길을 배회했다. 그는 수도원에 도착하면 수도사들이 기쁘게 문을 열고는 그가 수도사의 자질을 갖추었는지 평가하기 시작할 것이라 확신했다. 하지만 그는 가톨릭 신자도 아니었다. 그를 맞이한 마우리우스 신부(그는 어느 날 사라져버렸고 이로 인해 플러스카든은 언론의 주목을 받았으며 다시는 그를 볼 수 없었다)는 그에게 이곳을 떠나 삶을 조금 더 살라고 지시했다. 18개월 후 마틴은 의기양양하게 돌아왔다.

"저 왔어요! 저는 이제 가톨릭 신자예요!" 그가 말했다.

그는 일주일을 버텼다.

"참을 수가 없었어요." 그가 내게 말했다.

"뭘 참을 수 없었나요?"

"당신에게 말해줄 수조차 없어요." 그는 잠시 생각에 잠기더니 미소를 지었다. "모든 것이요! 여기서 벌어지고 있던 모든 일이요!" 그는 두 손을 내던지고는 웃음을 터뜨렸다. "그니까, 무슨 일이 있었는데요?"

나는 정말로 거의 텅 빈 작은 방에서 마틴 신부와 이야기를 하고 있었다. 카펫이 없는 바닥에 소박한 의자가 세 개 놓여 있었고 흰 벽에는 십자가와 이중 전원 콘센트가 다였다. 그는 손을 배에 얹고는 다리를 쭉 뻗은 채 플라스틱 의자에 앉아 있었다. 그는 예순여섯 살로 말투에 파이프 지방 억양이 약간 묻어났고 머리카락은 별났다. 구레나룻을 밀어낸 듯했는데 너무 많이 깎아내서 양쪽 귀 위에 정확히 직사각형 쐐기 모양으로 두피가 드러나 있었다.

그는 이 형제단에 입단하기 몇 년 전에 부모님이 40년간 해온 사업이 파산했다고 말했다. "부모님은 그 문제를 나와 상의하지 않았어요. 하지만 긴장과 불안은 전해지기 마련이죠." 마틴이 내게 말했다. 그의 아버지는 제2차 세계대전에서 뛰어난 공로를 세운 '거친 남자'였다. "아버지는 진급되어 장교가 되었는데 이는 흔한 일이 아니었어요. 그는 매우, 매우 자랑스러워했어요. 그에게 실패의 수치심은 견딜 수 없는 것이었겠죠." 그는 견딜 수가 없어 가족들이 파이프를 영원히 떠나야 한다는 결론을 내렸다. "그는 가능한 한 멀리 떠나야 한다고 생각했어요. 어쩌면 호주로 갈 수도 있었는데, 더프턴잉글랜드 서북 지방의 지방행정구으로 떠나오게 됐죠." 마틴이 말했다

파산과 그 여파는 가족의 불화를 가져왔고 십대였던 마틴에게는 매우 고통스러운 일이었다. 이 무렵에 그는 허무주의적 생각에 시달렸다. "나는 '왜 뭔가를 하는 거지? 이게 뭐라고?'라고 생각하는 단계에 이르곤 했어요. 요가와 불교에 대한 책을 읽으며 이런저런 종교를 알아보고 있었죠. 수부드라는 종교를 믿게 되었는데 인도네시아에서 시작된 종교였어요." 그는 이 중대한 문제에 대한 해답을 찾기 위해 철학으로 눈을 돌렸지만 각 주장은 그저 의미론적 논의로 끝나버리는 것 같았다. 그는 위대한 사상가들이 자유의지의 문제에 대해 번뇌하면서 이 모든 것은 그저 단어의 오용 때문이라고 결론짓는 것을 보았다. "난 '이건 헛소리야!'라고 생각했어요." 그가 절망으로 기울고 있을 때, 그는 아버지에게 수도원에 들어가는 것을 생각 중이라고 넌지시 말했다. "아버지는 '글쎄, 아들아, 내가 들어본 수도원은 가톨릭 수도원밖에 없단다. 길 건너 교회 신부님께 가서 얘기를 나눠보는 게 어떻겠니?' 했고 그래서 그렇게 했죠. 그 신부님은 솔직했습니다. '그게, 근처에 수도원이 있습니다. 침대는 딱딱하고 음식은 별로죠'라고 말했어요. 그리고 그게 바로 여기

예요."

두 번째 수도원 입성 시도에 실패하고 마틴이 플러스카든을 떠난 이튿날, 그는 생선 냉동 공장에서 야간 일자리를 찾았다. "나는 거기서 냄새나는 생선 한 접시를 얼렸어요. 그리고 암모니아 가스로 돌아가는 장비가 있었는데 가스가 새서 암모니아 냄새와 반쯤 썩은 생선 냄새가 사방에 퍼지고 혹독하게도 추웠죠. 나는 '맙소사, 24시간 만에 나는 천국에서 지옥으로 오게 되었군'이라고 생각했습니다." 그는 교구 사제로 오랜 시간을 보낸 뒤 1994년이 되어서야 수도원에 들어올 수 있었다. 이제 플러스카든에서 지낸 지 21년이 되었다.

나는 무엇이 그를 그토록 끈질기게 속세와 단절된 삶으로 이끌었는지 궁금했다. "어떤 감정, 어떤 목소리 때문이었나요?"

"목소리는 들리지 않았어요." 그가 말했다. "내 경험상, 신의 부름이라는 건 단지 무언가를 하고자 하는 충동이에요. '내가 할 수 있을까?' 또는 '내가 해야겠다'라고 생각하진 않죠. 그냥 하는 거죠."

"그렇다면 생각을 하지도 않고 한다는 건가요?"

"그렇죠."

"마치 자석에 끌리듯이?"

"네, 정확히요."

신앙 부족은 내 무의식의 한 면이었고 그 어떤 의식적 추론 과정의 결과가 아니었던 것처럼, 마틴의 신앙은 이야기를 해대는 그의 마음보다 더 깊은 곳에서 탄생했다. 이는 그 안에 있는 힘으로, 생각할 수는 없으나 느껴지는 진실이었다. 나머지 것들은 지어낸 이야기였다. 그러나 신앙은 그가 여기에 있는 이유를 설명하기에 충분치 않았다. 내가 보기에 이론상으로는 삶을 앗아가야 할 이 순환과 고착의 체제, 즉 무감각한 삶의 반복으로 살아가는 마틴의 정신에는 특별한 무언가가 있는 것만 같았다. 나는 그에게 이 삶을 견디지 못하는 사람들이 많은지 물었다. "그동안 많은 사람이 이 삶을 살아보겠다고 왔고 또 정말 많은 사람이 떠나갔죠." 그가 말했다. "떠나기를 요청받았던 두 사람이 생각나네요. 마찰이 생기면 이에 대한 절차가 있죠. 하지만 그중 한 사람은 모두와 마찰이 있는 것 같았어요. 한두 번은 주먹질로까지 이어졌죠. 다른 한 사람은 가톨릭교회의 가르침 중 많은 부분을 받아들이지 않았고요."

"마찰에 대한 '절차'가 뭐가요?"

"흠, 예를 들어, 선배가 당신에게 화가 났다면 당신은 그 앞에 납작 엎드려야 해요. 그 사람이 짜증나게 했을지라도 당신이 솔선수범해서 달래줘야 하죠."

"자아를 누르는 건가요?"

"바로 그거죠. 물론 징계도 있어요. 『베네딕트의 규칙서』는 예배 중 작은 잘못을 저질렀을 때 어떻게 해야 하는지 규정하고 있고 이는 오늘날 대부분의 수도원에서 아직까지 이어지고 있죠. 말하자면 자신이 잘못한 사람이라는 것을 인정하기 위해 스스로에게 굴욕감을 주는 구조예요. 실수를 하면 무릎을 꿇어야 하죠. 신에게 용서를 구하는 것이지만 또한 당신이 짜증을 부린 이웃에게도 당신이 잘못했음을 시인하는 것이죠. 만일 더 심각한 일이라면, 수도원장님 앞에 나가 무릎을 꿇어야 해요." 그가 말했다.

"그럼 이걸 미사가 끝난 뒤 하는 건가요?"

"미사 동안이요. 잘못을 저지르자마자요. 그렇다고 해서 화가 가라앉는 것은 아니죠." 그가 말했다.

"그러고 나서는 뭘 하나요?" 내가 물었다.

"글쎄," 그는 어깨를 으쓱했다. "내 말은, 수도승 생활은 계속되죠."

마틴은 정원에서 14년간 채소를 키웠다.

교구의 사제로서 보낸 시간보다 더욱 긴 시간이다. 14년. 그가 정말인지 그런 척하는 건지 모르겠지만, 내가 삶이 지루해진 적이 있느냐고 물었을 때, 그는 놀란 듯 보였다. "어⋯⋯ 음⋯⋯ 지루함이요?" 그는 바로 그 질문에 당황한 듯 말했다. "이제까지는 문제가 없었어요. 수도원에서조차 우유부단한 마음 등으로 자신의 한 치 앞날을 알 수 없죠. 더 이상 성가대를 할 수 없고 그저 수도실에만 있게 될 수도 있는걸요."

이는 내가 삶을 풍요롭게 하는 새로운 것에 대해 들어본 이야기 중에 가장 납득할 만한 답은 아니었다.

"같은 찬송가를 몇 번이고 다시 부르고 14년 동안 채소를 기르고 있는데 절대 지루한 적이 없다고요?"

마틴은 나에게 도움이 될 만한 대답을 찾는 듯, 방의 한쪽 구석을 바라보았다. "당신은⋯⋯ 음⋯⋯ 당신은 마음이 혼란스러울 수 있어요." 그가 말했다. "어떤 것에 너무 빠져버려서 이것이 누구를 위한 일인지를 잊어버리죠. 안타깝지만 예배도 이렇게 될 수 있어요. 가끔 저는 노래 기술에 흥미를 느껴요. 이는 찬양을 방해하죠. 심지어, 다행히 그런 적은 없지만, 찬양을 완전히 없던 걸로 만들어버릴 수도 있죠. 미사와 금욕 등에 몰두하는 사람들에게 있어 가장 큰 위험 중 하나는 악마가 허영심과 과시적인 면을 가지고 있다는 것이죠."

"그렇다면 당신은 '내가 최고의 수도승이야'라고 생각하는 건가요?"

"그거예요!" 그가 말했다. "저는 그 누구보다 금식을 많이 했어요. 그리고 제가 식사 당번을 했을 때, 누군가가 '정말 맛있었어요'라고 말했고 저는 맘속으로 '와!' 하고 외쳤죠."

"그럼 그게 악마였나요?"

"그럼요! 그럼요! 그가 모든 것을 없던 일로 만들고 있던 것이죠!"

"경쟁심으로요?"

"네! 그럼요! 아시다시피, 어딜 가든 우리는 정신을 바짝 차리죠. 자신의 정신을 내팽개칠 수는 없어요. 수도원 생활은 마치 병원에서의 생활 같아요. 성격의 결함을 고치고자 하는 것이에요."

그러니까 이 수도사들은 그리스인들이 그랬던 것처럼 완벽한 자아를 추구하기 위해 일생을 바쳤던 것이다. 단지 '완벽한 자아'가 무엇인지를 이해하고 어떻게 그것을 쟁취하느냐에 대한 이해가 달랐을 뿐이다. 그리스인들에게 있어 본질적으로 가치 있는 개인은 포상과 명성, 공동체의 은혜를 받기 위해 완벽해지고자 노력하는 이였다. 기독교인들은 그 투쟁을 이어받아 이를 내면으로 돌렸다. 그들에게 이는 올림픽의 영광이나 최고의 도공이 되는 것 또는 최고의 투우사가 되는 것에 관한 게 아니었다. 이것은 내면의 자아를 더 훌륭하게 만들기 위해서 기도와 자기 부정, 채찍질로 계속되는 싸움이었다. 기독교인들이 덧붙인 것은 내면성이었다. 영웅이 된다는 것은 이제 안팎으로 완벽하다는 것을 의미했다.

여기에 낮은 자존감이 이 기계의 핵심으로 자리잡는다. 아리스토텔레스에게 있어 사람은 타고난 잠재력을 지녔으며 자연스럽게 완벽을 향해서 나아가는 존재다. 하지만 기독교인들에게 사람은 죄인으로 태어나 지옥에 떨어진 것이다. 완벽은 개인이 아니라 신에게 깃들어 있었다. 더욱 완벽해지길 원하는 사람은 자기 자신과 끊임없는 전쟁을 벌여야 했다. 세상 밖의 힘이 아니라 자신의 영혼과 양심, 마음 그리고 생각과의 전쟁이다. 그리고 완벽함이란 오직 인간의 영역 밖에 존재했기에 그 투쟁은 절망적일 수밖에 없다. 기독교인들은 서구의 자아에 영혼을 주고 나서 그 영혼을 고문하기 시작했다.

물론 자아의 도덕적 청결함, 강인함, '평화', 훌륭함과 같은 우리 내면의 자아에 대한 이런 집착은 특히 수백만 달러의 자기계발과 웰니스 Wellness, 행복하고 건강한 삶에 대한 지향 산업에 나타났으며 이는 신앙과 관계없이 문화와 일상에서 엄청난 부분을 차지한다. 나는 내 안에 있는 어두운 세력에 맞서는 이원론적이며 성스러운 전쟁으로 인한 낮은 자존감 때문에 여러모로 수년간 갈등을 겪어왔다. 실제로 우리가 더 나은 사람이 되고자 고군분투할 때, 어떤 면에서 우리는 이를 종종 결함을 지닌 내적 자아와의 결투로 몰아간다. 우리는 실패를 우리의 '악마'라고 하는데, 이는 우리의 일부이자 싸워야만 하는 대상이다. 제 탓이요, 제 탓이요, 저의 큰 탓이옵니다…….

물론 그리스인들이 도덕적 선에 관심이 없거나 중세 기독교인들이 경제 호황을 바라지 않았다는 것은 아니다. (사실 수도원은 초기 자본주의의 시초였다.[36]) 그러나 이는 역점의 변화로, 아주 중대한 변화였다. 이는 우리가 우리를 어떻게 생각하는지, 누가 되고 싶은지에 대한 생각과 또 그 생각에 도달하는 방식을 완전히 바꿔놓았다.

그리고 나는 고대 그리스의 자아가 중세시대의 기독교인으로 살아가는 결정적인 방법이 적어도 하나 이상 있다는 것을 발견했다. 일부 사람들에게는 그렇게 보이지 않겠지만, 기독교적 신앙은 그리스인들에게 내재된 특징인 진보와 이성을 항상 지니고 있다. 이슬람교와 유대교의 성서와는 달리, 신약성서는 하느님의 말씀 그대로가 아니며 예수에 대한 회상은 항상 그의 제자들에 '따른' 것으로 이해되었다. 이는 연구와 토론으로 채워야 하는 이해의 큰 공백을 남겼다. 사회과학자 로드니 스타크 교수가 조사한 바와 같이,[37] 코란이 '의문의 여지가 없는 성서'라는 것을 확실히 단언하지만, 성 바울은 '우리 지식과 예언은 불완전하다'는 것을 인정했다.

이는 하느님이 진정으로 원하시는 바를 이해하기 위해서는 그의 제자들의 회고를 분석하고 재분석하고 또 논쟁해야 함을 의미했다. 5세기에 성 아우구스티누스는 기독교인들이 "당신 책의 말씀에 함께 다가가야 하며 그 말씀 안에서 당신의 의미를 찾아야 한다"고 기록했다.[38] 진실은 저기 어딘가에 묻혀 있으며 우리가 연구할수록 더욱 많은 것을 밝혀낼 수 있다는 것이다. 스타크는 "아주 오래전부터, 교회의 신부들은 이성이 하느님이 주신 최고의 선물이며 성서와 계시에 대한 이해를 점진적으로 높일 수 있는 수단이라고 가르쳤다. 결과적으로 다른 주요 종교들은 과거의 우월을 주장하는 반면, 기독교는 미래지향적이다"라고 말한다.[39] 이것이 이슬람교와 유대교가 '바른 실천orthoprax'으로서 알려진 이유다.[40] 그들은 성문성법의 올바른orth 실천praxis에 관심이 있다. 한편 기독교는 '바른 이론orthodox', 즉 올바른orth 이론dox에 관심이 있다. 이는 매우 그리스적이다.

당연히 모든 면에서 중요한 예외가 있긴 하지만(예를 들어 성경이 하느님의 말씀 그대로라고 믿는 창조론자들을 '미래 지향적'이라고 설명할 수는 없다), 스타크에 따르면 중요한 것은 항상 '하느님의 본성[41]과 의도, 요구를 발견하고 이것이 인간과 하느님의 관계를 어떻게 정의하는지 이해하는 것'이었다. 성법을 배우고 암송하는 대신, 기독교 설교자들은 성서에서 발췌한 부분을 가지고 옳고 그름의 논쟁을 구성할 가능성이 더 높다. 더 깊은 진리를 밝히기 위해 토론을 이용하는 저 높은 교단의 설

교자, 목사, 목자들은 아테네 학원^{the Lyceum}의 아리스토텔레스와 같다.⁴²

더 나은 미래를 만들기 위한 이 이성 투쟁의 믿음은 12세기 대학 제도의 기초로 이어졌다. 많은 무신론자의 목을 졸라 끝내 그들이 이를 받아들일 수밖에 없도록 하는 만큼, 우리는 이 지칠 줄 모르는 신봉자들에게 신세를 지고 있는 듯하다.

이는 분명 분노에 차서 부모님의 기독교주의에 저항했던 나의 십대 시절에 내 목을 조르기도 했다. 플러스카든에서 나는 어린 시절의 기억이 많이 떠올라서 깜짝 놀랐다. 다른 점이 있다면, 예쁨받으려고 노력하는 대상이 부모님이 아니라 전능하신 하느님과 성모마리아였다는 것이다. 내가 다시 어린 시절로 돌아간 것처럼 느꼈다면 이는 아마 부분적으로는 수도사들이 자기 자신을 위해 무의식적으로 어린 시절을 재현해냈기 때문일 것이다. "저는 이 모든 의식을 바라보는 데 두 가지 방식이 있다고 생각해요." 내가 마틴 신부에게 말했다. "아마 무감각해지는 것이라고 생각할 수도 있겠지요. 하지만 위안을 주는 것으로 볼 수도 있어요."

"네, 그래요, 그럼요, 그쵸, 그렇죠." 그가 답했다. "위안을 주는 측면이 있죠. 암, 그럼요, 부정할 수 없어요. 베네딕트회 수사들은 유지와 부동의 맹세를 합니다. 저는 세 번의 시도만에 이곳에 들어왔고 여기까지 오는 데 20년이 걸렸어요. 그리고 저는 이 유지의 서약을 했죠. 그러고 나서 그들은 제게 가나에 있는 수도원에 가길 부탁했죠!" 그는 우렁차게 웃었다. "이때가 제 인생에서 가장 큰 위기였어요." 그는 멍한 눈으로 심각한 안색을 띠었다. "저는 가나에 여섯 번이나 다녀왔죠."

만일 자아의 일이 우리의 예측할 수 없는 자아와 혼란스러운 환경에 대한 지배감을 주는 것이라면, 마틴 신부의 성격에는 특히 이 느낌을 몹시 필요로 하는 어떤 것이 있는 것처럼 들렸다. 그는 유난히도 변화를 두려워하는 사람 같았다. 나는 이것이 그가 전적으로 예측 가능한 삶에 강력하게 끌린 이유인지 궁금했다.

나는 또한 그의 일생에서 자기 집착이 궁극에 달했던 순간이 궁금했다. 수도원에서의 일주일 동안 나는 이성과 진보에 대한 기독교의 내재적 믿음과 개인의 완벽함을 향한 투쟁, 거의 알몸인 채로 칼로카가시아적 이미지로 가득한 유명인, 예수 그리스도에서 그리스인의 존재를 감지했다. 그러나 기독교와 수도승적 삶이 그리스적인 개인주의적 삶보다 더 대담할지도 모르겠다는 의심 또한 커져가고 있었다. 아리스토텔레스와 같은 사상가들에게 자아 추구의 궁극점은 한 사람이 그들의 공동체보다 더욱 큰 가치를 지니게 되는 것이다. 그러나 이 수도사들은 옳은 일을 함으로써 자신들이 미래에 엄청난 보상을 얻을 것이라고 본질적으로 믿지 않았는가? 겉으로 드러나는 모든 겸손과 복종의 이면에는 사리사욕의 냉철한 마음이 있다는 것이 정말 사실일까?

"여기서 신부님께서 하시는 활동들은 말하자면 내세를 대비하기 위한 것인가요?" 떠나기 전에 내가 물었다.

"네, 그렇죠." 그는 위를 가리켰다. "저곳을 위한 학교죠."

"그렇다면 미래의 더 나은 삶을 위해 이곳에서 투쟁하고 희생하고 있는 건가요?"

"네, 그렇죠." 그가 말했다. "네, 그럼요, 그렇고말고요."

만일 우리 모습의 상당 부분이 우리 문화라면, 그리고 그 문화가 부분적으로는 죽은 사람들의 논쟁과 발견, 반목, 선입견, 실수로 이루어진 것이라면, 그러한 주장과 발견, 반목, 선입견, 실수는 어떤 형태로 우리 안에 살아간다. 우리는 그것들을 우리 것으로 만들었으며 우리 모습을 바꾸었다. 그것들은 시냅스의 연결 패턴으로 뇌에 기록되었다. 그것들은 우리들이다.

오늘날 서구에서 우리 모습을 변화시킨 일련의 일들 중 가장 이상한 사건[43]은 19세기 모라비아체코 동부 지방으로 원래는 오스트리아령이었다의 아주 비좁은 방 안에서 시작되었다. 지기라는 소년은 점점 많아지는 그의 가족과 함께 그 작은 공간에 살았다. 그는 아마 부모님이 성관계를 가질 때 형제들과 다 함께 그 곁에 있었을 것이다. 그의 형제가 죽었을 때도 그는 그 곁에 있었다. 지기가 태어나고 불과 11개월 후에 율리우스가 태어나면서 그는 어머니의 애정이라는 소중한 축복을 빼앗겼다. 그러나 율리우스의 죽음이 사랑하는 어머니의 애정을 그에게 돌려주지는 않았다. 그가 열 살이 되기 전에 그의 어머니는 여섯 명의 아이를 더 낳았다. 지기가 아버지에 대한 분노와 질투심에 찬 증오를 갖게 되는 동안 간호원인 모니카가 대부분의 모성애적 보살핌을 제공했다. 그녀는 그에게 하느님과 지옥에 대해 가르쳐주었으며 그가 잠들도록 도와주었는데 평온히 그의 성기를 쓰다듬었을 것으로 추정된다.[44]

이 성실하고 영리한 어린 소년에게는 모든 것이 너무나 혼란스러웠을 것이다. 당연하지 않은가? 그의 직계 가족이 뒤죽박죽인 것을 생각해보라. 지기의 아버지는 어머니보다 나이가 스무 살이나 많다. 사실 그는 이전 결혼관계에서 두 명의 성인 아들을 두어 이미 할아버지가 되어 있었다. 이 말인즉슨 지기의 이복형제 중 한 명은 어머니와 동갑이며 다른 한 명은 어머니보다 한 살 많다는 것이다. 한편, 아버지의 손주 중 한 명은 지기와 동갑이었으며 다른 손주는 지기보다 한 살이 더 많았다. 그가 혼란스러움을 겪으며 자라난 것은 당연하다. 나이와 세대 역할이 모두 뒤죽박죽이었다. 아마 이것 때문에 그는 섹스와 자극의 개념을 제대로 갖지 못했던 것 같다. 지기는 열일곱 살이 되었을 때, 기젤라라는 열다섯 살 소녀에게 반했다. 동시에 그는 기젤라의 어머니에게도 반했다. 또한 그는 자신의 어머니에게도 짝사랑하는 마음을 품게 되었다.

서구 자아의 산기슭의 작은 언덕에서 온 하나의 이야기, 고대 그리스의 이야기가 지기의 삶을 바꿔놓았다. 1873년, 학교 기말고사로[45] 지기는 『오이디푸스왕』을 읽었다. 이 책은 독창적인 줄거리를 가진 일종의 탐정 소설이었다. 통치자 오이디푸스는 선왕을 누가 죽였는지를 밝혀내고 추방하면 비로소 역병이 멈출 것이라는 말을 들었다. 오이디푸스는 그렇게 하겠노라 다짐했다. 예언자가 말하길 그가 찾고 있는 자는 혼잡한 가정 환경에 있다고 했다. 예언은 다음과 같았다. '그는 그의 아이들에게 형제이자 아버지이며, 자신을 낳아준 어머니의 아들이자 남편임을 보여주게 될 것이다.' 놀라운 극적 이야기가 전개되는 동안 오이디푸스는 그가 찾고 있는 자가 바로 자기 자신이라는 것을 천천히 깨닫는다. 몇 년 전, 교차로에서 분노가 폭발하여 아버지인 줄 모르고 아버지 라이오스왕을 살해한 것이다. 그 후 그는 자신의 어머니인 것을 모른 채 어머니와 결혼하게 되었다.

이 이야기에는, 지기를 깊이 감동시키는 무언가가 있었다. 이 이야기는 그에게 너무나 큰 정서적 반응을 촉발시켰고, 그는 이 이야기에 분명히 인간 본성의 본질에 깊은 반향을 불러일으키는 아주 특별한 점이 있다고 결론 내렸다. 하지만 그게 무엇일까? 그는 이야기를 연구하기 시작했다. 그는 이 이야기가 상연되는 것을 보러 파리로, 빈으로 갔으며 열광적인 박수갈채를 보냈다. 그는 자라면서 이야기의 힘과 이야기가 어떻게 사람들의 마음을 움직이는가 하는 미스터리에 매료되었다. 그리고 『오이디푸스왕』만큼 그를 사로잡은 이야기는 없었다.

우리가 좌뇌 해설자에 대해 알고 있는 것을 통해, 우리는 그 이야기가 지기에게 일종의 안성맞춤의 작화로, 그의 마음속에 존재하게 된 충격적이고 부끄러운 혼란스러움에 완벽하게 들어맞는 그럴듯한 이야기로 작용했는지, 또 이것이 그의 기분을 더 낮게 만들어주는 것인지 의심해볼 수 있다. 역사학자 피터 러드니츠키 교수는 "그의 출생 배경과 오이디푸스 드라마가 일치하는 것은 충격적이다"[46]라고 했다. 그 또한 남자로서 "나 또한 어머니에 대한 사랑과 아버지를 향한 질투심을 경험했으며, 이는 이제 유아기에 흔하게 나타나는 현상으로 여겨진다. (…) 그렇다면, 『오이디푸스왕』이 지닌 힘은…… 쉽게 이해될 수 있을 것이다"라고 발표했다.

빈대학의 학생으로서, 지기는 회랑의 태양 아래 드리워진 그림자 속에서 역대 교수들의 흉상을 찾아보며 넓은 교정을 배회했다. 그는 그들 가운데 있는 자신의 모습을 상상하곤 했다. 그는 그 모습을 바로 눈앞에 그릴 수 있었다. 그의 성과 이름이 거기 쓰일 것이었다. ……지크문트 프로이트…… 그렇다면 비문에는 뭐라고 쓰여 있을까? 그렇다, 당연히 그의 영웅, 고대 그리스의 진리 탐구자, 증오하는 아버지를 살해한 자, 아름다운 어머니의 연인이자 극작가 소포클레스가 전하는 바로 '그 유명한 수수께끼를 푼 가장 강력한 남자' 오이디푸스왕이 언급될 것이다. 이는 거의 현실로 이루어질 뻔한 환상이었다. 프로이트는 심리치료의 창시자가 되었고 그의 평생의 임무는 흔히 폭력적이고 변태적인 충동으로 인간의 무의식 속에서 몸부림치는 숨겨진 힘을 탐정처럼 밝혀내는 것이었다.

그의 사상의 중심에는 오이디푸스의 이야기가 있었다. 그는 어린 시절에 어머니에게 마음이 끌리고 아버지에게 지독한 증오를 갖는 것이 그 자신만의 경험이 아니라 모두의 '불가피한 운명'이라고 판단을 내렸다. "이 땅에 새로이 태어나는 자들은 이 오이디푸스 콤플렉스를 잘 제어해야 하는 과제를 직면하게 된다."[47] 그는 확신에 차서 선언했다. "오이디푸스처럼 우리는 우리 본성에 의해 강요된 도덕적으로 불쾌한 이런 소망을 모른 채 살아가며, 이것이 드러나고 나면 우리는 아마 어린 시절의 기억들을 못 본 체하려 할지 모른다."

남들도 자신과 다름없다는 가정을 프로이트만 한 것은 아니었다. 사람들이 너무나도 쉽게 남들도 자신과 똑같이 느끼고 생각할 거라고 판단하는 경향이 있다는 것은 현대 심리학자들 덕분에 잘 알려져 있다.[48] 이를 연구한 니컬러스 에플리 교수는 "갈색 빵을 좋아하는 사람들은[49] 흰 빵을 좋아하는 사람보다 갈색 빵을 좋아하는 사람이 더 많을 것이라고 생각한다. 보수주의자들은 보통 사람들이 자유주의자들이 생각하는 것보다 더욱 보수적일 것이라고 믿는 경향이 있다. 어떤 사안에 있어 양당의 유권자들은 선거에 투표하지 않은 사람들이 투표를 했다면 자신과 같은 당에 투표했을 것이라고 믿는 경향이 있다. 도덕성에 있어서는, 명백히 소수파인 사람조차 자신들이 도덕적 다수파라고 믿는 경향이 있다"고 발표했다.

에플리는 자신의 실험 중 일부에서 사람들이 하느님의 관점과 자신의 관점을 어느 정도로 같다고 생각하는가에 주목했다. 뇌 스캔 장치 속에 들어간 실험 참가자들에게 하느님의 관점과 자신의 관점에 대해 물었을 때,[50] 뇌 활동에 있어 어떠한 차이점도 관찰되지 않았다. 이러한 실험은 때로 논란의 여지가 있는데 회의론자들은 그런 실험들에서 확고한 결론이 도출될 수 있을지를 의심한다. 하지만 이러한 특정 연구 결과들은 뇌와 관련성이 없는 연구들에 의해 뒷받침되어왔으며, 사람들의 관점은 그들이 상상하는 신의 관점에 맞게 변화되는 것으로 보인다.[51] "다른 사람들의 마음을 알지 못할 때, 우리는 상당 부분 다른 이의 마음을 우리 마음에 근거하여 상상한다"고 에플리는 말한다.[52]

그러나 매우 일상적인 이 오류로부터 프로이트는 원죄 개념을 재정의했다. '본성에 의해 강요된 (…) 도덕적으로 불쾌한 소망들'로 그는 인류의 내적 불행의 상당 부분이 악마의 유혹에 의한 것이 아니라, 우리가 억누르는 무시무시한 충동에 의한 것이라는 것을 이론화했다. 프로이트는 신경학을 연구한 후 인간 행동의 대부분이 인간의 의식적 통제를 벗어나는 것으로 보인다는 세상을 뒤바꾼 식견을 갖게 되었다. 이 것은 그 시대의 완벽한 메시지였다. 19세기 내내, 사람들은 숨겨진 세계를 드러내는 과학적 발견에 매료되어 있었다. 그 당시 사람들은 우리 운명에 신과 같은 힘을 미치는, 공기 중에 신체 속에 보이지 않는 힘인 유전자와 박테리아, 진화에 대해 알아가고 있었다.

프로이트에게 새로운 사제의 형태인 정신분석학자의 일은, 우리 안에 살아가는 보이지 않는 힘을 드러내고 이를 우리 의식 속으로 가져오는 것이었다. 헬렌 모랄레스 교수는 "프로이트는 분석가를 오이디푸스적 인물, 즉 어떤 대가를 치르더라도 자기 이해와 타인에 대한 이해를

3. 나쁜 자아

추구하는 자"[53]로 보았다고 말한다. 환자들은 빈의 알저그룬트 구역 베르크가세가 19번지에 있는 서구 자아의 태곳적의 책들과 예술품이 넘쳐나는 상담실로 심리치료의 대가를 찾아오곤 했다. 환자들은 벽 위 바로 오른쪽에 있는 액자 속 장 오귀스트 도미니크 앵그르가 그린 「오이디푸스와 스핑크스」의 사본을 보기 위해 그의 유명한 소파에 기대앉았다. "확실히 어느 정도, 정신분석학은 프로이트가 공부했던 신경과학에서 탄생했다.[54] 그러나 근본적인 정신분석 이론의 결정적인 영감과 뼈대, 정당성을 제공한 것은 고전 신화였다"고 모랄레스는 말한다. 그녀는 고대 그리스의 신화 없이는 '정신분석도 없었을 것'임을 시사한다.[55]

15세기에 고대 그리스와 로마의 사상은 마침내 서구 자아를 숨막힐 듯한 공기 중으로부터 끄집어내기 시작한 '르네상스'를 겪었다. 물론 또한 이 르네상스가 우리가 어떻게 남들과 잘 어울리고 출세하는지에 있어 급진적인 변화를 보았던 장소와 시간의 중심이었던 것은 우연의 일치가 아니다.[56] 고대 그리스의 '도시 문명'을 떠올리지 않을 수 없는 영광스러운 원기와 사상의 중심지인 제노바, 피렌체, 베네치아의 강력한 무역 거점지에서 부채와 신용, 유력 은행가, 지폐와 함께 현대 자본주의가 탄생했다.

르네상스가 아니더라도, 대부분의 역사는 기독교와 무의식의 발견 사이의 공백을 혁명의 시기로 특징지을 것이다. 결국 이는 현대 심리학 시대의 시작이었다. 그의 모든 결점에도 불구하고, 프로이트는 의심할 여지 없이 천재였으며 다음 단계를 위한 방대한 양의 필수 기반을 확실히 다져놓았다. 그러나 이 특별한 이야기에 있어서 동물적 인간에 대한 프로이트의 본질적인 견해는 사실 오직 관점의 변화로 여겨질 뿐이다. 인간은 여전히 악한 존재였다. 그들은 여전히 치료되어야 했다. 그 치료법은 여전히 출생과 동시에 도덕적으로 타락하게 된 내적 자아와 영원한 전쟁을 하는 것이었다. 프로이트는 정말로 자기 자신을 혐오하고 성관계를 두려워하는 성 베네딕트의 세속적 재탄생이었을 뿐이다. 실제 혁명은 미국 서부에서 일어났다. 우리가 누구인지, 우리가 어떤 사람이 되어야 하는지에 대한 견해는 이곳에서 진정한 변화를 겪었고 새로운 특징을 무기로 얻었으며, 이 중 대다수는 오늘날까지 우리와 함께한다.

1936년, 프로이트에게 분명 전혀 중요하지 않아 보이는 어떤 사건을 통해[57] 이 혁명의 사절단이 그를 찾아왔다. 프리츠 펄스는 독일계 유대인 정신분석학자로, 자위가 그의 기억을 망치고 있다는 공포감에 사로잡힌 후 프로이트 학설을 발견했다. 그는 반유대주의를 피해 유럽을 빠져나가, 요하네스버그에서 안정된 생활과 직업적 성공을 거두게 되었다. 펄스는 자부심이 강한 사람이었다. 그는 프로이트 신봉자로 학회에 참석하고자 빈에 오게 되었는데 프로이트에게 경의를 표하기 위해 그에게 미리 알리지도 않고 그곳에 도착했다. 그는 환영받으며 반가운 식자들과의 만남이 이루어지지 않을까 예상했다. 그러나 펄스가 스승의 집을 찾았을 때, 프로이트는 문을 아주 살짝만 열어젖히고는 문틈으로 그를 맞이했다.

"저는 선생님께 이 논문을 드리고 선생님을 뵈러 남아프리카에서 왔습니다." 펄스가 말했다.

침묵이 흘렀다.

"그럼, 언제 돌아가는가?"

어색한 순간이었다. 그들은 짧고 아주 격식 있는 대화를 나누었고 프로이트는 문을 닫았다. 펄스는 충격과 창피로 벙쩌 슬그머니 자리를 떴다. 그는 프로이트가 준 모욕을 결코 용서하지 않았으며 결국 그로부터 완전히 돌아서게 됐다. 수십 년 후, 서쪽으로 수 킬로미터 떨어진 곳에서 사람이란 무엇이며 무엇이 되어야 하는가에 대한 그의 새로운 생각은 우리가 현대 자아라고 부르는 시끄러운 영혼들 속에서 그 영향력이 매우 커졌고, 그는 프로이트와 어깨를 견주게 될 것이었다.

4.
착한 자아

나는 혼자 여행할 때 가장 행복하다. 모든 것이 좋다. 겨울 심야버스의 가장 높은 좌석, 언덕들과 주택지를 빠르게 지나가는 기차의 창가 자리, 비행이 갖고 있는 드라마, 공항의 북적임과 설렘. 하늘을 나는 기계들의 코는 터미널의 유리 벽에 닿을 듯하며 기계들은 하늘로 솟아오르기 위해 힘껏 끌어당겨진다. 나는 값싼 음식과 나아가는 움직임을 좋아한다. 위기감, 분투, 결단력의 발휘를 통해 느껴지는 사명감. 또한 나는 낯선 이라는 나의 지위 속에서 안전하면서도 다수의 타인에 둘러싸이는 군중 속 안정감을 좋아한다. 그들은 나에게 말을 걸지 않을 테지만 나는 가까운 이들에 의해 어떻게든 보호받으며 그들과 함께할 것이다. 독서, 음악, 영화, 내 이름을 모르는 사람들과 함께 아주 머나먼 길을 떠나는 것. 이는 완벽한 파티다.

　하지만 히드로에서 출발하는 비행은 불쾌했다. 왠지 모르겠다. 이것이 악화된다면 나는 신체적 징후를 느끼게 될 것이다. 목구멍과 가슴 윗부분을 바위가 누르는 것 같고 배 속에서 끈적이는 것이 몰아치는 듯한 느낌이 들고 손가락등과 콧등과 눈 밑 등 신체 모든 곳이 살짝 따끔거리는 느낌이 난다. 나는 이것을 나의 철 조끼라고 부른다. 기분이 나쁠 때, 나의 우울감은 어떤 지독한 방식으로 주변 모든 사람으로부터 내가 분리된 듯 느껴지도록 한다. 하지만 그때에 이르면, 나는 이 모든 게 무엇을 의미하는지를 설명하기보다 어떻게 하는 것이 더 나은지 잘 알고 있다. 그저 이 안에서 표류하는 것이 최선이다. 이것이 내가 결코 완전히 이해하지 못하는 나의 일부임을, 적어도 지금으로서는 이것이 나를 지배하고 있음을 알고 있다. 이는 날씨다. 어떤 날은 그저 날씨가 좋지 않을 뿐이다.

밤이었다. 어둠이 내려앉았다. 나는 책을 뒤집어서 책 표지 안쪽에 몇 자 적어 내려갔다. "우리는 동물이지만 동물이 아니라고 생각한다. 우리는 진흙으로 만들어졌다. 우리는 우리가 개보다 낫다고 믿도록 속아 넘어갔다." 나는 혹시 나의 이웃이 이것을 읽지는 않을까 걱정하며, 다음번에 내가 이를 발견하면 움찔하고 놀라지 않을까 생각하면서 책을 덮었다. 몇 시간 후, 비행기가 착륙했다. 출입국 관리소를 통과하고 외진 뜰에서 버스를 타고는 버스 가장 뒷좌석 모퉁이에 몸을 쑤셔넣고 옷에 달린 모자를 쓰고 귀에는 이어폰을 꽂은 채 오랜 시간 이동했다. 드디어 얼마 안 돼 좌회전을 하자 매우 유명한 표지판이 보였다. 에설런 연구소: 예약 필수.

그 길은 가파른 언덕으로 구불구불했고, 줄지어 있는 오두막집을 지나서 유서 깊은 산장에 붙어 있는 단층으로 된 목조 구조물의 사무실을 향해 나아갔다. 대형 게시판은 '밀짚 건축 컨퍼런스'와 '펠든크라이스 방식'움직임 기능과 신체 건강을 다시 되찾거나 개발할 수 있는 효율적이고 효과적인 움직임 프로그램이라는 것에 대한 전단뿐만 아니라 요가, 필라테스, 명상 스케줄로 꽉 차 있었다. 거기에는 오두막의 업보 시중꾼('돈을 벌고 업보를 덜어내세요')이라는 광고와 새 룸메이트를 구하는 공고('우리는 완전 무독성 주택을 지향하며 새로운 룸메이트를 찾고 있습니다'), 차 태워준다는 광고(LA나 그 근처까지 차를 태워드릴 수 있어요. 차와 음악을 나눠요. 루나)도 있었다. 문에 걸린 팻말에는 '이것은 문입니다'라고 적혀 있었다. 계단은 정갈한 잔디밭과 야외 수영장으로 이어졌는데 그 옆에서 사람들은 마사지를 받고 있었다. 그들은 벌거벗은 듯 보였다. 나는 안경을 쓰지 않고 있었지만 더 잘 보려고 눈을 찡그리지 않았는데, 호기심과 불안이 경쟁하는 나의 감정을 드러내 보일 수도 있는 위험을 감수하고 싶지 않았다. 사방은 절벽, 바다로 둘러싸여 있었으며 바다는 빛을 발하고 있었다.

'생각의 지도' 전문가인 리처드 니스벳이 "서쪽으로 갈수록 더욱 개인주의적이며, 선택에 대해 망상적이고 자존감과 자아가 전부라는 것을 강조하다 못해 결국 태평양에 모든 것이 빠져버린다"고 말한 것을 기억하는가? 여기가 태평양에 빠져버리는 그곳이다. 에설런 연구소는 이 절벽 위에서 우리가 누구인지에 대한 감각을 다시 쓰게 되었다.

  문화의 어떤 특정한 변화의 원인은 무수히 많고 종종 얽혀 있는 경향을 보이지만, 오늘날 우리 모습이 1960년대 당시에 일어났던 일에 영향을 받아왔다는 것은 분명하다. 개인의 진정성과 '진실됨'에 대한 집착,[1] 이에 따른 '가식'에 대한 증오부터 사생활의 세세한 부분까지 공개하는 것이 당연시되고(소셜미디어에서뿐 아니라) 양심과 영혼의 기독교적 설화가 새롭고 대중적으로 다시 쓰인 '마음 챙김'과 '웰니스' 같은 개념에 관심 갖는 것까지, 그렇게 21세기 자아의 대부분은 캘리포니아 주도

제1호선 도로 아래 120에이커 크기의 땅으로 되돌아가는 길을 발견한다. 그러나 아마 무척 놀라운 점은, 서구의 자아에 나르시시즘이 충실하게 스며들기 시작한 것 또한 에설런 연구소에서였다는 것이 아닐까 싶다.

이러한 일은 오직 미국에서만 일어날 수 있다. 미국은 오랜 세월 구세계의 신의 압제하에 남겨졌던 국가였다. 이는 바버라 에런라이크가 말한 '사회적으로 강요된 우울함의 세상'에서 살아가는[2] 칼뱅주의자들에 의한 것으로, 그곳 "사람들의 임무는 틀림없이 천벌을 받게 될 징조인 사악한 생각을 뿌리뽑고자 하면서 자신의 마음속에 '혐오스러운 추악함'이 있는지 끊임없이 감시하는 것"이었다고 한다.

하지만 마침내 구세계와의 끈을 끊어냈을 때, 이곳은 완전히 다른 곳이 되었다. 미국 건국 기록인 독립 선언서는 '모든 인간은 평등하게 창조되었고 창조자에게 양도할 수 없는 특정한 권리를 부여받았으며, 이 중에는 생명, 자유, 행복 추구권이 있다'는 것을 명시한다. 그곳은 권력을 가진 시민들이 왕과 독재자의 압제에 절대 움츠러들지 않는 평등주의가 실현되는 땅이 될 것이었다. 그곳에서 사람들은 자유롭게 자신이 되고 싶은 사람이 되고 자신의 꿈을 이룰 수 있을 것이다. 미국은 예외적이었다. 미국 사람들은 "두말할 것 없이 사회적 유동성과 영원한 강대국으로 특징지어지는 선택받은 국가의 선택받은 사람들의 현실을 당연하게 여겼다"[3]고 역사학자인 캐럴 조지 교수는 말한다.

이는 결국 우리 모두를 감염시키게 될 미국 자아혁명의 출발 조건이었다. 이것은 프로이트와 유럽의 기독교인의 관점과는 달리, 인간을 본질적으로 선한 어떤 것으로 보며 건강하고 유복하고 미소 짓도록 만드는 데 필요한 모든 것을 인간이 그 안에 가지고 있다고 보는 관점이었다. 물론 이는 전능한 '나'를 중심으로 하는 완벽한 인간 자아에 대한 고대 그리스 사상이 일부 부활한 것이었다. 두 나라의 공통점은 독특한 구획 구조다. 그리스는 '도시국가'의 문명이었으며 미국은 '연합된 주'의 모임이다. 명시적으로 허가된 경우를 제외하고 그들의 중앙집권적 권력으로부터의 독립성은 권리장전에 명시되어 있다. 그리고 당연하게도 이 새로운 특별한 지형 속에서 개인주의는 강화될 것이었다.

하지만 물론 사람들이 정말로 변화하기 위해서는 그들이 남들과 잘 지내고 출세하는 방법에서부터 변화가 일어나야 했다. 19세기는 과학, 기술, 산업 분야의 발전이 우리 본성에 폭발적인 영향을 미친 지적·경제적 혁명의 시기였다. 이는 다윈과 파스퇴르, 존 스노 박사의 시대이자 증기동력, 대량 생산, 철도, 전력화, 생활 수준 상승의 시대였다. 계층 이동, 자기력磁氣力, 최면술, 전기, 유전자, 유전, 생물적 적응, 진화, 세균, 감염, 자연의 힘, 보이지 않는 모든 것과 우리를 둘러싼 모든 것, 우리 신체 내부, 지구의 내부, 바람을 타고 저 밖으로 나아가는 것의 시작점이었다. 이 큰 폭풍은 필연적이다시피 서구의 자아를 뒤흔들었다.

인간의 운명이 여전히 물리적 환경에 너무나도 의존적이었던 이전 시대에는, 그 물리적 환경이 우리가 누구인지를 규정하는 힘을 가지고 있었다. 하지만 이 땅 위에 더 적은 사람들이 살아가는 이 새로운 시대에, 우리는 우리의 물리적 환경의 압제로부터 점점 더 해방되었다. 우리는 여전히 '이곳에서 번영하기 위해서는 내가 어떤 사람이 되어야 하는가?'를 물으며 이 세상에 태어난다. 하지만 이제부터는 점차 경제가 자아를 더욱 심층적으로 지배하는 자아의 자연환경이 될 것이었다.

물론 이러한 변화들이 미국에서만 생겨난 것은 아니다. 유럽에서도 이 경제적 환경은 새로운 형태의 이상적 자아를 만들어내고 있었다.

1859년 전직 기자였던 철도회사 임원이자 정치 운동가인 새뮤얼 스마일스는 (그리고 신기하게도 그는 나의 고조할아버지로 밝혀졌다) 자기계발서의 시조로 엄청난 판매부수를 자랑하는『자조론』을 출판했다. 그는 글쓰기를 통해 '젊은이들이 목표를 수행하는 데 노동과 고통, 극기를 기꺼이 받아들이며 올바른 목표에 성실히 정진하고 인생에 있어 다른 사람의 도움이나 후원에 의존하기보다 자기 자신의 노력을 믿도록 격려'하고자 했다.[4] 산업혁명 이전 영국에 살고 있는 누군가에게는 이것이 터무니없이 낙관적인 메시지로 들릴 것이다. 더 이상 고분고분 자신의 위치에 매여 있지 않았다. 이제는 열심히 일하고 성실하기만 하다면, 자신의 운명을 보란 듯이 개척할 수 있었다.

자아에 대한 이 새로운 생각은 개인이 살고 있는 새로운 세계와 새로운 꿈에 대해 이야기했다. "18세기 이전에 권력이란 오직 상류 지주 계층에만 속한 것이었다. 스마일스는 교육이 널리 보급되고 거대 기업들이 경제적 기회를 제공한 산업혁명의 시대에 책을 집필하고 있었다. 중산층도 열심히 일하면 잘살 수 있게 된 최초의 시대였다. 하지만 성공하기 위해서는 엄청난 직업 윤리가 필요했으며 스마일스는 이를『자조론』에서 체계적으로 명시했다." 역사학자 케이트 윌리엄스가 내게 말했다. 이상적 자아는 이제 삶의 존속과 보호를 위해 장원 영주와 하늘에 계신 주님께 의지하지 않았다. 특히 절제와 영혼의 순수함과 같은 '극기'에 대한 깊은 관심으로 기독교의 묵직한 영향력은 여전했지만, 사람들과 사이좋게 지내는 일과 출세는 이제 점점 더 개인에게 달려 있으며 부유해지고 지위를 향상시키는 것이 최종 목표였다. 종교의 비구름 속에서 휘청거리며 빠져나온 야망은 젖은 날개를 말리고 솟아오를 준비를 하고 있었다.

그러나 미국에서는 변두리에서 먼저 독특한 무언가가 시작되고 있었다. 현대성은 완전히 낙천적이고 자기중심적인 자아감을 특징으로 하는 방식으로 기독교인들에게 영향을 미치고 있었다. 전등과 전신電信 같은 보이지 않는 힘인 이 마법 같은 시대에 신앙 치유의 열풍이 불었고, 신앙심이 충분하다면 목사의 손길로 신자의 병이 치료될 수 있다고 믿었다. 그들을 고통스럽게 하는 것들을 치유하기 위해서, 그들이 해야 할 일은 믿는 것뿐이었다. 가장 유명한 신앙 치유자 중 한 명인 요크셔의 이민자이자 배관공이었던 스미스 위글스워스[5]는 위암에 걸린 사람의 배를 주먹으로 쳐서 치료하려고 한 적이 있었다. 그러나 그 환자는 결국 죽었다. 또 한번은 그가 무대에서 장애 아동을 쫓아내버렸다. 치유되지 않았다고 불평하는 사람들은 믿음이 부족하다며 혼이 났다. 행복과 건강, 구원과 치료의 열쇠는 그들 안에 있었다. 해야 할 일은 오직 믿는 것뿐이었다.

심리학자 윌리엄 제임스가 명명한 '마음 치유 운동'의 추종자들도 이와 비슷하게 생각했다. 제임스는 마음 치료를 '건강한 마음가짐이 모든 것을 구원한다는 것에 대한 직관적인 믿음'이라고 정의했다.[6] 뉴잉글랜드 출신의 시계 제조공인 파이니어스 킴비는 마음 치유의 아버지였는데,[7] 그는 유사 마술적 힘을 가지고 있다고 하는 '자기磁氣 치료자'들에 매혹되었다. 하지만 킴비는 사실 환자들이 치료사들의 권위에 대한 믿음이 있었기에 병이 낫게 된 것이라고 판단했다. 그는 "치료는 약이 아니라 의사나 매개자의 신뢰에 있는 것"이라고 말했다. 그는 자신의 생각이 맞는지 확인하기 위해 아픈 사람들을 대상으로 실험을 진행했다. 미치 호로위츠는 "킴비의 치료법은 환자와 교감하면서[8] 얼굴을 마주하고 앉아 환자가 아프다는 것을 절대 부인하지 않고 오히려 '병이 마음속에서 어떻게 생겨나는지를 이해하도록, 그리고 이를 완전히 믿도록' 독려하는 것이었다. 환자들이 이와 같은 생각을 완전히 신뢰하게 되면 킴비는 이제 환자가 '왜 내가 내 자신을 치료할 수 없겠는가?'라는 생각을 하게 했다"고 말했다.

1862년 킴비는 모든 병과 불행의 원인은 마음속에 있다는 기독교 과학 운동을 시작했던 메리 베이커 에디를 치료했다.[9] 26년 후 미국을 방문하고 기독교 과학에 매료되었던 영국 출신의 여성 참정권 운동가인 프랜시스 로드는 책을 출판했으며, 호로위츠는 이 책을 '번영의 복음서'라 칭했다. 그녀의 책은 가난을 극복하기 위한 '치료'를 담고 있다는 점에서 특별했다. 로드는 가난의 정신적 속박을 끊어내기 위한 지지와 연습 6일 프로그램을 제공했다. 새뮤얼 스마일스에게 성과와 부는 노역과 극기의 산물이었다. 로드에게 있어서는 믿기만 하면 되는 것이었다.

그 후, 20세기 전반기에 대공황이 왔다. 완전히 재앙에 가까운 이 사건은 수십 년에 걸쳐 사람들의 자아를 변화시켰던 경제에 대단히 중요한 일련의 변화를 가져왔다. 이는 두 가지의 위기 중 첫 번째 위기였으며, 한계를 모르던 개인주의에 대한 극적인 반발로 이어졌다. 경제 도산과 제2차 세계대전은 부유층과 빈곤층 간의 '계급 타협'이라는 새로운 집산주의적 시대를 불러왔다. 일련의 정부 개입은 경제학자들이 때로 '대압착'이라고 부르는 소득 격차의 현저한 감소로 이어졌으며, 이는 약 1945년부터 1975년까지 지속되었다.[10] 그리고 아니나 다를까, 이 새로운 경제는 새로운 자아를 부화시켰다.

이 모든 것은 1930년대의 '뉴딜 정책'과 함께 시작되었으며 이는 은행업에 강력한 규제를 가져왔다. 이어서 사회보장법이 생기고 최저임금

이 도입되었으며 노동조합 결성이 대중화되었다. 국가 최고소득자의 세금은 90퍼센트 수준으로 높게 책정되었다. '제대군인 원호법'[11]은 노동자 계급의 참전 용사들에게 주정부의 지원으로 대학 교육을 받을 수 있도록 했는데, 이는 크나큰 선善을 베푸는 정부의 주요 정책이었다. 1929년부터 1945년 사이에 저소득층이 고소득층보다 빠르게 성장하고[12] 향후 25년 동안 부자나 가난한 사람이나 임금이 거의 비슷한 비율로 증가한 것은 부분적으로 이러한 정책들의 영향이었다. 경제학자 로버트 고든 교수에 따르면 이 대압착은 "수백만 고졸자들의 황금기로 이어졌다." 그들은 "대학 교육 없이도 노조가 결성된 직장에서 안정적으로 일할 수 있었으며 뒷마당이 딸린 교외 지역의 집과 자동차 한두 대, 대부분 나라의 중위소득자들에게는 꿈일 뿐인 생활양식을 감당할 수 있을 만큼 충분한 수입을 올릴 수 있었다."[13]

이 새로운 공동체적 정신을 장려한 것은 산업 자동화의 부상이었다. 엄청난 수의 농장 노동자들이 소도시와 도시로 이주했다. 그곳에서 그들은 친척이나 오래 알고 지낸 지인들과 더 이상 함께 살지 못했으며 좋은 인상을 심어줘야 하는 낯선 이들과 함께 살게 되었다. 전후 몇 년간은 영업 직원과 기업의 시대, 회사가 사람들의 삶을 책임지는 시대였다. 점차 개인은 그저 더욱 큰 기업적 조직체의 작은 부품으로 전락하게 되었다. 그리고 사람들 역시 점점 커져가는, 분주한, 아는 이 없는 교외에서 그런 방식으로 살아갔다. 이 새로운 부족 내에서 잘 지내고 출세하기 위해서는 집단으로부터 받아들여져야 했다. 이는 곧 재치 있고 똑똑하며, 개방적이고 낙관적인 데다가 매력적이라는 것을 의미했다. 핵심은 성실성에서 명랑하고 매력적인 성격을 갖는 것으로 바뀌었다.

수전 케인이 기록하여 널리 알려진 바와 같이, 하버드대 교무처장이

입학사정관들에게 '감수성이 예민한' 지원자들 대신 '건강하고 외향적인' 지원자들을 합격시키라고 지시하기 시작한 것은 이 무렵이었다.[14] 새로운 종류의 책이 쏟아져 나왔고 곧장 베스트셀러가 되었다. 마음 치료와 신앙 치료의 피를 이어받은 것으로 미국은 새뮤얼 스마일스의 이야기를 다시 써내려갔다. 데일 카네기가 쓴 『카네기 인간관계론』(사람들은 걱정, 두려움, 다양한 종류의 병을 떨쳐낼 수 있고 생각을 바꿈으로써 삶을 변화시킬 수 있다. 이거다! 이거!! 이거!!!)과 노먼 빈센트 필 박사가 쓴 『긍정적 사고의 힘』('우리가 우리 문제의 주요 원인이라면, 우리 마음을 상습적으로 점거하고 지배하는 사고 유형 속에서 그 근본적인 원인을 찾아야 한다'[15]). 그 책들은 '사람들이 당신을 즉각 좋아하도록 만드는 법' '자신만의 행복을 찾는 법' '최선을 바라고 얻는 법'과 같은 교훈을 담고 있었다. 사회학자 존 휴잇 교수가 예리하게 표현했듯이 "'성격'의 시대가 가고[16] '개성'의 시대가 도래했다."

그러나 개인주의적인 미국의 중심부와는 너무나 이질적인 이 새로운 집단적 분위기는 대가를 치러야만 했다. 온 국민의 불안한 잠재의식으로부터 악몽이 퍼져 나갔다. 미국이 공산주의에 빠져들지도 모른다는 편집증적 생각이 퍼진 공포 정치와 매카시즘1950년대 미국에서 있었던 매우 극단적이고 보수적인 반공주의 열풍의 나날이었다. 다가오는 컴퓨터 시대에 대한 두려움이 고조되는 것과 비슷한 감정이었다. 사람들은 미래에 자유와 개성이 짓밟히고 강제와 순응, 통제의 기계가 인구를 지배하는 '테크노크라시' 전문 지식이나 과학기술 등에 의해 지배되는 정치 및 사회 체제 사회가 될까 두려워했다.[17] 컴퓨터는 정부와 기업 같은 집단적 권력에 흡수되어 우리에게 불리하게 사용될지도 모르는 전쟁 기술로 여겨졌다. 루이스 멈퍼드는 1967년 그의 저서 『기계의 신화』에서[18] "소수의 지배계층은 모든 사실을 은폐하는 획일적인 초행성의 구조를 만들어낼 것이다. 기술자들이 오늘날 인간의 역할을 설명한 바와 같이, 인간은 자율적인 인격으로서 능동적으로 기능하지 못하고 수동적이고 무의미하며 기계에 의해 지배되는 동물로, 그런 인간의 고유한 기능은 비인격적이고 집단적인 조직의 이익을 위해서 기계에 주입되거나 엄격하게 제한되고 통제될 것이다"라고 저술했다.

1950년대에서 1960년대로 넘어가면서, 대압착은 색다른 신세대의 자아를 만들어냈다. 회사원들의 자녀들은 더욱 집단주의적인 마음을 가진 히피가 되었으며 이들은 공동체, 반권위주의, 반자본주의, 평화주의 사상과 동양적 관념을 접하면서 서구 세계를 변화시켰다. 이는 만물의 통일성과 유대감에 있어서 갑자기 훨씬 더 직관적인 감각을 만들어냈다. 이러한 심리상태는 좌파 정치인들의 관심사가 고용 조건, 임금과 같은 전통적인 것에서 소수자의 평등과 권리로 옮겨가는 중요한 변화를 보였다.

서구의 자아가 미국에서 이렇게 변한 것은 대압착의 산물일 것이다. 이는 회사원의 명랑하고 외향적인 태도에 전 국민적 핵심 감각인 낙관주의 및 예외주의와 더불어, 생각의 힘에 대한 마음 치료의 믿음을 결합시킨 것이다. 이 엉뚱한 조합으로부터 새로운 형태의 개인과 새로운 형태의 개인주의가 나오게 됐다. 이는 자아에 막대한 기대를 거는 시대를 낳게 될 것이었고, 이제 자아는 놀라울 정도로 방대한 잠재력으로 가득하다고 생각되었다. 이 혁명은 아리스토텔레스, 예수, 프로이트만큼 유명하진 않을지라도 우리에게 엄청난 영향력을 끼치는 데 성공한 문화적 지도자에 의해 주도되었다. 바로 오늘날 '우리는 누구인가'에 대해 이야기를 할 때 빼놓을 수 없는 인물인 칼 로저스다.

젊은 시절 로저스는 인간을 통해 서구 자아의 여정을 되짚어보았다. 그는 교육의 힘이 자신을 더욱 발전시켜준다고 믿는 야심찬 성격의 소년이었는데, 이는 매우 그리스적이었을 뿐만 아니라 그는 독실한 기독교 신자이기도 했다. 그가 신학을 공부하는 학생으로서 5개월간 중국을 방문하여[19] 견직물 공장의 아동 노동자들과 감옥 내부의 참상을 목격했을 때 그는 바뀌기 시작했고, 이후 완전히 변해버렸다. "인간의 모든 고통을 목격하고, 칼은 신앙을 잃었다. 대학으로 돌아와서 그는 신학에서 교육학으로 전공을 바꿔, 심리학과 교육심리학으로 박사학위를 받았다"고 그의 전기 작가인 데이비드 러셀이 내게 말했다.

1930년대에 로저스는 로체스터 아동 보호 협회의 아동 연구부서에서 일하고 있었다. 거의 한 세기 전에 파이니어스 킴비를 매혹시켰던 그 계시의 직접적인 반향으로부터, 그는 치료사와 환자 사이의 관계에서 환자의 회복에 다소 결정적인 영향을 미치는 듯한 무언가가 있다는 생각에 빠져들었다. 그는 환자들이 아프거나 더럽다고 여겨져야 할 것이 아니라, 미국의 정신적 특징으로 생각되는 낙관주의와 신뢰의 정신 안에서 다뤄져야 한다고 생각하게 되었다. 환자들은 스스로 자신의 병을 치료할 수 있었지만, 그러기 위해서는 정신과의사와 사회의 비난으로부터 자유로워야 했다. 환자들은 그가 명명한 '절대적인 긍정적 배려'의 태도로 받아들여져야 했다. 옛 유럽의 사상가들은 사람이란 악하고 지배받아야 할 필요가 있는 존재라고 생각했다. 로저스에게 이러한 권위주의적 구닥다리들의 생각은 완전히 틀린 것이었다. 반대로 그는 "인간의 '동물적 본능'의 바탕이자 인간 성격의 가장 깊은 층인 인간 본성의 가장 내밀한 핵심[20]은 본질적으로 긍정적이다. 기본적으로 사회적이고 진취적이며 이성적이고 현실적이다"라고 저술했다. 그는 아리스토텔레스와 마찬가지로 그야말로 인간은 본능적으로 완벽함을 지향한다고 확신하게 됐다. 하지만 행복해지기 위해서는, 인간은 사회의 비판과 경멸로부터 자유로워질 필요가 있었다.

1985년 83세의 나이에, 칼 로저스는 '권위주의적 유럽인'인 프로이트의 이론이 정설로 여겨지는 것에 대해서 여전히 불평하고 있었다.[21] 그는 자신의 전기 작가에게 프로이트의 정신분석적 생각은 '유혹적이고 역겨우며' 사람들이 이 생각에 머물러 있는 것은 '사회적으로 비난받아 마땅하다'고 말했다. 심지어 소파에 누운 환자의 뒤에 보이지 않게 앉아 있는 프로이트학파 치료사의 전통 또한 '뭔가 혐오스럽다'고 했다. 그가 프로이트학파 분석가의 자녀들을 대상으로 한 연구가 진행돼야 한다고 권고했을 때, 이는 분명 농담이 아니었다. 그는 "정신분석적 관점의 실패에 대한 어떤 증거가 필요하다면,[22] 이 증거는 분명 정신분석학자들의 자녀들에게 있다. 그 아이들은 예외 없이 엉망진창이었다"고 했다.

1960년대에 로저스는 인본주의 심리학이라고 알려진 학문을 세우는 데 이바지했으며 이는 결국 인간 잠재력 능력 회복 운동에 영감을 주었다. 이 운동의 추종자들은 놀라운 개인의 힘과 우리 자신을 더 나은 모습으로 변화시킬 수 있는 거의 무한한 능력을 믿었다. 로저스와 그의 제자들은 무병無病이 심리적 작용으로부터 얻어지는 것이라고 확신하게 됐다. "우리는 신경증 환자들에게 좋은 것이라면 보통 사람들에게도 좋을 것이라고 생각했다"고 캘리포니아의 서양 행동과학연구소의 수석 교수인 윌리엄 콜슨 박사는 말했다. 로저스는 자신의 지도하에 사람들이 일반적인 사회적 기대에서 벗어나 스스로와 타인에게 정직해질 수 있는 치료 공간인 '만남집단'을 만들었다. 이렇게 해서 신뢰와 대담성, '완전한 진정성'의 분위기를 조성했으며 여기서 사람들은 돌파구와 변화를 이끌어내며 각자의 완벽한 핵심을 파고들어갈 수 있었다.

1964년, 로저스는 3년간의 연구 기금을 받았는데 이는 캘리포니아 성모성심회의 수녀들이 운영하는 연구기관 네트워크를 이용하여 만남 집단의 취지를 발전시키기 위함이었다. 1994년의 한 인터뷰에서 그 연구에 참여했던 콜슨은 이를 '재앙'이었다고 표현했다. 연구팀은 수녀들에게 만남집단의 영상을 보여주는 것으로 시작했다. "세션이 끝난 후 그 영상 속 사람들은 세션이 시작했을 때보다 더 좋은 사람처럼 보였다. 그들은 서로에게 더욱 개방적이고 덜 기만적이었으며 서로에 대한 비판을 숨기지 않았다. 만약 서로가 맘에 들지 않으면 그렇다고 말하는 편이었다. 만약 서로가 맘에 든다면 또 그렇다고 말하는 편이었다. 그렇게 그들은 우리와 함께하고 우리를 믿었다." 그가 말했다. 그러나 콜슨에 따르면 이 새롭게 발견된 진정성은 여성 동성애와 반항의 불길을 일으켰다. "처음에는 615명의 수녀가 있었다. 실험을 시작한 지 1년도 채 되지 않았을 때, 그중 300명의 수녀가 종신 서약으로부터 벗어나기 위해 로마에 청원을 진행 중이었다. 그들은 내적 자아의 권위를 제외하고는 그 누구의 아래에도 있고 싶어하지 않았다."[23] 로저스는 1년 일찍 그 연구를 끝내게 됐다. "우리는 성모성심회를 더욱 개선시킬 수 있을 거라고 생각했다. 그리고 우리는 그들을 파괴했다"고 콜슨이 말했다.

하지만 만남은 점점 더 격렬하고 더 위험해졌다. 그리고 더욱 인기를 끌었다. 수녀 실험 시작 4년 전, 또 다른 인간 잠재력 능력 회복 운동의 선구자인 작가 올더스 헉슬리는 캘리포니아 버클리대에서 강연을 했다.[24] 강연에서 그는 최근 수십 년간 일어난 놀랍고 급진적인 변화가 인간의 엄청난 잠재력을 입증하는 것이라고 주장했다. 그는 우리

장래의 가능성에 대해 경이로워했다. 종국에 그는 확신에 차서는 완전히 틀린 주장을 했지만, 오늘날까지도 많은 사람이 이를 믿고 있다. "신경과학자들은 어떤 인간도 뇌 속 뉴런의 10퍼센트도 채 사용한 적이 없다고 한다. 하지만 우리가 올바른 방법으로 출발해 나아간다면, 우리는 인간이라는 훌륭한 작품으로부터 아주 특별한 것을 창조해낼 수 있을지 모른다."

헉슬리는 '인간 잠재력' 탐구 연구소를 위한 일종의 베이스캠프 설립을 주장했다. 그날 객석에는 그와 놀라울 정도로 비슷한 생각을 하는 남자가 앉아 있었다. 29세의 리처드 프라이스는 그의 파트너인 스탠퍼드대 심리학과 졸업생 마이클 머피와 함께 인간 잠재력 능력 회복 운동의 가장 신성한 장소를 설립하게 된다. 머피와 프라이스는 둘 다 미국의 집산주의적 경제의 훌륭한 아들들이었고 동양 사상에 깊은 관심을 갖고 있었으며 특히 머피는 인도의 푸두체리에서 18개월 동안 명상을 한 경험이 있었다.

진솔한 강의의 장으로 시작된 것이 1964년 칼 로저스로부터 영감을 받은 만남집단이 들어오면서 매우 이상해졌다. 머피가 설명하기로 이는 "스트레스 집중 세션으로 종종 적어도 48시간 연속으로 진행되며 15명 또는 그 이상의 참가자들이 한 방에서 서로를 위한 감정을 발전시키고 토론한다." 그와 프라이스의 '베이스캠프'는 전설, 추문, 자살의 현장이 될 것이었다. 전부는 아니더라도 로저스의 인본주의 심리학의 가장 상징적인 사상가들과 지도자들 대다수가 워크숍을 열고 점점 더 열광적인 세션을 만들었다. 이는 미국의, 또 세계의 자아를 변화시킬 아이디어들로 떠들썩한 장소였다. 에설런이라는 곳이었다.[25]

에설런 연구소의 명시적 사명은 '모든 인간은 어떤 식으로든 신성한 잠재력을 지니고 있다. 배우고 사랑하고 깊이 느끼고 창조할 수 있는 대단히 확장된 능력을 소수의 사람만이 아니라 많은 사람이 가질 수 있도록 돕는 구체적이고 체계적인 방법을 강구할 것이다'였다. 로저스의 '정상인을 위한 치료법'이라는 생각을 바탕으로, 에설런 연구소는 신이 사람들의 깊고 진정한 핵심에 자리하며 우리가 만남집단과 같은 방식들을 동원해서 해야 하는 일은 이러한 사실을 알리는 것이라고 믿었다. 사회학자 매리언 골드먼은 에설런이 수천 명의 미국인을 매료시킬 수 있었던 이유[26]에 대해 "근본적으로 심리치료를 정신병으로부터의 회복에서 개인적인 성장이라는 맥락으로 재정의했기 때문"이라고 했다. 치료뿐만 아니라 요가, 마사지, 명상과 같은 일종의 '정신적' 수행을 선구자적으로 대중화한 이들은 성서에서 발견할 수 있는 그 어떤 것보다 자아의 신 숭배에 관심을 갖고 있었다. "에설런은 난해한 정신성을 전래하고 고쳐시켜 주류 문화로 흘러들도록 하는 데 결정적인 역할을 했다.[27] 수백만 명의 당시 현대 미국인들은 자신을 종교적이 아니라 정신적인 사람이라고 밝힌다.[28] 기존의 종파들과 제휴하지 않은 채 그 연구소가 사람들이 정신성을 탐구할 수 있도록 길을 갈고닦았기 때문이다. (…) 신은 모든 존재의 일부이며 우리가 신이라는 기본 가정[29]이 에설런의 초석이다"라고 골드먼은 말한다. 정신성은 신적인 완벽함의 원천을 자아 안에 두었으며 이것이 그 정신성의 독특한 모습이었다. 이는 결국 이 세상을 집어삼키게 될 생각이었다.

오후 8시 반, 손에 지도를 쥐고 매슬로, 헉슬리, 프리츠라 불리는 건물들 사이에서 길을 찾다가 마침내 큰 천막집에 도착했다. 바닥과 천장이 나무로 된 작고 둥근 구조였는데 마치 극장 같았다. 그곳에는 무대와 그 무대의 중심을 비추는 강력한 조명이 있었다. 나는 20명 정도의 사람들이 있는 뒷줄 맨 끝에 긴장한 채로 앉아서 강좌의 지도자인 폴라 쇼가 환한 조명 속으로 들어오는 것을 지켜보았다. 나는 이것이 6일 내내 진행되고 아침에 시작해서 늦게까지, 종종 자정까지 계속될 거라는 것 말고는 무슨 일이 일어날지 거의 아무것도 모르고 있었다. 몇 달 전, 에설런의 예약 줄에 있던 여자가 이것이 1960년대에 방문객들이 경험했을 법한 만남집단과 가장 비슷하다고 말해줬다. 카탈로그에는 이 프로그램이 연구소에서 '영광스러운 지위'에 있고 직원들에게는 '통과의례'로 여겨진다고 설명되어 있었다. 이것은 '자신의 인간성을 통과하는 여행'이 될 것이며, 이로부터 우리는 '더 큰 진정성'을 갖게 될 것이었다. '한번쯤 꿈꿔보았을 테지만 불가능하다고 생각했던 방식으로 자기 자신을 경험해보는 기회'를 약속하는 것으로, 이는 '더 맥스The Max'라고 불렸다.

폴라 쇼는 무대 중앙에 앉아 우리를 조용히 살펴보았다. 아랫입술을 깨물고 있었으며 눈은 위협적이면서도 기쁨으로 가득 차 있었다. 그녀는 1941년 브롱크스에서 태어났으며 74세로 귀가 좋지 않음에도 여느 브롱크스 사람처럼 여전히 강인하고 날카롭다는 것을 금방 눈치챌 수 있었다. 그녀는 아무 말도 하지 않았다. 그녀는 계속 아무 말도 하지 않았다. 침묵이 계속될수록 불안함은 더욱 커져갔다. 사람들은 이리저리 움직이고 기침을 하고 킥킥 웃어대기 시작했다. 폴라는 완전히 우리를 압도했다. 능수능란했다. 그러더니 갑자기…… "더 맥스에 오신 걸 환영합니다!"라고 말했다.

긴장이 풀리며 잠시 환영의 시간을 갖고 그녀는 명령을 내리기 시작했다. "이미 시작되었습니다. 일단 이곳에 들어오기로 동의했다면, 그것으로 끝입니다. 시작된 것이지요. 떠날 수는 없습니다. 워크숍 밖에서 사람들과 이야기하지 않았으면 좋겠습니다. 쉬는 시간에 이탈하지 마세요. 자신의 방으로도 돌아가지 마세요. 비밀 유지. 여기에서 보는 것을 자유롭게 공유하되 그것에 이름을 붙이지는 마세요.[30] 그리고 개인 물병을 가져오지 마세요. 요즘 사람들은 항상 물을 빨아대요." 그녀는 공갈 젖꼭지로 후루룩 소리를 내며 물 마시는 사람을 흉내냈다. "그리고 제발, 이번주에 인터넷은 자제하세요. 사용하지 마세요. 이미 시작되었습니다. 그리고 여기서 일어나고 있는 일에 관해서 서로 이야기하지 마세요. 과정에 끼어들지 마세요. 사람들이 화나거나 눈물을 흘린다면, 그들을 위로하지 마세요. 어떻게 포옹을 하죠?" 알랑거리는 미소를 지으며 그녀는 누군가를 안는 시늉을 했다. "숨막힐 정도로 꽉 껴안죠. 위로란 당신의 기분을 좋게 하는 것입니다."

다시 한번 조용해지더니 그녀는 천천히 우리 얼굴을 보며 어떤 비밀스러운 결론에 이르기라도 한 듯 고개를 끄덕이기 시작했다. "이것은 긍정적인 삶을 위한 수업 같은 것이 아닙니다." 그녀의 얇은 입술 사이로 잠깐 비웃음이 비쳤다. "당신이 누구인지를 확장하는 것입니다. 저는 이 일을 30년 넘게 해왔는데, 정말이지 이는 무서운 일입니다. 우리는 사람들의 삶을 변화시킵니다. 아시겠죠? 자, 기본적인 것들을 먼저 보죠. 세 가지 규칙이 있습니다. 첫 번째 규칙은 아리스토텔레스로 거슬러 올라갑니다. 어떤 것은 그 어떤 것 자체입니다." 그녀는 일어나서 앞에 있는 의자를 들어올렸다. "이것은 의자입니다. 플라스틱 등받이와 금속으로 된 다리를 가지고 있죠. 이 의자는 어떤 속성, 무게, 높이, 깊이를 가지고 있습니다. 이 의자는 그 자체입니다. 알겠나요? 좋아요. 두 번째 규칙. 인정하세요. 세 번째 규칙. 창의적으로 행동하세요." 그녀는 다시 앉으며 씩 웃었다. "모두 준비가 되었으면 좋겠네요. 우리가 당신 아래에 있는 폭죽에 불을 붙일 테니까요."

폴라가 말을 할 때 사람들 사이에서는 들끓는 감정적 기운이 퍼졌다. 이것으로 분위기는 자연스럽게 흘러갔다. 맨 앞줄의 참석자들은 간절하게 애원하는 듯한 눈빛으로 그녀에게 닿으려는 듯이 눈꺼풀을 치켜올리고 그녀를 올려다보고 있었다. 그들은 두 손끝을 모아서 가슴 위에 놓은 채로 앉아 모든 적절한 타이밍에 맞춰 웃었다. 나는 의자에 몸을 구겨 넣으려 하면서 뒤쪽에서 이를 지켜보고 있었다.

우리는 한 사람씩 무대에 올라 관객들과 시선을 마주치고 우리 자신을 '고정시켜둘' 누군가를 찾아야 한다는 지시를 받았다. 그러고 나서 몸속에서 느껴지는 감각을 묘사해야 했다. 이러한 감각에 이름을 부여해서는 안 됐다. '긴장된다'거나 '속이 불편하다'거나 어떠하다고 말할 수 없었다. 이는 '지배 체제'의 언어이기 때문이었다. 우리가 배운 그 감정에 붙은 이름보다 그 감정 자체를 묘사함으로써 우리가 실제로 느끼는 것의 현실을 재발견하기 위해 이곳에 온 것이었다. 그 목적은 성인의 세계에서 구타당하기 이전에 자연스럽게 자유로운 방식으로 스스로를 표현하는 아이들처럼 되는 것이었다. 아이들은 '그들의 모습 그대로'라고 폴라가 말했다. "안정감을 느끼는 범위 밖으로 나가서 여러분이 되어볼 수 있는 모든 것이 되어본다는 것은 겁이 나는 일이죠. 이는 우리 대부분이 살아가는 방식에 위협적이고 우리가 살고 있는 이 상자 안까지 위협하고 있죠."

나는 다음에 무슨 일이 일어날지 궁금해 앞쪽으로 몸을 웅크리고

4. 착한 자아

앉았다. 이 '현실 대 지배 체제'라는 생각은 좌뇌 해설자와 해설자의 작화를 떠올리게 했다. 우리는 우리가 느끼는 것을 느끼고 머릿속 목소리는 그 감정들에 대한 직접적인 인식이 없음에도 불구하고 이에 이름을 붙이고 이를 설명하려 한다. 아마도 폴라는 뭔가 알고 있는 것 같다. 그녀가 이 강좌의 첫 번째 규칙은 '아리스토텔레스로 거슬러 간다'고 말했을 때, 나는 잠시 소름이 끼쳤다. 어떤 것은 그 어떤 것 자체다. 인정하라. 영국으로 돌아가 내 강아지와 함께 침대에 있고 싶다가도, 그녀가 그렇게 말하는 순간 나는 다시 한번 내가 제대로 된 곳에 왔다는 것을 깨달았다.

곧 저 위의 조명 아래에 어떤 형태가 나타났다. 한 사람이 무대에 올라서고 자신의 신체적 감정을 설명하기 전에 다른 사람의 눈을 응시했다. 그러고 나서 사람들은 자신의 두려움이나 무능력감이나 수치심 등에 대해 이야기하기 시작했다. 그러면 폴라는 이렇게 말하곤 했다. "과거의 누군가가 여러분에게 그런 감정을 느끼도록 만들었습니다. 누구였을까요?" 그리고 거의 매번 답은 '아버지'였다. 폴라는 자신의 눈이 고정되어 있는 청중 속 그 사람이 자신의 아버지라고 상상하도록 '아버지를 여기에 놓으라'고 말했다. "아버지께 무슨 말을 하고 싶나요?" 그러고나면 사람들은 눈물을 흘리곤 했다.

긴 흰머리에 짙게 탄 피부와 예사롭지 않은 눈을 가진 육십대 여성이 자신의 다리가 떨리는 게 느껴진다고 말했다. "떨림에 집중해서 호흡하세요." 폴라가 말했다. 그녀는 그 말을 따랐다. 그녀가 떠는 것이 눈에 보이기 시작했다. 폴라는 그녀에게 이런 감정을 느끼게 만든 사람이 누구냐고 물었다. "나의 아버지요." 그녀가 말했다. "그렇다면 그를 저기에 내려놓으세요." 그 여자의 팔이 떨리더니 어깨도 떨려왔다. 그녀는 이제 아버지를 상상하며 흐느껴 울고 미친 듯이 아버지를 질책하고 있었다. "당신은 내가 공학자가 되길 원했고 내가 수학적인 방식으로 생각하길 원했어." 그녀가 눈물을 흘렸다. "나는 단지 당신을 기쁘게 하기 위해 화학 실험 용품을 사달라고 했던 거라고요." 떨림이 점점 심해지고 있었다. 그녀의 눈은 빨갛게 달아오르고 있었다. 그녀가 어둠 속에서 울부짖을 때 목소리가 한 옥타브 올라갔다. "당신은 항상 내가 선형적으로 생각하길 바랐어." 이때는 그녀의 몸 전체가 떨리고 있었다. 그녀는 펄쩍 뛰었다. 폴라가 물었다. "떨림과 함께 소리를 내보시겠어요?" 그녀는 계속해서 펄쩍 뛰면서 무대에서 몇 센티미터 떨어진 곳에서 소리치기 시작했다. "헉! 헉! 헉! 헉!"

계속 그런 식으로 진행되었다. 한 여성은 달리기 경주에서 아버지가 자신을 추월한 기억을 갖고 있었고 그 결과 그녀는 지나치게 경쟁적으로 자랐다. 또 다른 이는 아버지가 그녀를 '눈에 띄지 않게' 만들었는데 성인이 된 지금까지도 평생을 그렇게 살고 있었다. 어떤 사람은 아버지가 자신을 '아무렇지도 않게 쌍년이라고 불렀다'고 울면서 한탄했다. 그러더니 이 워크숍의 얼마 없는 남자 중 한 명이 무대 위로 올라갔다. 그는 잘생기고 넓은 어깨를 가진 핀란드의 건축가였는데, 성공적인 음악가였던 그의 아버지는 그가 유명 첼리스트가 되길 바랐다. "저는 일곱 살 때 당신이 나의 연주를 '이렇게 형편없다니 믿을 수 없다'라는 표정으로 지켜보던 것을 기억해요." 그가 기억을 떠올리며 눈물을 흘렸다. "저는 정말 화가 나요. 여기서 느껴져요." 그가 손을 꼭 쥐고 얼굴을 찌푸리며 자신의 성기와 불알을 움켜잡았다.

남성들의 자살, 많은 남성이 세심하면서도 강한 남성성이라는 완벽한 모습을 갖추는 것이 불가능하다고 느낀다는 것을 배웠던 나는 오히

4. 착한 자아

려 이 증오의 대상이 된 모든 아버지에게 미안함을 느꼈다. 참가자들이 무대에 오르고 내려오면서 나는 손가락 관절을 구부리고 다리를 흔들며 자리에 앉아 계속해서 자세를 바꿨다. 나는 한 사람 한 사람 수를 세어보았다. 조명 아래 피할 수 없는 내 순서가 가까워지자, 나는 아주 간절히 내가 사라져버리길 바랐다.

프리츠. 그의 명성에도 불구하고 우리는 그를 그렇게 부른다. 그냥 프리츠. 하지만 친숙하다고 해서 그가 친절할 것이라고 착각해선 안 된다. 그는 사람들을 잔혹하게도 경멸할 것이며 누구 앞에서든 그렇게 행동할 것이다. 그는 채찍과 양탄자 털이용 몽둥이로 체벌하는 어머니와 그를 '멍청한 자식'이라고 부르는 아버지 밑에서 거칠게 자랐다. 그는 13세의 나이에 학교에서 퇴학당하고 매춘부에게 거절당해 굴욕감을 느꼈으며, 견습직에서 해고당하고는 마침내 자위 행위의 해로운 영향에 대한 공포로 정신분석학자가 되기 위해 교육을 받았다. 그는 1933년 나치의 블랙리스트에 오르면서 독일을 떠나 결국 남아프리카에 정착했다. 그는 수정주의자였음에도 '맘 아프고 한편으로는 역사적으로 중요한 만남'[31]이었던 빈에서의 대가와의 처참한 만남이 있기 전까지는 그 대가의 신조를 따랐다. 에설런의 대단히 유쾌한 전기 작가인 월터 트루엣 앤더슨은 "그는 프로이트를 결코 용서하지 않았다"고 전한다.

프리츠는 연구소 내외에서 기회가 있을 때마다 (에설런 직원들뿐만 아니라) 그의 전 스승을 모욕하며 그에게 거의 강박적인 공격을 가하는 것으로 유명했다. 그에게 완벽한 자아란 절대 스스로를 검열하거나 행동과 타협하지 않는 완전히 진실한 것이었다. 옛 유럽의 방식처럼 성욕을 억누르기보다 프리츠는 에설런의 유명한 히피 스타일 온천탕 주위를 벌거벗고 성큼성큼 걸어 다니며 그가 발기한 것을 모두에게 널리 보여주곤 했다. 그는 자신의 눈에 든 거의 모든 여성에게 수작을 걸었으며 그녀들이 잠자코 동의하는 것 같으면 그들의 성기를 쓰다듬었다.[32] 그는 슬리퍼를 신고[33] 점프수트를 입고는 자신이 '더러운 노인'임을 아주 뻔뻔하게 뽐내며 아름다운 젊은 여성들에게 다가갔다. 한번은 '더러운 노인'이라는 그의 말에 '그럼 저는 더러운 어린 소녀인걸요'라는 꿈만 같은 대답을 들었고, 그 뒷일은 예상대로였다.

프리츠는 그의 '게슈탈트' 만남집단으로 유명한데, 나는 그 원리를 더 맥스에 참여함으로써 직접 느끼게 될 것이었다. 그는 문제에 대한 답을 과거에서 찾는 프로이트의 모형을 거부했고 대신에 진실이 제아무리 고통스럽고 어려운 것으로 밝혀진다 한들 현재의 절대적 진실에 맞설 것을 요구했다. 그의 만남집단은 엄격하게 '나와 당신, 여기 그리고 지금'을 기반으로 했으며 그는 "미래나 과거로 도피하는 것은 진행 중인 대립에 대한 저항으로 고찰되어야 한다"고 경고했다. 그는 사람들을 '가시방석'이라고 불리는 곳에 앉도록 했는데, 그곳에서 사람들은 땀에 젖은 손바닥이나 따끔거리는 손가락과 같은 신체적 감정을 묘사하거나 어머니와 아버지가 맞은편에 앉아 있다고 상상하며 그들을 대면하거나 각 주장을 말로 표현하며 자신의 두 가지 다른 모습을 연기함으로써 내면의 갈등을 탐구하게 될 것이었다.

이는 각 역할에 자신을 내던지는 것이었다. 자의식 없이 정말로 이를 경험할 때, 프리츠는 사람들이 주의를 슬쩍 돌리는 것부터 눈을 움직이거나 새끼손가락을 꼬는 방식까지, 그가 생각하기에 모든 '거짓된' 모습을 가차없이 가려냈다. 그는 특히 신체언어에 매력을 느꼈다. 그는 "나는 환자가 말하는 것을 대부분 무시하고 비언어적인 것에 집중한다. 이것이 자기 기만에 영향을 덜 받기 때문이다"라고 말했다. 사람들이 그를 지루하게 하지 않았더라도 그는 사람들을 완전히 무시하거나 잠들어버리게 될지도 몰랐고, 그는 그들을 '울보' '빌어먹을 놈' '사람을 갖고 노는 개자식'이라고 부르곤 했다. 1966년에 했던 한 치료 중에, 「이유 없는 반항」과 「웨스트 사이드 스토리」의 스타인 내털리 우드는 프리츠로부터 '순 엉터리'라는 비난을 들었으며[34] '항상 자기 맘대로 하고 싶어 하는 버릇없는 애새끼'라는 말을 들었다. 그는 그녀의 의지와 상관없이 그녀를 붙잡고 자신의 무릎 위에 두고는 엉덩이를 때렸다.

참석자들은 겉으로 보이는 자신의 행동이 명백히 내면의 자아를 배신하고 있다는 진실을 '인정'하고 그것에 대한 책임을 져야 했다. 만약 치료가 어렵다는 것을 알고 눈물을 흘렸다면, 조롱을 당했을 것이다. 누군가가 우는 사람을 도와주러 간다면 그 사람 역시 비웃음을 샀을 것이다. 그의 목표는 '내가 나 자신과 맞섰던 방식으로 사람을 조종하고 좌절시키는 것'이었다. 그는 진정한 핵심 자아를 당당히 포용하는 근본적인 진실성의 상태를 목표로 하고 있었다. 즉 '종이 인형 같은 사람을 진짜 사람으로 바꾸는 것'이었다.[35] '자기 자신의 모습 그대로가 되는 것'이 한 사람의 주요 목표가 되어야 한다고 그는 생각했다. 특히 사생활의 낱낱과 '진짜' 모습이 노출되는 소셜미디어와 리얼리티 티비 쇼의 영역에서 오늘날까지도 우리에게 많은 영향을 끼치는 이러한 생각들은 우리를 아무리 추해 보이게 만들지라도 흔하게 장려되고 있다.

1960년대 중반은 에설런에게 자극적이고 굉장한 시기였다. 에설런의 1965년 안내 책자는 "일반적으로 대중과 많은 지적 공동체에 잘 알려지지 않은 인간 잠재력의 새로운 도구와 기술들이 이미 준비되어 있다. 현재 더 많은 것이 개발 중이다. 우리는 짜릿하고 위험한 경계에 서 있으며 이 오래된 질문에 새로이 답을 해야 한다. '인간 능력의 한계, 인간 경험의 한계는 무엇인가? 인간이 된다는 것은 무슨 의미인가?'"라고 큰소리쳤다. 당시 『뉴욕타임스』 기사에 따르면 1996년에만 의사, 사회복지사, 임상심리학자, 교사, 학생, 기업 경영진, 공학자, 주부 등[36] 약 4000명의 내면 탐험가들이 답을 찾고자 캘리포니아 주도 제1호선을 한참 달려왔다고 한다. 건물 주변에서 '에설런 어머니가 허락해주시리라'라는 말이 종종 들렸고 실제로 그 어머니는 그렇게 했다. 그곳에서 나체 마사지와 집단 성교,[37] 신체적 공격 행위, 엄청난 사이키델릭 아트가 펼쳐졌다. 출생을 다시 경험하는 다 큰 성인들, 수영장 주변에서 다 비치는 가운을 입고 피리를 부는 여인들,[38] 켄 케시, 조지프 캠벨, 티머시 리리와 같은 공상가들과의 만남이 있었다. 프리츠는 그와의 치료 후에 완벽하게 시력을 되찾았다고 주장하는 그의 의뢰인들이 버린 안경으로 벽을 장식했으며 세 명의 여성은 자연 발생적으로 오르가슴을 경험했다고 했다. 제인 폰다는 참선을 배우기 위해 에설런으로 왔다가 그곳에서 에설런의 공동 설립자인 리처드 프라이스와 바람을 피웠다.[39] 다른 공동 설립자인 마이클 머피는 에설런에서 벌어지고 있는 일이 다름 아닌 '의식 혁명'이라고 설명했다.

에설런 연구소의 설립자들과 프리츠의 골치 아픈 관계에도 불구하고, 그들은 프리츠에게 온천탕이 내려다보이는 1만 달러나 되는 비싼 집을 지어주었다. 안내 책자에 프리츠 자신의 치료도 실을 수 있었다. 하지만 에설런의 왕은 곧 경쟁자를 만나게 되었다. 윌 슈츠는 그의 30년 후배였는데, 하버드대와 알베르트 아인슈타인 의과대학에서 수학했고 연구소에서의 첫 달에 책을 한 권 집필해냈으며, 그 책은 전국적인 베스트셀러가 되었다. 『기쁨』이라는 책이었는데, 그는 제목에 대해 '잠재력의 실현으로부터 오는 감정 상태'라고 설명했다.[40] 칼 로저스로부터 영감을 받은 슈츠는 인간은 자신 안에 필요한 모든 기쁨을 가지고 태어나지만 사회가 이를 방해하며, 우리가 진정한 자아를 억압할 때 우리는 이 기쁨을 억압하는 것이라고 생각했다.

이와 함께, 하느님께서 우리 모두를 위한 계획을 세웠으며 그 계획을 좌우하기 위해 우리가 할 수 있는 일은 선한 사람이 되고 자비를 위해 기도하는 것이라는 낡은 기독교 모델을 뒤집는 자기 책임에 대한 극단적인 입장이 나왔다. 이제 하늘이 아니라 자아를 통해 신을 찾게 되었으니, 모든 운명이 같은 곳에서 기원하게 되는 것은 당연한 결과였다. 슈츠에게 병과 사고를 포함하여 우리에게 일어나는 모든 일은 그 고통받는 자가 스스로 초래하는 것이었다. "상황의 희생자라는 것은 없다.[41] 모든 병이나 부상의 원인은 고통받는 자 안에 있으며 환자만이 스스로 치유할 수 있다. 애당초 아프고자 선택한 것은 바로 본인이다"라고 그는 말했다.

슈츠의 만남집단은 일반적으로 프리츠의 게슈탈트 모델처럼 치료사에 의해서가 아니라 집단의 구성원인 동료에 의해서 한 개인이 완전한 진실의 상태로 내몰리게 된다. 하지만 프리츠처럼, 그는 자유롭고 즐겁기 위해서는 사람들이 '진실'되어야 할 필요가 있다는 것을 역설했다. 그의 추종자 중 한 명은 이렇게 말했다. "이 만남집단의 계약에 따라 나는 사람들에 대해 어떻게 느끼는지를 이야기한다.[42] 공손하고 착하고 남을 배려해야 하는 나의 의무를 당분간 제쳐둔다. 이 만남집단의 계약은 익숙한 사회적 계약을 대체한다."

그의 집단이 잔인하고 이상할 수도 있다. '판도라의 상자'라 불리는 과정은 여성들이 자신의 질에 대한 부정적인 감정을 집단에 드러냄으로써 진행된다. 남편과 아내들은 그들의 결혼생활을 파괴할지도 모르는 세 가지 비밀을 자백하라고 지시받았는데, 이 실험은 적어도 한 명의 여성이 자신의 배우자를 피투성이가 되도록 폭행하는 것으로 끝이 났다. 삶에 '억눌리는' 느낌을 호소했던 한 남자는 비명을 지르며 스스로 싸워 빠져나올 때까지 인간 더미에 깔려 있었다. 내성적인 심리학 교사인 아트 로저스는 이 과정을 '지적으로' 만들고 또 충분히 '진실되지' 않았다는 이유로 그의 그룹으로부터 공격을 받았다. 한 여자가 그의 담뱃대를 잡아채고는 박살냈다. 그는 사내들에게 쫓기고 구타당하며 협박을 받았다. 그날 오후 그가 돌아왔을 때, 사람들은 그를 놀리기 시작했다. 어린 시절의 악몽 같았다. '아트! 아트! 아트!' 그는 폭발했고 창문 밖으로 조수를 던져버렸다. 창문은 산산조각이 났다. 그 치료는 성공한 것처럼 보였다. 그리고 만약 아트가 이 경험으로 인해 어떤 식으로든 피해받았다고 느꼈다면, 그건 전적으로 그에게 달려 있었다. "프리츠와 같이 슈츠는 의뢰인에 대해 책임을 지는 것[43]이 인간 잠재력에 대한 배신인 것처럼 들리게 만들었다"고 앤더슨은 전한다.

프리츠와 슈츠는 누구의 만남집단이 더 큰지에 대한 한심하기 짝이 없는 수컷의 관심사에도 불구하고 한동안 평화를 유지했다. 그러나 이 연구소의 전국적인 엄청난 성공은 거대 언론들을 끌어들이기 시작했는데, 언론은 대부분 슈츠에 관심이 있는 듯했다. 놀랍게도 1967년 9월 『타임』에 실린 기사는 프리츠나 게슈탈트를 전혀 언급하지 않았다. 프리츠는 기사에서 지워지기 시작했다. 그는 슈츠의 의뢰인을 '파티광 애송이들'이라고 폄하하고 그의 그룹 모두가 흥에 겨워하고 있는 것 같다고 신랄하게 비평하며 오두막에서 그를 공개적으로 모욕하곤 했다. 다음으로 『뉴욕타임스 매거진』의 한 작가가 슈츠의 워크숍에 참가하기 위해 에설런에 왔다. 그때 『라이프』의 작가도 같은 일을 위해 에설런에 와 있었다. 슈츠는 조니 카슨이 출연하는 「투나잇 쇼」에 사흘 연속 초대손님으로 출연했다.[44] 프리츠를 화나게 할 요량으로 그는 자신이 '에설런의 초대 황제'라고 말했다. 그러나 두 거인 사이에서 고조되고 있었던 반목은 궁극적으로 출혈이 있던 에설런의 영광을 죽음의 단계로 몰아넣을 작은 상처에 불과했다.

그다음은 자살이었다.

진정한 자아는 신과 같다. 우리의 참된 생각과 감정은 '예절'이라는 구태의연한 커튼 뒤에서 억압되어서는 안 된다. 우리는 '진짜가 되어야' 하고 '가짜'인 사람들을 비난해야 한다. 우리 자아는 나름의 정당성을 갖는다. 자아가 원하는 것을 자아는 가져야 한다. 자아가 생각하는 것을 자아는 말해야만 한다. 인간의 '동물적 본성'의 바탕이자 인간 성격의 가장 깊은 층인 인간 본성의 가장 내밀한 핵심은 본질적으로 긍정적이다.

1960년대의 빅서캘리포니아주 해안 지역에서 너무나도 급진적으로 다가왔던 이러한 생각들은 오늘날에 이르러 크게 유행하게 되었다. 문제는 그 생각들이 거짓된 전제를 기반으로 하고 있다는 것이다. 오늘날 많은 전문가가 진정한 자아는 없다고 주장하는 것을 칼 로저스와 에설런의 내면 탐구가들이 알 리 없었다. 우리 모두에게 순수하고 신적인 중심이 있다기보다 우리는 사실 다투고 경쟁하는 자아를 갖고 있으며 그중 일부는 보다시피 꽤나 혐오스럽다. '우리'의 다른 모습은 다른 환경에서 우세하게 나타난다. 이제 흔히 인간 자아는 어떤 '가장 내부적인 핵심'으로 축소될 수 없다는 주장이 나온다. '나'는 하나가 아니라 여러 개다.

어느 화창한 봄날 아침, 나는 브리스틀대의 유명한 발달심리학자 브루스 후드 교수의 사무실을 방문했다. 그가 자아를 '우리 뇌가 이익을 위해 만들어낸 강력한 속임수'라고 칭할 때, 나는 그가 무엇을 말하고자 하는지 알고 싶었다. 사무실에는 낮은 탁자 주변으로 여러 개의 의자가 놓인 작은 공간이 있었는데 그는 그곳에 앉으라고 내게 손짓했다. 내 오른쪽 책장 위에는 수류탄을 쥐고 있는 손, 인간의 두개골, 화려한 수염과 맹렬하게 노려보는 눈빛을 가진 빅토리아 시대의 남자 사진이 있었다. 그의 뒤편 벽에는 '당신의 뇌를 만나보세요'라고 적힌 흰 칠판이 걸려 있었다.

"아주 간단히 말하자면, 자아는 우리에게 일어난 일들을 우리가 이해할 수 있는 방법입니다." 의자에 등을 기대고 다리를 꼰 채 그가 말했다. "인생의 사건들을 의미 있는 이야기로 정리하려면 자아의식이 필요합니다." 그는 영혼이 있다는 생각은 환상이라고 설명했다. 우리는 마법 같은 중심, 순간순간의 삶을 경험할 수 있는 특별한 핵심을 가졌다고 느낀다. 그러나 중심은, 핵심은 없다. 영혼은 없다. 어쩌된 일인지 마치 우리 생각을 우리가 듣고 있는 것처럼 느끼지만, 철학자 줄리언 바지니가 말한 것처럼, "우리 마음은 단지 계속해서 이어지고 계속해서 쌓이는 하나의 인식이나 생각일 뿐이다.[45] 당신이라는 사람은 그러한 생각들과 다르지 않다."

브루스에 따르면, 우리가 안정적인 '진짜' 자아를 가지고 있다는 환상은 우리가 세상과 다른 사람들을 살펴보고 그들이 우리를 어떻게 대하는지를 보는 것으로 시작된다. 이것이 우리가 누구인지에 대한 모델을 형성하는 방법이다. 이 생각은 종종 '거울 자아'라고 불리기도 한다. 브루스는 자신의 저서 『지금까지 알고 있던 내 모습이 모두 가짜라면?』에서 자기 환상의 창시자인 사회학자 찰스 호턴 쿨리가 "나는 내가 생각하는 내가 아니며 당신이 나라고 생각하는 내가 아니다. 나는 내가 생각하기에 당신이 나라고 생각하는 것이다"라고 한 말을 인용했다.[46] 이 환상은 두 살 무렵에 구체화되는 것으로 보인다. "이 시기는 사람들이 자서전적 기억을 가지기 시작하는 때입니다. 그리고 나서 대부분 2~3세쯤 되면 아이들은 다른 아이들과 상호작용하고 경쟁하고 집단에 합류하기 시작합니다. 사회적 교섭에 효과적으로 참여하기 위해서는 자신이 누구인지에 대한 감각과 정체성을 가질 필요가 있으며 그 정체성이란 바로 자아입니다. 나는 여자인가 남자인가? 나는 흑인인가 백인인가? 같은 생물학적 정보뿐만 아니라 나는 누구인가? 나는 어떤 집단에 속하는가? 같은 맥락적 정보 등에 의해서 구성되어야 하죠. 그러고 나면 이러한 정보들을 병합하고 내집단을 형성하게 됩니다. 선입견과 편견이 만들어지기 시작하는 것이죠. 타인이 자신을 어떻게 생각하는지 염려하기 시작합니다. 자아존중감은 자신이 생각하기에 다른 사람이 나를 어떻게 생각하는지를 반영하는 것입니다. 다른 아이들과 더욱 많은 시간을 보내면서 위계질서를 발달시키기 시작하죠." 그가 말했다.

이러한 위계질서와 함께 지위에 대한 강박관념이 생겨나게 된다. "우리는 계속해서 검증하고자 합니다. 우리는 왜 빠른 차를 살까? 우리는 왜 큰 요트를 소유할까? 우리는 왜 진짜로 필요하지 않은 것들을 필요로 할까? 바로 다른 사람들에게 우리 자아의 지위를 알리기 위함이죠." 만약 남들이 나를 고급스럽고 멋지다고 생각한다면 우리의 거울 자아는 이를 스스로 고급스럽고 멋지다는 증거로 해석한다. 우리는 자의식적이다. 우리는 여기의 내가 누구인지를 알고자 외부의 실마리를 이용한다.

그리고 이것은 우리가 죽는 날까지 계속된다. 우리는 모욕을 두려워하고 좋은 평판을 열망한다. "나는 평생토록 자신에 대해 좋은 감정을 느끼고 따돌림당하거나 거절당하거나 평가가 절하되는 것과 같은 부정적인 감정을 피하는 것으로 동기가 부여된다고 생각합니다. 우리는 수입을 얻기 위해 임금을 받습니다. 하지만 일단 기본적인 식량, 주거, 환경적 요구가 충족되고 나면 다른 사람들로부터 검증을 받고자 하는 동기가 생겨납니다. 그리고 물론 이것은 자아존중감에 대한 믿음을 유지해나갈 필요가 있기 때문이죠." 그가 말했다.

진실된 진정성이 부족하다는 것은 우리가 누구이며 우리가 어떻게 행동하느냐가 우리가 어디에 있으며 누구와 함께하는가에 따라서 어느 정도 변하는 경향이 있음을 의미한다. 예를 들어, 우리가 일을 할 때, 우리는 종종 그 일이 된다. 우리는 우리가 생각하기에 모범적인 작가 또는 모범적인 헤지 펀드 매니저 또 모범적인 선생님이 할 법한 행동을 하기 시작한다. 그들의 버릇과 복장, 윤리강령을 흉내내면서 말이다. 아마도 이런 효과에 있어 가장 유명한 작가는 장 폴 사르트르가 아닐까 싶다. 그는 이를 한 웨이터에게서 발견했는데,[47] 사르트르는 그 웨이터가 '불성실하게' 행동했다고 비난했다. 그는 "그의 움직임은 빠르고 주제넘으며 약간 너무 꼼꼼하고 약간 너무 빠르다. 그는 고객에게 살짝 빠른 발걸음으로 다가온다. 그는 좀 지나치게 열정적으로 고개를 숙이며 그의 목소리와 눈은 지나치게 세심하게 고객의 주문에 관심을 보인다. 마침내 그가 돌아오는데, 로봇처럼 부자연스러운 뻣뻣한 발걸음을 흉내내고자 애쓰며 걷고 줄을 타는 곡예사의 무모함으로 쟁반을 나른다"고 썼다.

사르트르는 자신의 외부에 존재하는 웨이터라고 불리는 개념에 장악당하고 사로잡힌 듯한 어떤 개인을 관찰하고 있었다. 이 남자 자신의 목소리와 몸짓, 동작은 서비스에 관한 문화적 개념, 즉 커피와 케이크를 완벽하게 가져오는 사람의 모범에 포섭되었다. 물론 우리 중 많은 이가 이렇게 한다. "식료품상, 재단사, 경매인의 무도舞蹈가 있다"고 사르트르는 썼다. 어떤 의미에서, 그는 이것이 사회가 우리에게 요구하는 것이라고 주장했다. "꿈꾸는 식료품상은 구매자에게 무례하게 군다. 그런 식료품상은 완전한 식료품상이 아니기 때문이다." 그가 말했다.

웨이터에 대한 사르트르의 생각은 1943년에 발표되었지만 오늘날의 사회심리학자들은 여전히 자아가 자신에게 기대되어진다고 믿는 것에 따라 뒤틀리고 변한다는 개념에 관심을 갖는다. 우리는 직장생활의 자아와 가정생활의 자아, 멋진 레스토랑에서의 자아와 길가 식당에서의 자아, 트위터에서의 자아와 페이스북에서의 자아, 배관공으로서의 자아와 시장으로서의 자아, 아침의 자아와 저녁의 자아, 월요일의 자아와 일요일의 자아, 정장을 입은 자아와 잠옷을 입은 자아를 가지고 있다. 폭력배였던 존 프리드모어는 집에서 드라마를 보며 울다가도 어떻게 일하러 가서는 '어떤 이를 기절할 때까지 팰 수 있는지'에 대해 어리둥절해하며 숙고했다. 우리 중 많은 사람이 크리스마스과 같은 가족 행사를 위해 부모님을 찾아뵐 때, 의지와 상관없이 어린 시절로 되돌아가는 것 같다고 투덜댄다. 이는 부모님이 우리를 우리가 어렸을 때와 똑같이 대하기 때문인 듯하다.[48]

일상과 삶을 여행하면서, 우리는 우리가 처한 상황과 주변 유명인들에 의해서 계속해서 변한다. 주변 사람들은 일종의 정신적 틀을 만들고 우리는 그 틀을 확장시킨다. "우리에게 진실성을 갖춘 일관된 자아가 있다는 개념은 다른 사건 속 다른 상황에서는 완전히 다른 방식으로 행동하게 된다는 사실에 의해 약간 훼손됩니다. 이렇게 자아가 여러 개라는 것은 그 자아들이 우리가 점령하고 있는 다양한 사회적 환경이라는 것을 나타내죠." 브루스가 말했다.

심리학자 마크 스나이더 교수가 이끄는 연구팀은 신체적 아름다움이 어떻게 사람들의 행동을 변화시키는지, 그리고 그 행동의 변화가 우리를 어떻게 변화시키는지를 살펴본 대단히 흥미로운 연구에서 이러한 영향의 일부를 조사했다.[49] 51명의 남자가 구내전화를 통해 51명의 여성과 대화를 했다. 남성들에게 여성들의 폴라로이드 사진을 주고는 (가짜 사진이었다) 대화할 상대라고 말했다. 몇몇은 눈에 띄게 매력적인 여성의 사진이었고 다른 사진들은 그렇지 않았다. 대화를 분석한 결과 남성들이 '아름다운 사람은 선한 사람'이라는 문화적 믿음, 즉 오랜 그리스적 사상인 칼로카가시아의 영향하에 여성들과 교제하는 것으로 보인다는 결과가 나타났다. 사진이 가짜임에도 불구하고 대화가 끝나고 남성들은 '예쁜' 여성들이 더 다정하고 호감이 가고 사교적이라고 인식했다. 하지만 이 연구에서 정말 흥미로운 점은 상당수의 '예쁜' 여성이 실제로 더욱 다정하고 호감 있고 사교적인 방식으로 행동하기 시작했다는 것이다. 연구원들에 따르면, "남성들은 미와 선량함의 특징에 대한 틀에 박힌 직관적 지식에 기초하여 이야기를 나눈 상대방에 대한 인상을 만들어냈을 뿐만 아니라 이러한 인상은 일련의 사건을 일으켰고 그 결과 초기의 오류가 있는 영향력이 행동을 확립하는 결과를 낳았다." 다른 연구원들은 사람들이 외로운 사람과 대화하고 있다고 믿고 있을 때, 그 사람들에게는 덜 사교적이고 더욱 적대적으로 행동하는 경향이 있다는 것을 발견했다.[50] 물론 이것은 외로운 사람의 행동을 더욱 나쁜 쪽으로 변화시켜서 불행의 악순환을 만든다.

우리 모습과 행동이 변화한다는 것을 분명히 어느 정도 인식하고 있음에도, 일반적으로 다른 사람들이 그 변화를 지적하거나 변화가 너무 명백해서 무시할 수 없을 때만 우리는 그 변화를 의식한다. 하지만 대부분은 우리 자아가 처해 있는 끊임없이 변화하는 상태를 거의 인식하지 못한다. 우리가 그 상태에 대한 제대로 된 통제권을 가지고 있는 것 같지도 않다. 브루스에 따르면, 정말로 변화하는 것은 우리가 아니라 환경이다.[51] 그리고 대부분 이는 무의식적이다.

또한 우리를 변화시키는 것은 사회적 환경만이 아니다. 심리학자 댄 애리얼리와 조지 뢰벤슈타인은 버클리대 학부생 25명을 대상으로 한 잊을 수 없는 암울한 실험을 통해 다중 본성을 탐구했다.[52] 학생들에게 일련의 부도덕하고 비정상적이고 성적으로 극단적인 상황에서 어떤 식으로 행동할지를 예상해보게 했다. 그들은 항상 콘돔을 사용할까? 그들은 동물과의 접촉을 통해서 성적으로 흥분되는 것을 상상할 수 있을까? 열두 살 소녀에게 매력을 느낀다면 어떨까? 섹스를 할 가능성을 높일 수 있다면 여자에게 약을 먹일까? 처음엔 학생들에게 단순히 질문에 대답하도록 했다. 그러나 다음번에는 포르노를 보고 자위를 하면서, '성적 흥분'이 절정에 이르렀을 때 질문에 답하도록 했다. 결과는 충격적이었다. 흥분했을 때, 동물과의 접촉과 같은 비정상적인 행위를 할 것이라는 예상은 흥분하지 않았을 때보다 거의 두 배나 높았다. 섹스를 하기 위해서라면 부도덕하게 행동할 것이라는 예상은 두 배 이상이었다. 이 연구는 변화하는 자아의 상태에 따라서 도덕적 규범이 근본적으로 달라지게 된다는 것뿐만 아니라, 더욱 충격적이게도 우리가 우리 자신의 행동을 예측하는 데 얼마나 서툰지를 보여줬다. 우리는 한 사람이 아니라 여러 사람이고 인간들은 서로에게 서로가 낯설게 느껴질 수 있다.

다중 본성이 가지고 있는 충격적인 사실은 또한 신경학상에서 발견된다. 신경과학자인 데이비드 이글먼 교수는 우리 뇌가 "여러 선택지를 놓고 저울질하고 경쟁하는 다수의 중복되는 전문가로 구성되어 있다"고 저술했다.[53] 이런 '하위 행위자' 중 하나는 양과의 섹스를 주장할 수도 있고 다른 행위자는 이를 반대할 수도 있다. 이러한 전문가들은 계속해서 싸우며 우리가 이것도 하고 저것도 하도록 만드는데, 결국 우리가 어떻게 행동하느냐는 주어진 순간에 누가 그 싸움에서 이기는가에 좌우된다. 두말하면 잔소리지만, 이 모든 것은 우리의 의식적인 인식 내에서 일어나며 그동안 좌뇌는 우리가 행동을 자유롭게 선택하고 있다고 안심시키며 우리의 모든 행동을 설명하는데, 아마 우리는 자유롭지 않을 것이다.

이 연구들이 시사하는 바는 인본주의적 심리학자들의 근본적인 사상이 완전히 잘못됐다는 것이다. 우리에게는 진정한 핵심이 없고 사회의 억압적인 기대를 없애버림으로써 나타날 수 있는 본질적이고 행복하며 완벽한 버전의 자아도 없다. 사실, 자아는 모듈식이다. 우리는 다수의 경쟁하는 자아로 이루어져 있는데, 그 자아들은 동등하게 '우리'이며 지배권을 갖기 위해 싸운다. 우리가 어디에 있고 무엇을 하고 있는지, 누구와 함께하는지, 우리가 얼마나 흥분했는지에 따라 다른 버전의 자아가 나타난다. 우리가 실제로 누구인지에 대한 우리 감각은 남들이 우리를 어떻게 생각할지에 대한 스스로의 판단에 결정적으로 의존하고 있는 것으로 밝혀졌다. 이는 자살 연구소의 로리가 사회적 완벽주의에 대해 말했던 것을 생각나게 했다. "사람들이 실제로 당신을 어떻게 생각하는지와는 아무 상관이 없다. 이는 당신이 생각하기에 다른 사람들이 기대한다고 생각하는 것이다." 이 거울 자아라는 개념은 우리 모두에게 있는 사회적 완벽주의자를 보여준다. 우리 모두는 다른 사람들의 눈을 들여다보고 그들이 무슨 생각을 하고 있는지 상상함으로써 우리 자신을 판단한다.

그러나 이것은 동시에 만남집단 개념의 끔찍한 위험성을 폭로한다. 만약 특히나 심리적으로 취약한 사람이 '울보' '빌어먹을 놈' 사람을 갖고 노는 개자식' '가짜'라고 부르며 그를 욕하는 사람들에게 둘러싸여 있다면, 그 사람은 그것이 정말로 자신의 모습이라고 쉽게 믿게 될 것이다. 이는 또한 에설런에서 인기를 끌었고 오늘날까지도 여전히 남아 있는 개인적 책임이라는 냉혹한 명목 아래 내재된 잔인성을 드러낸다. 인본주의 심리학자들은 진정한 자아는 실재할 뿐만 아니라 완벽하고 잠재력으로 가득 차 있다고 확신했다. 우리는 두뇌의 오직 10퍼센트만을 사용하기 때문이다! 하지만 우리가 성공에 필요한 모든 힘을 우리 안에 가지고 있다는 것이 사실이라면, 실패는 자연스럽게 우리 잘못이며 오직 우리 잘못이라는 말이 된다. 이는 오늘날의 완벽주의 시대부터 에설런의 윌 슈츠와 프리츠 펄스를 거쳐서 바로 다시 스미스 위글스워스와 메리 베이커 에디와 같은 19세기 미국의 신앙 치료자들과 마음 치료 주창자들로까지 거슬러 올라가는 잔인하고 협소한 사고방식이다. 당신은 그저 간절히 그것을 원하지 않았을 뿐이다. 당신은 그저 믿지 않았을 뿐이다.

무대 조명 뒤로 내가 볼 수 있었던 것은 실루엣 속에 늘어선 얼굴들뿐이었다. 왼쪽 어디선가 폴라의 목소리가 들려왔다. "당신이 느끼는 것을 말해보세요." 이 모든 것을 가능한 한 빨리 끝내는 것이 계획이었다. 나는 눈에 띄지 않을 것이다. 차분하고 효율적이며 흐릿하고 잊어버릴 수 있는. 나는 그녀에게 아무것도 내주지 않을 것이다. 나는 속여낼 것이다. 다른 방법이 없다.

"손에서 땀이 나요." 내가 말했다.

"아니," 그녀가 소리쳤다. "먼저 당신은 자기 자신을 고정시켜둘 눈이 필요합니다." 나는 어둠 속으로 눈을 가늘게 떴다. "나는 당신의 지배 체제가 당신을 얼마나 철저하게 지배하고 있는지를 지적하고 싶네요." 폴라가 말했다. "당신은 거기에 앉아서 몇 명인지는 모르겠으나 많은 사람이 무대에 오르는 것을 보고도, '난 뭘 해야 할지 알아'라고 생각하면서 그냥 벌떡 뛰어올라왔죠. 당신은 잘 듣고 있지 않았던 모양이네요. 하지만 그것은 당신의 지배 체제입니다. 지배 체제의 보호이자 방어죠."

"네," 짜증과 함께 스스로도 이에 놀란 채 말했다. "그래도 여전히 손에서 땀이 나네요. 사실이에요."

"오, 그 부분은 사실이죠." 그녀가 말했다. "그리고 당신이 그걸 내뱉기만 하면 아무런 가치가 없죠."

나는 론이라는 중년의 남성에게 나의 눈을 고정했다. "그렇다면 내가 어떻게 느끼고 있는지를 론에게 말해야 하는 건가요?" 내가 말했다. "심장이 뛰는 게 느껴지네요. 손바닥에서는 땀이 나요."

"좋아요, 천천히." 폴라가 말했다. "먼저, 당신은 질주를 하네요. 그저 론의 눈 속에서 그와 함께하세요. 이제 호흡을 하세요. 당신이 긴장하고 두려워하고 있다는 것을 알아요. 그리고 이 모든 것. 음…… 당신은 뭔가를 하고 있죠. 손에서 어떤 감각이 느껴지나요?"

나는 아래를 내려다봤다. 내 팔은 양옆에서 경직되어 있었고 손가락은 쫙 펼쳐져 있었는데 죽어가는 거미의 다리처럼 구부리라는 지시를 받았다. 그렇게 하는 것은 정말로 이상했다. 맙소사. "손가락이 기어나가려는 것 같아요." 내가 말했다. 신경질적인 웃음소리가 터져 나왔다. "잉글랜드로 돌아가는 길로요."

"당신은 아주 멀리서 오셨군요." 폴라가 말했다. "마음을 추스리기란 쉽지 않죠. 론과 함께 있도록 해요. 손에서 어떤 감각이 느껴진다고요? 땀이 난다고 했나요?"

"네."

"좋아요, 땀 흘리는 것으로 넘어가보죠."

"손가락에서 맥박이 느껴져요."

"그대로 있으세요. 땀 흘리는 것에 집중해서 호흡하세요. 당신 마음이 재잘거리는 것을 눈치채더라도 그저 론의 눈을 계속 들여다보고 땀 흘리는 것에 집중해 호흡하세요. 다른 신체 감각이 느껴지나요?"

"속이 메스꺼워요."

"그런데 그게 어떤 감각인가요?"

"술을 마시던 시절에, 숙취에 시달릴 때가 떠오르네요. 내 배 속에 독이 든 것 같달까."

"그게 이미지예요. 우리가 명명한 이름과 실제 감각 사이의 차이점에 주목하세요. 배 속의 감각을 식별할 수 있을 거예요."

나는 잠시 생각해봤다. "미끄러짐, 이랄까요?"

미끄러짐? 미끄러짐?

"뭐라고요?" 그녀가 말했다.

"어, 미끄러짐이요." 내가 말했다.

"미끄러짐?" 침묵이 흘렀다. "좋아요. 미끄러짐에 집중해서 호흡하세요."

나는 미끄러짐에 집중해서 호흡했다.

"땀이 흥건한 손에 집중해서 호흡해보세요. 손을 고정시키려고 하지 마세요. 그냥 손이 거기에 매달려 있도록 하세요. 미끄러짐에 집중해서 호흡하세요. 좋습니다. 또 어떤 감각이 느껴지나요?"

"내가 앞뒤로 흔들리는 것 같아요. 흔들림이요."

"론의 눈에 머물면서 그저 그 흔들림에 주목하세요. 미끄러짐이 여전히 느껴지나 보세요. 그렇다면, 그것에 집중해 호흡하시고요. 또 어떤 감각이 느껴지죠?"

"저는 그냥……." 내 목소리가 아주 작아졌다. "그냥 완전히 공허해요, 사실은."

"그게 이미지예요. 그리고 이미지가 감각으로 나타난 거죠."

"알겠어요." 나는 매섭게 말했다. 나는 당신이 아주 멍청한 짓을 하고 있다고 생각해. 속으로 생각했다. 제발 이 멍청한 짓 좀 그만둬.

"공허함을 느낀다고 하니 말인데, 공허함이 무엇과 연결되어 있다는 느낌이 드나요?"

"어…… 이게 뭔가와 연결되어 있나요?" 눈을 부시게 하는 흰 조명을 내다봤는데 나는 그 어떤 느낌도 들지 않았다. "당장 제 삶에서 약간 공허함을 느끼지 않나 생각해요." 내가 말했다. "이제 막 마흔이 된 것에서 공허함을 느끼고 내 인생이 꽤나 공허하다고 느껴져요."

"그게 당신이 가지고 있는 자신에 대한 인식이죠. 마흔이 되어 이제껏 무엇을 이루었는가 하고 묻고 있죠. 누가 당신에게 자기 자신을 그런 식으로 판단해볼 필요가 있다고 말한 적이 있나요?"

그러다가, 몇 년 만에 처음으로, 바로 그렇게, 나는 울었다. 나는 이 일이 믿기지 않았다. "그래, 그게 현실이지, 당신에게 다가올 일이지." 폴라가 말했다. "이건 당신의 경험이에요. 호흡하세요."

나는 우느라 말을 하지 못했다. "저는 그냥…… 어…… 저는 그저…… 그냥 확실하진 않은데 저는 정말 좋은 사람이에요."

"힘들죠," 그녀가 말했다. "하지만 그것이 당신 속에 박혀 있는 것이죠. 호흡하세요. 팔에 힘을 푸세요. 눈을 뜨고요. 론을 바라보세요. 독에 대해 이야기해봅시다. 당신은 알코올 중독자였나요?"

"네."

"당신은 불량 청소년이었나요?"

"네."

"당신이 말썽꾸러기였을 거라고 확신해요. 무슨 짓을 했나요?"

"아, 저는 수업을 방해하는 학생이었어요. 관심받길 원하곤 했죠. 그리고 지금은 완전히 변했어요. 어떠한 관심도 받고 싶지 않아요."

"당신은 말썽꾸러기와는 연을 끝내고 싶었어요. 당신은 과거를 지우느라 정신이 없지만 당신은 억압돼 있고 비참하며 자신에게 화가 나 있군요."

"학창 시절에 알게 된 것 같은데요. 제가 좀 성가시게 굴었던 것 같아요. 저는 사람들을 화나게 했어요."

"당신에게 숙제를 내줄게요. 나는 당신이 다시 열네 살의 말썽꾸러기가 되길 원해요. 당신은 그 말썽꾸러기를 밀어냈지만 그는 당신의 상당 부분을 차지하죠. 아주 강한 소년이었어요. 반항적이고요. 두려움과 공포에 의해 지배되는 것을 원치 않았어요. 하지만 당신이 이를 모두 정리하고 착한 소년이 되기로 결심했죠. 하지만 여기 '인생이 잘 안 풀려요. 화가 나요. 난 멍청해요'라고 말하는 당신을 보세요. 그렇게, 착하게 행동하고자 했으나, 아무 의미가 없었죠. 당신은 자신을 부정하려고 했으니까요. 이제 다시 그 아이가 된 것마냥 행동하세요."

나는 멍하니 무대에서 내려왔다. 최악이었다.

그날 저녁, 저녁 식사에 20분 늦게 도착해 무리와 떨어져 있는 자리를 찾아냄으로써 성공적으로 사람들의 주목을 피했다. 에설런에서 쓰인 나의 역사를 생각하며 침대로 살며시 기어오르고는 프리츠의 발기 이야기로 정신을 돌리고자 했다. 몇 시간 후, 나는 여전히 깨어 있었으며 새벽 3시가 되면 떠오르는 불안한 생각들에 취해 있었다. 나는 내일의 과제가 두려웠다. 나는 말썽꾸러기에 관심받기를 좋아했던 과거의 나를 떠올릴 수 없었다. 세월이 흘러 어찌된 일인지 정반대의 사람이 되었다. 나는 지금의 내가 좋다. 혼자 일하고, 혼자 등산하고, 혼자 영화관에 가고, 혼자 식당에서 밥 먹고 혼자 휴가를 간다. '혼자,' 이것이 내가 낡고 무너져 내리는 도로 저 끝의 조용한 오두막집으로, 시골로 이사한 이유다.

내가 알아낸 이 모든 것의 문제는 혼자 있기를 선택할수록 더욱 많은 사람이 당신을 홀로 내버려두고 싶어한다는 것이다. 고독은 당신을 편집증적으로 만든다. 자기 자신과 다른 모든 사람에 대한 최악의 두려움이 당신이 만들어낸 침묵을 채우고 당신을 더욱 두렵고 짜증나게 하며 사람들과 어울리는 것을 싫어하게 만들고, 그럼 당신은 블라인드를 내리고 울리는 전화기를 노려보며 '내가 어떻게 된 거지?' 생각하기에 이른다. 당신은 쯧쯧거리며 눈알을 굴리고 가게 줄에 서서 크게 한숨을 쉬는 사람이 되어 있다. 고독은 자체적으로 자신의 연료를 생산할 수 있으며 점점 더 빠르게 고요 속으로 빠져들게 한다.

그렇지만, 내가 열네 살이었을 때, 나는 다른 무리에 들기를 갈망했다. 나는 토요일 오후에 울워스다국적 유통그룹 할인점 또는 백화점 매장 밖에서 만나자고, 훔친 아마레토아몬드 향을 지닌 이탈리아의 증류주를 마시러 숲에 가자고 끊임없이 친구들을 부추겼다. 친구들이 가끔 싫다고 하면 나는 혼란스러워하곤 했다. 어떻게 밖에 나가고 싶어하지 않을 수 있지? 이렇게 재밌는데! 이렇게 흥미진진한데! 이것이 인생인데! 그 당시 친구도 있었지만 적도 많았다. 적어도 두 번은, 내가 알던 거의 모든 사람이 내게 등을 돌리는 것을 견뎌내야 했다. 나는 야단스럽고 문제를 일으키는 성가신 인간이었다.

어느 토요일 밤 학교 친구들과 함께 영화를 본 후 맥도날드에 갔던 일이 생각났다. 긁는 복권을 나눠주는 행사를 하고 있었는데, 친구 중 한 명이 포스터 하단에 작은 글자로 '구매하지 않아도 됨'이라고 쓰어 있는 것을 발견했다. 계속해서 복권을 달라고 할 수 있고 감자튀김과 밀크셰이크를 끝없이 요구할 수 있다는 의미였다. 이는 환상적이었고 꿈의 허점이었다. 우리는 배를 가득 채우고 손톱은 은빛이 된 채로 테이블 서너 개를 차지하고 둥글게 앉아 있었으며 모두 나를 쳐다보았다. 나는 엉뚱한 농담과 미친 행동들을 하고 있었기에 무척 행복했다. 그리고 내가 우연히 한눈에 반하게 된 한 소녀가 내게 "그냥 좀 가지 그래? 아무도 네가 여기에 있길 원하지 않아"라고 말했다. 나는 '진지하게 하는 말이 아닐 거야' 생각했다. 나는 다른 사람들을 바라봤다. 나는 일어서서 생각했다. '내가 계단을 아주아주 천천히 내려간다면 사람들이 내게 미안해할 거야. 돌아와! 농담이었어!라고 말할걸.' 나는 계단을 아주아주 천천히 내려갔다. 그길로 나는 집에 갔다.

이런 기억을 떠올릴 때면(이런 일은 많이 있다), 실제로 목청에서 어떤 소리가 난다. 나는 신음 소리를 내고 움찔하며 주먹을 꽉 쥐고는 얼어버린다. 이런 일은 길 한복판이나 슈퍼마켓, 어디서나 일어날 수 있다. 나는 그저 멈추어서 경련을 일으키고 소리를 내는데, 마치 수치심이 실제로 내 몸에서 빠져나오는 것 같았다. 과거의 일만이 이렇게 슬그머니 다가와 내 안에서 주먹을 날리는 것은 아니다. 지난주에 일어났던 일일 수도 있다. 이는 자아가 이상적인 모델로부터 너무나 달랐던 때를 기억하면서 생각에 파묻혀 고립되고 실패에 대해 스스로를 벌하는 것 같다.

내가 십대 시절 이후로 변했다는 것은 분명하지만, 돌이켜보면, 이 이상한 일관성과 지속성이 여전히 함께하고 있었다. 영혼과 같이 어떤 일관된 핵심을 가지고 있다는 우리의 느낌이 착각이라는 브루스 후드의 말을 의심했던 것은 아니다. 하지만 어딘가에 무언가가 있다는 생각을 떨칠 수가 없었다. 이는 마치 같은 문제에 다르게 대응하는 다른 버전의 나인 것 같았고 내 마음이 그 문제를 해결하기 위한 여러 방법을 시도하고 있는 것 같았다. 이것은 소란을 피우고 주의를 끌고자 노력했고, 그러고는 술을 마시고 마약을 하려 했으며 이제는 망나니와 고독의 단계에 이르렀다. 아마도 그 일관된 것, 즉 고집스럽게도 변하지 않은 채 남아 있는 듯한 내 자아의 모습이 문제였던 것 같다. 그런데 그게 무엇이었을까?

어, 글쎄, 하지만 나의 좌뇌 해설자는 고든 플렛 교수와의 대화 덕분에 신경증적 완벽주의라는 새로운 이름을 갖게 되었다. 우리는 실제 모습과 되어야 하는 모습 사이에 '심각한 차이'를 갖고 있는 걱정스럽고 불안한 사람들이다. 우리는 스스로에 대해, 그러니까 우리가 어떤 특정한 것에 효율적이지 않다면 전체 자아가 실패했다고 성급하게 일반화해버린다. 그리고 이어서 엄청난 자기혐오가 뒤따른다.

나는 내가 지금 하려는 말이 우리 문화의 어떤 신성한 법칙을 어기는 것 같은 기분이 든다. 이를 인정하는 것은 많은 사람에게서 경멸적인 혐오감을 불러일으키기 쉽다. 하지만 여기 존재한다. 나는 인생의 많은 시간을 자기혐오 속에서 보냈다. 나는 이것이 흔하다고 확신하는데 왜 사람들이 이를 좀더 쉽게 인정하지 않는지 잘 모르겠다. 아마도 (아주 정확하진 않지만) 이것이 자기연민의 수준을 내포하고, 자기연민은 유별나게 매력적이지 않은 자질이기 때문일 것이다. 다른 사람에게서 이를 발견했을 때 느끼는 격한 혐오가 이를 증명한다. 스토리텔링 두뇌는 이를 겪는 자아가 이 난국에 긍정적으로 잘 대처하면서 영웅적으로 행동하길 원한다. 하지만 자아가 그 정반대에 부딪히면 자아는 마치 전염성 있는 어떤 것을 만나기라도 한 듯 본능적으로 반응한다.

그러나 이것은 문제다. 사람들이 자살 충동을 느낄 때 이는 종종 자기혐오의 감정과 함께 오는데, 문화적 금기 때문에 우리는 이것들을 인정하고 싶어하지 않는다. 특히 완벽주의적으로 사고하는 경향이 있고 실패 신호에 대한 민감도가 높다면, 우리는 그 누구에게도 이에 대해 말하고 싶지 않아 한다. 우리가 스스로에 대해 느끼는 방식이 부끄러운 것이다. 우리를 몰아붙이는 침묵 속에서 그 수치심과 자기혐오가 자라난다.

내가 보기에 자기혐오는 우리 뇌의 영웅 만들기 능력에 결함이 생길 때 일어나게 되는 듯하다. 우리가 행복할 때, 우리는 의미 있는 계획을 추구하고 삶과 주변 세계를 더욱 좋게 만들면서 자부심을 느낀다. 우리가 심각하고 많은 개인적인 결함을 가지고 있고 우리 삶은 궁극적으로 무의미하며, 혼돈과 불의 속에 살고 있고 우리와 우리가 사랑하는 모든 이는 결국 죽게 될 거라는 진실로부터 다른 데로 정신을 돌린다. 우리 마음이 정신을 충분히 다른 데로 돌리지 못할 때, 이 모든 것은 매우 가까이 있는 것 같아 보인다. 마치 우리가 고개를 너무 빨리 돌리면 실제로 어둠을 보게 되는 것처럼 때때로 이를 느낄 수 있다. 신호등을 기다리고 아이스크림 집에 줄을 서는 가장 일상적인 순간들에서조차 이 모든 절망은 무거운 숨을 내쉰다.

물론 나는 이와 같은 '허무주의적' 생각이 사춘기적 생각으로 묵살되는 일이 많다는 것을 깨달았다. 하지만 이 또한 말해주고 있지 않은가? 이러한 우울한 진실을 가렸던 장막이 십대 시절에 잠시 걷히게 되고, 우리는 어른들이 가져다주는 설렘과 책임감과 함께 그들의 흥미진진한 이야기 속으로 휩쓸려가게 된다. 청소년기는 유년기의 망상과 성인기의 망상 사이의 틈으로, 인생의 한 단계의 과제가 붕괴되고 다음 단계가 아직 나타나지 않은 때다. 그리고 그 틈새에서 스토리텔링 두뇌는 공포감을 얼핏 엿보고는 이 공포로부터 우리를 지켜내고자 매우 열심히 일하게 된다. 나는 내 스토리텔링 두뇌가 더 열심히 일했으면 한다. 나는 그 망상을 좀더 원한다.

아마도 한결같이 남아 있는 것은 신경질적 완벽주의의 바탕이 되는 낮은 자존감일 것이다. 고독을 열망하는 나의 성인기는 내가 십대 시절 소란을 피웠던 것과 같이, 오늘날 낮은 자존감에 대한 내 응답이다. 이것을 어떻게 고쳐야 할지 알고 싶다. 높은 자존감에 대해 생각할 때면, 나는 언덕 꼭대기의 황금빛 도시를 상상한다. 나는 수년간 그곳에

닿기 위해 노력해왔는데, 솔직히 말해서 내가 내일 하게 될 헛소리들이 큰 도움이 될지 의심쩍었다. 이는 도전이 될 것이었다. "당신은 자신을 부정하고자 했으니까요." 전에 폴라가 내가 말했다. 그 점에서는 그녀가 옳았다. 한때 나였던, 사람들과 어울리기를 좋아하는 시끄러운 젊은이를 발견하는 것은 새로운 굴욕에 나 자신을 노출시킨다는 것만을 의미하는 게 아니었다. 사람들 틈에서 그렇게 행동하게 될 것임을 의미했다.

이튿날 아침, 그 일은 바로 시작됐다. 프리츠 펄스의 게슈탈트 방식에 따라, 폴라는 우리 대다수에게 완전히 또 기탄없이 우리가 가장 두려워했던 자신의 모습이 되라고 지시했다. 한 여자는 권위주의적 경찰관이 되어야 했으며 거울 같은 선글라스를 쓰고 연구소를 배회하면서 으르렁거리고 명령을 내리며 윽박질렀다. 또 다른 여자는 어두운 선글라스를 쓰고 머리에는 붕대를 두르고 벙어리인 채로 눈에 띄지 않게 떠다녀야 했다. 한 삼십대 남자는 베트남전 참전용사이자 세 살이었던 자신에게 총을 겨누었던 변덕스러운 자신의 아버지가 되어야 했다. 그는 소리를 지르고 사람들을 방해하면서 시간을 보냈다. ("부엉이? 난 부엉이가 더럽게 싫어.") 세탁 구역에 있는 정리함 속에서 나는 찢어지고 오래된 메탈리카 티셔츠를 발견했다. 멀리서 경찰관이 나를 지켜보고 있었다.

"그걸 당장 입도록, 이 망할 놈아." 그녀가 으르렁댔다. 그녀는 쫙 편 손바닥에 46센티미터짜리 경찰봉을 내려치고 있었다. 나는 그녀가 말한 대로 했다. 나는 밖에 있는 큰 세탁물 카트를 보았다. 이걸 보고 어떤 생각이 떠올랐다.

"경찰관님, 제가 이 카트에 경찰관님을 태워서 텐트로 모셔다드려도 될까요?"

그녀는 기뻐하며 웃었다. "물론이지!"

그녀가 카트에 뛰어들었고 나는 언덕 아래로 카트를 밀기 시작했다. 중력 때문에 우리는 점점 더 빠르게 달리고 햇볕에 그을린 아스팔트에 부딪히고는 낄낄거렸는데, 나는 갑자기 즐겁고 바보 같으며 삶의 원기가 왕성해지는 느낌이 들었다. 내가 완전히 다시 열네 살로 돌아가다니 놀라웠다. 우리가 텐트에 도착했을 때, 나는 카트를 주차하고 그녀가 카트에서 나오는 것을 도왔다. 곁눈질로, 나는 염소 같아 보이는 것을 발견했다. 나는 그것에 미칠 듯이 기뻐서 "좋았어!"라고 말했다. 40초 후, 나는 다른 사람들의 환호를 받으며 염소를 풀어주었고 작은 과일밭으로 염소를 몰고 있었다. 그곳에서 나는 맛있는 유기농 딸기를 훔쳐 염소와 딸기 만찬을 함께 나눌 계획이었다.

"실례합니다만!" 목소리가 들려왔다. "이봐, 이봐요! 지금 당장 그 염소를 데려오세요."

나는 돌아봤다. 염소 여인의 눈 속에는 나 또한 어린 시절부터 알고 있던 눈빛이 드리워졌다. "그건 아이들을 위한 거예요." 그녀가 격노하여 실망한 듯한 모습으로 말했다.

"미안합니다." 내가 말했다. "정말 미안해요."

나는 찢어진 티셔츠를 입고 우스꽝스러운 기분으로 다시 염소에게 천천히 되돌아갔다. 나는 열네 살짜리 아이가 이 상황에서 정확히 어떻게 행동할지를 알았다. 그는 "젠장"이라고 말했을 것이다. 이튿날 우리는 폴라로부터 다음 과정으로 넘어가라는 지시를 받았다. 내 차례가 되었을 때, 나는 조명 아래서 눈을 깜빡이며 무대 위를 이리저리 돌아다녔다.

"몇몇 사람은 당신이 과제를 그만두었다고 생각했습니다." 그녀가 말했다.

"저는 염소 한 마리를 훔쳤어요!" 나는 맥없이 이의를 제기했다.

청중으로부터 한목소리가 들렸다. "윌이 자신이 할 수 있는 가장 건방진 일은 과제를 하지 않는 것이라고 내게 말했어요!"

이는 사실이었다. 폴라는 슬픈 눈으로 나를 살폈다. "당신이 그저 동굴로 다시 돌아가기 위해서 여기까지 왔다고 생각하는 것은 끔찍할 거예요." 그녀가 말했다. "뭐가 두려운 거죠? 사람들을 알아가는 것? 뭐가 두려운 건가요?"

"나이가 들수록 더 심술궂게 되네요. 모르겠어요…… 저는 그냥 사람들과 잘 지내지 못해요. 왜인지는 몰라요."

"그럼, 이걸 과제로 하는 것은 어떨까요? 사람들과 어울리지 못하는 남자."

"얼간이가 되라고요?"

"얼간이가 되라고요."

텐트를 나오는 길에 오십대 후반쯤 돼 보이는 몸집이 큰 여자를 지나쳤는데, 그의 과제는 동굴 속 여인이 되는 것이었다. 그녀는 투덜대며 끙끙거리면서 나무에 앉아 낮은 나뭇가지에 웅크려 있었으며 누더기를 묶어 만든 조잡한 옷 밖으로 왼쪽 가슴이 삐져나와 있었다. 내가 과제를 하지 않는다고 일러바친 그 여자였다. 그녀는 땅으로 뛰어내려 화단에 쪼그려 앉아 소변을 보기 시작했는데 어두운 물웅덩이가 물결치더니 흙 속으로 가라앉았다. 나는 지금이 내가 나서야 할 순간임을 깨달았다.

"젠장할, 도대체 무슨 짓이야?"

"그르프흐흐, 흐그." 그녀가 말했다.

"당신, 역겨워." 내가 그녀에게 말했다.

"흐르르르, 흐흐흐."

"당신 지금 자기 얼굴에 먹칠하는 거라고. 알겠어?"

"그르르흐, 흐슈스."

나는 그녀의 얼굴 바로 위로 몸을 숙였다.

"옷 좀 입고 겨드랑이 털이나 깎아. 그리고 빌어먹을, 철 좀 들어."

"그르프쉬그, 흐그흐그."

이것이 내가 가장 두려워했던 나였다. 그는 외로운 남자, 화난 남자, 괴짜였다. 그는 개자식이었다. 그리고 그 순간, 끔찍한 깨달음을 얻었다. 나는 그 개자식이 되는 것을 정말 좋아했다. 나는 이를 멈추고 싶다고 생각한 적이 한 번도 없었다.

1970년대 초 에설런 연구소는 미국 중산층에게 에설런의 정신을 성공적으로 주입하고 있었다. 전국에 걸쳐 거의 100개에 이르는 소위 '작은 에설런'이라고 불리는, 사실상 에설런과 전혀 상관없는 기관들이 설립되었으며[54] 에설런의 업적은 스탠퍼드, 하버드, 버클리, UCLA와 같은 몇몇 가장 명망 있는 학문의 전당에서 진지하게 논의되었다.[55] 전국 수천 명의 정신과의사,[56] 사회복지사, 임상심리학자들은 그들이 배운 것을 바탕으로 개업을 하고자 미국 전역을 돌아다니기 전에, 진정한 자아를 찾기 위해 에설런을 찾아왔다. 에설런은 샌프란시스코에 전초기지를 열었는데, 이곳은 첫 두 달 동안 만 명[57]을 받아들인 것으로 알려졌다. 슈츠는 스타였다. 불행히도 엉덩이를 맞았던 내털리 우드가 출연한

흥행 영화 「파트너 체인지」는 캘리포니아의 자기 변화의 온수 욕조를 풍자했다.('진실은 언제나 아름답다!') 특권층인 중산층의 오락성 요가의 발견, 한때 기독교적이었던 내면을 정화시키고 마음에 평화를 불러오는 마사지와 명상의 발견, 진정성과 기氣에 대한 수다, 진지한 대인관계 단절 그리고 '당신의 에너지를 사랑해요' '기꺼이 고통에 빠져라' '당신을 듣습니다' '진짜가 되어라'와 같은 에설런의 구절들. 이런 것들이 이제 전국적으로 쏟아져 들어오고 있었다. 이 빅서의 절벽은 거대한 가마솥이었다.

그러나 연구소 그 자체에서, 많은 것이 변하고 있었다. 언론에서, 설립자 머피와 프라이스는 에설런의 특징인 카타르시스와 급진적 변화라는 전제를 중요치 않게 여기기 시작했다.[58] 에설런의 몇몇 가장 광폭한 장면들을 볼 수 있는 장기 합숙 과정은 중단되었다. "그것이 중단된 데는 여러 이유가 있지만, 가장 압도적인 건 그 과정에서 결국 많은 사람이 자살했기 때문인 것 같다"고 앤더슨은 발표했다.[59] 그 죽음들은 에설런과 관련이 있기도 하고 없기도 했다. 에설런에게 직접적인 책임을 돌릴 수는 없지만, 그럼에도 이는 골칫거리였다. 1968년, 프리츠의 환자이자 애인이었던 마르시아 프라이스가 구내에 주차된 폴크스바겐 캠핑카에서 스스로 머리에 소총을 발사해 죽은 채로 발견되었다. 그녀의 죽음 이후, 프리츠가 자살하라며 그녀를 조롱했던 게슈탈트 치료 과정 영상이 공개되었다. 프리츠에 의해 조롱당한 또 다른 병약했던 여성은 주디스 골드라는 심리학자였다. 그녀는 자살 충동을 느꼈다고 고백했으며 증인 재클린 도일에 따르면 "프리츠에 의해 그녀는 공개적으로 모욕당하고 조롱당했다." 그녀는 '미쳐서' 집단을 떠났다.

이튿날 아침, 주디스 골드는 욕조에서 익사했다. 당시 그 집단 안에서는 '모두가 이로 인해 완전히 놀라서 겁을 먹었으며 프리츠에 대해 극히 혼란스러운 감정을 갖게 되었다.' "프리츠는 무척 무뚝뚝하고 냉담했으며, 어떠한 슬픔도 표현하지 않았다. 그저 '에휴, 사람들 장난을 치는구먼'이라 말하는 게 그의 방식이었다"라고 증인이 전했다. 1970년에 선샤인이라는 이름의 참석자가 헛간에서 총으로 자살을 했다. 또한 4개월의 장기 합숙 과정에 참석하기 이전에 『하버드 크림슨』에 몇 차례 에설런에 대한 기사를 쓴 적이 있었던 하버드대 졸업생 닉 가가린은 자신의 아버지 집에서 총으로 자살했다. 그 프로그램의 또 다른 전 참가자인 지니 버틀러는 태평양에 몸을 던진 것으로 보인다. 그녀의 옷이 절벽 끝에서 발견되었다. 슈츠의 그룹에서 쫓기고 공격당한 수줍은 심리학자 아트 로저스 또한 자살을 시도했다. 그리고 이에 결정적인 쐐기를 박는 사건이 일어났다. 기타를 팅기며 악마의 등장을 예언하는 찰스 맨슨이 이 세상에 자신의 이름을 알린 대량 살인을 저지르기 불과 사흘 전, 몇 곡 연주를 하기 위해 에설런에 들렀던 것이다. 그 사건은 사람들에게 1960년대의 정신적 종말로 기억되었다.

에설런의 만남집단 치료에서 완벽하고 진정한 자아를 실제로 발견할 수 없다는 것만이 에설런 모델의 유일한 결점은 아니었다. 그보다 훨씬 더 위험한 사실은 칼 로저스, 프리츠 펄스, 윌 슈츠가 자신도 모르게 만들어낸 것은 어떤 완벽한 환경이었고, 그 환경은 어떤 고뇌를 만들어냈으며 그 고뇌가 정확히 무엇인지 당시 잘 파악되지 않았다는 것이다. '사회적 고통'이라고 알려진 것을 과학자들이 제대로 이해하기 시작한 것은 최근 몇 년의 일이며 이 사회적 고통은 거부와 배척으로 인해 생겨나게 된다. 이에 대한 연구는 우리 모두에게 공통적으로 나타나는 인간 자아의 새로운 모습을 밝혀냈다.

심리학자 킵 윌리엄스 교수는 어느 날 오후 소풍 중에 잊지 못할 사회적 고통을 경험했는데, 알고 보니 이는 매우 필연적인 것이었다. 그는 아이오와주 디모인의 한 공공 호수 근처에서 그의 개 미셸롭과 함께 휴식을 취하고 있었는데 그들 뒤로 프리스비플라스틱으로 만든 원반가 떨어졌다. 킵은 누군가가 프리스비를 던져주기를 기다리고 있는 두 남자를 올려다보았다. "그래서 나는 일어나서 그들에게 프리스비를 던져주었습니다." 그가 내게 말했다. "그리고 나는 다시 앉을 참이었는데 놀랍게도 그들이 다시 프리스비를 나에게 던졌어요. 그리고 우리는 서로에게 프리스비를 던지기 시작했죠." 경기는 한동안 즐겁게 계속됐다. 그러나 곧 당연하면서도 끔찍한 일이 일어났다. "그들은 프리스비 던지기를 그만뒀어요." 그가 말했다. "그 어떤 말도 하지 않았죠. 그들은 나를 보지 않고 그저 서로를 바라보기 시작했어요." 킵은 끔찍한 기분으로 미셸롭 앞에 서 있을 뿐이었다. "나는 별것 아닌 이 배척의 경험이 어쩌나 강력한지 스스로 놀랐습니다. 본능적인 방식으로 이를 느꼈어요. 직감적으로. 상처받았어요."

그 남자들은 킵이 따돌림을 연구하는 방법을 모색해온 사회과학자라는 사실을 몰랐다. 그들은 그에게 놀라운 아이디어를 주었다. 그는 실험실에서 그 상황을 재현하기로 했다. 그는 낯선 두 사람의 공놀이에 한 사람이 끼어들어 놀다가 갑자기 상황이 얼어붙기 전까지 어떤 일이 일어나게 되는지를 기록했다. "이는 사람들에게 엄청난 영향을 미쳤어요." 그가 내게 말했다. "그것은 사람들의 자존심, 환경에 대한 통제력과 우리가 '의미 있는 존재'라고 부르는 것, 즉 누군가가 자신을 알아본다고 느끼는지 또는 그렇지 않다고 느끼는지에 영향을 미쳤어요. 또한 사람들의 분노와 슬픔에도 영향을 미쳤어요." 킵은 한쪽 방향에서만 투명하게 보이는 거울을 통해 이러한 실험들을 관찰했다. "분노와 슬픔이 너무나도 강력해서 지켜보기가 힘들 정도였어요." 그가 말했다.

이 모든 것은 '명성은 결코 나를 해칠 수 없다'는 통속적인 진리와 달랐다. 명성은 그럴 수 있고 그렇게 한다. "사람들은 사회적 고통이 '머릿속에 있을 뿐'이라고 말하는데, 정말로 그렇습니다. 육체적 고통과 사회적 고통 둘 다 머릿속에 저장되기 때문이죠." 킵이 말했다. (사실 일부 연구자들은 두 고통이 실제로 같은 뇌 연결망을 사용한다고 생각하지만, 이 책 집필 당시에는 중복되는 정도에 있어서 학계에서 분쟁이 있었다.) 그리고 사회적 고통도 마찬가지로 고통스러울 수 있다. "때때로 우리는 관계의 파탄을 겪을 바에야 차라리 육체적 고통을 선호합니다. 우리는 그런 고통이 신체적으로 느껴지고 마치 몸이 아픈 것 같다고 익히 들어왔습니다." 이탈리아 국제대학원대학교의 조르지아 실라니 박사가 내게 말했다. 그녀의 연구팀은 따돌림을 당하는 캐치볼 선수의 뇌를 스캔하는 일련의 연구를 진행했다. 그런데 이번에는 육체적·사회적 고통을 비교해 보기 위해서 선수들에게 전기 충격을 줬다. "우리는 사회적 고통이 육체적 고통만큼이나 강력하게 느껴질 수 있다는 것을 알게 되었습니다." 그녀가 말했다.

사회적 고통에는 당혹, 배신, 사별, 모욕, 집단이나 개인에 의한 따돌림, 외로움, 비통과 같이 다양한 종류가 있다. 이들의 공통점은 '거절'이다. 배척은 자아에 대한 가중 폭행이며 때로는 '정신적 죽음'으로 묘사되기도 한다. (성 베네딕트가 '인두로 낙인을 지져 제명하는 것'을 계율을 따르지 않는 수도승들에 대한 최후의 처벌로 삼은 것엔 다 이유가 있다.) 우리가 이러한 고통을 경험하도록 진화해온 이유는 우리가 취약한 부족 내에서 이 지구를 배회했던 때로 거슬러 올라간다. "그 부족은 당신에게 보호와 식량, 물을 제공해줍니다. 사냥하기 위해서는 아마 5~6명의 사람이 필요할 테죠. 혼자서는 할 수 없습니다." 조르지아가 말했다. 그 당시 집단으로부터 거절당한다는 것은 아마 정말로 죽음을 의미했을 것이다.

이것이 사회적 고통이 발달하게 된 이유일 것이다. 사회생활에서 무언가 잘못되었으며 긴급한 조치를 취할 필요가 있다고 알려주는 경보 장치. 이런 점에서, 말하자면 벌어진 상처를 만지지 말라고 또는 부러진 발목으로 걷지 말라고 말해주는 경보 장치 역할을 하는 신체적 고통과 다를 바 없다. 고통은 정보다. "신체적 고통을 경험하는 능력 없이 태어나는 사람들이 있다. 그들은 일반적으로 이십대 중반쯤에 죽는다"고 킵이 말했다. 오늘날, 과학자들은 '인간 기계'에게 사회적 고립은 정말 해로운데, 이는 흡연으로 인한 사망 위험도와 맞먹는 수준이라고 본다.[60]

그러나 사회적 고통은 우리에게 단순한 경보 그 이상이다. 우리는 또한 다른 누군가가 따돌림당하는 것을 볼 때 이를 경험한다. 조르지아는 다른 사람들이 배척당하는 것을 지켜본 사람들의 반응을 조사하는 일련의 연구를 진행했다. "본인이 고통을 겪을 때 활성화되는 영역이 재활성화되는 것을 발견했어요. 그러므로 다른 사람에게 일어나는 일을 지켜보는 것은 자신이 그 일을 경험하는 것만큼이나 고통스럽죠." 그녀가 말했다. 우리는 이를 때때로 '공감'이라고 부른다. 부족의 삶을 이어나가기 위해서는 다른 이들에게 못되게 구는 사람들을 처벌할 동기가 부여되어야 하기 때문에 다른 사람들의 고통을 자신의 일처럼 느낀다는 주장도 있다. "사회적 환경 속에서 불공정함을 목격한다면, 그런 일이 되풀이되지 않도록 사람들은 그 행동을 처벌하고자 할 것"이라고 그녀는 말했다.

그러나 우리는 아무에게나 공감하지 않는다. 버지니아대 제임스 쿤 교수는 우리가 우리의 내집단 구성원에 한해서만 공감을 하는 경향이 있다고 제시한다.[61] 기능자기공명영상스캐너 속의 참가자가 한 친구가 곧 전기 충격을 받을 것이라고 믿었을 때, 조르지아의 실험과 마찬가지로, 일반적으로 위협 반응에 관여하는 뇌의 영역이 더욱 활성화되었다고 그의 연구팀은 보고했다. 하지만 낯선 사람에 대해서는 최소한의 활동만이 관찰되었다.

중국 선전대의 연구원들이 실시한 다른 연구[62]는 우리가 자신보다 더 높은 지위에 있다고 생각하는 사람들에게는 공감하기 어려워한다는 것을 보여준다. 정치인, CEO, 유명인사들에게는 굉장히 못되고 불공평하게 굴어도 괜찮다고 느낀다는 사실에서 이러한 점이 명백히 나타나는데, 결국 그들도 우리와 다름없는 인간이다.

일단 도덕적 분노가 촉발되면 우리는 복수심에 불타게 된다. 항상 그래왔듯 우리는 따돌림을 공격 무기로서 사용해왔고 이는 오늘날까지도 마찬가지다. 사회적 고통의 과학은 때로 이것이 신체의 다양한 고통 못지않게 잔인하다는 것을 시사한다. "인류학자들은 배척에 대한 두려움이 사람들로 하여금 규칙을 지키도록 하기 때문에, 배척이 문명의 토대라고 생각합니다. 하지만 너무 지나치면 모든 이를 서로 너무 비슷해지게 만들어 다양성과 창의성을 해칩니다. 사람들이 너무 심한 정도로 다른 사람들과 잘 어울리기를 바라게 되어 그 어떤 독특함도 표현하지 못하게 됩니다." 킵이 말했다. 오늘날 문화에서 이러한 영향은 소셜 미디어, 신문, 대학 캠퍼스에서 쉽게 찾아볼 수 있다. "우리는 이를 좌파와 우파, 양쪽 모두에서 볼 수 있습니다. 순응해야 한다는 강한 압력이 있으며 뜻을 같이하지 않는 사람들을 못살게 굴거나 따돌려야 한다는 즉각적인 반응이 있습니다." 그가 말했다.

사회적 고통의 과학은 개인주의의 핵심에 있는 어두운 오류를 드러내기 시작했다. 심리학자 조너선 하이트 교수는 우리가 틀에 박힌 고독한 유인원이 아니라 사회성이 매우 높은 종이라며, 우리를 '10퍼센트의 벌'이라고 부른다.[63] 우리는 개인주의 문화의 상징인 카우보이처럼 평원에 홀로 있는 것이 아니라 공동체 속에서 번성하도록 진화했다. 그러나 그리스의 문화적 조상들이 사람을 포함하여 이 세상이 개별적인 물체로 구성되어 있다고 결론을 내렸을 때, 그들은 부지불식간에 자연스러운 상호 연결감에서 시선을 거두었다. 미국의 자아는 이것을 가져와 개인의 힘을 엄청나게 강조했다. 자아는 영웅의 모습을 타고났으며, 이제 당신은 이미 당신 안에 있는 그 영웅주의에 부응하지 못한다면 실패자로 분류된다. 완벽주의의 시대가 다가오고 있었다.

그 이튿날, 텐트로 걸어 나가면서 나는 내 몸의 상반신 전체가 전기로 이루어져 있는 듯한 느낌을 받았다. 위험한 틈 사이로 최악의 히피 네 명이 입구 쪽 좌석에서 기다리고 있는 것을 볼 수 있었다.

"어이, 위이이일!" 그들 중 한 명이 손을 활짝 펴 반원을 그리며 흔들면서 말했다.

"엿 먹어." 그녀 옆에 앉으며 내가 말했다.

"아름다운 아침이야."

"이 거지 같은 천국에서의 또 다른 하루지."

그녀는 나를 향해 싱긋 웃었다. "너는 우리를 속이지 않을 거지, 친구. 너는 사람들을 속이지 않잖아."

"나는 사람들을 속이려 하지 않지."

"그렇다면, 윌, 너는 우리에게 말해줘야 해. 우리는 내내 그 얘기를 하고 있었어. 너는 왜 사람들이 너를 좋아하지 않는다고 생각해?" 내 왼쪽에 서 있던 여자가 말했다. "너는 착하고 재밌어. 그걸 숨길 수 없지. 여기 있는 모든 사람이 너를 좋아해."

"글쎄, 나는 네가 싫은데."

그녀는 웃기 시작했다. "지금 너 재밌다."

"아니, 난 정말로 너 싫어해."

그녀는 내 눈을 바라보더니 미소 지었다. 그러고는 손을 뻗어 내 어깨를 쓰다듬었다. 그들이 정직하든 정직하지 않든 나는 그들을 이해할 수 없었다. 어쨌든 그들은 좋은 사람들 같아 보였다. 나는 바닥을 응시했다. 목이 부은 것 같았다.

텐트 안에서 폴라는 우리의 마지막 임무를 발표했다. 우리는 소그룹으로 나뉘어 무대에서 공연할 토막극을 쓰고 리허설을 해야 했다. 이는 내 '얼간이 되기' 과제의 끝을 의미했다. 그래서 나는 기뻤다. 처음에는 비판이나 비난에 대한 두려움 없이 마침내 내가 생각하는 것을 말할 수 있다는 것이 기쁘게 느껴졌다. 완전한 게슈탈트 방식으로 재수없는 내가 되어 살았던 것은 재미있었다. 그리고 이는 놀랄 만큼 치료에 효과가 있었다. 내가 그렇게 싫어하는 그 사람이 되는 것을 허락받고 나니 어쩐지 그는 힘을 잃었다. 내가 그토록 두려워했던 내 모습은 금방 스스로 꺼져버리는 그저 많은 바람과 모욕으로밖에 보이지 않았다.

나는 그에게 나를 장악할 기회를 주었는데 그는 실패했다. 그뿐만 아니라 자아의 과학에 대한 나의 새로운 이해는 그가 '진짜 나'가 될 수 없다는 것을 말해주었다. 그런 것은 없기 때문이다. 내 안에 변하지 않는 요소는 분명 낮은 자존감이었다. 나는 그저 조금 더 열심히 노력하면 됐다. 그게 다였다. 그리고 이런 사람들에게 내 마음을 여는 것으로부터 시작할 수 있었다.

그날 저녁, 나는 공연팀 사람들과 저녁 식사를 하기 위해 자리에 앉았다. 우리는 그 유명한 더 맥스가 무대 위의 연극 장기자랑을 절정으로 하는 것을 알게 되고 나서 느낀 약간의 실망감에 대해 토론했다. "그녀가 이 일을 30년 넘게 해왔다고 알고 있어." 그들 중 한 명이 말했다. "하지만 나는 우리가 더 나아가고 변화될 줄 알았는데 말이야. 그렇다면, 바로 연극 상연 때 그 변화가 일어나겠지." 그녀는 글루텐이 들어가지 않은 시금치 파이를 한 입 먹었다. "아마 그녀에게서 벗어나면 변화가 찾아오겠지, 제기랄." 나는 웃음을 터뜨렸고, 다른 사람들도 마찬가지였다. 나는 내가 같은 과정을 수강하는 사람들에게 완전히 둘러싸여 있다는 것을 알았다. 나는 그들과 함께 있는 것이 매우 행복했다. 떠나고 싶지 않았다. 이튿날 하루 반나절 동안 함께 극을 쓰고 리허설을 하고 형편없는 촌극을 공연하면서, 내가 어릴 때 이후로 그렇게 많이, 그렇게 자유롭게 웃어본 적이 없다고 감히 말할 수 있다. 태양이 빛났으며 파도가 부서졌다. 마법과도 같았다.

떠나는 날 아침, 나는 다음 손님을 위해 청소를 할 수 있도록 침대를 정돈하고 약속한 시간에 방을 비웠다. 가방은 무거웠고 시간이 네 시간이나 떠서 가방을 맡겨두려고 프런트로 갔다.

"버스가 올 때까지 가방을 여기에 좀 두어도 될까요?" 나는 카운터에 있는 매력적인 갈색 눈을 가진 청년에게 물었다. 그는 아주 행복한 표정으로 나를 바라보았다. "우리는 그런 책임을 지지 않아요."

"그렇죠," 내가 말했다. "그래요."

나는 절벽과 바다가 내려다보이는 완벽한 잔디밭으로 가방을 끌며 몸을 이끌었다. 드디어 떠날 때가 되었을 때, 나는 수영장 쪽에서 「흔들리는 마차Swing Low, Sweet Chariot」를 부르는 시끌벅적한 젊은이 무리를 보았다. 남자들은 머리가 길었고 윗도리를 벗고 있었으며 브래지어를 입지 않은 여자들은 팔을 들어 춤을 추고 얼굴을 태양을 향해 치켜들고 있었다. 작은 북이 있었다. 그들이 잠깐 이야기하는 것을 듣고 나는 그들 중 한 명이 꽃이라고 불리는 것을 알게 됐다. 기쁘고 다행이게도, 나는 줄곧 내 머릿속에 존재하던 이 즐거운 젊은이들을 비난하고 저주하는 중년 남성의 목소리가 사라진 것을 알았다. 나는 웃지 않을 수 없었다. 에설런이 효과가 있었던 건지 모르겠다. 정말로 내가 변한 것일 수도 있다. 그러다가 자리를 박차고 일어나면서, 나는 예고도 없이 내가 '빌어먹을 바보들'이라고 중얼거리는 것을 들었다.

1970년, 그가 죽음에 이르기 전 몇 달간, 인본주의 심리학자 에이브러햄 매슬로는 그가 남긴 유산에 대해 걱정하기 시작했다.[64] 그는 에설런과 '에설런의 전체 사슬'에 대한 비평을 쓸 준비를 하고 있었다. 그가 관심을 갖게 된 문제 중 하나는 자존감이었다. 매슬로는 '욕구 위계'로 유명했는데, 이는 사람들이 특정한 심리적 욕구를 충족하고자 동기 부여된다는 이론으로, 엄청난 영향력을 미쳤다. 그는 욕구 피라미드의 꼭대기는 '자아실현'이며, 여기에 이르는 것은 매우 어렵고 소수의 사람만이 도달할 수 있다고 생각했다. 그러나 바로 그 밑에는 '자아존중'이 있었다. 매슬로는 걱정될 정도로 높은 자존감을 가진 사람들을 대상으로 몇 가지 실험을 했던 것으로 보인다. "나의 우월감 실험, 즉 자존감 실험의 고득점자들은 실험자와의 약속에 늦는 경향이 있으며 덜 공손하고 더 무심하고 과격하고 잘난 체하며 긴장, 불안, 걱정이 덜하다. 그들은 담배를 권하면 더욱 쉽게 받아들이는 경향이 있으며 권유나 초대를 받지 않았어도 매우 편안하게 느끼는 경향이 있다."

만년에 뭔가 미심쩍은 장소를 찾아온 인간 잠재력의 권위자가 그뿐은 아니었다. 로저스의 서부 행동과학연구소의 수석 연구원인 윌리엄 콜슨 박사에 따르면, "칼은 캘리포니아에서 몇 해를 보낸 뒤, 일할 생각도 능력도 없이 우리 문 앞에 도착하는 포부에 가득 찬 자들에게 너무 싫증이 난 나머지[65] 편지를 보냈다. 그는 '제발 자존감을 줄이고 자제력을 더 키워'라고 썼다."

1973년 12월,[66] 에설런은 샌프란시스코에서 '정신적·치료적 압제: 기꺼이 항복하고자 하는 마음'이라는 컨퍼런스를 주최했다. 에설런의 공동 설립자인 마이클 머피는 두 가지 이유로 점점 더 골치를 앓고 있었다. 하나는 일부에서 커져가고 있던 추종적, 권위자 숭배적인 측면 때문이었고, 또 하나는 2주에 걸쳐 개최되며 에설런 스타일의 인간 잠재력 사고와 초기 미국의 역사에 있어서 더욱 친숙했던 영업 세미나 형식을 결합한 EST와 같은 자기 변화 워크숍의 새로운 상업화된 형태 때문이었다. EST는 에설런 졸업생이자 칼 로저스와 에이브러햄 매슬로의 제자인 베르너 에르하르트에 의해 1971년에 만들어졌다. 그는 또한 그가 참석하곤 했던 데일 카네기 강좌의 팬이기도 했다. 트루엣은 에르하르트가 "에설런이 전혀 하지 않았거나 시도조차 않았던 방식으로 인간 잠재력 운동을 미국화했다"고 말했다.[67] 이는 즉각적인 성공을 거두었다. 처음 4년간의 워크숍에 5만 명이 참여했으며[68] 존 덴버, 셰어, 피터 가브리엘 등의 유명인사를 참석자로 뽑내며 막을 내렸다. 이는 인간 잠재력 방식이 일종의 사업화가 됐다는 것을 의미했다.[69] 머피는 에설런이 자신의 컨퍼런스와 거리를 두길 바랐다.

이는 잘 되지 않았다. 대부분이 여성인 위원회에 의해 조직되었음에도 26명의 연사는 모두 남성이었고, 이로 인해 행사장 밖에서는 에설런 샌프란시스코 지부의 페미니스트들의 시위가 벌어졌다. 이 사건을 취재한 『하퍼스 매거진』의 기자 피터 마린은 수백 명의 참석자에 대해 "가만히 못 있고 조급하며 변덕스럽다. 누구나 이로부터 피어오르는 뚜렷한 열망을 느낄 수 있을 것이다. 마치 이 사람들은 이 세계와 그들의 치료에 의해 어쩐지 실패하게 된 사람들인 것 같다"고 묘사했다. 그는 그들이 워크숍에 참석했던 것과 같은 이유로 그 컨퍼런스에 참석했다고 보도했다. "도움을 찾기 위해서였다. 인간 잠재력 운동은 사람들에게 약속했던 것을 여전히 이행하지 않았으며 사람들의 삶은 여전하거나 악화되었으며 변화를 약속했던 새로운 세계는 매우 느리게 다가오는 듯 보였다." 이 사건이 계속되자 관객들은 컨퍼런스의 토론자들에게 야유를 보냈고 토론자들은 서로에게 소리를 질러댔다. 작가 샘 킨은 기조연설에서 '보통 남성, 특권층'인 이 운동의 지도자들이 자신들이 역설한 그 효능을 그들 스스로 거의 증명해내지 못했다고 통렬히 비난했다. "최고의 치료사는 신이 아닌 인간의 내면을 지녔음이 밝혀졌다. 그리고 프리츠는 더러운 노인이었다. 또 프로이트는 시가를 끊지 못했다. 또한 빌 슈츠는 기뻐서 날뛰는 법이 없었다." 이는 평생 동안 정신건강 문제로 고통받았던 마이클 머피의 옛 동성애인의 발언을 떠올리게 하는 논평이었다. 그는 "머피는 이 나라의 최고 심리학자 몇 명으로부터 백만 달러 상당의 조언을 받았으며[70] 이는 아무런 도움도 되지 않았다"고 말했다.

피터 마린의 그 컨퍼런스에 대한 보고서는 1975년 10월에 발행된 『하퍼스 매거진』의 특집기사 중 일부로 발표되었다. 그는 기독교의 자아 성찰이 우리 내면에는 악이 아니라 완벽함이 깃들어 있다는 인간 잠재력의 믿음과 만날 때 어떤 일이 일어나는지를 담아냈다. 마린은 연사들이 '자아보다 더 큰 세계의 존재를 인정하는 것에 대한 극심한 거부'를 보였고, 관객이 토론자들에게 질문했을 때 "관객의 질문은 언제나 자기 자신과 관련된 것으로, 모두 자아를 중심으로 하며 내면을 향하는 자기 부정과 자아 존중감에 대한 것이었다"고 보도했다. 인간 잠재력 운동은 서구 자아에 한 가지 질문을 제기했다. 신이 우리 안에 있다면, 이는 당연히 우리가 모두 신이라는 것으로 귀결되지 않는가? 이제 서구 자아에게는 이 질문의 답이 주어졌다. 마린은 그의 이야기를 '새로운 나르시시즘'이라고 불렀다. 이는 홀로코스트로 '불타 죽어버린' 유대인들을 포함해, 모든 인간은 신으로서 자신에게 일어난 모든 일에 전적인 책임이 있다는 에설런의 충격적인 맹목적 신념을 설명했다. 마린이 에설런에서 한 상담사에게 우리가 아프리카의 사막에서 굶주리고 있는 아이에게 어떤 것을 빚지고 있느냐 물었을 때, 그 상담사는 '그 아이가 굶주리기로 결심한다면 내가 뭘 어떻게 할 수 있느냐?'고 성을 내며 대꾸했다.

열 달 후, 미국 최고의 문화사가인 톰 울프는 이 주제에 대한 자신의 특집기사를 이번에는 『뉴욕 매거진』에 실을 요량이었다. 그는 에설런을

'레몬 치료 본부'라 부르고 프리츠와 슈츠의 프로그램을 거칠고 냉소적인 말로 설명했다. "이러한 치료들을 전해 듣게 된 외부인들은 도대체 그들이 간절히 원하는 게 무엇인지 궁금해했다. 그렇지만 그것은 매우 단순한 것이었다. 이는 '나에 대해서 이야기하기'로 요약된다. 만남집단 치료를 통해 성격을 개조하는 것에 성공했든 아니든, 마침내 당신의 관심과 에너지는 지구상에서 가장 매력적인 대상에 집중되었다. 바로 나." 울프의 기사는 '자기중심주의의 10년'이라고 불렸다.

매슬로와 로저스의 노년의 걱정은 너무 늦었다. 그들의 기발한 생각은 통제할 수 없게 되었다. 그러나 내부의 자아를 거룩한 것으로 재구성하고 일어난 모든 일을 자아의 책임으로 돌리는 이 기분 좋은 미국 혁명은 앞으로 완벽한 것으로 밝혀질 것이었다. 1970년대와 1980년대에 경제가 새롭고 극적인 변화를 겪으면서 영어권 국가들은 국민이 자신의 진정한, 신과 같은 자아를 믿도록 가르침으로써 실업부터 아동 학대, 가정 폭력에 이르기까지 모든 사회문제를 해결할 수 있다는 생각에 열광하게 되었다. 이 가혹한 새로운 세계는 '허위' 또는 '얼간이'나 '울보'를 위한 곳이 아니었다. 모든 사람은 특별했으며 성공하기 위해 필요한 것들을 이미 가지고 있었다. 그들이 해야 할 것은 믿는 것뿐이었다.

에설런의 끔찍한 회담에 초대되었던 연사 중 한 명은 상처를 간직한 목소리를 가진, 당당하고 분노에 찬 정치인이었는데, 그는 1962년 처음으로 에설런을 방문했다.[71] 그 경험을 통해 그의 인생은 부분적으로 변했다. 그는 "모든 인간은 어떤 식으로든 신성한 잠재력을 가지고 있다.[72] 이는 배우고 사랑하고 깊이 느끼고 창조할 수 있는 대단히 확장된 능력을 소수의 사람만이 아니라 많은 사람이 가질 수 있도록 돕기 위해 구체적이고 체계적인 방법으로 이루어질 수 있을 것이다"라는 에설런의 명시적 사명을 1980년대로, 그리고 이를 넘어서 학교로 교도소로 법정으로, 정부 정책에 반영하고 전 세계로 퍼뜨리는 것을 도왔다. 그 또한 나르시시즘을 탐닉하고 조장했다는 영원한 비난에 시달리게 되었다.

그는 개신교 신자로 칼 로저스의 제자였으며 에설런 졸업생으로 캘리포니아에서 가장 영향력 있는 인물이었다. 존 '바스코' 바스콘셀로스, 그의 사명은 이 세계에 자존감을 심어주는 것이었다.

5.
특별한 자아

상트페테르부르크에서 유년기를 보낸 앨리사 로젠바움이라는 소녀가 있었다.[1] 그녀는 1905년 부르주아 집안에서 태어났다. 그녀가 열두 살 되던 해 볼셰비키가 권력을 잡았다. 볼셰비키는 그녀 아버지의 약국을 몰수했고[2] 가족들은 가난하고 굶주린 채로 그 도시를 떠나야만 했다. 그녀는 그 어린 나이에도 조국에 만연했던 극단적인 집단주의를 혐오했다. "나는 바로 그때, 그 사상이 나쁜 것이라고 생각했다.[3] 나는 이미 개인주의자였다"고 그녀는 말했다. 앨리사는 미국으로 와서 유명세와 악명을 떨쳤으며, 결국 미국의 자아에 대한 감각을 바꿔놓았다. 그녀의 영향력은 오늘날 우리와 여전히 함께하며 그 명맥은 학교 시스템, 세계 경제, 실리콘밸리와 정부 관청으로 나뉘어 흐르고 있다. 많은 점에서 21세기의 우리 모두는 지금 앨리사 로젠바움의 세계에 살고 있다.

앨리사는 오랫동안 시카고에서 살다가 캘리포니아로 이사를 하고 할리우드에서 보조출연자로, 의상 담당자의 보조로, 그리고 시나리오 작가로 일하게 됐다. 그녀는 미국을 덮쳤던 대압착의 집산주의적 정신을 격렬히 반대하는 책을 쓰기 시작했다. 1943년에 그녀의 세 번째 책이 출간되면서 그녀는 세계적인 명성을 쌓게 되었다. 그 책은 개인주의에 대한 찬가이자 인간 문명이란 창조하기 위해서는 절대적으로 자유로워야 할 필요가 있는, 외골수적인 면이 있는 '창작자들'의 업적이라는 도덕적 주장이었다. 그녀는 창조의 반대말은 이타주의라고 생각했다. 앨리사는 이타주의를 싫어했다. "사람들은 가장 고귀한 미덕이란 성취하는 것이 아니라⁴ 주는 것이라고 배워왔다. 그러나 아직 창조되지 않은 것은 줄 수 없는 법이다." 반대로 그녀는 사람들이 항상 자기 자신을 우선시해야 한다고 믿었다. "이 세상의 첫 번째 권리는 자아의 권리다." 이때쯤 앨리사는 그녀의 정체성을 바꾸었다. 그녀는 핀란드 작가의 이름과 자신이 쓰던 타자기의 이름을 합쳐 스스로를 에인 랜드라고 불렀다. 그녀의 책 『파운틴헤드』는 베스트셀러가 되었다.

1951년 랜드와 그녀의 남편은 뉴욕으로 이사했다. 그녀가 『파운틴헤드』의 후속작에 힘쓰는 동안 그녀를 신봉하는 몇몇 사람이 그녀 주변으로 모여들었다. 개인주의에 대한 헌신에 역설적이게도, 그들이 무리를 결성한 것에 헛웃음을 지으며 그녀는 그 모임을 '컬렉티브 the Collective'(공동체)라고 불렀다. 그러나 그녀의 농담에는 훨씬 더 심각한 아이러니가 있었다. 현실에서, 컬렉티브는 신성한 신앙의 체계하에 운영되는 일종의 숭배 집단이었다.⁵ 컬렉티브의 구성원 중 한 명은 궁극적으로 "에인 랜드는 지금껏 살았던 인간 중 가장 위대한 인간"이며 "천재적인 철학성으로 그녀는 합리성과 도덕성 또는 지구상 인간의 삶에 관련된 모든 문제의 최고 결정권자"라고 고백했다. 컬렉티브는 스스로를 선구자로 여기기 시작했으며, 그들이 추구하는 랜드의 비전인 '고결한 이기심'이 재앙을 초래하는 대압착을 해체하고 이를 작은 정부, 최소한의 과세, 규제 완화, '인간'이 '인간'과 자유롭게 경쟁할 수 있는 자유시장의 세계로 대체할 것이라고 했다. "우리는 스스로를 다가올 혁명의 선동자로 생각했다.[6] 우리는 이것이 세상에 가져올 변화에 매우 열광했다." 2010년 영화 제작자 애덤 커티스와의 인터뷰에서 컬렉티브 구성원 중 한 명이 말했다. 커티스가 어떤 것을 이루길 바랐었냐고 묻자 그녀는 '완전히 자유로운 사회'라고 답했다.

랜드는 자신에게 영향을 끼친 유일한 사상가는 개인주의의 아버지인 아리스토텔레스라고 주장했다.[7] 2000년 이상을 앞서 '고상한 자기애'의 상태가 성공적인 완벽함 추구를 위한 전제 조건이라고 판단한 사람은 바로 그였다. 성취하기 위해서 사람들은 먼저 자신을 사랑해야 했다. "인간은 행복해질 권리가 있으며 이것을 스스로 성취해야만 한다"[8]고 ABC방송국의 「마이크 월리스 인터뷰」에 출연해 그녀가 말했다. 그녀의 말투는 러시아 억양이 짙었지만 구사하는 단어는 매우 미국적이었다. "그 누구도 다른 이의 행복을 위해 자신을 희생하고자 해서는 안 됩니다. 나는 인간은 자존감을 가져야 한다고 생각해요."

자존감에 대한 랜드의 신념은 미국과 영국 등지에 널리 퍼졌다. 이는 오늘날까지도 우리와 함께한다. 그러나 이 생각의 대중화는 그녀가 그녀의 '지적 후계자'라고 불렀던 한 남자를 통해 시작되었는데, 그는 컬렉티브의 원로 구성원으로서 컬렉티브의 멤버와 결혼했으며 랜드보다 스물다섯 살이나 어렸음에도 그녀의 연인이 되었다. 너새니얼 브랜든은 랜드의 '생각의 저널'인 『오브젝티비스트』를 공동 편집하고 에세이를 싣기도 했다. 1969년에 출간된 그의 저서 『자존감의 심리학The Psychology of Self-Esteem』은 같은 분야의 책 중 최초로 100만 부 이상이 팔렸으며, 출간 이후 몇 년간 수립된 학교 프로그램들에 영향을 미치고 있었다. 주로 『오브젝티비스트』에 실린 글을 바탕으로, 그는 합리성과 성취를 토대로 하는 자존감이 한 사람의 심리 발달에 있어 가장 중요한 요소라고 주장했다. "자기 평가의 본질은 한 인간의 사고 과정과 감정, 욕망과 가치관, 목표에 심오한 영향을 미친다.⁹ 이것이 인간 행동의 가장 중요한 열쇠다." 브랜든은 1970년대에 '자존감 운동의 아버지'로 알려지게 되었다.¹⁰ 그리고 1980년대와 1990년대에 자존감의 이념을 세계 각지의 삶 속에 알리기 위해 그 누구보다 노력했던 캘리포니아주의회 의원 존 바스콘셀로스의 주변 사람들에게 영감을 주며 그들과 직접 일하면서 그의 영향력은 훨씬 더 확장되었다.

랜드가 베스트셀러를 통해 수백만 명에게 영향을 미치고, 브랜든이 그녀의 이기利근와 자존감에 대한 생각을 학교와 치료실로 가져오고 있었다면 컬렉티브의 세 번째 구성원은 더욱 큰 영향력을 갖도록 성장했다. 컬렉티브 그룹은 그녀가 집필 중이던 소설 『아틀라스』의 출간 전 발췌문 낭독을 위해 매주 토요일 밤 그녀의 뉴욕 아파트에 모였는데, 랜드는 그때 그 인물을 만나게 됐다. 이 책은 그녀의 걸작이 될 것이었고 그녀의 전기 작가 앤 헬러의 말에 따르면, "이상적인 인간을 창조하는 것, 그리고 그가 살고 사랑하고 창조하고 생산하는 것을 허락할 사상과 세속적인 상황들을 묘사하는 것"이 그녀의 의도였다고 한다. 『아틀라스』는 국가에 의해 전적으로 지배되는 반이상적인 미국을 상상한 소설이다. 그곳에서 예술가, 산업가, 기업가와 같은 창작자들은 '골트 협곡'이라고 불리는 비밀스럽고 아득히 먼 골짜기에 새로운 자신들만의 세상을 만들기 위해 반란을 일으킨다. 이곳은 랜드가 다른 무엇보다 찬양했던 이성의 장場이었다. 합리성이 당신을 감정의 족쇄에서 해방시켜준 후에야 비로소 우리는 아무도 세금을 내지 않고, 모두가 다른 모두와 경쟁하고, 시장은 규제에 얽매이지 않는 이 유토피아의 생산적인 일원이 될 수 있었다. 결국, 사람들이 자유를 필요로 하는 것처럼 그들이 창조한 시장 또한 그럴 필요가 있었다. 랜드가 말했듯이, "자유로운 마음과 자유로운 시장은 필연적으로 함께한다."[11]

컬렉티브의 한 일원은 토요일 밤의 낭독을 눈에 띄게 좋아했는데, 그는 바로 26세의 열성적인 앨런 그린스펀이었다. 침울한 강아지 같은 얼굴을 하고, 차분한 태도를 취하며, 어두운 양복을 입는 그에게 랜드는 장의사라는 별명을 지어주었다.[12] 그가 『아틀라스』의 발췌문을 처음 읽었을 뿐인데, 그의 또 다른 모습이 나타났다. "그는 열정으로 생기를 띠게 되었는데,[13] 전에는 그 누구도 그에게서 그러한 모습을 본 적이 없었다"고 브랜든이 회상했다. 그린스펀은 그녀의 생각이 '굉장히 정확하다'[14]며 그 논리가 너무나도 완벽하다고 생각해 이에 동의하지 않는다고 주장하는 사람들은 분명히 거짓말을 하고 있는 거라고 생각했다. "그녀는 나로 하여금 자본주의가 효율적이고 실용적일 뿐만 아니라 도덕적이라는 것을 깨닫게 했다"고 그는 말했다.[15] 랜드는 또한 그에게 '인간의 가치와 인간은 어떻게 일하는가, 인간은 무엇을 하고[16] 왜 그것을 하는가, 인간은 어떻게 사고하고 왜 사고하는가' 같은 근본적인 인간 본성에 대해 가르쳤다. 그는 일종의 외부자로, 철강 산업의 경제에 대해 조언하면서 랜드의 책 집필을 돕기 시작했다. 이제 그가 '일류의 마음'을 지니게 됐다고 판단한 랜드는 그가 의미 있는 삶을 살 것이라고 확신하게 되어 그의 별명을 장의사에서 잠자는 거인으로 바꾸었다.[17] 그는 『오브젝티비스트』에 에세이를 기고하며 시장은 자애롭고 알아서 수정한다고 주장했다. "정확히 그 사업가의 '욕심'[18] 또는 더 정확하게 말하자면 사업가의 이윤 추구, 그것이 소비자의 탁월한 보호자다."

『아틀라스』는 대압착의 문화적 영향력이 강력했던 1957년 10월에 출간되었다. 일류 비평가들의 반응은 사나웠다. 소설가이자 비평가인 고어 비달은 "비도덕적인 면에서 거의 완벽한", 『뉴욕타임스』는 "문학적 모델이라기보다는 노골적인 행위" "증오로 쓰여진" 책이라고 평가했으며, 『내셔널리뷰』는 "『아틀라스』의 거의 모든 페이지에서 고통스럽지만 해야만 하는 일로서, '가스실로 가!'라고 명령하는 목소리를 들을 수 있었다"고 했다. (최소한 이것이 의미하는 바는 부당하다. 랜드에게 있어서 한 정체성 집단을 향한 항의는 반개인주의적인 것이었다. 그녀는 인종차별주의를 '집산주의의 가장 비열하고 가장 조잡한 원시적인 형태'라고 믿었다.[19]) 그들답지 않은 이타심으로, 컬렉티브는 그들의 망연자실한 우상 주위로 집결했다. 브랜든은 컬렉티브 구성원들에게 그녀를 비난하는 최악의 비평가들을 향해 서신 운동을 시작하라고 지시했다. 앨런 그린스펀은 『뉴욕타임스』에 편지를 보내 『아틀라스』는 비평가들의 말처럼 증오스러운 것이 아니라 "삶과 행복의 찬양. 정의는 흔들리지 않는다. 창의적인 개인과 정도를 벗어나지 않는 목적과 합리성은 기쁨과 성취를 이루도록 한다. 목적과 이성을 집요하게 피하는 기생충은 죽어 마땅하다"고 주장했다.

그러나 대중의 반응은 달랐다. 『아틀라스』가 출판된 지 사흘 만에 『뉴욕타임스』 베스트셀러 목록에 진입해 22주 동안 그 자리를 지켰다는 것은 분명 그 집산주의적 시대에도 미국인들의 자아의 깊은 핵심에는 개인주의가 있었다는 증거다. 그러나 이것이 랜드에게 도움이 되진 않았다. 비판적인 반응은 그녀를 오래도록 우울한 상태에 접어들게 했다. 이는 그녀와 브랜든과의 관계에도 영향을 미쳤는데 그는 브랜든과 이후 2년 동안 성관계를 채 열두 번도 하지 않았다.[20] 1968년 8월 23일 저녁, 랜드는 그가 다른 누군가를 만나고 있다는 것을 알게 됐다. 그녀는 복수심에 불타는 분노로 그의 얼굴을 세 차례 때리며 소리 질렀다.[21] "네가 나를 거부해?[22] 네가 감히 나를 거부해?" 그녀는 공개적으로 그를 '배신자'라고 불렀고 배임 행위와 '추악한' 행위 등 몇몇 비행을 저질렀다며 그에게 거짓 혐의를 덮어씌웠다. 『오브젝티비스트』에 발표된 그녀의 규탄은 53개 단락으로 총 6쪽에 달했다. 앨런 그린스펀을 포함한 그녀의 충성스러운 컬렉티브 구성원들에 의해 그의 추방이 승인되고 서명되었다. 어느 시점이 되자, 브랜든은 컬렉티브가 어떤 이론적이고 합리적인 논의를 진행 중이라는 이야기를 듣게 되었다.[23] '그가 에인 랜드에게 초래한 큰 고통을 생각해서 그를 암살하는 것이 윤리적인 것일까?' 그들은 그렇다고 결론을 내린 듯 보였다.

하지만 랜드와 그녀의 컬렉티브는 시간을 가져야 했다. 대압착을 특징으로 하는 자본과 노동 사이의 '계급 타협'의 나날은 어느 정도는 일종의 선순환에 의해 지속되어왔다. 미국 경제는 대량 생산 경제였는데, 부분적으로는 노동조합과 국가가 그들을 보호해주었기 때문에 중산층의 임금은 국가가 제공해오던 것을 살 수 있을 만큼 충분히 높아졌다.[24] 하지만 1970년대에 미국과 영국에서 모든 것이 잘못되기 시작했다. 경기가 침체되고 인플레이션이 급등하며 주식시장이 폭락하고 석유 위기, 철강 위기, 은행 위기, '닉슨 쇼크', 주 3일제 근무가 생겨났다. GDP는 곤두박질치고 노조는 싸우고 수백만 명이 일자리를 잃었다. 그린스펀이 엄청난 권력에 몸담기 시작한 것은 바로 이 격동의 시기였다. 그는 1968년 랜드의 끈질긴 설득 끝에[25] 리처드 닉슨의 고문으로 정계에 입문했다. 1974년에 그는 대통령 경제자문위원회 의장 자리에 올랐으며 랜드는 그의 취임식을 자랑스럽게 지켜보았다. 그는 이렇듯 권력 있는 지위에서 구세계가 무너지고 새로운 세계가 탄생하는 것을 지켜보았다. 대압착의 허리를 졸라맸던 보증 담보가 추락하기 시작하자 정치인들은 경제와 국가를 경영할 수 있는 새로운 이론을 필사적으로 찾아 헤맸다. 결국 그들은 오랫동안 주목받지 못했던 랜드와 그린스펀의 사상을 신임하게 되었으며 랜드와 그린스펀은 권세를 얻게 되었다.

빠르게 인기를 얻은, 오늘날까지도 세계의 많은 곳을 지배하고 있는 이 사상은 '신자유주의'[26]였다. 한때는 비난을 받았던 이 개념은 오스트리아의 경제학자 프리드리히 하이에크와 함께 떠오른다. 수십 년 전, 하이에크는 일전에는 문명이 찬란했던 그의 조국에서 파시즘이 발흥된 것에 정신적 충격을 받고, 나치와 공산주의자들이 중앙집권적 계획을 통해 세계를 지배하려 한다는 공통점을 알게 되었다. 대압착 시대의 미국과 영국에서 같은 일이 벌어지는 것을 보고 그는 소름이 끼쳤다. 그는 1994년에 "전쟁 중, 전쟁 후의 독일의 사상적 경향과 민주주의하의 현재의 사상 사이에는 피상적인 유사성 그 이상의 것이 있다"[27]고 말했다.

런던경제대 강사일 때부터(그곳에서 그는 그의 강한 억양으로 인해 '변동(변동) 교수님'[28]하이에크는 경제변동 연구로 노벨 경제학상을 수상했다이라는 별명을 갖게 됐다) 이후 시카고대학에 있었던 1950년대까지, 하이에크는 영국과 미국의 대압착 프로젝트를 고대 그리스 유산에 대한 배신[29]이라고 맹비난했다. 중앙집권적 계획은 이 위대한 국가들이 기초를 두고 있는 개인의 자유와 양립할 수 없었다. 이는 우리를 '노예의 길' 위에 놓았다. 특히나 그를 괴롭힌 것은 시장활동에 대한 정부의 간섭이었다. 하이에크는 스스로 돈에 대한 책임을 지는 사람들은 스스로 모든 것에 책임을 진다고 주장했다. 그는 "경제적 통제란 단순히 나머지와 분리될 수 있는 인간 삶의 한 부분을 통제하는 것이 아니다.[30] 이는 우리의 모든 목적을 위한 수단을 통제하는 것이다"라고 말했다.

그의 꿈은 '다른 누군가에 의한 강압이 최대한 축소되는'[31] 세상을 만드는 것이었다. 이를 이루기 위해서, 또 전체주의로 빠지는 것을 피하기 위해서 정부의 영향력을 줄여야 했다. 개인이 자유롭고자 한다면, 또 공산주의와 파시즘의 공포에서 벗어나고자 한다면, 국가의 권력은 억제되어야 했다. 허점투성이 이론가들이 국가를 통솔하는 것보다 통제권은 시장으로 넘어갈 것이었고 시장은 국가의 간섭으로부터 최대한 해방될 것이었다. 이러한 자유시장은 사회의 새로운 엔진이 되었는데 그곳에서는 경쟁의 원칙에 따라 모든 것이 재구성되었다. 인간 세계는 서로 경쟁하는 일종의 게임이 되었으며[32] 자격이 있는 승자가 전리품을 차지했다. 이 엄청나게 부유한 승자들은 영웅적인 선구자가 되었다. 막대한 부를 창출할 수 있는 권한을 부여받은 그들은 '빈곤층은 아직 접근할 수 없는 새로운 생활 방식의 실험'을 통해 '필수적인 서비스를 수행'[33]했고 그렇게 함으로써 미래를 만들어갔다. 이 모든 것은 개인주의를 다시 서구 사회의 중심에 놓이게 했다. 하이에크에게 신자유주의는 이념 없는 이념이었다. 이는 마침내 정치인들의 어리석은 행동으로부터 우리를 해방시키는 유토피아를 가져올 것이었다.

신자유주의는 낡은 체제가 무너지기 시작한 1970년대에 이르러서야 주류에 극적으로 빨려들어갔다. 몽페르랭회로 알려진 영향력 있는 사업가, 사상가, 경제학자 집단의 도움으로, 신자유주의는 1940년대 이후 충분한 재정 지원을 받는 '싱크탱크'의 네트워크를 통해 퍼져나가면서 마침내 적절한 모든 곳에서 영향력을 발휘하게 되었다. 하이에크는 1975년에 경제문제연구소가 주최한 회의에서[34] 마거릿 대처와 만났으며 이 스타에게 반한 것으로 보인다. 그녀가 자리를 떠나고 나서 그가 처음으로 한 말은 "그녀는 정말 아름답다"였다. 대처의 경우, 그녀는 자신의 회고록에서 하이에크의 책 『노예의 길』에 대해 '사회주의 계획과 사회주의 국가에 대한 가장 강력한 비평'[35]이라고 언급했으며, 노예 상태로 되돌아가게 된다는 것을 '대개' 인정했다. 곧 신자유주의는 그녀의 정부와 로널드 레이건 정부에서 모두 지침으로 채택되었다. 물론 이는 에인 랜드와 그녀의 추종자 앨런 그린스펀의 견해와도 많은 공통점을 가지고 있었다. 그린스펀은 이 새로운 세계에서 갑자기 자신이 지지를 받고 권력을 장악하고 있다는 것을 깨달았다.

그리하여 "사회라는 것은 없다. 오직 남성과 여성 개인, 가족만이 있을 뿐이다"[36]라는 대처의 유명한 선언과 함께 두 세계의 지도자는 비대해진 국가의 족쇄에서 개인을 해방시키고 사회를 개개인의 게임의 장으로 탈바꿈하는 임무에 착수했다. 그들은 가능한 모든 곳에서 경쟁을 증가시킬 것이었다. 모든 이는 자기 수정적이고 부를 창출하는 자유시장에서 경쟁하게 될 것이며, 국가는 자유시장을 관리하고 시장의 '보이지 않는 손'은 자유시장에 의지하여 우리 모두를 안정적이고 부유한 미래로 이끌 것이었다. (결국 인간이 완전한 자아를 실현하기 위해 자유를 요구했듯, 시장도 그러했다.)

1987년 6월 로널드 레이건은 그의 신임 미 연방준비제도이사회 의장을 기쁜 마음으로 발표했다. 앨런 그린스펀이었다. 경제학자 레이 브래드버리 박사는 이 지위가 그린스펀을 "세계 경제에 가장 큰 영향력을 미치는 단 한 사람"으로 만들었다고 발표했다.[37] 그는 2006년까지 거의 30년을 영향력이 매우 막강한 자리에 있었고, 그 기간 동안 그는 어쩐지 '신자유주의 중앙 은행장'[38]으로 알려지게 되었다.

신자유주의 혁명은 정부에 대한 새로운 정의를 가져왔다. 국가는 더 이상 가부장적 통제를 위한 장치가 되지 않을 것이었다. 대신에 국가는 국가가 불러들인 이 자유를 극대화하고 감시할 책임을 지면서 그 위대한 게임의 관리인과 심판의 두 역할을 할 것이었다.[39] 경쟁을 북돋기 위해서 국가는 사업과 은행에 대한 규제를 철폐하고 통신, 물, 전기, 가스와 같은 공익 사업들을 시장에 방출하고, 영국에서는 임대주택들을 매각했다. 문예진흥기금은 삭감되고 일할 의지가 없는 사람들을 위한 보호장치를 해체하여 그들에게 일할 동기를 부여했다. 사업가, 기업가와 그들의 회사에 대한 세금이 삭감되었는데, 이는 그들의 우월한 게임 방식에 대한 포상이 될 것이었고 그들이 더욱 잘 경쟁에 참여하도록 했다.

이 새로운 방식의 정부에게는 더 이상 '시민'은 없고 '고객' 또는 '손님'만 존재할 것이며,[40] 그들의 표를 얻는 것은 계산대에서 동전을 수금하는 것과 같았다. 대량 생산의 시대는 저물고 노동조합은 전투를 치르고 정복될 것이었다. 광산의 먼지와 공장의 폐허로부터, 자유롭게 선택하고 자신의 삶을 지휘하며 모두가 서로 건강한 경쟁을 하는 개인으로 이루어진 숙련되고 유동적이며 기업가적인 새로운 집단의 번영이 싹틀 것이었다.

그리고 그 혁명은 전 세계적이 될 것이었다. 국가의 법적·군사적 권력은 국내 시장과 국제 시장의 원활한 운영을 보장하기 위해 사용될 것이었다. 금융 흐름에 대한 아무런 장벽도 통제도 없는 단 하나의 세계 경쟁 시장을 갖는 것이 꿈이 되었다. 세계은행과 국제통화기금은 개발 도상국들에게 신자유주의 개혁을 받아들이는 조건으로 그들이 절실히 필요로 하는 대출을 제공함으로써 이 꿈을 지원했다.[41] 재화와 서비스가 세계를 누비며 이주 노동이 저렴해지고, 제조업과 서비스 산업이 더 가난하고 물가가 싼 나라로 이전하고 금융기관과 다국적 기업들이 어마어마하고 강력하게 성장해 결국 국가에 필적하게 되는[42] '세계화'의 시대가 시작될 것이었다.

그러나 이 신자유주의 프로젝트의 궁극적인 목표는 1970년대의 경제 혼란을 종식시키는 것 그 이상이었다. 새로운 형태의 인간을 창조하는 것이 그 목표였다. 1981년 인터뷰에서 자신의 계획에 대해 이야기하면서, 마거릿 대처는 "지난 30년간 전체적인 정치적 방향에 있어서 나를 성가시게 해온 것은 그 방향이 항상 집산주의 사회를 향해 있었다는 것이다"라고 말했다. 그러고 나서 그녀는 뭔가 불길한 발언을 했다. "경제는 수단이다.[43] 그러나 그 목적은 영혼을 변화시키는 것이다."

이러한 발상은 충격적이었지만 사실이었다. 우리가 이제껏 배운 방법 중 수많은 자아를 변화시킬 수 있는 가장 믿을 만한 방법은 사람들이 남들과 잘 지내고 출세할 수 있는 방법을 바꾸는 것이다. 그리하여 게임화된 사회는 '욕심은 좋은 것'이라는 시대를 촉발시켰다. 이 시대는 20세기 중반의 더욱 집산주의적이었던 경제로부터 생겨난 반물질주의적이고 공동체주의적이었던 히피적 자아로부터의 엄청난 변화를 의미했다. 이 새롭고 심화된 형태의 경쟁적 개인주의는 고용주와 국가의 지원이 줄어듦을 의미했는데 이는 결과적으로 개인에게 더욱더 많은 압박이 주어진다는 것을 의미했다. 이 신자유주의 세계에서 남들과 잘 지내고 출세를 한다는 것은 주변 사람들보다 환경에 더 걸맞고 더 똑똑하고 더 빠르다는 것을 의미했다. 이는 나의 놀라운 힘을 두 배로 그리고 세 배로 늘려야 한다는 말이었다.

이 자아 혁명의 초창기 징후는 1982년 에설런 연구소 졸업생 제인 폰다의 「워크 아웃 비디오」로 나타났는데, 이 비디오는 100만 부 이상이 팔리면서 몸매 가꾸기 열풍을 일으켰으며 오늘날까지도 계속되고 있다. 그 이듬해, 미국의 산부인과 병동에서 무언가 이상한 일이 일어나기 시작했다. 1880년부터 이어진 3억 건의 출생에 대한 연구[44]는 수 세대에 걸쳐 부모들이 아이의 이름으로 존, 메리 또는 린다와 같은 전통적인 이름을 선택하는 경향이 있다는 것을 발견했다. 그러나 1983년에 평범하지 않은 이름들이 뚜렷이 증가하기 시작했고 이는 1990년대와 2000년대 들어서 더욱 증가하는 추세를 보였다. 이 연구를 계획한 진 트웽이 교수에 따르면, 이 어머니들과 아버지들은 자신의 아이가 '눈에 띄고 스타가 되기를' 원했기 때문에 독특한 이름을 추구했다고 한다.

자존감 열풍이 도래한 것은 바로 이 병적인 개인주의의 단계에 들어서면서였다. 이는 에인 랜드, 에설런 그리고 신자유주의 사상을 열광적으로 뒤섞은 것으로 각 요소가 마치 첫눈에 반하기라도 한 듯 서로에게 빠져들었다. 이러한 요소들은 아주 놀라운 인간의 모습이 되어서 나타났는데, 그 사람은 바로 에설런 졸업생이자 영향력 있는 캘리포니아 주의회 의원인 존 '바스코' 바스콘셀로스였다. 그는 일전에 에설런 연구소의 처참했던 '정신적 압제' 컨퍼런스에 참석한 바 있다.

바스코는 열정적이고 음울하고 꾀죄죄하며[45] 우울함의 골짜기에 빠지기 쉬운 사람이었으며 고약해 보이는 콧수염에 성미는 더 고약했다. 그는 모든 개인은 무한한 가치가 있고 그에 걸맞은 대우를 받아야 한다고 말은 하지만 그 말을 실천하지는 못하는 사람이었다. 정당에 충성하는 민주당원으로 바스코는 또한 많은 면에서 전형적인 신자유주의자였다. 그는 전통적인 자유주의자들은 "사람들이 스스로를 돌보지 못할 것이라고 생각한다"[46]고 불평한 적이 있으며, '돈이 많은 큰 정부가 모든 문제를 해결한다는 구태의연한 생각'을 부인하는 사람이기도 했다. '개성, 자유, 존엄성의 미국 윤리!'에 대한 자신의 신념을 선언하며[47] 보수주의자들이 경제적 자유에 큰 관심을 갖고 있다고 그들을 칭찬하면서도 개인의 다양성에 대한 의지가 부족하다며 그들을 꾸짖기도 했다. 그는 몇 년에 걸쳐 인간 잠재력 운동의 사상을 기초로 하는 법률을 통과시킴으로써 인간 잠재력 운동을 제도화하고자 했다. 그렇게 하기 위한 초기 노력의 일환으로 '자기 결정'이라는 이름의 싱크탱크 로고를 만들었다. 개인individual의 알파벳 'I'가 가슴에 둥글게 모여 있는 졸라맨[48] 로고였다.

1986년 바스콘셀로스는 일전에 랜드와 뜻을 같이했던 너새니얼 브랜든과 다른 많은 이의 도움으로 회의론자인 캘리포니아 주지사 공화당원 조지 듀크메지안이 자존감의 가치를 탐구하고 홍보하는 대책위원회에 3년간 자금을 지원하도록 설득하는 데 성공했다. 바스콘셀로스는 에설런에서의 경험에 많은 영향을 받았으며[49] 인본주의 심리학의 아버지인 칼 로저스와 친분이 있었다. 그는 동물적인 인간의 진정한 핵심은 선하다는 생각의 전도사였다. 그는 우리 모두는 특별하고 훌륭하다고 사람들을 설득함으로써 이 새로운 게임화된 경제 속의 사람들을 더욱 행복하고 성공적인 경쟁자로 만들 수 있다고 생각했다. 그는 캘리포니아주만 놓고 봐도 100억 달러 이상의 비용이 드는[50] 실업, 교육상의 실패, 아동 학대, 가정 폭력, 노숙자, 폭력단의 싸움과 같은 폭넓은 사회문제의 궁극적인 원인이 낮은 자존감에 있다고 주장했다. 그는 국민의 자존감을 높이는 것이 '사회적 백신'으로 작용하고 많은 실패를 치유해줄 거라고 확신했다.

1980년대까지 자존감은 주로 교육자, 치료사, 자기계발에 관심이 많은 캘리포니아 사람들의 관심사였다.[51] 바스코와 그의 대책위원회는 자존감을 국제적인 대중문화 상품으로 만든 것에 상당한 책임이 있으며 그들의 영향력은 오늘날까지 이어지고 있다. 그러나 그의 계획은 그가 약속한 대로 우리를 구원하거나 어떤 사회적 문제들을 개선했다기보다는 극적인 역효과를 낳았다.

그의 프로젝트가 이런 비정상적인 효과를 낳으면서 잘못된 방향으로 간 이유는 그 핵심이 거짓되었기 때문이다. 바스코와 그의 팀의 전말은 전해진 바가 없었다. 나는 이를 파헤치고 캘리포니아의 기록 보관소를 뒤지고 수천 통의 편지, 보고서, 문서들을 읽고 당시의 뉴스 보도에 파묻혀 지내며 그 현장에 있던 사람들을 추적하면서 1년을 보냈다. 그 결과 권력과 야망, 망상과 기만 그리고 의도하지 않은 처참한 결말의 놀라운 이야기를 발견할 수 있었다.

어린 존 바스콘셀로스는 가장 완벽한 '완벽함 종합선물세트'였다. 그는 원체 바빴는데, 사람들은 아마 그가 경건하고 겸손하며 학구적 전념으로 충만한 사람이라고 생각할지도 모르겠다. 그는 1932년 5월 11일 새벽 1시에 첫째로 태어나 두 동생을 두었다. 그는 순종적인 가톨릭 신자로, 가톨릭 복사로, 반에서 가장 똑똑한 아이로, 엄마가 우리 아들은 절대 나쁜 짓을 하지 않는다고 맹세할 수 있는 아이로 자랐다. 그는 어머니에게 집요할 정도로 애착이 강해서 아버지가 새 학기가 시작되기 전날 산호세의 기숙학교로 그를 보낸다고 말했을 때 아버지에게 엄청난 분노를 느꼈다. 그에게 이 사건은 엄청난 충격이었으며 어린 바스코는 울고 또 울었다. 그 일로 그는 아버지를 미워했다. 그러나 그는 곧 학교에 적응했으며 우수한 학생이 되었다. 그는 벌레가 반으로 잘린 것을 보기 전까지는 의사가 되겠다는 꿈을 품었다. 잘린 양쪽 끝이 꿈틀거리는 징그러운 광경은 그를 의사의 꿈에서 멀어지게 했다. 어느 날, 그는 학생회장에 입후보하기로 결심했다. 그런데 문제가 하나 있었다. 어린 바스코에게는 자존감이 없었다.

독실한 가톨릭 소년이었던 바스코는 인간은 망가져 있으며 고쳐질 필요가 있다고 알고 있었다. 그가 아무리 착하게 행동할지라도 그는 죄인일 수밖에 없었다. 이렇듯 자기혐오에 사로잡혀 있었기에 우연히 떠올린 자신에 대한 긍정적인 생각은 그를 심각하게 불안하게 할 수도 있었다. 어머니가 그의 학업적 성과를 축하했을 때 그는 일종의 격한 수치심으로 어머니를 노려보았다. 그가 좀더 나이가 든 1952년에 그의 연인 낸시 리는 그에게 "나는 너의 편지를 다시 읽고 또 읽기 전까지는 네가 얼마나 완벽에 가까운 사람인지 알지 못했어. 네가 이룬 것들을 설명하면서도 겸손함을 전달하는 것이 가장 인상 깊었어"라고 편지를 쓴 적이 있었다. 그는 자신의 알몸을 불편하게 느꼈으며 사람들 앞에 나서길 너무나 수줍어해서 학생회장에 출마하고 선거 연설을 해야 할 때, 그는 그저 "저를 뽑아주세요"라고 더듬거렸을 뿐이었다. 자존감 부족은 그를 패배로 이끌 수밖에 없었으며 그는 계속해서 패배했다. 8학년 때, 그는 반장에 출마했다. "나는 한 표 차이로 졌다. 바로 내 한 표로."[52] 그는 자기 자신에게 투표하지 않았는데 그 이유에 대해 "나는 절대 '나'라는 말을 사용하지 말라고, 나 자신에 대해서 좋게 생각하거나 말하지 말라고 배워왔기 때문"이라고 했다.

샌타클래라 예수회대학교에서 법학을 공부하고 한동안 변호사로 일하다가 바스코는 정계에 입문했다. 그는 1966년 캘리포니아주 하원의원에 당선되었다. 하지만 바스코의 자아는 패배하기 시작했다. 서른세 살의 나이에 그가 이뤄낸 놀라운 성공과 그가 생각하는 자신의 모습은 극심하게 상충적이었다. 이는 마치 그의 뇌가 상반된 두 힘을 다스리지 못하는 것 같았는데, 세상은 그가 대단한 가치를 지닌 사람이라고 말하고 있었고 자아는 그가 경멸스러운 잘린 벌레와 다를 바 없다고 말하고 있었다. 190센티미터의 키에 90킬로그램이 넘는 그는 언짢은 얼굴을 하고 불안해하며, 화살같이 곧은 넥타이에 완벽하게 하얀 셔츠와 검은 양복을 입고, 머리는 군인처럼 짧게 깎고 새크라멘토주의회 의사당 건물을 활보하곤 했다. 억눌러온 이 삐걱거리는 상태는 점점 더 불안정해지고 있었다. 더 이상 지탱할 수 없었다. 그가 냉정하고 거리를 둔다는 이유로 옛 대학 룸메이트로부터 꾸짖음을 당하고, 사랑하는 법을 모른다는 이유로 그를 비난하는 편지를 받던 4년 전에 그는 처음으로 이 균열을 느끼게 됐다. 그러나 그가 마침내 산산조각 나게 된 것은 그의 집권 첫해 동안이었다. "나는 나 자신과 나의 정체성, 나의 삶이 완전히 조각나고 있음을 알게 됐다. 나의 고통과 혼란은 너무 컸기에 도움을 찾아 나서야 했다"고 그는 말했다.

그 도움의 손길은 특이하게도 정말 캘리포니아스러운 가톨릭 신부로부터 왔다. 레오 록 신부는 인본주의 심리학의 아버지이자 만남집단의 선구자인 칼 로저스 밑에서 수학한 심리학자였다. 바스코는 "그 이듬해에, 적어도 매주 한 번,[53] 말 그대로 또 비유적으로, 레오는 무조건적으로 긍정적인 관심으로 나를 붙잡아줬다. 그는 내 말을 공감하며 들어주고 괜찮다고, 나 자신을 내가 모르는 것이 괜찮다고 또 내 안에서 내가 다시 마음을 다잡을 수 있도록 하는 어떤 실마리들이 떠오를 것임을 믿어도 된다고 나를 안심시켰다"고 회상했다. 록을 통해 그는 새로운 인생관과 결국 그를 변화시킬 '인간이란 동물'을 깨닫기 시작했다. 사람들은 죄인이 아니었다. 놀라운 존재였다. 그는 인본주의 심리학에 대한 책을 모두 찾아 200권 이상을 쌓아놓고 읽었다. "나의 다음 단계는 두려움을 극복하고 마음을 열어 자유로워지고 나의 감정을 기꺼이 경험하는 것이다. 이는 내가 자라온 방식과는 완전히 반대되는 것이었다." 그는 여덟 차례의 워크숍에 참가했던[54] 에설런에서 개인의 진정성, 자기 책임감, 자기애를 향한 내면으로의 여행을 계속하기에 앞서, 할리우드 여배우 제니퍼 존스의 집에서 처음으로 만남집단에 참석했다. 그는 칼 로저스 밑에서 공부했고 로저스는 그의 중요한 멘토가 되었으며 언젠가 그에 대해 "제2의 아버지와 다름없다"[55]고 표현하기도 했다.

새크라멘토주의회 의사당 건물 주변에서 바스코의 동료들이 알아채기 시작한 그의 변화는 이보다 더 극적일 수는 없었을 것이다. 미사는 라틴어로부터 번역되면 안 된다고 생각했던[56] 독실한 가톨릭 신자에서 그는 무신론자가 되었으며 격식을 차리지 않고 자유로워졌다. 그는 텁수룩하고 곱슬거리는 머리를 기르고 하와이안 셔츠를 입고 단추를 반은 풀어 헤쳐서 금목걸이가 가슴털에 둥지를 틀고 있는 채로 상원의회 건물에 들어섰다. 그는 머스터드 색의 폰티액 그랜드 컨버터블을 타고 시내를 돌아다니고 비가 와도 컨버터블의 지붕을 열어두었다. 한 기자는 그의 모습을 "록 스타와 마약 밀매업자를 합쳐놓은 것 같다"[57]고 묘사했다. 그는 인간은 선천적으로 선하다고 역설하고 그의 정치 동료들에게 긴 도서 목록을 나눠주면서 인간 잠재력 전도사를 자처했다. 그는 심지어 다른 사람들이 자신의 옷깃을 만지는 것조차 싫어하는 엄격하기로 소문난 윌리 브라운 하원의원장과 같은 강력한 정치인들이 에설런에 와서 만남집단을 경험하고 벌거벗은 채로 자유롭게 뜨거운 욕조에 몸을 담그도록 설득하는 데 성공했다. 비참하고 비겁하고 위축되고

자기를 혐오하는 그의 가톨릭적 자아는 마침내 모두 씻겨 내려갔다. 그 자리에는 위대한 '나'가 빛나고 있었다.

바스코는 자존감을 되찾았다. 그는 다른 것들 또한 찾게 되었다. 인간 잠재력은 그가 진실된 진정한 자아가 될 수 있도록 허락했고 그 진정한 자아는 분노라는 걸 그는 금방 알아차렸다. 그의 동료들은 그에게서 노골적으로 경멸을 당했다고 불평하곤 했다. 그는 고함을 치고 눈알을 굴리며 광란의 분노를 터뜨리곤 했다. "나는 존이 거품을 물 정도로 화가 난 것을 본 적이 있다"[58]고 한 공화당원 의원은 말했다. 또 다른 의원은 "만약 어떤 일이 어긋나면, 그는 분노로 얼굴이 하얗게 질린다. 이는 그에게 생사의 문제다. 만약 누군가 재치 있는 말을 한다면 그는 정말로 정곡을 찌르는 도덕적인 말로 이를 되받아칠 것이다. 존과는 농담을 주고받을 수 없다. 위원회에서 그는 큰 한숨을 내뱉을 것이다. 그는 다른 의원의 결의에서 위선이나 욕심 또는 비열한 태도를 찾으려는 경향이 있다"[59]고 불평했다. 그는 창피를 당하거나 자신의 생각이 진지하게 받아들여지지 않을 때 특히나 분개했다.[60] 결국, 그가 너무 자주 성질을 부리기 시작해서 다른 의원들에게는 회의 동안 그의 옆에서 그의 손을 잡고[61] 모든 것이 괜찮다고 말해주는 임무가 주어졌다.

단지 그의 적들만 고통받는 것이 아니었다. 『로스앤젤레스 타임스』는 "그의 보좌관들은 다른 정치인들의 보좌관들보다 훨씬 더 심하게 자신의 상사에 대해 부정적으로 말한다"고 보도했다. 그의 비서 중 한 명이 바스코에게 그의 사람들을 좀더 친절하게 대하라고 애원하는 긴 친서를 썼는데, 그는 다른 사람들이 화가 난 것이 자신의 책임은 아니라며 에설런식 입장을 취하면서 이를 따지고 들었다. 친서의 내용은 이러했다. "특정 상황에서 당신이 다른 사람의 반응이나 감정 등에 대해서 책임을 지지 않아도 된다고 합리화하는 것은 쉽죠.[62] 하지만 이는 다른 이의 말을 듣지 않거나 그들을 신경 쓰지 않는 편이 더 쉽기 때문입니다. 존, 우리는 모두 사람입니다. 우리는 모두 감정을 가지고 있어요."

1970년대 바스코는 자신이 성질을 버럭 내는 것뿐 아니라 한 번씩 며칠에서 종종 몇 달까지[63] 지속되는 우울의 골에 쉽게 빠져든다는 것을 발견했다. 그는 전국적인 종말론적 비관주의에 괴로워했다. "우리 문화가 죽어가고 있다. 그게 아니라면, 우리 문화는 정말로 이미 죽었다. 그 증거는 다양하다. 모든 사회적 폐단의 증가, 약물 남용, 가족 해체, 범죄, 실업, 세금, 인플레이션, 소외, 편견, 생태 파괴, 전쟁, 무관심, 냉대, 무너지는 기관들, 해방 운동, 정부 기관 그리고 많은 비정부 기구의 재정 파산(그들의 도덕적·인간적 파산을 증거로 하는), 사람들과 모든 종류의 기관에서 증가하는 소외감과 자신감 부족이 그 증거다."[64] 그는 미국인들이 인간을 본질적으로 형편없다고 생각하는 낡은 기독교적 망상에 갇혀 있는 것이 문제라고 결론을 내렸다. "우리가 우리 자신을 인간으로서 어떻게 바라보는가 하는 단 하나의 문제의식 외에는 다른 아무것도 이를 설명해주지 못한다. 인간으로서 우리가 자신에 대해 전통적이고 죄가 많으며 이중적이고 자기 부정적인 견해를 갖는 것이 우리 문제의 근원이라는 것은 논쟁의 여지가 있긴 하지만 이제 증명할 수 있다."

상황은 나빴다. 그러나 한 줄기의 빛이 있었다. 바스코는 자신이 절대적으로 독보적인 위치에 있다는 것을 깨달았다. 그는 이 모든 문제에 있어서 어떤 대책을 강구할 수 있는 아이디어를 가지고 있었을 뿐만 아니라 행동할 수 있는 힘 또한 가지고 있었다. 그는 자신이 인간 잠재력에 대해 배웠던 모든 것을 현실 정책으로 실현시켜 수천, 어쩌면 수백만 명의 삶에 실질적인 영향을 미칠 수 있었다. "이제 우리 자신에 대한, 인간에 대한, 인간됨에 대한, 인간의 본성에 대한, 인간의 잠재력에 대한 새로운 비전이 필요한 때다. 이 비전에 앞서 새로운 정치 이론과 새로운 기관들이 필요하다"고 그는 주장했다. 그와 동시대를 살았던 한 기자가 말한 것처럼 "에설런과 새크라멘토의 말도 안 되는 결혼"[65]을 주선하는 데 있어 그는 세상을 떠들썩하게 만드는 시도를 할 것이었다. 시작 단계부터 잘못된 것투성이일 것이었다. 1980년대 중반이 되어서야 비로소 그는 궁극적으로 그의 삶을 정의하는 사명을 시작하게 될 것이었다. 바스코는 자신이 가진 권력을 통해서, 자신이 겪었던 그 변화의 축복을 국민에게 베풀고자 했다. 그는 이 세상에 자존감을 전할 것이었다.

바스코의 꿈은 국가로부터 자금을 지원받고 자존감을 증진시키기 위한 법적 권한을 갖는 대책위원회의 형태를 취했다. 1980년대에는 자신에 대해 긍정적으로 생각하는 것이 모든 문제에 대한 해답이라는 생각은 캘리포니아의 어리석은 유행처럼 들렸다. 바스코가 할 수 있었던 일은 공식적인 지지의 도장을 찍어 이를 승격시키는 것이었으며 그러고 나서 이에 관련된 법률을 만들기 시작하는 것이었다. 그렇게 함으로써 모든 이의 이익을 위해 이를 제도화하는 것이었다. 대책위원회는 이미 이를 믿고 있는 서부 해안 사람들로부터 증언을 확보할 수 있었다. 대책위원회는 자존감의 동기와 자존감을 위태롭게 하는 힘에 대해서 조사할 수 있었다. 그러나 아마도 그중 최고는, 그들이 자존감에 학문적 정통성을 부여하기 위해서 세계 최고의 연구자들을 모집할 수 있었다는 것이다. 그들은 과학적으로 자존감이 모든 사회적 질병의 백신이 된다는 것을 증명할 수 있었다. 그러나 바스코에게는 문제가 하나 있었다.

먼저 듀크를 물리쳐야 했다. 캘리포니아 주지사인 조지 '더 듀크'로 불리는 듀크메지안은 전전 전임자인 로널드 레이건보다 더 불도저 같은 사람으로 유명한 공화당원이었다. 더구나 그는 바스코를 싫어했다. 바스코도 그를 싫어했다. 듀크는 강경한 재정적 보수주의자라는 그의 명성을 즐겼을 뿐만 아니라 캘리포니아는 거의 파산 직전의 상태였다. 그 누구도 그가 바스코의 터무니없는 생각이 실현될 수 있도록 수백만 달러의 세금을 풀어줄 거라고 전혀 생각하지 않았다.

1980년대 중반까지 바스코의 지적 탐험은 그를 저 먼 해변으로 데려갔고 그는 더욱 말도 안 되는 생각들로 주의회 의사당 주변에서 악명을 떨쳤다. 이를테면, 그는 '좋은 집안에서 태어나면'[66] 덜 폭력적인 사람으로 자라게 되는지 궁금했다. 그는 아이들이 자신의 부모님과 성관계를 갖는 것이 사실 아이들에게 해로운 것이 아니라 자연스럽고 건강한 것이 아닌지에 대해서도 호기심을 갖고 있었던 것으로 보인다. 그는 아버지로부터 순결을 잃은 것[67]을 자랑스럽게 여기는 여성들에 대한 보고서를 읽었으며 소아성애 지지자들을 그의 '성생활 네트워크'에 초대했다. 그가 듀크의 천적이 된 것은 이런 종류의 정신 나간 생각들 때문이었다. 그러나 1980년, 그는 세입위원회의 위원장으로 임명되었다. 그는 모든 돈을 총괄하게 되었고 이제 주의회 의사당에서 그보다 더 큰 권력을 쥔 사람은 오직 한 명밖에 없었다.[68] 그 사람이 듀크라는 것은 바스코에게 불행이었다.

그는 1984년에 처음 그의 대책위원회에 법적 권한을 부여하려는 시도를 했다. 이는 하원의원회를 성공적으로 통과했으며 상원의원회로 넘어가려던 무렵, 그는 중증의 심장마비를 겪게 됐다. 자기 자신을 치료하기 위한 긍정적인 사고의 힘에 대한 그의 믿음으로, 그는 유권자들에게 작은 붓이 콜레스테롤을 문질러 씻으며 동맥 속을 헤엄쳐가는[69] 모습을 상상해달라고 부탁했다. "그대 자신을, 그대의 관심과 에너지를 나에게, 나의 마음에, 나의 치유에 집중시켜라. 내가 속박당하는 것을 상상해보아라." 그들은 '리, 리, 리 자로 끝나는 말은'의 곡조에 맞춰 다음과 같이 노래를 부르기로 했다. "이제 우리 스스로 나의 냇물을 헤엄쳐 오르고 내리자. 나의 냇물을 가로막는 명판을 만지고 문지르고 데우고 녹여버리자."

이는 효과가 없었다. 상원에서 표결이 진행되고 있을 때, 바스코는 멘로파크의 한 침대에 누워서 일곱 군데의 혈관을 재건하는 관상동맥 우회 수술을 받고 회복 중인 자신을 발견했다. 그는 투표를 이끌 수 없었고, 그의 꿈은 실패하고 말았다. 바스코는 병원에서 퇴원한 뒤 절망적이고 음울한 시간을 보내면서 칼 로저스로부터 도움을 받았다. 로저스는 그가 가장 좋아하는 라호이아 해산물 뷔페에서 바스코에게 식사를 대접하고 그를 집으로 초대했는데, 그곳에서 그 위대한 심리학자는 바스코의 외로움과 우울함에 대해 들어주었다.

심장마비 이후, 바스코는 자신의 성질을 어느 정도 잘 다스리는 듯했다. 그는 자신의 노력으로 개선되었다고 했지만 그의 친구들은 특히 그가 설탕을 끊은 것과 같이, 병을 앓은 후 생활 방식을 바꾼 덕이라고 생각했다. (어떤 이는 그가 "위원회석에 앉아 1100개의 쿠키를 먹어치우곤 했다"[70]고 말했다.) 또한 그는 근무 시간을 줄이고 라켓볼을 했다. 하지만 그때까지도 그는 종종 옛날의 존으로 돌아가곤 했다. 세입위원회의 한 동료는 『로스앤젤레스 타임스』와의 인터뷰에서 "오늘 존의 기분이 좋은가 나쁜가? 눈치를 보며 조심스럽게 행동해야 한다"[71]고 했다. 그의 절친한 친구 미치 손더스는 "존은 자신이 신봉하는 가치를 가지고 사람

5. 특별한 자아

들을 대하는 법을 정말로 알지 못했던 경우가 많았던 것 같다"고 말했다. 『새크라멘토 비』에 실린 가십성 기사[72]는 마이크가 고장 났을 때 그가 평정심을 잃었다고 보도했다. 바스코는 '자신을 화나게 하는 사람들을 제외하고, 모든 캘리포니아 사람을 명예롭게 하고 그들에게 영감을 주고 힘을 실어주고' 싶어했던 것 같다.

법 제정을 위한 그의 다음 시도는 양원을 통과했다. 그러나 그때 듀크가 공격을 가했는데, 그는 거부권을 행사했다. "그래서 나는 기지를 발휘했다." 바스코가 말했다.[73] 그는 자신의 프로젝트 이름을 '자존감과 개인적·사회적 책임 증진을 위한 대책위원회'로 바꾸기로 결정했다. "곧바로 전통주의자들의 관심과 지지를 받았다"고 그가 말했다. 또한 상정된 예산액을 연간 75만 달러에서 3년간 73만 5000달러로 줄이며 더 적은 예산을 요청했다. 그러고 나서 그는 듀크와의 열띤 대화에 대비해 마음을 단단히 먹었다.

그는 강력한 주장을 펼쳤다. 자존감은 새로운 경쟁적인 경제 속에서 사람들을 더 나은 선수로 변화시킬 것이었다. '건강한 자존감을 지닌' 시민은 '책임감 있고 생산적이며 창의적이고 행복하며 결근하지 않는 노동자'가 되어 '미국을 다시 경쟁력 있게 만들 것'이었다. 더욱이, 자존감을 높이는 것은 아동 학대, 교육상의 실패, 청소년 임신, 술과 약물 남용, 복지 의존성, 범죄와 폭력 같은 고질적이고 대대적인 사회문제 해결에 도움이 될 수 있을 것이다. 캘리포니아주는 이러한 문제들로 매년 몇십억 달러의 돈을 써왔다. 그리고 자존감은 그저 우스꽝스러운 에설런의 환상만은 아니었다. 대책위원회의 업무 중 일부는 자존감을 온수 욕조에서 꺼내 이것의 진지하고 엄격한 학문성을 드러내는 것이었다. 대책위원회는 최우수 전문가들을 모집해서 자존감이 알려지지 않았던 인간 번영의 근거였다는 사실에 과학적 데이터를 추가했다. 그리고 바스코는 전문가들이 그렇다고 결론지을 것임을 믿어 의심치 않았다. 심지어 그는 이를 법안에 써넣었으며, 이는 "인간으로서 한 사람의 고유한 가치에 대한 발달된 감각인 자존감과 건강하고 책임감 있는 개인의 성장과 발달 사이의 인과관계를 뒷받침하는 연구기관이 이제 존재한다"는 것을 확고히 했다.

그들의 세 번째 회담은 그의 돌파구가 되었다. 듀크는 다시 한번 그의 연설을 들었다. "자존감이 중요하다는 것은 알고 있습니다." 그가 인정했다. "그런데 왜 정부가 자존감과 관련된 일에 관여해야 하는 겁니까?" 바스코는 자신이 나설 차례임을 감지했다. "주지사님, 먼저, 지금 상황이 너무나도 위태로워서 우리는 몇몇 대학에 이를 숨겨둘 형편이 못 됩니다. 우리는 캘리포니아 시민 전체를 끌어들여야 합니다. 약간의 세금으로 우리는 정보를 모아서 빼낼 수 있습니다. 몇 사람이라도 자존감을 알게 되고, 그들이 자신의 삶을 더 잘 살고 아이들을 더 잘 키우는 법을 알게 되어서 우리가 복지를 줄이고 범죄와 폭력, 마약이 줄어든다면 이는 결과적으로 세금을 매우 건실하게 사용하는 방법입니다." 듀크의 표정이 즉시 밝아졌다. "생각도 못 해본 방식이군."[74] 1986년 9월 23일, 국회법안 AB3659가 통과되었다.

언론의 반응은 즉각적이고 가차없었다. 『샌프란시스코 크로니클』의 사설은 바스코의 대책위원회를 "순진하고 황당무계하다"고 했으며 듀크가 무슨 생각을 하고 있는지 이해할 수 없다고 발표했다. "빅 존은 새크라멘토에서 매우 영향력 있으며[75] 그의 동료들은 단순히 한 가지 이유로 그의 이상한 생각을 받아주었다. 그는 바로 돈궤의 열쇠를 쥐고 있으며 이는 그의 동료들이 그라는 사람과 그가 꿈꾸는 엉뚱한 생각의 응석을 받아줄 수밖에 없도록 한다. 물론 그렇다고 해도 국고의 깐깐한 수문장인 조지 듀크메지안이 왜 순간적인 판단력을 잃고 바스콘셀로스의 말도 안 되는 몽상에 서명을 했는지를 설명해주지는 못한다. 그는 자존감의 상실로 이어지게 될 길 위에 서 있다."

그의 생각이 진지하게 받아들여지지 않는 것만큼 바스코를 화나게 하는 것은 없었다. 그는 미국의 조롱거리가 될 참이었다.

1987년 2월 9일 월요일까지, 캘리포니아주의 자존감 대책위원회는 전국가적 뉴스였다. 그러나 그날 아침, 전국적으로 여러 신문사와 잡지에 만화를 기고하는 만화가 개리 트루도는 바스코 군단의 아이디어에 흥미를 느꼈고 이를 자신의 인기 만화 「둔즈베리Doonesbury」에서 이례적으로 2주 동안 다루었다. 그는 젊은 바버라 '붐시' 앤 붐스타인이라는 새로운 캐릭터를 출연시켰다. 그 캐릭터는 스물다섯 살의 LA의 여배우이자 영매로, '헝크라Hunk-Ra'라고 불리는 나이가 21만 3555세인 전사에 빙의했는데 헝크라는 '20년간 자신에 대해 긍정적으로 느끼고 유체이탈을 경험했다'는 이유로 대책위원회에 초청된 적이 있다고 설정된 인물이었다. 전국적이고 세간의 이목을 끄는 이 홍보는 효과가 즉각적으로 나타났다. 그날 날이 저물 무렵, 언론과 텔레비전 기자들은 회의장에서 바스코에게 몰려들었다. 하지만 기자들은 그가 바라던 대로 진지하게 대책위원회를 다루는 것 같지 않았다. 한 기자가 유권자들에게 그의 혈관을 작은 붓으로 닦아달라고 하는 내용의 편지에 대해 묻자 그는 방어적으로 대답했다. "나는 더욱 직접적이고 공개적으로 내 자신을 드러내 보이고 내 신념에 따라 살아가기 위해 기꺼이 새 지평을 열고자 한다."[76] 기자들이 난장판을 만들자 이에 하원의장은 화가 나서 정치인들이 업무를 끝낼 수 있도록 그만 물러나라고 그들에게 명령할 수밖에 없었다.

이는 단지 시작에 불과했다. 하룻밤 사이에 모든 국민이 바스코와 그의 대책위원회에 대해 이야기하고 있는 듯했다. 슬프게도, 좋은 이야기는 아니었다. 스탠드업 코미디 쇼는 그들에 대한 농담을 했고 조니 카슨은 그의 토크 프로그램 「투나잇 쇼」에서 수백만 명의 사람들 앞에서 그들을 조롱했다.[77] 경쟁 관계의 정치인들은 "2달러 50센트를 주고 성경을 사는 것[78]이 더 나을 것"이라며 멸시적인 기자회견을 했으며 『샌프란시스코 이그재미너』는 이를 '터무니없는' 생각이라고 평가했다.[79] 『피츠버그 포스트 디스패치』는 "캘리포니아는 제리 브라운34대, 39대 캘리포니아 주지사, 인민사원사이비 종교, 집단 자살로 널리 알려진 종교 집단, 붐붐 수녀남성 접성술사 잭 퍼티그가 수녀 분장을 하고 만들어낸 또 다른 자아, 드라이브 인 처치1950년대 캘리포니아에서 시작된 차 안에서 예배를 보는 새로운 형태의 예배, 찰스 맨슨, 에설런 연구소를 배출했다. (…) 이제 전국적으로 사교 모임에서 이야기할 캘리포니아주에 대한 농담이 하나 더 생겼다"고 했다.[80] 『월스트리트저널』은 '73만 5000달러를 나누어 갖는 것이 사람들을 더 행복하게 할지도'[81]라는 제목의 기사를 냈다. 앞서 『뉴욕타임스』는 이를 캘리포니아의 특이 수집품인 "다른 곳이었더라면 받아들여지지 않았을 테지만 여기에서는 쉽게 뿌리를 내리는 여러 별난 생각" 중 하나로, 가장 최신의 것이라고 일축했다.[82] 그리고 이제 트루도의 만화는 로스앤젤레스의 한 신문이 말한 것처럼[83] 바스코가 애정하는 프로젝트를 '전국적인 농담거리'로 만들었다.

바스코는 노발대발했다. 그는 새크라멘토주의회 의사당 6026호실의 자신의 책상에 앉아 어두운색의 구겨진 양복을 입고 반짝이는 형광색의 용수철 장난감을 가지고 놀면서 "지긋지긋해"라며 씩씩대고 있었다.[84] 그의 사무실에는 마틴 루서 킹의 사진, 맬컴 엑스와 조지 버나드 쇼가 한 명언들과 『나는 괜찮아, 당신은 괜찮아I'm Ok-You're Ok』『진정한 사람 되기On Becoming a Person』와 같은 책들과 사진들이 줄지어 있었다. 단추를 채운 계몽되기 전의 바스코가 존 F. 케네디와 악수를 하고 있는 사진과 반으로 잘려서 자신의 몸 안을 들여다보고는 스스로의 모습에 경이로워 미소를 짓고 있는 동물 선화線畵가 있었다. 그는 스키피사의 땅콩버터잼과 '자존감'이라고 적힌 티셔츠를 입고 있는 큰 곰인형을 포함해 동물 장난감을 모으고 있었다. 이 대책위원회는 그의 인생의 사명이었다. 그에게 일어나고 있는 일은 모욕과 재앙이었다. 그는 "나는 이 일에 쏟아지는 경멸적인 말들이 지겹다.[85] 누군가가 이 위원회를 진지하게 받아들이지 않는다는 것이 내게는 이상한 일"[86]이라며 불평했다. 그의 어머니는 개인적으로 '사교 모임 농담' 기사에 화가 났으며 바스코는 "스스로 만족하지 못하며 누군가를 파괴할 필요가 있는 사람들······ 조롱하고 웃긴 말을 할 만큼 똑똑한 부정적인 사람들, 만화가들, 또 그밖의 사람들"에 격분했다.[87] 그는 언론이 "끔찍하며, 냉소적이고, 회의적이며 저질스럽다"[88]고 불평했다. 그들의 문제는 '낮은 자존감'이었다.

심지어 정부 기관들도 그의 프로젝트를 멸시했다. 3년간 운영될 예정이었던 대책위원회는 이전에는 흡연실이었고 지금은 복사실로 사용되고 있는 장소를 사무실로 배정받았다. 위원회의 임시 이사였던 딕 비티토는 특별위원회의 위원장인 앤드루 메카에게 "이는 내게 너무 힘들고 고통스럽다. 여긴 지하의 제록스와 용지 보급소와 다름없다. 정중앙에는 평방 1미터 공간을 차지하는 정사각형 기둥이 있다"고 개인적인 메모를 써 보냈다. "새크라멘토의 공간은 힘이다"라고 말하며 비티토는 이 공간을 거부했다. "이는 힘들고 수준 높고 엄청나게 부담이 큰 대책위원회의 일에 불충분할 뿐만 아니라, 대책위원회를 맥 빠지게 하고 그들의 자존감에도 엄청난 영향을 미칠 것이다." 하지만 좋은 소식도 있었다. 뭔가 놀라운 일이 일어나고 있는 듯했다. 캘리포니아 대중의 반응은 대단했다.

대책위원회 발표와 1987년 3월 대책위원회의 첫 번째 공개 회담 사이에, 그들 사무실에는 2000통 이상의 편지와 전화[89]가 왔고 400건의 자원봉사 신청[90]이 있었는데, 이는 전국적으로 가장 많은 건수였다.[91] 편지 10건당 불만 사항은 1건으로 팬레터가 훨씬 많았다.[92] 300명이 넘는 사람[93]이 전국에서 열리게 될 공개 청문회에서 연설을 하기 위해 몰려왔다. 그리고 언론의 반응이 항상 좋았던 것은 아니었어도, 바스코가 이제 전국적인 인물이라는 것은 기정사실이었다.[94] 트루도의 만화에 이어서 몇 주 동안 그는 『이코노미스트』부터 『뉴스위크』, CBS모닝쇼와 BBC에 이르기까지 온갖 미디어에 출연했다. 『로스앤젤레스 타임스』와 『샌프란시스코 크로니클』은 그에 대한 주요 기사를 기획 중이었다. 그는 아주 큰 기회가 되리라는 걸 감지했다. 그는 "나는 지난 몇 주 동안 지난 20년간 받았던 것보다 더 많은 관심을 받았다.[95] 대책위원회의 목적[96]은 캘리포니아 전역에서 자존심에 대한 대중의 인식을 높이는 것이었다. 트루도는 전 국민에게 자존감을 인식시켰다. 나는 이제 우리가 역사를 만들 수 있는 진정한 기회를 갖게 되었다고 생각한다"고 말했다.

하지만 만약 그가 그렇게 할 수 있으려면 우선 언론의 담화를 긍정적으로 변화시킬 방법을 찾아야 했다. 그리고 그 전방에서 상황은 불행한 쪽에서 우스꽝스러운 쪽으로 변해가고 있었다. 이는 대책위원회 위원 25명의 원대한 발표로 시작됐다. 여성, 남성, 유색인종, 동성애자, 이성애자, 공화당, 민주당, 전직 경찰관, 퍼플하트 훈장을 두 번 받은 베트남전 참전용사를 포함하는 다양한 사람으로 구성된 것은 좋았다. 하지만 그중에 대책위원회의 일이 가진 영향력이 매우 대단해서 해가 서쪽에서 뜨게 될 것이라고 예언하는 터번을 쓴 백인 남성과 낮은 자존감은 강간을 당하는 것과 확실한 상관관계가 있다고 주장하는 여성 심리학자[97]를 포함하고 있다는 것이 문제였다. 『로스앤젤레스 데일리뉴스』의 한 기자는 기쁨에 차서 이 현실의 의사 진행이 "「둔즈베리」에서보다 훨씬 더 낫다"[98]고 발표했다. 한편 『로스앤젤레스 헤럴드』는 대책위의 첫 공개적 활동에 대한 보도를 하지 않을 수 없었다. 1면 기사에서, 유명한 가족 심리치료사이자 에설런의 수석연구원인 버지니아 새티어가 자신의 동료들에게 어떻게 눈을 감으라고 하고[99] 마법 모자와 마술 지팡이, 부적으로 이루어진 '자존감 유지 키트'를 상상하도록 했는지에 대해 소개했다. "대책위원회는 그러고 나서 이어지는 50분 동안 언론의 비웃음을 줄일 방법을 찾고자 했다."

이제 대책위원회는 그들을 믿는 사람들로부터 캘리포니아 전역에서 증언을 듣기 시작했다. 자존감을 높여서 약물 남용을 막기 위해 학교를 순회하는 LA의 한 보안관으로부터 증언을 들었다. "우리는 '너는 특별하단다. 너는 멋진 사람이야. 너는 매우 특별해'라고 학생들에게 주저 않고 가르치고 있다." 미국의 갱단인 블러즈와 크립스의 복면을 쓴 조직원들로부터 증언을 들었는데, 그들 중 한 명은 자신의 범죄성에 대해 자존감 부족이 그 원인이라고 꼬집었다. "나의 아버지는 내가 잘못했을 때 내 엉덩이를 바로 채찍질했지만 내 등을 쓰다듬어주진 않았다. 내가 잘못했을 때 우리는 일대일로 이야기를 더 많이 했기에 나는 아버지의 관심을 끌기 위해서는 무언가를 잘못해야 한다고 느꼈다"고 그의 얼굴을 감싸고 있는 손수건 위로 내다보며 말했다. 한 초등학교 교장은 학생들의 자부심을 높일 수 있도록 교사들에 대한 평가를 실시하는 것을 대책위에 촉구했다. 또 다른 이는 대책위에게 "나는 여러분을 정말로 사랑한다. 나는 나의 학생들에게 이렇게 말하는데, 학생 개개인이 특별한 사람이기 때문이다"라고 말했다.

  헬리스 브리지스는 전문적으로 증언을 했는데, 그녀는 바스콘셀로스의 대책위원회가 발표되었을 때, 그와 그의 프로젝트에 대한 열정을 주체하지 못하고 그에게 편지를 썼다. "일전에 우리가 이야기를 나눴을 때, 크리스토퍼 콜럼버스가 미국에 막 도착한 것 같은 경험을 했어요. 나는 당신이 당신의 끈기와 헌신, 비전을 고수한 것을 기뻐해야 할지 아니면 그냥 '당신을 사랑해요!'라고 말해야 할지 모르겠어요." 대책위에 자신을 소개하며('나는 오늘날 파란 리본의 여인으로 알려져 있지만 사람들은 나를 스파키라고 부른다') 그녀는 '내 자체로 특별하다'는 것을 의미하는 파란색 리본 10만 장을 배포하는 데 어떻게 평생을 바쳤는지를 설명했다. "언젠가, 그냥 돌아다니다가 나는 최대한 많은 사람에게 '당신들은 정말 대단한 사람들이에요'라고 말하기로 결심했어요"라고 그녀는 말했다. "그럴 때마다, 사람들이 울기 시작했어요. 사람들은 '맙소사, 태어나서 처음으로 인정받았어요'라고 말했죠." 헬리스는 대책위에게 리본을 수여하고 그 리본을 어떻게 사용해야 하는지를 가르쳐주었다. "파란 리본을 잡고, 당신의 이름을 말하세요. 그리고 '나는 파란 리본이 있으며 이 리본은 나 자체로 특별하다는 것을 의미한다'라고 말해보세요. 당신이 얼마나 대단한 사람인지를 스스로에게 말하는 거죠. 그러고 나서 '내가 이렇게 말할 자격이 있는가?'라고 말해보세요. 젠장, 그렇고

5. 특별한 자아

말고! 당신은 그럴 자격이 있습니다! 바로 당신의 심장에 그 자격이 있습니다! 꿈을 향해 가세요! 그 리본이 마법이라는 것을 알아야 합니다. 그것을 볼 때마다, 여러분은 항상 스스로와 이 세상의 모든 인간은 위대하다는 생각을 갖게 될 것입니다." 바스코는 스파키에게 크게 감명받았으며 그녀를 대책위원회 출범 이후 최고의 사건으로 뽑았다.

다른 이들의 공헌은 더욱 뚜렷했다. 특히 자존감 전문가로 유명한 에인 랜드의 한 지지자가 이 프로젝트에 아주 중요한 영향을 끼친 것으로 밝혀졌다. 그는 바로 너새니얼 브랜든으로, 대책위원회의 이사인 밥 볼은 그가 "우리 임무에 상당한 기여를 했다.[100] 우리는 그와 수없이 접촉했고 여러 번 만났다"고 전했다. 브랜든은 대책위가 자존감의 동기와 위협을 정의하는 것을 돕는 데 상당 부분 기여했다. 그는 자존감이 '아이가 자신의 존재와 사랑에 빠지도록 격려하는 것'[101]으로부터 온다고 조언했다. 대책위의 야망은 '자아를 영예롭게 하는 것이 가장 높고 가장 고귀하며 가장 알려지지 않은 이 단어의 의미 안에서 이기주의를 실천하는 것임을 사람들이 이해하는 세상을 창조하는 것'이었다.

또 다른 유명 지지자는 자칭 '에설런의 황제'이며 카리스마 넘치는 만남집단의 권위자인 윌 슈츠로 밝혀졌다. 그는 바스콘셀로스의 집단을 향해 '쏟아지는 비난과 조롱'을 공격했으며[102] "내 입장에서 보면, 인간 행동의 영역에서 33년 넘게 일한 존 바스콘셀로스와 자존감 대책위원회는 전적으로 옳다. 자존감은 정말로 문제의 본질이다"라고 말했다. 1980년대 후반에 슈츠는 자존감 사업 자문위원으로 변신해 P&G, 미육군, 제너럴모터스 등 일류 고객들에게 직원들의 자존감을 높이면 생산성을 최대 300퍼센트까지[103] 높일 수 있다고 약속했다.

대책위원회와 접촉한 모든 사람이 지지를 보낸 것은 아니었다. 오렌

지카운티의 재닛 메이필드는 위원회에게 "나는 문제가 낮은 자존감이라고 생각하지 않는다. 이는 이기심이다. 세상에 태어난 아이는 누구나 울고 소리를 지르며 부모가 잠을 못 자는 것 따위는 신경 쓰지 않는다. 태어난 순간부터 우리는 자기 중심적이다"라고 말했다. 대책위 사무실은 또한 직위 요청을 거절당한 가수 랜디 스파크스로부터 분노의 편지를 받았는데 그는 이 결정이 좋은 기회를 허비한 것이라고 생각했다. 그는 "2주 전에 나의 밴드와 나는 스톡턴 아스파라거스 페스티벌에서 수천 명 앞에서 연주를 했다. 나는 내가 모욕당했다고 느끼며, 나의 청중이 내가 당신들의 자존감 봉사단에 들어가면 완벽할 거라고 제안하는 것을 당신들이 알고 있었으면 한다(그리고 이 일은 일어났다). 나는 가만 있지 않을 것이다"라고 편지를 썼다. 1988년에 스파크스는 「오 그래, 나는 멋진 사람이야. 그리고 더욱 위대한 자존감을 찾는 우리를 위한 다른 음악적 모험들」이라는 앨범을 발표했다. 이 앨범에는 「오 그래, 나는 멋진 사람이야」「나는 훌륭해」「나는 나를 좋아해」「오 그래, 나는 멋진 사람이야」(재녹음) 같은 곡들이 실려 있었다.

전국 언론으로부터 비웃음을 사고 있었기에 바스코의 임무를 구제할 방법이 없는 듯 보이기 시작했다. 하지만 그에게는 한 수가 더 있었다. 그는 입법부에 자존감이 정말로 우리를 더 적합하고, 더 행복하고, 더 생산적으로 만드는 '사회적 백신'이라는 세계 최고의 증거를 수집하겠다고 약속했다. 그리고 이에 대한 좋은 소식이 있었다. 캘리포니아대학은 이 데이터를 제공하기 위해 7명의 교수를 모집하는 데 동의했을 뿐만 아니라, 이 모든 것을 명망 있는 캘리포니아대학 출판부에서 출판하기로 결정했다. 이 합의는 엄청난 도약이었다.[104] 앤드루 메카 대책위원회 위원장은 캘리포니아대 교수들이 '엄청난 신뢰와 작전 기지'[105]를 주었다고 말했다. 밥 볼은 '경사로운' 책을 출판하기로 한 결정[106]을 공표했다. 그는 대중에게 이것이 '역사적 중요성'을 지닌[107] '혁명적인 연구'가 될 것이라고[108] 약속했다.

하지만 이것이 제공하는 홍보 활동의 기회를 대책위가 충분히 활용하기 전에, 하나의 형식적인 절차를 거쳐야 했다. 교수들이 실제로 그 연구를 해야 했다. 그들이 바스코의 신념을 지지하는 것이 매우 중요했다. 그는 이제 미국 전역에서, 그리고 그의 극단적인 신념을 넘어서는 악명을 얻었다. 그는 그의 신념으로 비난과 조롱을 받았으며 바로 이러한 종류의 모욕감이 그를 가장 고통스럽게 했다. 그가 사랑하는 어머니도 이러한 공격에 화가 났다. 그는 '인과관계'가 연구로 증명될 수 있다고 듀크와 입법부에게 약속했다. 그 법안에는 그의 프로젝트가 취소될 수 있으며 자금 조달이 끊길 수 있다는 조항이 포함되어 있었다.

소식을 기다리던 바스코와 대책위원회가 드디어 소식을 접하게 된 것은 1988년 9월 8일 오후 7시 30분, 밀브레이에 있는 엘 란초 호텔에서였다. 바스코에게 이는 개인적인 일이었다. 만약 교수들이 어떤 정신 나간 이유로 그가 틀렸다고 결론을 내린다면 이는 재앙이 될 수 있었다.

모든 것의 운명을 쥐고 있던 그날의 주인공은 캘리포니아대학의 닐 스멜서 박사였다. 이 연구를 조직한 사람은 그였다. 그는 두말할 필요 없이 진정한 개인주의자였으며 경제사회학 분야를 개척한 버클리대 사회학 명예교수였다. 그날 밤 엘 란초 호텔에서 일어난 일에 대한 뉴스가 1989년 1월 언론에 공개되었다. "대책위원회와 세계에서 가장 권위 있

는 연구 기관 중 하나인 캘리포니아대 사이에 성사된 협의에 따라[109] 7명의 저명한 교수들이 각 전문 분야에 대해 '세계에서 가장 신용할 만하고 현대적인 연구'를 심사했다. 그들이 무엇을 발견했는가? 여덟 번째 교수인 닐 스멜서에 따르면 '그 상관관계가 분명 존재하고 매우 강력하다'고 한다. 이러한 연구 내용의 중요성은 학술 연구 분야 최고의 출판사인 캘리포니아대학 출판부가 이를 출판하기로 결정하는 데 영향을 미쳤다."

　이 희소식의 영향은 즉각적으로 나타났다. AP통신은 '캘리포니아대학의 연구'와 증언이 "낮은 자존감이 알코올 중독, 약물 남용, 범죄와 폭력, 아동 학대, 청소년 임신, 매춘, 만성적 복지 의존성 및 아이들의 학습 실패와 긴밀히 연관되어 있다는 위원회의 설립 전제에 정당성을 부여하고 있다"는 것을 확인하는 극찬의 소식을 알렸다.[110] '자존감 위원회, 결국 진지하게 받아들여지고 있다'[111] '자존감 위원회가 마침내 권위를 얻게 되다'[112] '붐시 위원회가 인정받다'[113]와 같은 헤드라인이 빠르게 쏟아져 나왔다. 밥 볼은 "이제 우리가 많은 신뢰를 얻고 있는 것 같다"[114]고 기쁜 마음으로 기자들에게 답했다. 듀크는 교수들의 연구에 깊이 감명을 받아[115] 동료 주지사들에게 기사들을 보내면서 "이러한 연구들이 미국이 문제를 해결하는 새로운 날을 위한 토대를 마련할 거라고 확신한다"고 말했다. 대책위원회는 그해 4월에 최종 공개 회의를 열었다. 축하 분위기였다. 자존감 수업을 들어온 롱비치의 링컨 초등학교 학생들이 특별 손님으로 등장해 노래를 부르고 시를 암송하며 자랑스럽게 스스로를 응원했다. "내 안에는 마법이 있어. 나는 내 자신을 믿기 때문이지.[116] 우리는 어린이! 우리는 정말 멋져! 우리는 훌륭해!" 아이들은 노래했다.

대책위원회 이사인 밥 볼이 마땅히 '거장 정치인'이라고 칭한[117] 이 남자, 바스코는 상황을 매우 유리하게 바꿔놓았다. 바스코의 팀이 1990년 1월의 최종 보고서에 대한 대서특필을 위해 이제 해야 할 일은 이 분위기를 고조시키는 것이었다. 거만한 느낌('인간의 가치')부터 바보 같은(스스로를 구하라. 그러고 싶다면 이걸 읽는 것이 좋을 것) 느낌의 것까지 다양한 제목이 탈락하고 대책위는 바스코의 비위를 맞추는 제안을 따랐다. '자존감의 나라로'였다. 주로 호의적인 언론에 이제 한껏 바람을 불어넣어서, 이 정치인은 이것이 '인류를 위한 큰 발걸음'[118]이 될 것이며, 이것이 '어떻게 자존감이 사회적 백신인지'를 보여줄 거라고 약속했다. 밥 볼은 "우리는 이제 자존감과 우리가 직면하고 있는 문제들 사이의 연관성에 대해 훨씬 더 확신하고 있다. 그 모든 증거는 우리가 생각했던 것보다 훨씬 더 강력한 연관성이 있다는 것을 밝혀냈다"고 선언했다. 이 보도는 "낮은 자존감과 사회적 문제 사이의 관계가 분명히 확인되었다"라는 보도자료에 의해 떠들썩하게 퍼져 나갔다.

『자존감의 나라로』는 그 굴욕적인 출발을 목격했던 모든 이의 현실적 희망을 한참 넘어서 승리를 거뒀다. 개인적으로 바스코와 그의 프로젝트를 조롱했던 아칸소주의 주지사 빌 클린턴[119]은 이제 공개적으로 이를 지지했으며 바버라 부시와 콜린 파월[120]과 같은 중진 인사들도 그랬다. 미국 언론 전체를 설득했다고 주장할 수는 없었으나 대다수가 이에 무릎을 꿇었다. 『샌프란시스코 이그재미너』는 대책위원회가 "한때 '오직 캘리포니아만의 조롱거리'였는데[121] 최종 보고서를 발표했을 때는 아무도 웃지 않았다"고 발표했다. 『필라델피아 인콰이어러』[122]는 "최후로 웃게 되는 사람은 바스콘셀로스인 것 같다. 그리고 그는 이에 대해 만족한다"고 했고, 『타임』[123]은 "비아냥이 환호로 바뀌고 있다",

『레저』[124]는 "낮은 자존감과 사회의 병약에는 직접적인 연관성이 있다", 『데일리 리퍼블릭』[125]은 "공식적으로 자존감은 '사회적 백신'이다"라고 발표했다. 『워싱턴포스트』[126]는 다음과 같이 말했다. "늦은 밤 텔레비전 쇼의 조롱, 개리 트루도의 만화와 다른 부정적인 반응들 속에서 탄생한 지 3년이 지나, 캘리포니아의 공식 자존감 대책위원회는 인간의 문제에 대한 그들의 최종적인 생각을 여느 보고서와 마찬가지로 격식 있고 학문적인 144쪽에 달하는 보고서에 밝혔다. 이제 이는 어느 정도 승리로 보인다. 보고서 그 자체로, 또 미국 최대의 주가 일하는 방식을 보면, 한때 오직 빅서에서의 긴 주말 동안만 온당하게 받아들여졌던 자기 동기 부여 기술을 학교 행정가들, 사회복지사들, 교도관들이 실험하는 등 자존감 운동이 이제 분명 주류로 옮겨 갔음을 시사한다."

자존감은 이제 과학과 정부에 의해 정당화되었다. 미국, 나아가 세계는 자존감에 도취되기 시작했다. '자존감의 조니 애플시드'_{미국 개척기에 사과}라고 불리는 이 남자는 「CBS 모닝뉴스」, BBC의 「투데이 쇼」 「나이트라인」과 독일 국영라디오 및 호주의 ABC 방송 등에 출연했다. 그는 노르웨이, 일본, 소련 최고 회의에 초대되어 연설을 했다. 그 보고서는 발행 첫 주에 재인쇄에 들어갔고[127] 이례적으로 6만 부나 팔리면서[128] 모든 기록을 갈아치웠다. 석 달 후 『로스앤젤레스 타임스』는 자존감 운동이 이제 "전 세계는 아니더라도 주와 나라를 가로질러 퍼져 나갈 준비가 되었다"[129]고 보도했다. 바스코의 공보 담당은 「오프라 윈프리 쇼」에 접근하여[130] 제작자들이 바스코의 존엄한 주제를 방송으로 다루는 것에 대해 그와 직접적으로 이야기를 나누도록 설득했다. 6월 15일, 『볼티모어 선』은 이어진 굉장히 새로운 국면에 대해서 보도했다.[131] "자존감이 도래했다고 오프라 윈프리가 말하다. 학교는 자존감에 대해 가르칠 테고 정치인들은 이를 칭송할 테지만 오프라 윈프리가 황금 시간대에 자존감을 특집으로 다룰 때, 하나의 트렌드가 도래했다." 이 쇼는 오프라가 자존감이 '1990년대를 포괄적으로 표현하는 문구' 중 하나가 될 것이라고 생각한 이유를 살폈다. 인터뷰 대상은 마야 안젤루, 드루 배리모어, 존 바스콘셀로스였다.

이 점에서 오프라는 옳았다. 『자존감의 나라로』 출간 4개월이 지나고, 신문들은 초등학교의 86퍼센트와 공립 고등학교의 83퍼센트가 자존감 프로그램을 시행하며 자존감이 "캘리포니아의 공립학교를 휩쓸고 있다"[132]고 보도하기 시작했다. 새크라멘토에서 학생들은 다른 학생들을 어떻게 훈련시킬 것인지를 결정하기 위해 일주일에 두 번 모임을 갖기 시작했다.[133] 시미밸리의 아이들은 '네가 무엇을 하는지는 중요하지 않지만 네가 누구인지는 중요하다'고 배웠다. 미국 전역에 걸쳐 50개의 자존감 협의회가 결성되었고[134] 11개의 국제적 기구가 추가로 설립되었다. 아칸소 하와이, 미시시피의 정치 지도자들은 자신들만의 대책위원회 설립을 고려하기도 했다. 메릴랜드주가 대책위원회를 출범했을 때, "전화는 불통이 되었다.[135] 사람들은 계속해서 전화를 하고 편지를 보내고 애원하고 또 애원했…… 대책위원회와 연락하기 위해서."

몇 달에서 몇 년이 지나며 자기애 운동은 더욱 열기를 띠어만 갔다. 모두 기분이 좋아야 했다. 마약으로 재판을 받는 피고인들은 법정에 출두한 것에 대한 상으로 특별한 열쇠고리를 받았고[136] 치료를 마친 사람들은 박수갈채와 도넛을 받았다. 텔레비전 속 자존감 전도사들은 "자신을 사랑하지 않는 사람들은 신을 믿을 수 없다!"고 설교했으며[137] 다섯 살의 유치원생들은[138] "나는 사랑스럽고 재능이 있어!"라고 써 있는 티셔츠를 선물 받았다. 아이들은 경기에 참가하기만 하면 트로피를 받았다.[139] 매사추세츠주의 한 학교는 아이들이 줄넘기를 하다가 줄에 걸려서 자존감이 무너지지 않도록 체육 시간에 줄 없이 줄넘기를 하라고 했으며 성적은 부풀려졌다('이는 성적 부풀림이 아니라[140] 성적 격려'라고 한 교사는 설명했다). 1992년에 시행한 갤럽 여론조사에 따르면, 미국인의 89퍼센트가 자존감은 열심히 일하고 성공하도록 동기를 부여하는 '매우 중요한' 요인이라고 믿었다. 한편 연쇄 강간범을 찾고 있었던 미시간주 경찰[141]은 사람들에게 보통 체격의 '자존감 낮은' 삼십대 남성을 조심하라고 알려주었다.

결정적으로, 자존감 주의는 법으로 흘러 들어가기 시작했으며 바스코는 이에 대해 기뻐했다. 사회학자 제임스 놀런 주니어는 "50개 모든 주의 주법을 살펴보면[142] 자존감의 광범위한 수용과 제도화에 대한 바스콘셀로스의 판단은 적중했다. 1994년 중반까지, 일부 30개 주는 미국인들의 자존감을 증진, 보호 또는 향상시키는 방식을 모색하기 위해 총 170개 이상의 법령을 제정했다. 이들 중 대다수는(약 75개) 교육 분야에 있다"고 발표했다. 영국의 학교들 또한 감염되었다. 1990년대 교단에 섰던 교육심리학자 로라 워런 박사는 이 시기를 뚜렷이 회상하는데, 학교가 오답을 체크할 때 부정적인 빨간 펜 대신에 옅은 자줏빛을 쓰라고 명령한 것을 기억했다. "이는 '아이들이 한 모든 것에 상을 주는' 방침이었어요. 결국 매우 나쁜 아이디어였음이 밝혀졌죠. 아주 해로운 것이죠. 물론 이는 미국에서 온 거예요." 그녀가 내게 말했다.

자존감의 뚜껑을 열고 들여다보면, 인간을 자기 계발의 의무를 갖는 독립적이고 중요한 존재로 보는 고대 그리스의 생각을 쉽게 발견할 수 있다. 또한 내면의 자아와 투쟁하는 기독교의 사상을, 자존감과 함께 생각이 가진 기적적인 치유의 힘을 불러온 마음 치유 운동을 발견할 수 있다. 그리고 인간의 중심은 선하다고 믿는 칼 로저스와 인간 잠재력 운동의 분쟁지인 에설런이 있다. 그들은 사람들이 신과 같은 존재로서 마음을 열고 자신에게 진실되어야 하며 자신에게 일어난 모든 일에 대한 책임을 져야 한다고 역설했다.

바스콘셀로스가 대책위원회의 승인을 위해 노력할 때 듀크에게 경제적인 면을 내세워 설득한 것은 우연이 아니었다. 이 새로운 신자유주의시대에, 대압착의 이로움은 사라졌다. 국가는 더 이상 사람들을 돌보고 그들의 수입을 보호하고 그들의 조합을 존중하고 그들의 추락을 막기위해 존재하지 않았다. 이 경쟁의 시대에서 남들과 잘 지내고 출세하기위해, 사람들은 적응하고 야심을 가지고 무자비하며 가차없어야 했다. 사람들은 자신에 대한 믿음을 가져야 했다. 자존감은 신자유주의 게임에서 사람들을 더욱 잘 적응하게 하고, 더 훌륭하게 하며, 승리하는 게임 참가자로 만들어주는 간단한 꼼수였다. 누가 이를 안 좋아하겠는가? 사람들이 이 생각을 받아들일 준비가 되어 있었기 때문에 대책위원회는 큰 성공을 거둘 수 있었다. 이제 사람들은 자아의식이 떠오르면서 어떤 무언의 깊은 합의로 이 경제적 현실을 이해하게 됐다. 단지 사람들이 이것이 진실이길 원했던 것이 아니라, 이는 진실로 느껴졌다.

그러나 이는 진실이 아니었다.

1990년대 바스코의 대책위원회는 자존감 대유행의 자양분이 되었으며 대책위의 신뢰도는 주로 하나의 사실, 즉 1988년 존경받는 캘리포니아대학의 교수들이 데이터를 분석하여 바스코의 짐작이 사실이었음을 밝혔다는 것에 근거했다. 단, 문제는 이것이 사실이 아니었다는 것이다. 과학자들은 자존감이 사회적 백신이 될 수 있다는 것을 확인하지 못했다. 나는 대책위와 절연한 한 인물을 추적했는데, 그는 1988년 9월

에 있었던 닐 스멜서 교수와의 만남 뒤에 일어난 일을 '빌어먹을 거짓
말'이라고 묘사했다.

나에게 자존감은 이야기가 개인적인 것이 되는 지점이다. 사회학자 존
휴잇 교수의 한 책에서, 나는 자존감을 높이기 위한 임무에 나서는 나
와 같은 사람들이 우리 문화를 맹목적으로 실연하는, 즉 고전적이지만
어리석은 가상의 영웅 이야기 속 주인공처럼 행동하는 사람들일 뿐이
라고 읽었다. "이 자존감 신화 속에서 우리는 우리가 생각하고 행동하
는 방식에 대해 어떤 관점을 얻을 수 있는 방법인 문화라는 심오한 거
울을 가지고 있다. 이는 고대 영웅의 이야기나 무사의 성공담이 아니라
남녀가 주로 성공과 행복을 위해 심리학적 장애물을 극복하는 현대적
이야기다. 이 이야기의 영웅은 군인이 아니라 독자적인 정신적 힘으로
스스로를 일으키는 긍정적인 사상가다. 이야기의 사제와 설교자들은
심리학자와 심리치료사다."[143]
　　나는 존과 이야기를 나눌 때, 그에게 자존감을 높임으로써 우리 문
제를 해결할 수 있다는 아주 미국적으로 보이는 이 생각에는 무엇인가
있다고 말했다.
　　"그럼요," 그가 말했다. "이는 우리 문화적 신화의 일부입니다. 이는
미국 예외주의죠. 우리 문화는 우리가 새로운 인간을 창조했고 우리는
자유롭다고 말하죠."
　　"우리가 되고 싶다면 그 어떤 사람이든 될 수 있는 자유요?"
　　"네, 정확해요."

"하지만 이는 잘못된 생각이라는 건가요?"

"오, 그럼요. 이는 신화입니다. 사회적 구성이죠."

인간 잠재력 운동의 영향력이 최고조에 달했던 1988년과 1995년 사이에 나는 십대였다. 나는 인격의 형성기를 선생님과 심리치료사, 선의의 친구들로부터 내 문제의 원인은 자존감에 있으며 이를 해결하는 방법은 자존감을 높이는 것이라는 이야기를 들으며 보냈다. 나는 그들이 한 말을 믿었고 이를 위해 몇 년을 노력했다. 아무 소용이 없었다. 이 조사를 시작하고 나서야 비로소 내가 시간을 낭비하고 있었음을 알게 되었다. 나는 내가 '언덕 위의 황금 도시'에 도착하면 이곳이 나를 완벽한 모습으로 변화시킬 거라고 상상했는데 이는 신기루였다. 나는 믿을 수 없었다. 낮은 자존감과의 싸움은 바로 나 자신이었다. 이 경험은 우리 자신에 대한 감각이 얼마나 구조적인지, 그 구조가 많은 경우 우리가 들어본 적도 없고 오래전에 죽었으며 틀린 것으로 밝혀진 다른 사람들의 삶으로부터 형성된 것인지를 그 어떤 것보다도 적나라하게 느끼게 했다.

그래서 나는 이제 무엇을 하려고 했던가? 나는 그 많은 치료실에 앉아 기독교주의의 자기혐오 속에서 괴로움을 겪은 부자연스럽고 차가웠던 내 어린 시절을 자신감 있게 가리키며 이것이 내가 나 자신에 대해 느끼는 감정, 내게 '신경증적 완벽주의'를 몰고 온 원인이라고 결론을 내렸다. 그러고 나서 나는 나의 심술궂고 반사회적이며 신경질적인 면이 내 자아를 정의할 수 없다는 사실을 받아들였다. 왜냐하면 자아는 '환상'이니까. 에설런에서의 마지막 날, 비록 내가 마지막에 약간 실수를 했음에도, 나의 심술궂고 반사회적이며 신경질적인 면이 사라지는 듯 느꼈던 안도감이 이를 확인시켜주는 듯했다. 내가 믿게 되었던 모든 불행은 소프트웨어의 해결 가능한 버그에 의해 유발된 것이었다.

이제 나는 해결책을 빼앗겼을 뿐 아니라 심리치료를 받는 사람이라면 누구든 마주하고 싶지 않을 악몽 같은 결론에 도달했다. 그 결론은 이렇다. 만약 나의 자기혐오가 실제로는 전적으로 이성적인 반응이었다면? 만약 내가 내 성격의 이런 나쁜 면을 환상일 뿐이라 치부하며 스스로를 속이고 있었다면? 아마도 나는 자괴감을 느껴야 하기 때문에 자괴감을 느꼈을 것이다. 아마 내가 에설런에서 신이 나서 등장시킨 그 못된 놈이 정말 나였을지도 모른다.

어떻게 미국이, 그리고 전 세계가 바스코와 그의 사람들에 의해 그렇게 보기 좋게 속아 넘어갔는지 알아내기 위해 나는 캘리포니아의 델마로 갔다. 대책위원회의 일이 태양을 서쪽에서 뜨게 할 것이라고 예언했던 터번을 쓴 백인 남자를 만나기 위해서였다. 데이비드 셰나호프칼사는 명상이 '아주 오래된 마음의 기술'이라고 믿는 쿤달리니 요가 수행자였다. 요가 호흡이 놀라운 건강상의 이점을 줄 수 있는지 알아보고자 신경과학을 활용하는 데 일생을 바친 그는 대책위원회가 그의 연구 결과를 그들의 결론에 포함시키지 않자 격노했다. 하지만 이보다 더 데이비드를 화나게 하는 것이 있었다. 사실 그는 대책위의 최종 보고서에 무척 환멸을 느꼈고 그 보고서에 서명하기를 거부했다. 최종 보고서가 공개되었을 때, 개괄 페이지의 그의 이름 위는 빈칸으로 남아 있었다.

3월의 어느 화창한 아침, 나는 그의 오두막집 문을 두드렸다. 그는 내가 보았던 대책위원회의 사진에서와 다르지 않은 좁은 얼굴에 날카로운 눈빛을 하고는 파란 터번을 쓰고 나를 반겨주었다. 그의 집 뒷마당에는 운동기구로 사용하기 위해 뒷바퀴를 제거한 듯 보이는 낡은 경주용 자전거가 있었다. 그의 책장에는 노먼 도이지의 베스트셀러와 정신장애에 대한 진단 및 통계 편람이 있었다. 그의 집 벽에는 그가 평생 함께해왔던 개들의 사진이 붙어 있었는데 모두 골든레트리버였고 그중 두 마리의 이름은 버바였다. "그만해!" 그는 흥분하여 주의를 맴도는 현생의 버바에게 소리쳤다. "자존감을 좀 보여봐!" 그는 개를 돌보러 가기 전에 요기를 하라고 여러 종류의 치즈를 내게 주었다. "너는 지금 잘못했으니까 묶여 있는 거야." 그가 거실 탁자에 앉기 전에 버바에게 다정히 말했다. "버바는 지나치게 사교적이고 매우 버릇이 없고 아주 사랑받죠. 그거 알아요? 버바는 개밥을 먹지 않아요. 한 번도 먹은 적이 없어요."

"그럼 뭘 먹나요?" 내가 물었다.

"사람이 먹는 음식이요." 데이비드가 말했다. "엎드려, 버바! 그는 한 달에 약 500달러어치 음식을 먹어요."

그 개는 희망에 찬 좌절 속에서 나를 보고 헐떡거렸다. "너 정말 운이 좋구나, 버바." 내가 그에게 말했다.

"운이 좋죠." 데이비드가 말했다. "하지만 버바와 함께하는 제가 행운이죠. 원하시는 질문 어떤 것이든 편히 하세요. 솔직히 답할게요. 엎드려!"

데이비드 옆 탁자에는 반짝이는 두꺼운 빨간 책이 하나 놓여 있었다. 『자존감의 사회적 중요성』이라는 이 책은 캘리포니아대학 교수들의 논문집으로, 바스코와 대책위원회의 위원장 앤드루 메카가 서문을 썼으며 학문적 접근을 시도한 닐 스멜서 박사가 그 내용의 개요를 썼다.

이는 1989년 7월 대학 출판부에서 출간되었다. 데이비드는 조심스럽게 책을 펼쳤다. "내가 보여드리죠, 젊은이." 그는 책을 획획 넘기더니 교수들의 연구 결과에 대한 스멜서의 개요가 적힌 15쪽에서 멈췄다. 그러고는 눈을 가늘게 뜨고 글을 유심히 살펴보았다. "어디 보자." 그는 읽기 시작했다. "하지만 가장 일관되게 보도되는 뉴스는 자존감과 자존감의 기대 효과 사이의 연관성이 엇갈리고 약하거나 부재한다는 것이다."

　이것이 스멜서의 진짜 과학적 견해였다. 그리고 물론 이는 대책위원회가 언론과 대중에게 용케 밀어붙였던 내용과는 완전히 다른 결론이었다. 데이비드는 바스코가 교수들의 연구 논문 초고를 처음 보았을 때, 그 방에 같이 있었다고 주장했다. "우리는 함께 탁자에 앉아 있었습니다. 샌프란시스코 아니면 새크라멘토였을 거예요. 존 바스콘셀로스가 여기 앉아 있었고 저는 한두 사람을 사이에 두고 떨어져서 저쪽에 앉아 있었어요." 그가 말했다. "저는 그가 초고를 훑어보고는 고개를 들고 한 말을 기억해요. '만약 입법부가 이 보고서의 내용을 알게 되면 대책위에 자금을 삭감할 수도 있다는 것 알아요?' 그러고 나서 모든 것은 그 탁자 밑에서 없어지기 시작했죠."

　"그러면 그들이 어떻게 했는데요?" 내가 물었다.

　"그들은 이를 숨기려 했어요. 그들은 이 보고서 말고 (긍정적인) 보고서를 출간했죠." 그가 빨간 책을 두드리며 말했다. 이 빨간 책은 4000권도 채 팔리지 않았으며 대책위의 더욱 긍정적인 최종 보고서인 『자존감의 나라로』보다 분량도 훨씬 적었다. 『자존감의 나라로』는 6만 부가 팔렸으며 고의적으로 과학적 사실을 '무시하고 은폐했다'고 데이비드는 말했다.

　"그렇다면 과학자들이 말하는 것을 은폐하려는 부정직한 노력의 결과였단 말인가요?"

"오, 완전히 부정직하고말고요." 그가 말했다.

이야기를 나누고 치즈를 야금야금 먹으면서 데이비드는 바스코가 자신의 인생 이야기에 대해서도 거짓말을 했다고 폭로했다. 그는 1966년에 그가 겪은 개인적인 좌절의 원인에 대해 가끔 모호하게 말하곤 했는데 대책위가 출범할 무렵, 갑자기 이 일의 위기와 투쟁 그리고 낮은 자존감에 대한 승리를 더해 안성맞춤의 이야기로 만들어냈다. 그러나 이는 사실이 아닌 것 같았다. "저는 그가 언제쯤 자신이 동성애자라는 것을 깨닫게 됐는지 모르겠어요." 데이비드가 말했다. "하지만 이것이 핵심 문제였죠. 그는 가톨릭 신자로 자랐고 통상적인 범기독교적 죄의식 같은 것을 가지고 있었죠. 아마 이게 그의 개인적인 좌절의 핵심이었을 거예요."

"그가 동성애자였나요?" 내가 말했다.

"네, 그리고 우리 모두가 그 사실을 알게 됐죠. 그를 잘 아는 몇몇 사람은 이를 분명히 바로 알아챘어요. 그러고 나서 이는 공개적인 사실이 됐죠. 우리는 별로 놀랍지 않았어요." 바스코는 에설런 전속 학자로 일하고자 정계를 떠난 지 10년이 지난 2014년 82세의 나이로 세상을 떠났다. 이 주장은 그의 의지와 상관없이 확인된 것이기에 나는 이것이 다소 안타까운 폭로라고 생각했다. 평생 개인적 자부심과 진정성을 알려온 이 전도사는 자신의 성적 취향이 절대 공개되어서는 안 된다고 느꼈던 모양이다.

우리의 이야기는 다시 자존감에 대한 거짓말로 돌아갔다. 스멜서 박사가 연구팀의 결론을 대책위에 알린 것은 1988년 9월이었다. 언론과 대중은 그가 완전히 자신 있어 한다고 전해 들었고 그들에게는 "상관관계가 분명 존재하고 매우 강력하다"는 그의 직접적인 말 한마디만이 주어졌다. 내가 혼란스럽다고 생각한 것은 이것이다. 물론 이 책에서 '연관성이 엇갈리고 약하거나 부재하다'는 불리한 말을 쓴 것도 스멜서다. 그래서 어느 쪽이었을까? 스멜서는 정말로 무엇을 믿었을까? 그리고 그 회의에서 실제로 무슨 일이 일어났을까? 스멜서는 낮은 자존감에 대한 과학자들의 연구 결과에 대해서 대책위에게 뭐라고 말했을까? 나는 이를 알아내려고 며칠을 노력했지만 새크라멘토 기록 보관소에서는 아무것도 발견할 수 없었다.

그러나 그때, 꽤나 뜻밖에도 나는 엄청난 기회를 잡았다. 절망 속에서 나는 오래된 카세트테이프를 요청했는데, 이는 미완본으로 공개 발표회를 녹음한 것인 듯했고 동시에 회의 내용도 조금 포함돼 있는 것 같았다. 그중 하나에 '9월 8일, 밀브레이'라고 써 있는 것이 보였다. 가슴이 뛰었다. 바로 이거였다. 기록 보관소의 카운터에 있는 직원에게 다가가면서 나는 뛰지 않으려고 애썼다. 나는 카세트테이프 플레이어와 헤드폰을 부탁했다. 그러고 나서 조용한 구석을 찾아 서둘러 테이프를 꽂았다.

지지직거리는 소리가 나면서 희미한 소리가 들려왔다. 목소리를 알아듣기 위해서 나는 헤드폰을 귀에 바싹 붙여 쓰고 눈을 꼭 감아야 했다. 마침내 충분히 잘 들리게 되었다. 이는 스멜서 박사의 발표였는데, 거기에는 대책위원회가 주장했던 것만큼 낙관적인 내용은 전혀 없었다. 나는 그가 교수들의 연구가 완료되었지만 걱정스러울 정도로 불분명하다

고 발표하는 것을 들었다. 그는 학문적 성취와 같은 몇 가지 영역에 대해 이야기를 하고는 "이러한 상관관계는 정말로 꽤나 분명히 존재하며 매우 강력하다"고 말했다. 이는 분명 대책위원회가 써먹은 인용문이었다. 대책위는 대중을 상대로 이를 더욱 그럴듯하게 들리게 했다.

하지만, 이보다 훨씬 더 나쁜 것은, 그가 이 다음에 말한 것을 대책위가 생략한 것이다. "하지만 다른 부분에서는 상관관계가 그리 대단한 것 같지 않고 그 이유를 잘 모르겠다. 또한 상관관계가 있을 때, 그 상관관계의 원인이 무엇인지 확신할 수 없다. 연구 결과가 명확하지 않은 부분을 예로 들어보자. 이는 자존감과 알코올 중독은 관련이 있다는 것이다. 대체로 여기에는 긍정적인 상관관계가 있지만 그 원인은 무엇인가? 이런 사람들은 이미 자기 회의적이고 자기를 비하하며 자신을 하찮다고 생각하는 것 때문에 술을 마시러 가는 걸까? 아니면 그 반대인가? 수년간 또는 수십 년간의 알코올 중독이 우리가 알코올 중독자들에게서 발견한 자신은 무가치하다고 느끼는 감정의 인과적 근거를 구성하는가?"

이것이 최대 난점이었다. 바스코는 입법부에 이 자료가 낮은 자존감으로 '인해 나타나는' 결과를 보여줄 거라고 약속했다. 그리고 이는 정확히 스멜서 교수가 말한 것으로, 그런 것은 없다는 것이었다. 상관관계 발견은 쓸모없는 것이나 다름없다. 과학을 공부하는 사람이라면 모두 알 텐데, 상관관계와 인과관계는 같지 않다. 가정폭력이 돌리 파턴_{미국의 싱어송라이터이자 배우}을 좋아하는 것과 상관관계가 있다는 것을 발견할 수도 있지만(이유는 모르지만 그럴 수도 있다) 그렇다고 이것이 돌리 파턴이 가정폭력의 원인이거나 실제로 파턴을 퇴치하는 것이 가정폭력의 백신이 될 거라는 뜻은 아니다. 발표가 끝나고 스멜서는 대책위에게 경고했다. "이 데이터는 대책위가 입법부에 갖다 바칠 수 있는 무언가를 주지 않을 것이며 데이터는 '이것이 여러분이 해야 할 일이며 여러분은 다음과 같은 결과를 기대해야 할 것이다'라고 이야기한다. 이것은 또 다른 죄다. 부풀려 말하는 죄다. 그리고 아무도 그것을 하고 싶어해선 안 된다. 여러분은 그렇게 하고 싶지 않을 것이다. 물론, 우리도 그렇게 하고 싶지 않다." 그가 말했다.

데이비드는 대책위가 스멜서의 발표를 너무 터무니없이 왜곡하고 있다는 것을 알게 됐을 때, 바스코가 참석했던 회의에서 그에게 항의했다고 말했다. "나는 항상 내 생각을 그대로 말했어요. 왜냐하면 존 바스콘셀로스나 이사인 밥 볼, 위원장인 앤드루 메카가 내가 말하지 않았으면 하고 바라는 것을 말하는 것이 바로 내 책임이라고 느꼈기 때문입니다." 그가 말했다. 나중에, 나는 실제로 그 내란의 순간을 포착한 테이프도 발견했다. 언론에 거짓말을 한 바로 직후인 1989년 2월 2일의 모임이었다. 사실 가장 먼저 대담하게 소신을 밝힌 사람은 베트남전에 참전했던 공화당원인 윌버 브랜틀리였다. "우리는 그 골수에 도달해야 할 필요가 있다. 그러나, 나는 그것이 우리의 최종 보고서나 다른 어떤 연구 결과에 포함될 수 있을지에 대해 심히 의심스럽다. 너새니얼 브랜든처럼 30년 넘게 이 분야에 종사해온 사람들도 그 골수를 아직 발견하지 못했다. 나는 우리가 언론에서 말하는 것, 그리고 언론에 발행된 것들에 대해 매우 염려스럽다. 우리는 우리가 그 골수를 발견했음을 시사하고 있다. 허나 우리는 그러지 못했다. 우리는 연구를 하는 교수들 사이에서 합의가 이루어졌다고 말하고 있다. 이는 사실이 아니다. 이로써 발언을 마친다."

그러고는 이와 관련 없는 논의가 이루어지고 난 뒤, 데이비드의 차례가 되었다. 그는 이 회의에 대한 공식 보고서를 읽고 나서 "나는 이것이 닐 스멜서가 우리에게 남기고 싶어했던 요점은 아닌 것 같다"고 생각했다고 말했다. 그래서 그는 스멜서를 소환했다. "나는 그에게 이에 대해 어떻게 생각하느냐고 물었으며 나는 그의 말을 그대로 인용한다. 그는 이것이 '왜곡'이라는 것에 동의한다. 이는 '잘못'되었다. 그는 최종 보고서에서 자신과 연구진이 연구 결과를 진실되게 해석하고 있다고 믿고 있으며 실제로 그렇다고 주장하는 바이다."

그러자 바스코가 곰이 으르렁거리는 듯한 소리를 내는 것이 내 헤드폰을 통해 들려왔다. "내가 본 보고서는 그의 발표를 인용하고 있다." 그가 말했다. "만약 이것이 잘못되었다면 수정되어야 한다. 만약 이것이 올바르다면 수정해서는 안 된다."

그리고 나서 위원회의 한 참모가 바스코를 서둘러 변호했다. "나는 9월 8일 밀브레이에서 있었던 발표 내용의 사본을 만들었는데, 그 발표 그리고 그의 목소리의 어조와 사용하는 단어, 모든 것이 아주아주 긍정적이며 매우 활기차고 열정적이었기에, 이는 다소 당황스럽게 들린다."

그러나 테이프를 듣고 대책위의 문서를 읽으며 조사를 계속할수록 그 미스터리는 다시 깊어지기 시작했다. 스멜서는 다소 변덕스러운 성격을 드러내고 있었다. 그는 과학적 세부 사항에 대해서는 지속적으로 정확했고 그 데이터가 사회적 백신으로서의 자존감에 대한 대책위의 생각을 뒷받침하지 못한다는 메시지에 대해서도 확고했다. 그러나 때때로 이상할 정도로 그는 대책위에 동의한다는 인상을 남기고 싶어 안달난 듯 보였다. 예를 들어, 자존감이 사회문제의 발생에 있어 '핵심 요인'이라는 것은 '우리 모두가 정말 다 알고 있는 사실'이라고 언급했다.[144] 그리고 나서, 나는 바스코가 받은 개인적인 쪽지에서, 데이비드가 끼어

들었던 회의 나흘 뒤에 대책위가 스펠서에게 연락을 했다는 사실을 알게 되었다. 그들은 데이비드가 회의에서 한 말이 사실인지를 알고 싶어했다. 그는 대책위가 공개 브리핑에서 사용한 인용에 대해 정말 화가 났을까? 그는 자신의 신념이 '왜곡'되었으며 수정되어야 한다고 생각했을까? 그렇진 않은 것 같다. 스펠서의 메모는 그 인용이 과학적 세부 사항을 모두 담고 있지 않다는 점을 인정하면서도 "나는 이 인용이 이대로 변함없길 바란다"라고 쓰여 있었다. 무슨 일이 일어나고 있었던 것인가?

나는 스펠서를 찾아내고 나서야 진실을 알게 되었다. 이는 또 다른 폭로전이 될 것이었다. 그는 줄곧 매우 섬세한 정치적 게임을 하도록 강요당한 듯했다. "나의 주된 동기는 캘리포니아대학에 대한 충성심이었어요. 나는 내가 어쩌면 정치적으로 어려운 상황 속에서 그들을 구해주고 있다고 생각했어요." 그가 말했다. 이 모든 것은 바스코가 캘리포니아대학 총장에게 전화를 걸어 자신이 대학을 돕기 위해 무엇을 할 수 있을지를 물어보았을 때 시작되었다. "겉보기에는 악의 없는 전화로 보였죠. 하지만 그렇지 않았어요. 바스콘셀로스는 세입위원회 위원장이었고 총장은 이 사실을 무시할 수 없었습니다. 하지만 그는 어떻게 해야 할지 몰랐어요." 스펠서가 말했다.

"그가 그냥 싫다고 할 순 없었나요?" 내가 물었다. "그는 바스코를 거절할 수 없었나요?"

"바스콘셀로스는 대학의 예산을 마음대로 할 수 있었어요." 그가 말했다. "그 압박은 간접적이었죠. 그는 '이것을 하지 않으면 당신의 예산을 삭감하겠어'라고 말하는 대신 이렇게 말했죠. '대학이 이 문제를 위해 자원의 일부를 투입할 수 있다면 이는 좋은 생각이 아니겠나?'"

5. 특별한 자아

물론 대책위원회는 대학의 연구 참여를 항상 자신들의 신념에 대한 지지로 여겼다. 실제로는, 그 반대였다. 바스코의 부탁은 대학의 고위층에게 일련의 경고를 보낸 격이었고 결국 스멜서에게까지 도달하게 되었다. "그들은 '우리가 무엇을 할 수 있을까요?'라고 말했고 내 대답은 '아마 아무것도 없을 겁니다'였어요. 하지만 나는 이에 대해 며칠 동안 생각을 해보고는 '글쎄, 대학은 대학이 가장 잘하는 것을 해야 하고 학문적인 방식으로 관여해야 합니다'라고 말했습니다." 그는 바스코가 이 계획에 '몹시 흥분했다'고 말했다. "그는 '내가 이 움직임에 불러올 수 있는 관심은 어떤 것이라도 환영이다'라고 생각했어요." 스멜서는 바스코, 대책위 위원장인 앤드루 메카와 '좋은 외교 관계'를 유지하기 위해 신경 썼으며, 그러기 위해 그들의 이름을 이 책의 공동 저자로까지 올렸다고 말했다. "그렇게 내가 모든 연구를 했고 그들의 이름도 함께 속표지에 올랐습니다." 그는 바스코를 '기묘한 인물'이라고 설명했다. "그는 충동적으로 행동했고 매우 독선적이었으며 사람들을 두렵게 했어요. 그는 키가 크고 덩치도 컸으며 성미가 급한 사람이었죠. 사람들은 아마 이자와 너무 가까워지고 싶지는 않아 할 거예요. 하지만 어찌된 게 그와 나는 일적으로 꽤나 좋은 관계를 발전시켰죠."

결국 바스코를 어르고 달래기 위한 캘리포니아대학의 임무는 그들로 하여금 5만 달러의 비용을 들이도록 했다.[145] 그리고 스멜서는 연구 데이터가 바스코의 신념을 뒷받침하지 못했을 때 '조금도 놀라지 않았다'. 9월 8일에 있었던 중요한 회의에 대해 그는 많은 것을 기억하지 못했다. "나는 나쁜 소식을 전하고 있었어요. 나는 그들이 실망했다고 확신하지만 그들은 매우 정중했어요." 그가 말했다. 그들이 그의 데이터를 미심쩍은 태도로 대하는 것 또한 그리 놀랄 만한 일이 아니었다. "대책위는 좋은 소식이라면 모두 환영했고 나쁜 소식은 무시하거나 부정했습니다. 나는 이러한 일들이 거의 종교적인 운동이나 다름없고 그런 종교단체에서나 일어날 법한 일이라고 생각했죠." 그가 말했다. 그럴듯하게 만들어진 인용에 대한 논란과 이에 대해서 데이비드가 그에게 연락했던 일에 대해 물었을 때, 그는 아예 기억을 하지 못하는 듯했다. "그건 기억해낼 수가 없네요. 아마 내가 기억하고 싶지 않기 때문일지도 모르겠습니다." 그리고 그는 대학에 대한 충성심과 두려운 바스코의 위협 사이에서 세심히 균형을 유지해야 했던 것에 대해서, 역사가 이를 정당화해줄 거라고 느낀다고 말했다. "대학은 결코 비난을 받은 적이 없었다는 점에서, 내 연구는 성공적이었다고 생각해요."

다음으로 나는 밥 볼에게 연락하기로 했다. 그는 내게 말했다. "대책위원회의 보고서가 발표된 지 25년이 넘었는데…… 나는 당시 보고서의 결론과 보고서가 시사하는 바에는 아무런 문제가 없다고 보았습니다." 마지막으로 과연 도움이 될지는 모르겠지만, 앤드루 메카를 추적해보는 게 좋지 않을까 생각했다. 나는 대책위원회의 위원장이자 과거 캘리포니아의 '조직 두목'이었던 그가 내게 솔직하지 않을 거라는 걸 잘 알고 있었다. 그는 베테랑 정치인일 뿐만 아니라 바스코의 오른팔이기도 했다. 그는 계획적으로 언론과 대중을 오도했다는 것을 인정하지 않을 터였다. 하지만 적어도 그가 무슨 말을 할지는 들어봐야 하지 않겠는가? 마침내 그와 연락이 닿았을 때 그는 캘리포니아대학의 위신이 부진하던 대책위원회의 상황을 반전시켜준 것이 사실임을 인정했다. "이는 우리에게 약간의 신뢰도를 가져다주었어요. 갑자기 존 바스콘셀로스는 초자유주의적 신체 접촉을 특징으로 하는 집단 정신 치료법을 행하는 거짓말쟁이에서 학문적 연구자로 탈바꿈했죠. 이는 정말 좋은

5. 특별한 자아

일이었어요." 그가 말했다. 나는 무엇보다 바스코에 대한 두려움으로 인해 대학이 연구에 참여하게 되었다는 스멜서의 말을 그가 기꺼이 인정했을 때 깜짝 놀랐다. "그래요, 아주 정확해요. 존이 그들의 목숨을 쥐고 있었죠. 그들의 예산을요!" 그는 웃으며 말했다.

그러고 나서 그는 과학자들의 논문집에 대해 어떤 말을 했는데, 이는 나를 정말로 놀라게 했다. "그 책을 읽어보면, 학문적으로 이해할 수 없는 말투성이일걸요."

"위원장님이 바라던 것을 데이터가 증명해주지 않았을 때, 어떻게 반응하셨나요?"

"전 별 상관 안 했습니다." 그가 말했다. "이는 과학의 영역을 넘어서는 것이라고 생각했죠. 한마디로 맹신이었어요. 그리고 저는 맹목적인 바보만이 자존감이 한 사람의 성격과 건강, 활력에 있어 중요하다고 믿을 거라고 생각해요. 닐 스멜서와 같은 행동과학자들이나 뭐 그런 비슷한 걸 하는 사람들, 새로운 언어를 배우지 못했고 저 밖의 새로운 것에 대한 길잡이를 갈망하고 있는 사람들의 새로운 소비 시장에 맞게 변화할 충분한 용기가 없었던 일부 구식 학자들에게 이는 일종의 최후의 시도였죠." 그는 과학자들이 냉소적으로 이 과제 전체를 어떤 기회로 보았음을 암시했다. "전반적으로, 이는 마치 '오, 우리의 오랜 개소리를 다시 새로운 책으로 출판할 거야'라고 말하는 것 같았죠."

"그렇다면 바스콘셀로스는 그 보고서를 읽었을 때 화를 냈었나요?" 내가 물었다. "스멜서의 서문을 보면 부정적인 말이 있던데요."

"네," 그가 말했다. "글쎄, 문제는 존이 대단한 정치인이었고 정말 집요했다는 것이죠. 그는 자신이 필요로 하는 것을 가지게 됐다고 느낄 만큼 실용적인 사람이었고, 그것은 바로 자존감이 상당히 중요하다고 말하는 학술적 보고서였죠. 적어도, 우리가 언론에 알린 것은 조작된 내용이었어요. 그리고 그게 정말 중요했어요, 이걸 정당화한 것이 바로 언론이었으니까요. 모두가 최종적으로는 꽤나 긍정적이었죠."

"아주 놀라운 일이었네요." 내가 말했다.

"그럼요."

사실 은폐에 격노한 데이비드 셰나호프칼사가 닐 스멜서의 치명적인 인용구를 언론에 공개하고자 분주히 움직이기 시작했던 것은 특히나 놀라웠다. 그는 이 인용구를 보고서에서 자신의 개인적인 성명에 포함시켰으며 새로운 붐시 만화 시리즈를 준비하고 있던 만화가 개리 트루도에게 팩스로 보내기까지 했다. 또한 대책위의 보고서를 찬양하는 신문사와는 거리가 먼 비주류 신문사이긴 했지만, 그는 자신의 말이 몇몇 기사에 실리게 했다. "내 생각에 대부분은 주목을 받지 못했던 것 같습니다." 데이비드가 그의 게릴라적 행동에 대해 내게 말했다. "아마 몇몇 짧은 언급만이 있었을 거예요. 아마 그 모든 과정을 통틀어 다섯 번에서 열 번 정도 언론과 인터뷰를 했던 것 같네요."

나는 언론이 바스코와 앤드루 메카를 끔찍이 찬양하기 시작한 것이 정말 놀라웠다. 이는 부분적으로 데이비드나 닐이 반기를 들기 전에, 보고서 출간을 앞두고 기삿거리를 구성하려는 의도로 대책위가 전국을 다니며 권위 있는 편집자들과 PD들을 만났기 때문이라고 메카가 내게 말했다. "우리는 편집국을 열심히 돌아다녔어요. 존과 나는 함께 꽤 좋은 기사를 만들어낼 수 있었죠. 그들은 존을 알았고, 그의 권력을 알았고, 나는 여기에 상당한 열정을 쏟을 수 있었죠. 그리고, 기억나네요, 누군가가 방에서 걸어 나오더니 이튿날 신문에 실릴 사설을 써냈어요. 이는 상황을 빠르게 호전시켰죠." 그가 말했다.

그들은 홍보 캠페인에 3만 달러라는 엄청난 돈을 썼다.[146] 절정기에는 5명의 홍보 담당자들이 하루 종일 일하며 바스코와 메카의 회의를 주선하고 능수능란하게 조작된 그들의 자료들을 발송했다.[147] "우리는 우리 이야기를 하기로 했고 사람들이 이를 스멜서가 집필하고 있는 것으로 이해하지 못하게 하기로 결정했어요. 의도적으로 그렇게 했죠. 우리는 메시지를 발전시켰습니다. 이는 매우 긍정적인 메시지였죠. 그렇게 긍정적인 메시지가 우세하게 되었죠." 그가 말했다.

"그렇다면," 내가 말했다. "닐 스멜서와 데이비드 셰나호프의 부정적인 목소리를 피하려는 목적이었던 건가요?"

"정확해요." 그가 말했다. "마지막 해 내내, 또 보고서가 발간된 후, 그리고 다시 그 책이 출간된 후에 대부분의 기사 제목은 '자존감 대책위원회가 자존감이 중요하다고 말하는 학문적 지지에 힘입어 수훈을 얻다' 같은 것이었죠."

"그렇다면 아무도 데이비스 셰나호프가 하고 있던 일을 신경 쓰지 않았던 건가요?"

"아무도 신경 안 썼을걸요." 그가 말했다. "알아두세요, 그는 그 이야기를 말하고 다니지 않았다니까. 한 명의 중상모략가라…… 그게 무슨 대수라고! 그의 기사가 우위를 차지하지는 못했어요." 닐도, 데이비드의 행동도 바스코를 그리 성나게 하진 않았다. "걸림돌이 있긴 있었지." 메카는 이를 인정했다. "하지만 존은 걸림돌을 어떻게 뚫고 나가느냐가 자신을 정의한다는 것을 알고 있었지. 두어 마디의 말은 큰 배가 바다를 가로질러 항해할 때 별 손상을 주지 않죠. 그리고, 저기 그렇잖아요, 윌! 누가 닐 스멜서나 셰나호프를 기억하겠어요? 누가? 누가 그들을 기억해? 아무도요! 그들은 긍정적인 변화의 쓰나미 속의 작은 물결이었을 뿐이에요."

2014년 랭커셔주에 있는 배로퍼드 초등학교의 열한 살, 열두 살에게 전달된 따뜻한 편지가 인터넷을 뜨겁게 달궜다.[148] 키 스테이지Key Stage 투 7~11세의 아이들이 4년의 정규 교과과정을 끝내고 보는 시험의 결과와 함께 아이들은 이 편지를 받게 되었는데 편지의 내용은 아이들을 안심시켜주었다. "이 시험은 우리 각자를 특별하고 유일무이하게 만드는 모든 것을 평가하는 것이 아닙니다. (…) 이 시험은 친구들이 여러분에게 기댈 수 있도록 여러분이 항상 거기 있어주는 것을, 여러분의 웃음이 우울한 날을 밝게 빛나게 할 수 있음을 알지 못합니다. 시험은 여러분이 시와 노래를 쓰고 스포츠를 즐기고 경기에 참여하고 미래에 대해 궁금해하는 것을, 때로는 어린 형제나 자매를 방과 후에 돌본다는 것을 알지 못합니다."

외신은 이 기분 좋은 따뜻한 이야기를 전했다. 이는 아이들의 자존감을 보살피는 것을 최우선으로 삼은 한 학교가 아이들에게 삶에 대한 긍정적인 의식을 갖도록 하는 메시지였다. 배로퍼드의 교사들은 아이들을 '말썽쟁이'라고 '규정'하고 아이들에게 목소리를 높이고 처벌을 하는 것에 찬성하지 않았다. 버릇없는 학생을 대할 때, 교사들은 학생들에게 그들의 행동이 '잘못된 것'이라는 걸 알려주지만 동시에 그들이 '훌륭한' 존재라는 점을 상기시키도록 지시받았다. 교장 레이철 톰린슨은 이 학교의 지도 철학이 아이들을 '무조건적인 긍정적 관심'으로 대하는 것이라 말했다. 이는 바스코의 '두 번째 아버지'이자 인본주의 심리학의 창시자인 칼 로저스의 입에서 나온 말이었다.

1년이 조금 지난 후, 배로퍼드는 다시 뉴스에 등장했다. 정부의 교육기준청이 학교를 사찰했다. 그리고 배로퍼드에 가장 낮은 등급을 부여했다. 정부는 이 학교에 '심각한 결점'이 있음을 고발하면서, 교사의 질과 시험 결과가 기준에 미치지 못한다는 것을 알아냈다. "학생들이 성취할 수 있는 것에 대한 교직원들의 기대치가 충분히 높지 않다. 일부 교직원들은 읽기, 쓰기, 수학의 기초 지식을 가르치는 것에 충분히 주의를 기울이지 않는다"고 보고서는 말했다. 학교는 이에 대해 '높은 학업 수준에 도달하는 것보다 학생들의 정서적·사회적 안녕을 발달시키는 것을 더욱 강조했다'고 말했다. 교장은 자신의 생각을 변호하면서 지역 신문에 "우리는 엄청난 연구와 숙고 끝에 이 정책을 도입했으며 나는 이것이 성공적이라고 생각한다"고 발표했다.

클리블랜드의 에리 호수 둑에 위치한 유클리드 마을에서는[149] 가장들이 7월 4일과 현충일에 성조기를 게양해왔다. 그리고 아니나 다를까 정확한 신호에 맞춰 무채색의 단추가 달린 셔츠에 카키색 바지를 입고 군대식으로 아주 짧게 깎은 머리를 한 루디 바우마이스터는 가지런히 깎아놓은 교외의 잔디밭을 걸어 나가 결연하게 깃발을 세우곤 했다. 이는 1950년대 말이었고 루디는 스탠더드오일사의 정규 직원이었다. 그는 동부 전선의 히틀러의 군대에서 복무한 뒤 독일을 떠났으며 소련의 포로수용소에서 몇 달을 보냈다. 루디는 스스로를 매우 높이 평가했다. 그는 쉽게 화를 냈고 때때로 자신의 두 자녀를 체벌하곤 했다. "그는 매우 우파적이었다. 그는 만사를 자기 뜻대로 하려 했다. 그것이 그의 방

식이었고 그는 항상 지도자가 되어야 했다. 그는 자존심이 매우 셌다. 어려서부터 사람들이 그를 존경해야만 했다. 그는 맏아들이었으며 가장 중요한 존재였다. 그는 항상 가장 중요한 사람이어야 했다." 그의 딸 수전이 말했다.

집 뒤쪽의 위층 방에는 이 모든 것으로부터 숨어 지내는 로이라는 이름의 어린 소년이 있었다. 1953년 봄에 태어난 로이는 금발에 파란 눈을 가지고 있었으며 예의가 발랐고 아버지를 두려워했다. 그의 방 창문으로는 아름다운 떡갈나무를 내다볼 수 있었고 하늘색 벽의 선반에는 책들이 있었는데, 책은 그에게 현실 도피 수단이었다. 그는 아서왕과 그의 귀족 기사들의 이야기를 읽었으며 『콜리어 백과사전』 전권을 탐독하며 몇 시간씩 보냈다. 고등학생 때, 그는 반에서 가장 우수한 학생이자 졸업생 대표였다. 하지만 세상의 모든 재미를 놓치고 있다는 이 고통스러운 감정은 어딜 가든 그를 따라다녔다. "내 부모님은 아이들이 스포츠를 즐기거나 춤을 추러 가거나 파티에 가야 한다고 생각하지 않으셨어요. 그냥 집에 와서 집안일을 하고 학교 공부를 해야 한다는 것이 다였죠." 그가 말했다. 성공해야 한다는 압박감이 엄청났다. "우리는 모든 면에서 최고가 되어야 했어요. 가장 키가 크고, 가장 금빛의 머리칼을 가져야 하고, 가장 똑똑하고, 가장 예뻐야 했어요." 수전이 말했다. 로이에게 학교 공부는 식은 죽 먹기여서 그의 부모님은 그에게 5학년을 건너뛰도록 했다. "다른 사람들보다 한 살이 어리다는 것은, 소년이 받아들이기 어려운 일이에요. 나는 스스로를 하찮은 사람으로 느끼며 자랐습니다." 로이가 말했다.

하찮은 사람, 그러나 아마도 그는 이 세상에 대해 큰 의문을 가진 사람일 것이다. 웬일인지 로이는 종교적 가르침을 독학하고자 주일학교를

5. 특별한 자아

그만두겠다고 부모님을 설득하는 데 성공했다. "일요일마다 성경을 읽어서 3년 만에 성경을 통독했어요. 성경은 신이 쓴 신비로운 책이기에 나는 성경의 내용을 아는 것이 매우 값진 일이라고 느꼈어요." 그러나 그는 자신이 알게 된 것에 실망했다. 그나마 가장 만족스러운 신학적 논의는 성 바울의 서간이었다. "나는 그의 주장에 동의하지 않았어요." 1950년대에서 1960년대로 넘어가면서 로이 안에 있던 큰 의문은 그의 고급스러운 식민지 시대 양식의 집 벽을 밀어내기 시작했다. "어릴 때는 부모님이 하는 이야기를 믿죠. 하지만 나는 부모님이 나에게 가르쳐주는 것 중에 일부는 옳지 않다는 것을 깨닫기 시작했어요."

대학 2학년 때 그는 유학할 기회를 얻게 되었고 철학을 공부했다. "나는 사람들이 어떠한지, 우리가 왜 여기에 있으며 무엇을 하고 있는지를 이해하고 싶었어요." 그는 프로이트의 『토템과 터부』를 읽었다. "이는 뜻밖의 경험이었습니다. 프로이트는 우리의 옳고 그름에 대한 생각이 과학적으로 어디에서 비롯되는가 하는 의문에 접근하고 있었어요." 그가 말했다. 이 책에는 종교나 철학보다 우월한 인간 자아의 불가사의한 규칙에 대한 진실을 밝힐 수 있는 방법이 있는 듯했다. 하지만 로이가 아버지에게 심리학으로 전과하는 것이 어떻겠냐고 물었을 때 아버지는 그의 의견을 묵살했다. "그건 너의 뇌를 낭비하는 짓이다." 아버지가 말했다. 스탠더드오일사가 심리학자들을 고용할 뿐 아니라 심리학자들이 그보다 더 많은 급여를 받는다는 사실을 알게 되고 나서야 그의 아버지는 마음을 바꾸었다.

그의 여동생 수전이 보기에 인간 행동의 수수께끼에 관한 로이의 관심은 분명한 동기를 가지고 있었다. "심리학은 아빠의 행동을 이해해보려는 그의 방식이었어요." 그녀가 말했다. 그들은 프린스턴과 듀크, 버클리대에서 공부를 계속하며 정기적으로 자신의 아버지에 대해 논의하곤 했다. "사교적이진 않지만 매우 똑똑한 로이의 대처 방식은 분석하는 것이었어요. 우리는 그가 배운 것을 통해 '글쎄, 아버지가 이렇게 행동하는 것은 아버지가 이렇게 느꼈기 때문일지 몰라' 하고 생각해보고 이야기를 나누곤 했죠." 그녀가 말했다. 로이는 1970년대에 대학을 다녔는데 이는 만남집단이 유행하던 시대, 저항의 시대, 우리는 모두 존엄한 존재라고 생각하던 시대였다. "자신을 이해하고 탐구하는 것은 그 시대정신에 있어서 큰 주제였어요. 이는 자기 자신과의 접촉에 관한 것이었죠. 이는 과거에 기득권층이 많은 복종을 요구했고 사람들은 억압을 당했다는 생각에서 비롯됐죠. 하지만 이제 사람들은 내면의 잠재력을 탐구해야 하죠. 나는 그러한 일들을 많이 하며 지냈어요."

아버지로부터 비롯된 가정에서의 자존감 문제에 대한 로이의 집착은 결국 그를 너새니얼 브랜든의 저서 『자존감의 심리학』으로 이끌었다. "실망했던 기억이 나요. 그는 많은 이야기를 했고 읽기에는 재밌었지만 나는 과학을 기대하고 있었거든요." 그럼에도 불구하고 로이는 그의 신봉자가 되었다. 1974년, 그는 자신의 자존감이 공개적으로 공격당했을 때 나타나는 사람들의 다양한 대응 방식을 주제로 학부 논문을 썼다. 그 당시에 그는 자존감을 '대부분의 개인과 사회의 고통을 경감시켜줄 수 있는 심리학적 특성이자 성배'로 여겼다.

10년 후, 로이는 사려 깊고 예의 바르며 재치 있는 빨간 머리의 젊은 여성인 다이앤 타이스라는 심리학자와 함께 미국을 횡단할 준비를 하고 있었다. 그녀는 버클리대에서 연구를 진행할 수 있는 장학금을 받았으며 로이는 스탠퍼드대에서 여름 학기를 수강했다. 그는 차를 같이 타자고 제안했다. 당시는 「고스트 버스터즈」가 개봉한 해였는데 혼다 어코드에서는 레이 파커 주니어의 영화 주제곡이 영원히 흘러나올 것만 같았다. 로이는 서른한 살로 키가 크고 잘생겼으며 초혼이 파경을 맞은 지 얼마 되지 않았었다. 다이앤 또한 최근의 결별로 의기소침했다. 이는 대륙을 가로지르는 약 4000킬로미터의 여행이었다. 닷새 연속 18시간을 도로 위에서 보내야 했다. 다이앤은 "어떤 이를 미워하게 되거나 사랑에 빠지지 않고서는 작은 차를 타고 5일을 함께할 수 없다"고 말했다.

샌프란시스코에서 그들은 만^灣을 사이에 두고 떨어져 살았으며 주말에는 여행을 떠나곤 했다. "우리는 빅서에 간 적이 있는데 나는 하마터면 폭포에 휩쓸려갈 뻔했어요. 위협적인 파도에 깜짝 놀랐죠. 파도가 매우 거세서, 나는 아주 깊은 바닷속으로 빨려들어갈 뻔했죠. 그러나 로이가 나를 붙잡았어요. 그가 나를 구했죠. 나는 그 순간 '당신은 내 생명의 은인'이라고 말했어요." 그들은 서로에게 애인이, 과학적 동반자가 되었다. "우리는 초기의 자존감 연구로 많은 시간을 함께했어요." 그녀가 말했다. 비록 그가 자존감의 알려진 이점을 실험했던 것은 아니었지만 그는 더욱 많을수록 좋다고 알려진 '배경 가정'에 대해 연구를 해나가고 있었다. 20년 동안 아마도 로이는 미국에서 그 누구보다 자존감에 대한 논문을 많이 발표했을 것이다.[150]

다이앤이 로이와 더욱 가까워지면서 그녀는 에리 호수에 있는 집에서의 힘들었던 어린 시절이 점잖은 학자에게 반항 욕구를 가져왔다는 것을 알게 되었다. "그는 부모님에게 절대로 반항할 수 없었기에 그러고 싶은 욕구를 축적해왔어요. 그의 부모님은 항상 그가 대중문화의 권위에 도전하도록 하셨죠. '만약 모두가 그러고 있다면 이는 아마도 잘못된 것일지도 모른다.' 그래서 그는 언제나 현상^{現狀}에 도전하려 해요." 그녀가 말했다. 자존감이 문화 전반에 흘러 들어오자 로이는 이 반항의 목소리에 점점 더 신경 쓰고 있는 자신을 발견했다. "캘리포니아에서 자존감을 높이는 대책위원회가 출범했을 때, 나는 그들이 터무니없이 과장된 주장을 하고 있다는 것을 눈치채기 시작했어요. 자존감이 높은 사람들은 돈을 더 벌고 세금을 더 내기 때문에 마치 그들이 국가예산의 균형을 유지할 수 있다고 하지를 않나." 어느 날 로이는 스멜서, 메카 그리고 바스콘셀로스의 이름이 책등에 적힌 빨간 책 하나를 집어들었다. 책에 적힌 내용들은 그를 놀라게 했다. "자료가 상당히 부실했어요. 나는 '만약 이것이 최선의 결과라면, 설득력이 매우 떨어진다'고 생각했죠." 그가 말했다.

1990년대 초반 자존감 운동이 광란에 치달았을 때 로이는 심리학의 해악에 관한 책을 조사하고 있었다. "모든 사람이 자존감 낮은 사람들은 공격적이기 때문에 낮은 자존감이 폭력의 커다란 원인이라고 말하고 있었어요. 하지만 사실 그들은 수줍어하고 자기 자신에 대해 확신이 없다는 것을 내 연구실에서의 실험을 통해 알게 되었죠. 그들은 위험을 무릅쓰거나 눈에 띄고 싶어하지 않습니다. 이 모든 것으로 볼 때 그들은 그다지 공격적일 것 같지 않습니다." 그는 말했다. 로이는 지극히 보편적으로 낮은 자존감이 원인이 되는 왕따에 대한 주장을 파고들기로 했다. "모두 이 주장이 다른 사람의 주장을 인용한 것이라고 하길래 나는 그 이전의 출처를 찾아보았는데 그들 또한 이것이 다른 사람의 주장을 인용한 것이라고 했어요. 그때 나는 이것들이 어떠한 증거도 없다는 걸 깨닫게 되었죠. 그 어떤 체계적인 연구도 이루어진 적이 없었던 거죠." 그가 말했다. 이 사실은 놀라웠다. "이 실험을 하는 것은 어렵지 않을 텐데 이러한 실험이 진행된 적이 없다는 사실이 내게 의혹을 갖도록 만들었습니다." 그는 가설을 세우기 시작했다. "어쩌면 공격성을 유발하는 것은 자기 자신에 대해서 나쁘게 생각하는 것 때문이 아니라 오히려 다른 사람들이 자신에 대해서 나쁘게 생각하는 것 때문일지 모릅니다. 어쩌면 여기서부터 모든 게 끔찍하게도 잘못되어가는지도 모르죠." 1996년, 로이는 사실 '위기에 직면한 이기주의'가 공격성으로 이어진다는 것을 시사하는 문헌 연구 논문을 공동 집필했다.[151] 그는 "이는 아주 큰 전환점이었다"고 말했다. 그 논문은 폭언을 해대는 사람들이 '자신에 대해 매우 호의적인 견해를 가지고 있으며 이는 어떤 사람이나 상황에 의해 분쟁으로 이어진다'고 제시했다.

이는 믿기 힘든 이론이었다. 그 당시 대중문화뿐 아니라 학계 또한 자존감 학설에 푹 빠져 있었다. 로이의 새로운 논문은 자존감에 대해 말하는 사회와 전문가들의 주장과 모든 것이 반대였다. 그는 폭력을 조장하는 것은 낮은 자존감이 아니라고 말했다. 오히려 높은 자존감이었다.

너새니얼 브랜든은 그의 연구를 보고 분개했다. 그는 '연구에서 의식과 실체가 누락되면 어떤 일이 일어나게 되는지'의 예로 그 논문을 제시하며 '수많은 그럴듯한 추론'에 대해 불평하는 분노에 찬 반응을 게재했다.[152] 로이의 견해대로 폭력적인 사람들은 자신만만해 보이는 사람들일 수도 있지만 브랜든에게 있어서 그들의 분노 이면에는 실제로 낮은 자존감이 있었다. 그는 "자존감이 낮은 일부 사람들이 과시와 오만, 자만하는 행동으로 자신의 약점을 보완하고자 애쓴다는 사실을 알기 위해서 심리학자가 되기 위한 공부를 할 필요는 없다"고 발표했다.

하지만 로이는 이제 막 시작했을 뿐이었다. 1999년, 그는 자존감에 관련된 문헌 전체를 검토하여 자존감이 행복과 건강, 성공적인 대인관계와 같은 다수의 현실 세계의 행동들에 어떤 영향을 미치는지 확인하기 위한 연구팀을 이끌어달라는 요청을 받았다. "나는 '그래, 그럼 시작하지'라고 말했습니다." 그는 당시 스탠퍼드대의 행동과학 고등연구센터에서 안식년을 보내고 있었다. "추상적인 의미의 '자존감'을 찾기 위한 첫 컴퓨터 검색을 통해 우리는 1만 5000개에 달하는 논문을 발견했습니다. 논문 사본이 허리 높이까지 쌓여 있었고 서너 개의 큰 상자를 가득 채웠죠. 우리는 엄격한 기준을 가지고 이들을 추렸어요. 그저 임상적인 사례 연구 같은 것이 아니라 실제적인 자료가 필요했어요. 우리는 그것들을 분류하고, 분석하고 정보를 한데 취합해 정리하고자 했어요. 자존감을 이해하고 싶었거든요. 어떤 면에서 자존감이 더 유익하고 또 어떤 점에서 그렇지 않은 것인가?"

그들은 여러 논문에서 주된 문제점을 하나 발견했다. 논문이 모두 자기 보고에 의존한다는 것이었다. "자존감이 높은 사람들은 그저 자신에 대한 모든 것이 아주 좋다고 말해요. 만약 그들에게 질문지를 주고 그들의 인간관계에 대해 물어보면 그들은 '오 그래요, 내 인간관계는 아주 좋아요!'라고 말할 거예요." 연구팀은 자존감을 객관적으로 측정하는 논문만을 받아들이기로 했다. 분명하지 않은 것들과 입증되지 않은 것들을 정리하고 나니 약 200개가 남았다. 그들이 발견한 오류 중 가장 터무니없는 것은 학교 신문들에 실린 것이었다. 높은 자존감과 좋은 성적 사이의 상관관계가 여러 차례 발견되어왔고, 그리하여 그들의 논리는 만약 자존감이 올라가면 성적도 올라간다는 것이었다. 하지만 그들은 닐 스멜서가 1988년 그의 발표회에서 대책위원회에게 경고했던 것과 정확히 같은 실수를 했다. "시간이 지나 사람들을 추적해보니, 성적이 먼저고 그다음이 자존감이었어요. 원인이 아니라 결과였죠." 로이가 말했다.

로이는 자존감을 높이기 위한 노력이 학업 성취를 전혀 향상시키지 못했다는 것을 깨닫기 시작했다. 오히려 역효과를 낳았다. 또한 자존감은 다양한 과제를 성공적으로 수행하는 것에 도움이 되지 않았다. 이는 장기적으로 사람을 더욱 호감형으로 만들거나 인간관계의 질을 더 좋게 하거나 관계 지속 기간을 늘리지 못했다. 이는 아이들이 담배를 피우거나 마약을 하거나 '이른 성관계'를 가지는 것을 예방하지 못했다. 그의 보고서는 존 바스콘셀로스의 주장을 길거리 요술쟁이의 주장과 다름없어 보이게 만들었다. 하지만 몇 가지 이점이 발견되기도 했다. "높은 자존감은 기분을 좋게 만들어요. 또한 추진력을 가져다주는 듯합니다. 자존감이 높은 사람들은 자신이 무엇이 옳은지 안다고 생각하기 때문에 행동을 취하죠." 로이가 말했다. 기분이 좋아지는 것과 추진력. 이는 별게 아니다. 그리고 이 논문은 결론에 이르러 의미심장한 말을 했다. "히틀러는 자존감이 매우 높았고 추진력 또한 강했지만 이 이점들이 윤리적인 행동을 보장해주지 않는다." 로이의 연구는 2003년 5월에 발표되었다.[153] 그는 "이 논문이 많은 사람에게 충격을 주었다"고 말했다.

그의 연구에 뒤이어 오늘날의 사회심리학자들은 자존감에 대해 훨씬 더 담담한 시각을 가지게 되었다. 이제 자존감이 너무 높은 사람들은 오히려 실패하게 된다고 생각되는데,[154] 그들이 자신의 약점과 무능함을 부정하기 때문이다. 그들은 또한 자신이 생각하는 자신의 모습과 모순되는 것들에 극도로 괴로워하다가 어려운 과제를 더 빠르게 포기하는 경향이 있다. 그들은 또한 도전하기도 전에 자멸적인 행동을 하는 것으로 밝혀졌는데, 아마 그래서 그들은 실패할 경우를 대비해 이미 변명을 가지고 있는 듯 보인다.

로이의 경우, 그는 그의 아버지처럼 자존감의 함정에 빠진 희생자가 되기보다 대신 이를 재정립하고자 했다. 그는 듀크대의 마크 리리 교수와 공동 저술한 논문에서[155] 그들이 사회성 계량기 이론자존감은 대인관계의 척도라는 진화심리학적 관점의 이론이라고 부른 이론을 구상했다. 이를 통해 자존감은 사회적 수용의 임무를 우리가 얼마나 잘 수행하고 있는지를 감시하는 체계라는 생각에 이르렀다. 자존감은 타인이 우리에 대해 가지는 생각을 파악하고자 한다. 그렇다면 우리 자존감에 가해지는 공격은 우리 부족의 명성이 훼손되고 있다는 사실을 우리에게 알리는 고통 신호의 한 형태인 것이다. "자존감은 한 사람이 가치 있고, 성공적인 사람이 되는 일을 얼마나 잘 해나가고 있는지에 대한 주관적인 평가이며, 자신이 속해 있고 자신이 소속되고 싶어하는 집단과 관계의 구성원을 좇았다"고 그들은 발표했다.

그러나 그 논문은 공허한 자존감 북돋기가 주는 기쁨을 코카인 남용에 비유하며 경고를 날렸다. "마약은 바람직한 목표의 성취를 기억하기 위해 존재하는 인체의 자연적인 쾌락 기제를 이용한다. 코카인과 같은 마약은 일반적으로 쾌락을 가져다주는 사건을 실제로 경험하지 않고도 마치 상황이 좋은 것처럼 반응하도록 신경계를 속여서 행복한 감정을 만들어낼지 모른다. 같은 방식으로, 인식적으로 자신의 이미지를 부풀리는 것은 자연스러운 사회성 계량기의 메커니즘을 속여서 자신이 가치 있는 관계의 파트너라고 생각하게 한다." 자신의 공허한 자존감 고양에 취한 사람들을 지칭하는 말이 있다. '나르시시스트.'

나르시시즘의 독특한 위험성은 자존감이 낮은 사람들이 아니라 대개 높은 사람들이 폭력적인 행동을 보인다는 로이의 이론을 확인하기 위한 일련의 실험에서 처음으로 분명히 나타났다. 그는 심리학자 브래드 부시먼 교수와 함께 수행한 실험에서 두 사람에게 게임을 하도록 했는데, 진 사람에게는 매우 불쾌한 소음 세례를 들려주는 벌을 내렸다.[156] 각 게임 참가자가 상대방이 듣게 될 소음의 수준을 설정했다. 로이가 예측하는 것처럼 자존감이 높은 사람들이 소리를 공격적인 수준으로 높였을까? 실제로는 그렇지 않았다. 연구팀이 자료를 확인했을 때, 놀랍게도 그들은 자존감이 공격성에 미치는 영향이 미미하다는 것을 발견했다. 이는 혼란스러운 결과였다. 그러나 참가자들 또한 다양한 성격 테스트를 받았다. "사람들은 이제 막 나르시시즘에 대해 이야기하기 시작했어요. 나르시시즘은 심술궂은 높은 자존감인 듯합니다. 이는 아주 강력한 영향을 미쳤어요. 나르시시즘에 깊게 빠진 사람들이 그어떤 사람들보다 더 화를 잘 내고 공격적이었어요." 그가 말했다.

이 연구는 높은 자존감이란 여러 가지가 혼재된 개념이라는 사실을 밝혔다. 실험 참가자 중 일부는 짐작건대 건전한 방식으로 틀림없이 본인 스스로에 대해 확신이 있었다. 그들의 높은 자존감은 정당했다. 그들의 사회성 계량기는 잘 작동하고 있었다. 그들은 훌륭한 사람이었고 그러므로 천성적으로 폭력적일 것 같지 않았다. "만약 당신이 아인슈타인에게 가서 그에게 멍청하다고 말해도 그는 화를 내지 않을걸요." 로이가 말했다. 마찬가지로 만약 예수가 당신에게 자신이 인기있는 사람이라고 말했을 때, 당신은 예수가 틀렸다며 논쟁할 수는 없을 것이다. 하지만 나르시시즘은 다르다. "이는 우월하다고 느끼고 싶은 욕망이에요. 나르시시즘에 빠진 이들은 자신이 다른 사람보다 더 나은 대우를 받을 자격이 있다고 믿어요." 로이가 말했다.

"나르시시즘을 일종의 자존감 중독으로도 볼 수 있다"고 로이는 발표했다. 그렇다면, 젊은 세대 전체를 데려다가 그들은 훌륭하고 특별하다고 말함으로써 체계적으로 그리고 반복적으로 그들의 자존감 메커니즘을 자위한다면 어떤 일이 벌어질까? 로저스, 랜드, 브랜든, 바스콘 셀로스의 아이들은 나르시시즘에 빠진 세대로 성장하게 될까?

1999년이었다. 로이가 지도한 야심찬 젊은 심리학자 두 명이 지루한 클리블랜드의 겨울 내내 로이 바우마이스터의 실험실 지하 사무실에서 시간을 죽이고 있었다.[157] 진 트웽이는 성격 검사에서 명백하게 드러나고 있는 미국 문화의 몇몇 변화 양상에 대해 이야기했으며, W. 키스 캠벨은 나르시시즘적 행동에 대한 그의 연구에 대해 심사숙고했다. 갑자기, 모든 것이 분명해 보였다. 그들의 관심사를 종합해보면 어떨까? 미국에서의 나르시시즘이 문화와 함께 변했는지를 확인해보는 것은 어떨까?

필요한 모든 자료를 입수하기까지는 시간이 걸릴 것이었다. 하지만 마침내 2008년, 그들은 발견한 모든 정보를 『성격 학회지』에 발표했다. 그들은 1980년대 초까지 거슬러 올라가 인상적인 대학생 1만 6475명의 나르시시즘 데이터를 포함하는 85개 연구의 메타 분석을 완료했다. 또한 이 학생들의 나르시시즘적 특성을 측정하기 위해 심리학자들 사이에서 널리 사용되는 나르시시즘 성격지표NPI 검사를 했다. 그들의 보고서 「시간이 지남에 따라 팽창되는 자아」는 1982년에서 1989년 사이에 NPI 점수 평균이 15.55점에서 14.99점으로 실제로 하락했음을 시사했다. 그러나 1990년에 바스코의 최종 보고서가 발행되었을 때 그들은 흔들리기 시작했다.

그해에 한 연구는 비교적 낮은 14.65점이라고 발표했지만 다른 연구 결과는 15.93점이라는 새로이 높은 점수를 기록했다. 4년 뒤에 이루어진 연구는 다시 최고치인 17.89점에 도달했다. 그 후 1999년에는 19.37점으로 다시 기록을 갱신했다. 2006년에 이르러 진행한 연구는 21.54점이라는 놀라운 결과를 보여주었다. 85개 논문의 자료 평균을 산출했을 때, 그 기간 동안 NPI 점수는 약 2점 상승했다. 논문 저자에 따르면, 이는 비교적 짧은 기간 안에 일어난 엄청난 도약이었다. 이는 '오늘날 대학생의 거의 3분의 2가 1979~1985년의 평균적인 나르시시즘 점수보다 더 높은 점수를 얻은 것으로,[158] 30퍼센트나 증가한 것'을 의미했다. 자존감 세대의 아이들이 부모가 된 2000년대 중반에, 문제는 가속화되고 있었다. 나르시시즘은 이제 비만처럼 빠르게 증가하는[159] '전염병'[160]이라고 연구진은 주장했다. 그들이 발견한 이 증가폭은 '모든 사람의 키가 약 2.5센티미터씩 증가한 것'과 맞먹는다. 이는 매우 역설적이었다. "나르시시즘은 공격성, 물질주의, 타인에 대한 배려 부족, 피상적인 가치관과 같이 미국인들이 자존감으로 예방할 수 있을 거라고 생각했던 거의 모든 것을 야기한다.[161] 높은 자존감, 자기 표현, '자기애'를 찬양하는 사회를 건설하려고 하면서 미국인들은 무심코 더 많은 나르시시즘을 만들어냈다"고 트웽이와 캠벨은 발표했다.

그러나 트웽이와 캠벨의 연구는 곧 대중의 공격을 받게 되었다. 혹자는 모든 세대의 사람이 성장기에 나르시시즘적 행동을 보이며[162] 이러한 판단은 젊은이들을 향한 중년층의 흔한 불평 불만에 불과하다고 주장했다. 이는 실제로 트웽이와 캠벨이 저지른 기본적인 실수였을지도 모른다. 하지만 물론 그들은 그러지 않았다. 트웽이는 먼저, "청소년기부터 중년기까지 사람들을 추적하여 사람들의 나르시시즘 점수에 어떤 일이 일어나는지를 확인할 수 있는 장기적인 연구는 없다. 존재하지 않는다"고 말했다. "젊은 사람들이 아마도 더욱 나르시시즘적이 되어간다는 것을 가리키는 다른 자료가 분명 있긴 있지만 장기간에 걸쳐 수집된 자료를 사용할 수 있느냐가 요점이다. 우리는 18세 청소년과 50세 중년층을 비교하는 것이 아니다. 그렇게 한다면 이것이 나이가 문제인지 세대가 문제인지 구분할 수 없기 때문에, 정말로 시간을 거슬러 올라가는 18세 청소년의 표본이나 중학생의 표본이 필요하다. 그리고 이것이 바로 우리가 연구를 시작한 이래로 해오고 있는 일로, 누군가가 이를 대안적인 설명이라고 하는 것은 매우 이상한 일인데 이는 너무나 명백히 사실이 아니기 때문이다."

나이 든 사람들은 항상 젊은이들을 나르시시즘적이라고 여긴다는 더욱 단순한 주장에 대해서 그녀는 이렇게 말한다. "나는 늘 그러한 주장을 듣곤 한다. 이는 문화적 변화와 세대 간 변화에 대한 모든 새로운 발견이 노년층의 인식에 바탕을 두고 있다는 전제를 깔고 있다. 하지만 사실상 그 어느 쪽도 아니다. 내가 발표한 것들의 거의 대부분은 젊은 이들이 자기 자신에 대해 말한 것들이었다."

캘리포니아대 데이비스 캠퍼스의 칼리 트셰슈니에프스키 박사는 더욱 강력한 공격을 했다.[163] 그녀는 NPI 점수가 2점 상승한 것을 정말 '전염병'이라고 묘사할 수 있는가에 대해 회의적이었다. 또한 트웽이가 사용한 데이터를 더욱 정밀하게 재분석하고는 나르시시즘의 증가를 발견하지 못했다고 주장했다. 이와 함께, 그녀는 1976년부터 2006년까지 매년 고등학교 졸업반 학생들을 평가한 새로운 자료집인 미래 추적 관찰 프로젝트를 인용했다. 자존감 증가는 발견되지 않았다는 것이다. 마지막으로, 그녀는 캘리포니아 대학들의 나르시시즘에 대한 자신의 분석을 발표했는데, 다시, 어떠한 증가도 찾을 수 없었다고 했다.

그러나 트웽이는 이를 반박했다. 데이터를 더욱 정밀하게 다루면 나르시시즘의 증가를 발견할 수 없다는 주장은 전혀 '사실이 아니'라고 그녀는 내게 말했다. 캘리포니아 대학들에 대한 트셰슈니에프스키의 데이터가 공개되자, 트웽이는 이를 직접 분석했다. 그녀는 학생들의 나르시시즘 수준이 모두 다른 기관에서 모두 다른 시기에 비교된 것을 발견하고 깜짝 놀랐다. "그들의 모든 초기 표본은 버클리대로부터였습니다. 후기 표본은 캘리포니아대 데이비스 캠퍼스로부터였고요. 데이비스 캠퍼스의 학생들은 버클리 학생들보다 나르시시즘 점수가 현저히 낮기 때문에 이는 마치 남성의 키를 1년이 흐른 후 여성의 키와 비교하고서 키에 변화가 없다고 결론을 내리는 것과 같습니다." 캘리포니아대 데이비스 캠퍼스만 놓고 나르시시즘 증가를 도표화하여 트셰슈니에프스키의 데이터를 재분석했을 때, 그녀는 '입이 떡 벌어졌다.' "2002년부터 2007년 사이에 데이비스의 NPI 점수는 매년 같은 비율로 증가했어요. 일반적으로 그렇게 짧은 기간 동안에 그런 종류의 변화를 보기는 힘들죠." 그녀가 말했다. 트셰슈니에프스키는 트웽이의 연구에 계속해서 이의를 제기하며 그녀의 연구를 지켜봤다. "나는 분명히 내가 제시한 자료가 더욱 설득력 있다고 생각합니다. 그렇지 않았더라면 나는 자료를 공개하지 않았을 거예요." 그녀가 말했다.

마지막으로, 트웽이는 자신의 다음과 같은 주장이 더욱 주목할 가치가 있다고 했다. 미래 추적 관찰 프로젝트는 실제로 자존감의 증가를 발견하지 못했다. "그러나 그것이 바로 과학입니다. 엉망이죠." 트웽이가 말했다. 그녀는 다음과 같이 반박했다. "현재 나르시시즘의 세대 간 증가를 보여주는 11개의 연구가 있는데, 그중 7개는 대학교로부터의 표본이 아니에요. 그 연구들은 고등학생부터 성인까지의 설문 응답자를, 네 가지의 다른 나르시시즘 측정 방식을, 세 가지의 다른 연구 방식을,

네 가지의 다른 응답자 모집 방식을, 세 개의 다른 국가를, 여덟 명의 각기 다른 저자를 포함하고 있죠. 이는 압도적인 수의 증거예요. 증가 폭이 미세한 것 또한 아니죠. 2008년의 한 연구는 나르시시즘적 인격 장애가 유행처럼 3배나 증가하게 된 것을 발견했어요. 1982년에 비해 2009년에 58퍼센트나 더 많은 대학생이 NPI 검사 항목 대부분에서 나르시시즘적 경향을 보였어요. 따라서 22개의 연구와 표본은 나르시시즘을 포함하는 긍정적인 자기관의 세대 간 증가를 보여주는데, 단 두 개의 연구만 그렇지 않은 거죠."

만약 이 모든 것이 충분하지 않다면, 자아의 형태와 발전에 관해 우리가 이미 알고 있는 것들이 이전에 일어났던 문화적 변화로부터 비롯된 모종의 영향을 분명히 말해준다. 다른 사람이 우리에게 기대할 거라고 생각되는 모습이 우리 모습이고, 우리가 고유하고 재능 있으며 특별한 승리자라고 생각한다고 다른 이들이 우리에게 계속해서 말해준다면, 적어도 우리 중 많은 이는 우리가 그러하다고 믿게 될 것이다. 이러한 견해들이 대부분 자아의식이 취약하고 아직 형성 중인 젊은 층을 대상으로 한다는 점을 감안할 때, 트웽이와 캠벨이 보고한 이러한 상승세가 없었더라면 이는 아마 더욱 놀랍게 느껴질지도 모르겠다.

실제로, 부모의 과도한 칭찬이 나르시시즘의 원인이라는 증거는 2015년에 국립과학원 회보에 실린 한 인상적인 연구에서 제시되었다.[164] 이 연구의 목적은 오랫동안 경쟁해온 두 가지 이론을 시험해보는 것이었다. 첫 번째는 냉담하고 자주 거부 반응을 보이는 부모 밑에서 자란 아이들이 나르시시즘에 빠진다는 너새니얼 브랜든과 같은 학풍의 이론이었다. 두 번째는 반대로 너는 매우 특별하고 다른 아이들보다 더 훌륭하다고 말하며 아이들을 과하게 추켜올리는 부모 밑에서 자란 아이가 더욱 나르시시즘에 빠진다는 주장이었다. 암스테르담대학의 에디 브루멜먼 교수가 이끄는 연구팀은 2년 동안 반년마다 양육자의 양육 방식뿐만 아니라 아이들 565명의 나르시시즘 수준을 평가했다. "우리는 두 번째 이론에서 매우 강력한 증거를 발견했으며 첫 번째 이론에서는 발견되지 않았어요. 부모가 자녀를 더욱 과대평가할수록 자녀들은 더욱 나르시시즘에 빠져들게 되었죠. 부모의 온정이나 애정 부족이 나르시시즘의 원인이 된다는 증거는 없었어요." 그가 내게 말했다.

하지만 과도한 칭찬만이 유일한 문제는 아니다. 자존감 혁명을 따라가보면, 부모와 교사들은 점점 더 당연한 결과로부터 인위적으로 아이들의 자존감을 보호하고자 했다. 이로 인해 나타나는 한 가지 결과는 바로 미국과 영국의 교육기관에서 보고된 성적 부풀림이다.[165] 1968년과 2004년 사이에, 대학에 지원한 미국 고등학생들의 SAT 점수는 떨어졌지만, 고등학교 시절 평균적으로 A등급의 성적을 받았다는 대학 신입생 비율은 18퍼센트에서 48퍼센트로 어찌된 일인지 더욱 증가했다. 1999년, 영국에서[166] 대학 졸업자의 8퍼센트가 최우수 등급 학위를 받았다. 2017년에 그 비율은 25퍼센트까지 증가했는데, 학업 수준의 향상이 이러한 증가의 유일한 원인이라고 하기에는 어려운, 상당하고 빠른 증가다. 2012년 영국의 공식적인 시험 감독 기관인 'Ofqual'Office of Qualifications and Examinations Regulation, 영국의 자격 및 시험 관리청의 청장[167]은 중등교육 자격검정시험과 A레벨 시험영국 대입 준비생들이 치르는 상급 시험의 가치가 수년간의 '지속적인 성적 부풀림'으로 떨어졌으며 이는 '정당화될 수 없다'고 인정했다. 이러한 것들은 젊은 층에게 전혀 유용하지 않다고 캠벨은 말했다. "불에 데는 것은 스스로 자신의 위치를 알 수 있도록 해줍니다. 하지만 우리는 모든 사람에게 트로피가 주어지는 세상에 살고 있죠. 14

등에게 주어지는 상이라. 나는 이런 것을 만들어내지 않습니다. 내 딸도 하나 얻었죠." 그가 말했다.

존 바스콘셀로스가 거짓말을 하지 않았다면 이 일들이 얼마만큼 일어났을까? 결국, 우리가 기원전 2500년부터 추적해온 것처럼, 서구의 경제와 사회는 분명 위대하고 영광스러운 나를 향해 계속해서 열광적으로 변화하고 있었다. 트웽이와 캠벨의 연구는 자존감 수준이(나르시시즘의 수준이 아닌 것을 기억하자) 일찍이 1960년대부터 증가하고 1970년대에 들어 하락세를 보였지만 1980년대부터는 아이들과 막 청소년기에 접어든 아이들에게서 다시 강해지는 것을 발견했다. 자존감이 학교 프로그램에 더욱 폭넓게 적용된 것[168]은 1970년대 후반으로 거슬러 올라갈 수 있을 듯한데, 이는 짐작건대 부분적으로나마 너새니얼 브랜든의 저서의 성공에 영향을 받은 것 같다. 이러한 기이한 요소를 빼버리면 역사가 설명되지 않으니 우리는 결코 확실히 알 수 없을 것이다. 하지만 오늘날의 뉴스 기사에서도 들려오는 이 이야기가, 미국 문화에 영향을 미쳤던 바스코의 거짓말이, 아니나 다를까 영국이나 다른 나라에도 스며들었다는 것을 강력히 시사한다고 나는 생각한다. 바스코의 대책위원회에 대한 교수들의 '지지' 이전부터 자존감은 꽤 잘 알려져 있었지만 틈새시장으로 여겨졌다. 또한 랜드와 브랜든의 자존감은 개인의 특수성에 관한 단순한 믿음보다는 노력과 성취에 훨씬 더 중점을 두고 있었다. 그리고 나서 이야기는 완전히 달라졌다.

그 당시의 뉴스 보도를 마지막으로 들여다보다가 매우 흥미로운 사실을 발견했다. 1990년대 초반 자존감 열풍이 불면서, 기자들은 자연스레 왜 이런 일이 벌어지는 것인가라는 질문을 던지기 시작했다. 갑자기 인기를 얻은 '자존감 박람회'에 관한 1990년의 한 기사는 "이 운동이 급속하게 부흥하게 된 데[169]는 트루도가 그의 만화 「둔즈베리」에서 캘리포니아의 자존감 대책위원회를 풍자한 공이 매우 크다. 주최 측은 '트루도가 이를 2주에 걸쳐 다루지 않았더라면 우리는 지난 1년 반 동안 받은 전화의 절반도 채 받지 못했을 것이라고 생각한다'고 말했다'고 발표했다. 『뉴 우먼』의 '자존감, 미래의 희망'이라는 제목의 장황한 기사[170]는 "대책위원회의 널리 알려진 업적은 급성장하는 자존감 운동의 성장에 연료를 공급한 것"이라고 주장했다. 1년 후, 이 운동에 대해 대체로 비판적인 『뉴스위크』의 표지 기사[171]는 "자존감을 국가적 의제로 만든 데 가장 큰 책임이 있는 사람은 성직자나 철학자가 아닌 존 바스콘셀로스라는 이름의 캘리포니아 하원위원이다"라고 발표했다.

앨런 그린스펀에게는 문제가 생겼다.[172] 1993년 1월, 빌 클린턴의 백악관 입성은 경쟁의 힘을 극대화하고자 하는 그의 위대한 프로젝트에 위협이 되었다. 클린턴은 보다 온화한 형태의 신자유주의 공약을 내세웠다. 그는 개인과 시장의 자유를 계속해서 존중하면서도 특히 신자유주의의 게임으로 인해 가장 큰 피해를 입은 사람들을 더욱 잘 돌보고 싶어했다. 그는 교육, 건강, 사회 기반 시설에 투자함으로써 그런 사람들을 돕겠다고 약속했으며…… 선거에서 승리했다. 그린스펀은 새로운 대통령의 당선 직후 그를 처음으로 만났다. 리틀록에 있는 클린턴의 관저에서 열린 비공개 만남에서, 그린스펀은 공약으로 내세웠던 대규모 공적 투자에 집중해서는 안 된다고 대통령을 설득하고자 했다. 1970년대에 마지막으로 겪었던 경제난을 되풀이하지 않으려면, 대통령은 월가를 진정시키기 위해 모든 힘을 다해야 한다는 것이었다. 대통령이 무책임하게 지출하지 않을 것이고 따라서 국가 적자를 심화시키지 않을 것이라는 확신이 필요했다. 회의는 한 시간 동안 계속되었고 또다시 한 시간 동안 이어졌으며, 결국 계획에 없던 점심 식사까지 하게 되었다. 그가 떠날 때쯤, 에인 랜드의 제자가 클린턴에게 겁을 줬다.

취임이 2주도 채 남지 않은 시점에 열린 국가 경제 회의 첫 모임에서, 그린스펀의 부의장이 압박을 이어갔다. 미국의 중산층보다는 월가가 그의 첫 임무가 되어야 한다는 압박의 메시지가 한 번 더 이어지자 클린턴의 얼굴은 분노로 벌겋게 달아올랐다고 한다. 그는 사람들을 향해 '쉿!' 하고 소리를 내면서, "당신들, 내 프로그램과 내 재선 성공이 연방준비은행과 빌어먹을 채권중개인들에게 달려 있다는 말을 하고 싶은 건가?"라고 말했다.

대통령 취임 8일째 되던 날, 워싱턴의 메트로폴리탄 클럽에서의 사적인 저녁 식사 자리에서 그린스펀은 클린턴을 다시 만나게 됐다. 그는 자신의 계획을 따르지 않는다면 1996년 이후에 '재정 파탄'이 일어나게 될 것임을 경고했다. 8일 후에, 그는 국가 적자를 1400억 달러나 줄여야 한다고 말해 압박을 더했다. 2월 17일, 첫 국정 연설에서, 클린턴은 새로운 경제 계획을 발표했다. 1000달러짜리 지폐로 쌓으면 '430킬로미터에 이를'[173] 국가 부채에 대해 경고하면서 그는 국민에게 "우리 모두가 성장과 변화의 엔진이 되어야 한다"고 이야기하며 국민이 분수에 알맞게 살아가는 생활을 배워야 할 필요가 있다고 힘주어 말했다. 힐러리의 옆자리인 A6석에 앉아서 그린스펀은 정중하게 박수를 보냈다.

그의 힘은 이제 어마어마했다. 에인 랜드에게서 배운 교훈들에 매혹되어, 그는 자본가의 바로 그 이윤 추구가 '소비자 보호'보다 훨씬 더 탁월하다는 것을 배웠고, 금융 산업의 규제 완화 주장을 통해 신자유주의 게임의 극적인 확장을 추진했다. 1999년, 클린턴은 1933년의 경제 파산을 겪고 은행을 통제하기 위해 도입되었던, 이제는 사라진 지 오래인 대압착 시대의 출발에 시동을 걸었던 법률들을 폐지했다. 이러한 규제 완화의 물결은 유명 투자자인 워런 버핏의 말대로 '금융 대량살상무기'로 만들어진 불안정한 파생 상품 시장을 낳았다. 거의 아무것도 없는 상태에서 출발하여, 이러한 대량살상무기들은 재빨리 531조 달러 규모의 산업[174]이 되었다.

이 모든 일이 일어나고 있는 동안, 그린스펀의 또 다른 걱정 중 하나였던 저금리는 재정난에 처한 수백만 명의 사람에게 말도 안 되는 수준의 모기지 부채를 떠안겼다. 2004년에 그는 금융계의 '회복력'에 환호했으며,[175] 2005년 4월에 그는 새로이 번성하고 있던 '서브프라임 모기지 시장'에 찬성의 목소리를 냈다. 그는 "자격 조건이 안 되는 대출 신청자가 대출을 거절당할 경우,[176] 대출 기관은 이제 상당히 효율적으로 개별 대출 신청자가 가진 위험성을 판단하고 그 위험성을 적절하게 책정할 수 있게 되었다"고 했다.

자유를! 매우 불안정한 금융 상품을 가진 세계 은행 시스템을 위태롭게 할 자유를! 자유를! 결코 상환할 수 없을 모기지 대출을 받을 수 있는 자유를! 고대 그리스 시대부터 서구는 자유에 집착했다. 그 이후로, 우리 민족의 기본적인 진리는 항상 권력의 중심은 개인이고 그 개인이 성공하기 위해서 필요한 것은, 사회의 억압적인 힘으로부터의 자유든 자신으로부터 또는 국가의 규제로부터의 자유든, 바로 최대한의 자유라는 것이었다. 2008년 글로벌 금융위기 유발에 커다란 원인을 제공한 것은 바로 이러한 자유의 충돌이었다. 이것은 신자유주의적 재앙이었다. 그 충돌의 결과, 미국에서만 900만 가구 이상[177]이 집을 잃었고 900개 이상의 일자리가 사라졌다.[178] 영국에서는 370만 명[179]이 일자리를 잃었는데 이는 전체 노동자 7명 중 1명이 일자리를 잃은 꼴이었다.

자살 연구소를 방문하여 로리 오코너와 남성 자살의 기이한 증가에 대한 대화를 나눈 지 몇 달이 지난 후, 마침내 답이 보이기 시작했다. 연구원들은 2008년에서 2010년 사이 영국에서 1000건의 자살이 더욱 많이 발생했으며 그중 90퍼센트가 남성이었는데, 이는 뒤따른 경제 파산과 내핍 생활로 인한 것이라고 결론지었다.[180] 이에 못지않게 심각한 일로, 놀랍게도 3~4만 건의 자살 시도가 더 있었다. 인간이 만든 이 참사의 진정한 규모는 세계적인 수치를 보아야만 이해될 수 있다. 같은 기간 『영국 정신의학저널』에 실린 한 연구에 따르면, 추가적인 추정 자살 건수가 1만 건으로 나타났다.[181]

만 명의 사람이 죽었다. 만약 폭력으로 인한 것이었다면, 이 대학살이 그렇게 쉽게 무시되지는 않았을 것이다. 물론, 이 피비린내 나는 이야기의 중심 인물은 에인 랜드의 제자이자 클린턴의 귀에 들어간 악마인 연방준비제도 이사회 의장, 앨런 그린스펀이었다. 이 위기의 여파로 『뉴욕타임스』는 이에 대해 이렇게 말했다.[182] "몇 년간, 그린스펀 의장은 시장의 세력을 자유롭게 풀어놓음으로써 미국이 야심찬 실험을 행하는 것을 도왔다. 이제 미국은 그 결과를 직면하고 있다. (…) 그는 자신의 이익을 추구하는 계몽된 개인들에 대항하는 집단적 권력을 악으로 묘사했던 소설가 에인 랜드가 자신에게 있어 중요한 영향을 미쳤다고 보았다. 그 결과, 그는 금융 시장에 관여하는 사람들이 책임감을 가지고 행동할 것이라는 확고한 믿음을 갖게 되었다. 금융 규제와 특히 파생 상품에 관한 그린스펀 의장의 20년 이상의 기록을 조사한 결과는 국가 경제의 안녕이 얼마나 그 신념에 매여 있었는지를 보여주었다."

　물론 신자유주의는 사악한 악당이 아니라 복잡한 회색의 어른스러운 진리임을 우리 스스로가 기억하는 것이 중요하다. 이는 도덕적이지 않다. 이는 공평하고자 하는 것이 아니다. 이는 체제다. 대부분의 체제와 비슷하게, 오는 게 있으면 가는 게 있는 결과를 만들어낸다. 이는 긍정적인 효과와 부정적인 효과를 모두 포함하고 있다. 서구 대부분은 1970년대 이후로 더욱 부유해졌으며[183] 생활수준이 높아졌다. 세계자유무역은 중국, 인도네시아, 인도와 같은 개발도상국의 빈곤에서 수백만 명을 구제해주었다.[184] 전 세계적으로 1990년 이후로 극빈층의 수[185]는 절반 이상 감소했다. 신자유주의 프로젝트의 필수 구성 요소인 세계화는 많은 사람에게 축복이 되었다.

　그러나 신자유주의의 가장 부정적인 영향 중 하나는, 그 고통을 우리 중 가장 취약한 사람들에게 집중시키는 경향이 있다는 것이다. 이 게임이 적절히 작동하려면, 자연스럽게 승자와 패자가 필요하다. 승자가 이길수록 그들은 더욱 강력해지고 자신들에게 유리하게 게임의 규칙을 비틀 수 있게 된다. 사업과 은행업이 규제로부터 더욱더 자유로워진다는 것은 그 사업체들과 은행들이 자신의 이익에 따라 행동할 수 있는 권한을 부여받게 된다는 것을 의미하며, 이는 실로 놀랄 만한 수준의 불평등 증가로 이어진다. 1940년대 이전, 미국 인구 중 소득 상위 1퍼센트에 속하는 사람들[186]은 연간 국민 소득의 16퍼센트를 벌었다. 대압착 시대를 겪으면서, 그 수치는 8퍼센트 아래로 떨어졌다. 1979년과 2009년 사이에 이 수치는 23퍼센트로 증가했다.[187] 1978년부터 2014년 사이에 인플레이션을 감안한 최고경영자의 보수[188]는 거의 1000퍼센트 증가했다. 한편 세계화는 애플, 지멘스, 엑손모빌과 같은 다국적 기업 세력의 놀라운 부상[189]을 가져왔다. 2009년에 경제학자들은 세계의 100대 경제 주체 중 44개가 국가가 아니라 기업이라는 놀라운 사실을 보고했다.

신자유주의의 규제 및 정부의 감독 거부는 부자와 권력자들이 자유롭게 더 많은 부를 쌓고 권력을 거머쥘 수 있게 한다는 것을 의미했다. 심지어 금융위기로 경제가 황폐화된 동안에도 말이다. 2009년부터 2012년까지 경제 파산 이후의 기간 동안, 미국 노동자의 중간 임금[190]은 3.4퍼센트 하락했다. 한편 영국에서는 경제 도산과 2013년 사이에 가구당 평균 소득[191]이 3.8퍼센트 감소했다. 그러나 2010년부터 2011년까지 1년간, 미국의 최고경영자들은 40퍼센트의 임금 상승을 누렸다. 영국 500대 기업의 수장들은[192] 자신들의 임금을 49퍼센트나 올렸다.

오늘날, 집값은 폭등하고 개인 부채는 급등하며 임금 상승은 정체되고 있다. 1980년과 2014년 사이에 소득 대비 미국 소비자 융자[193]는 거의 두 배가 되었다. 미국 학생들은 1조 2000억 달러 이상의 학자금 대출 빚을 지고 있고,[194] 영국 학생들은 735억 파운드의 빚을 지고 있다.[195] 그리고 여전히 국가의 보호책들은 해체되고 있다. 세계화는 수입품을 저렴하게 만들었고 더욱 많은 이민을 불러일으켰다.[196] 산업계는 직업 안정성과 복리후생을 최소한으로 하는 '제로아워 계약'_{정해진 노동 시간} 없이 임시 계약직으로 계약한 뒤 일한 만큼만 시급을 받는 노동 계약과 같은 새로운 가혹한 근로 조건을 채택하고 있다.[197] 통계청에 따르면, 2015년 12월 영국에서는 80만 명[198]이 제로아워 계약을 맺었는데, 이는 전년 대비 15퍼센트 증가한 수치다. 2016년의 한 연구는 영국과 웨일스의 전체 근로자 가운데 6명 중 1명꼴인 450만 명이 '불안정한 일'에 종사하고 있다는 것을 밝혔다.[199] 그러는 동안 미국에서는, '극빈층'으로 분류되는 구역의 수[200]가 경제 파산 이후 45퍼센트나 급증했고 그 구역에 사는 인구수는 57퍼센트 증가했다. 2015년에 이르러서는, 미국의 5가구 중 1가구는 빈곤하거나 빈곤에 가까운 생활을 했다. 금융위기 이후로 미국에서 빈곤자의 수가 570만 명 늘어난 셈이다.

아마 이 중에서도 가장 두드러지는 것은, 신자유주의가 기업들이 스스로를 보는 방식과 사회에서의 역할을 그들에게 유리하게 발전시켰다는 것이다. 1981년으로 돌아가보면, 미국의 비즈니스 라운드테이블주로 미국 주요 기업의 경영인들로 이루어진 미국의 비영리단체로, 기업 이익에 유리한 공공정책을 추진한다은 "기업의 장기적인 생존 능력은 기업의 사회적 책임에 달려 있으며 기업은 사회의 일부"라고 선언했는데,[201] 이는 불과 몇십 년 전만 하더라도 다소 기이하게 느껴졌을 발언이다. 예를 들어, 오늘날 기업가들이 그들의 긴 세금 고지서를 줄이고자 할 때, 그들은 종종 자신을 신자유주의 게임 속 초엘리트 경쟁자라고 표현함으로써 자신들의 행동을 변호하는데, 그들은 규칙을 어기지 않고 영리하게 게임을 하며 부채를 줄이려고 한다. 2016년에 이루어진 3년에 걸친 EU의 조사는 애플사가 유럽에서 얻은 수익의 0.005~1퍼센트를 세금으로 낸 것을 알게 됐다. 조사 위원회는 애플이 유럽 본사를 두고 있는 아일랜드와 맺은 '담합'은 불법적인 국가 원조 형태에 해당하며 애플이 130억 달러를 환수하려고 시도했다는 것을 발견했다. 이 모든 것을 '정치적인 헛소리'[202]라고 치부한 최고경영자 팀 쿡은 애플이 '규칙에 놀아났다'고 설명함으로써 애플을 변호했다. 마찬가지로, 금융위기 이후 일부 월가의 은행가들은 그들이 국가로부터 긴급 구제 금융을 지원받은 것을 그들이 게임에서 더욱 뛰어난 역량을 가졌다는 증거로 보았다.[203] "내가 긴급 구제 금융으로 득을 본 건 내가 똑똑하기 때문이다. 나는 상황을 이용해 이익을 취했다.

인구의 95퍼센트는 그런 상식을 가지고 있지 않다. 내가 오래도록 이런 일을 해온 유일한 이유는 내가 미래의 경쟁자보다 더 똑똑해야 하기 때문이다'라고 혹자는 『디스 아메리칸 라이프』의 기자 애덤 데이비드슨에게 말했다.

'당신은 우리 책임이 아니다'라는 이 기업적 사고방식은 완벽주의 시대의 독특한 '노 서비스' 소비자 문화로 연결된다. 우리는 점점 더 복잡미묘한 위계질서에 갇혀 기술 지원을 위한 자원 온라인 포럼에 스스로 탑승 수속을 하고 슈퍼마켓에서 쇼핑을 하도록 내던져진다. 시장에는 범람할 듯 끊임없이 물방울이 똑똑 떨어지면서 스트레스와 책임은 불안정한 '나'에게 점점 더해진다.

기업적인 자아의 이 초개인주의적 모델이 지배적인 곳은 실리콘밸리다. 베테랑 기술 분야 전문 기자인 댄 라이언스가 말했듯이[204] 그곳의 직원들은 자주 그들이 일하는 회사가 그들의 '가족'이 아니라 그들의 '팀'이라는 것을 상기한다. 이 새로운 정의는 넷플릭스가 2009년 도입한 것으로 이후에 그 분야 전체로 빠르게 확산되었다. "넷플릭스의 법도는 기술 스타트업 기업 세대에게 영감을 주었으며 페이스북의 최고운영책임자 셰릴 샌드버그는 '아마 실리콘밸리에서 나온 가장 중요한 기록이 될 것'이라고 했다. 『포춘』『뉴 리퍼블릭』『블룸버그』『뉴욕매거진』 같은 출판물에 실린 수많은 기사에 따르면, 그 결과 실리콘밸리는 사람들이 두려움에 떨며 사는 곳이 되었다. 더 나은 사람 또는 몸값이 더 저렴한 사람이 나타난다면, 당신의 회사는 즉시 당신을 퇴출할 것이다. 50세나 40세, 또는 35세가 되어 만약 임금 인상을 요구하거나 몸값이 비싸지게 되면, 그리고 대학을 갓 졸업한 새로운 근로자들이 더 적은 임금으로 같은 일을 한다면, 당신은 떠나야 할 것이다. 그러니 너무 안

5. 특별한 자아

심하지 마라." 라이언스는 이렇게 썼다.

금융위기가 세계를 뒤흔들고 있을 때, 에인 랜드의 가장 유명한 책인 『아틀라스』는 판매 호황을 누리기 시작했다.[205] 2009년 판매량은 2008년에 비해 3배나 증가했다.[206] 2011년에는 44만 5000권이 팔려[207] 책이 가장 잘 팔렸던 해의 기록을 넘어섰다. 2012년, 월가의 기자 게리 와이스는 이렇게 썼다.[208] "랜드는 금융위기 이후로 놀라운 부흥을 경험했으며 그 어떤 것도 그녀를 막아설 수 없는 듯하다. 이는 미국 정신의 투쟁이며 그녀의 승리다."

5년 후, 이제 그녀는 가장 위대한 승리를 거두게 되었다. 그녀가 1943년에 쓴 소설 『파운틴헤드』의 강경한 개인주의적 영웅을 롤 모델로 삼은 한 남자가 미국의 45대 대통령으로 취임하게 된 것이다. 도널드 트럼프는 "이 책은 사업과 아름다움, 인생과 내면의 감정에 대한 책이다. 이 책은 (…) 모든 것에 대한 책이다"라며 한때 랜드의 책을 거창한 말로 칭송했다. 그 새로운 대통령은 그와 마음이 맞는 인물들을 요직의 후보자로 추천했는데, 랜드와 그녀의 사상을 따른다고 공언한 이들을 국무장관, 노동부장관, CIA국장으로 임명했다.[209]

트럼프는 여러모로 신자유주의, 자존감, 명성의 시대의 결정체였다. 호화로운 나르시시즘적 자기 홍보 전문가인 그는 '탐욕은 선하다'는 풍조의 1980년대에 처음으로 이름을 알렸고, 이후 신자유주의적 리얼리티 쇼인 「어프렌티스The Apprentice」에 출연하면서 엄청나게 유명세를 탔다. 이 쇼는 경영을 맹렬한 경쟁적인 게임으로 바꾸어놓았는데 이 쇼에서 패배자는 회의실에서 구타를 당하고 트럼프의 유행어인 '자넨 해고야!'라는 말을 들으며 공개적인 수모를 겪었다. TV 출연은 그를 권력의 정점에 도달하게 한 중요한 요소였지만, 그의 '가장 효과적인 도구'에 대한 설명 없이는 이에 대한 진정한 이해는 이루어지지 않을 것이다. 이 도구는 기존의 아이디어를 증폭, 강화하고 대중에게 아이디어를 시험해볼 수 있는 창구인 소셜미디어다.

이 이야기를 하기 위해서는 대략 두 시간 반에 걸쳐 에설런 연구소의 동북쪽으로, 존 바스콘셀로스가 38년 동안 충실하고 고집스럽게 하원위원으로 일했던 지역구로 이동해야 한다. 에인 랜드가 비밀스러운 영웅이 된 것은 이 단조로운 사무실과 교외의 풍경 속에서다. 그리고 이곳, 캘리포니아의 실리콘밸리는 서구의 자아를 찾는 여정에 있어 마지막 여행지가 될 것이다.

완벽주의의 시대가 우리 스스로를 실패자로 느끼게 하는 기회로 가득 차 있다면, 신자유주의의 부상과 금융위기 그리고 그것이 우리에게 남긴 가혹한 경쟁세계는 분명히 완벽주의 시대의 주역이다. 그러나 또 다른 것은 우리 시대에, 특히 젊은 사람들의 생활 속에서 점점 지배적이 되어가는 인터넷과 소셜미디어다. 자존감 세대가 셀카 세대가 된 것은 바로 이런 분위기 속에서다.

6.
디지털 자아

검은 화면. 정중한 박수. 더글러스 엥겔바트라는 남자가 헤드셋을 낀 채 모습을 드러냈다.[1] 그는 검은색 넥타이를 높고 단단하게 매고 있었고 짙은 눈썹 아래 그늘진 눈은 냉담하고 우울한 분위기를 풍겼다. 대다수가 기술 전문가인 청중은 엥겔바트를 '괴짜'라고 여겼다.[2] 그들은 그날 그가 책상 위에서 선보인 기술들이 타임머신에서 나온 것과 같다는 것을 전혀 알지 못했다. 엥겔바트는 미래를 다루고 있었으며 그는 그들에게 그것을 보여줄 참이었다.

"다소 특이한 이 환경과 제가 소개될 때 저는 계속 앉아 있다는 사실을 여러분이 잘 따라오길 바랍니다." 그가 화면에 나타나더니 말했다. "이곳과 여기로부터 남쪽으로 48킬로미터 떨어진 스탠퍼드 연구소SRI가 위치한 멘로파크의 꽤 많은 수의 직원이 저를 도와주고 있다는 것을 말씀드립니다. 그리고, 어." 그는 긴장한 듯 미소를 짓고는 화면에 보이지 않는 사람 혹은 어떤 것을 향해 위를 올려다보았다. "우리 모두가 각자의 일을 잘 해내면 모든 일은 참 흥미로워질 겁니다." 그는 다시 위를 쳐다봤다. "제 생각에," 다시 한번 긴장한 듯 그가 말을 멈췄다. "제가 여러분께 설명해드릴 이 연구 프로그램은 지식 노동자인 여러분이 사무실에서 하루 종일 사용 가능하고 즉각적으로 반응하는 컴퓨터를 제공받고 있다면 쉽게 이해가 가능할 겁니다." 다시 위를 올려다본다. 그는 민망해했다. "즉각적인 반응. 하, 당신이 취한 모든 행동에 즉각적으로 반응한다는 것, 이것이 여러분에게 얼마나 많은 가치를 가져다줄까요?"

1968년 12월 9일 월요일 아침, 샌프란시스코에서 열린 추계 연합 컴퓨터 컨퍼런스에서 화면 속 남자가 설명하고 있는 것은 개인용 컴퓨터였다. 대부분의 사람에게 이것은 완전히 새로운 개념이었다. 대압착의 시대를 거치며, 미국의 잠재의식에서 너무나 벗어나 있던 대압착의 공동경제로 인해, 사람들 사이에서 컴퓨터는 개인을 위한 것이 아니라 조직을 위한 것이라는 공포가 생겨났다. 당시 실리콘밸리는 군사산업단지의 두뇌로, 방위 계약하에 미사일, 레이더, 유도 시스템, 핵무기 등의 비밀스러운 실험실이 있던 곳이었다. 컴퓨터는 미스터리하고 생소한 지하실에 존재하며 실험실 가운을 걸친 속을 알 수 없는 사람들에 의해 작동되는 커다랗고 웅웅거리는 소리를 내는 중앙처리장치였다. 컴퓨터는 복종과 제어의 기계였고 두려움의 대상이었다. 스탠퍼드대 주변에 몰려 있는 실리콘밸리의 전문가들조차 진정한 인공지능이 곧 도래할 것이라 믿으며 미래에 컴퓨터가 인간을 대체할 거라고 생각했다. 하지만 엥겔바트의 시각은 근본적으로 달랐다. 그가 어안이 벙벙한 청중에게 선보이려고 했던 기술 또한 그랬다.

그가 멘로파크에 있는 스탠퍼드 연구소에서 이 새로운 형태의 컴퓨터를 개발해오고 있었다고 설명할 때, 그의 모니터에서 나오는 환한 빛이 그의 얼굴을 비췄다. "제 사무실에는 이런 콘솔이 있고 컴퓨터가 탑재된 12개의 콘솔이 더 있는데, 요즘 우리는 일상적인 업무를 이것을 통해 처리하고자 합니다." 그는 이 모든 것이 얼마나 별나게 들리는지를 인정이라도 하는 듯 미소 지었다. "그래서 이것은 그저 앉아서 텅 빈 종이를 보는 방식을 특징으로 합니다. 이것이 제가 많은 프로젝트를 시작한 방식입니다. 저는 여기에 앉아서 '이걸 여기로 로딩하고 싶은데……' 라고 말하죠." 화면 밖에서, 그는 그의 오른손을 움직였다. 딸깍하는 이상한 소리가 났다. 그러더니 그는 자판을 두드리기 시작했다. 화면에는 '단어' '단어' '단어'라는 글자가 마법처럼 나타나기 시작했다. "그리고 제가 만약 어떤 실수를 하게 된다면 다시 되돌릴 수 있습니다." 그렇게 그 '단어'들이 사라지기 시작했다. "이렇게 몇 개의 단어들이 있고 이것들로 어떤 작업을 할 수가 있지요." 정신 나간 각다귀마냥 재빨리 움직이는 검은색 점인 커서가 나타났다. "저는 단어를 복사할 수 있습니다. 사실 제가 복사하고 싶은 단어들이 있는데요. 이를 몇 차례고 복사할 수 있습니다." 그는 단어, 단어, 단어, 단어를 복사하고 붙여넣기를 했다. "그렇다면 저는 이 빈 종이에 자료를 좀 구해다가, 글쎄, 저는, 이게 보기보다 중요해질 테니 '파일'로 만들고 싶네요. 그래서 저는 이 기계에 '파일로 출력'이라고 명령합니다. 그러면 이 기계가 말하죠. '이름이 필요합니다.' 이름을 붙여줄게요. '샘플 파일'이라고 해보죠." 화면이 사라지고 엥겔바트의 손이 화면에 잡혔다. 그는 단어들이 나타났다 없어지는 모니터에 선으로 연결된 타자기처럼 생긴 쿼티 키보드로 작업을 하고 있었다. 그의 오른쪽에는 그가 커서를 움직일 때 사용하던 바퀴가 달린 이상한 네모 박스가 있었다. 그는 이 기묘한 장치를 '마우스'라고 불렀다.

모든 것이 끝나자 청중은 매혹되어 일어서서 넋을 놓고 환호했다. 엥겔바트는 마우스와 키보드, 커서로 제어되는 개인 비서로서의 컴퓨터의 개념을 세상에 선보였을 뿐만 아니라 그가 조작했던 '윈도'의 기초를 형성하는 그래픽 기능을 활용한 사용자 중심의 인터페이스, 하이퍼링크, 오늘날 우리가 웹이라고 알고 있는 통신망으로 연결된 온라인 영역의 개념을 세상에 소개했다. 실리콘밸리에서 이는 '모든 시연의 어머니'로 알려지게 될 것이었다. 한 청중의 인상적인 말을 빌리자면, 그 화면 위에서 괴짜 엥겔바트는 '양손으로 번갯불을 다루고 있었다'. 그저 기술이 새로운 것만이 아니라, 그 이면의 근본적인 개념이 혁명적이었다. 여기, 최초로 개인을 위해 고안된 컴퓨터가 있었다. 이는 억압과 강요를 위한 기계가 아니었다. 모든 것은 나를 위해 작동했다.

18년 전, 더글러스는 어떤 위기 상황 속에서 직장으로 차를 몰고 있었다. 전시 해군 기술자였던 그는 나사NASA의 전신인 실리콘밸리의 에임스 연구 센터ARC에서 일하게 되었다. 그는 스물다섯 살이었고 자신의 일과 사랑에 만족했다. 뭐가 더 필요하겠는가? 그는 모든 목표를 이루었다. 출퇴근을 하던 중, 그는 차를 멈춰 세우고는 이 사실이 너무나 끔찍하다고 느꼈다. '맙소사, 이건 말도 안 돼. 목표가 없다니!' 그는 그날 밤 자신의 인생을 건 새로운 프로젝트를 찾는 데 몰두했다. 그는 자신이 세상을 변화시키고 싶어한다는 것을 알고 있었다. 하지만 어떻게 그렇게 할 수 있을까? 인간이 미래의 머리 아픈 복잡함에 잘 대처할 수 있도록 도와줄 무언가를 발명할 수 있을까?

그러던 중 기가 막히게 멋진 아이디어가 그에게서 쏟아져 나왔다. 실리콘밸리의 역사학자 존 마코프는 이를 두고 '정보화 시대 비전의 완성'이라고 불렀다.[3] 상상 속에서, 그는 컴퓨터에 연결된 화면을 보고 앉아 있는 한 남자를 보았으며 화면에는 글자가 있었고 컴퓨터는 사람들이 일을 하는 데 필요한 모든 정보의 창구가 될 것이었다. 그리하여 사람들은 서로 의사소통을 할 수 있고 컴퓨터는 사람들의 직장생활을 체계화하고 보조하면서 인간을 위해 일할 것이었다. 이는 생각의 확장으로 '생각을 위한 도구'가 될 것이었다. 물론 이는 지극히 개인주의적인 생각이었다. 하지만 동시에 인본주의적인 생각이었다. 칼 로저스의 사상이 기술의 영역으로 옮겨간 것이다. 컴퓨터는 악하지 않았다. 좋은 것이었다. 그들은 대중을 통제하는 것이 아니라 인간이 이미 가지고 있던 믿을 수 없는 잠재력을 증대시킴으로써 대중을 해방시킬 것이었다.

'증대'. 이는 좋은 말이었다. 엥겔바트는 UC버클리에서 전자공학을 전공한 뒤 스탠퍼드 연구소에서 일하기 시작했다. 그곳에서 그는 여러 편의 논문을 썼는데, 그중 「인간 지성의 증대」라는 논문을 통해 근로자들은 컴퓨터를 통해 서로 연결되어 있으며 그들은 '작은 키보드와 다양한 장치로 컴퓨터를 제어한다'는 자신의 개념을 상세히 기술했다. 1963년에 그는 국방부로부터 이 아이디어를 발전시키기 위한 자금을 지원받았다. 그러고는 멘로파크에 있는 스탠퍼드 연구소 2층에 증강연구소 ARC를 설립했다. 그가 증강연구소에 영입한 연구팀은 실리콘밸리의 미래를 창조할 뿐만 아니라 심지어는 실리콘밸리의 미래인 듯 보였다. 마코프는 이렇게 말했다. "아주 짧은 머리를 하고 흰 셔츠를 입고 넥타이를 매는 이 공학도의 세계의 한가운데에, 머리와 수염을 길게 기르고 방에는 동양의 양탄자가 깔려 있으며 여자들은 브래지어를 입지 않고 와인병은 널브러져 있으며, 때때로 대마초 연기를 흩날리는 것으로 확연히 눈에 띄는 작은 무리가 찾아왔다. 스탠퍼드 연구소 실험실의 복도를 거닐기만 해도 널리 보급된 중앙처리장치로서의 컴퓨터 모델과 개인용 컴퓨터라는 비전을 품는 것 사이에 문화적 격차가 존재한다는 것을 방문객도 본능적으로 느낄 수 있었다."

하지만 이 문화의 충돌은 앞으로 증강연구소의 가장 큰 문제 중 하나가 된다. 오늘날 엥겔바트가 세계적으로 유명하지 않은 건 부분적으로 이 때문이다. 1968년 컨퍼런스에서 그가 받은 환대에도 불구하고, 그다음 몇 해 동안 그의 연구실과 상사들의 관계가 무너지게 되었다. 국방부는 그들이 사무 보조 전자기계 등에 자금을 지원하고 있던 것에 대해 어째서 의아해하게 됐을까? 그리고 이 세상을 더 낫게 만들 수 있다는 희망으로 그의 프로젝트에 참여한 프로그래머들은 그들이 왜 국방부를 위한 도구를 개발하고 있었느냐고 물었을까? 1970년대에 몇몇 핵심 구성원들이 복사 회사인 제록스가 설립한 새로운 팰로앨토 연구소PARC로 떠나게 되면서 갈등은 더욱 커졌다. 당시 제록스도 개인용 컴퓨터에 관심이 있었다. 그러고 나서 이 불화는 점점 더 깊어져갔고 엥겔바트는 만남집단을 도입했다.

이 무렵, 남쪽으로 209킬로미터 떨어진 에설런 연구소는 스탠퍼드대 주변에서 큰 영향력을 미치기 시작했다. 스탠퍼드대는 스탠퍼드 연구소를 창설했으며(연구소는 1970년 스탠퍼드로부터 분리됐다) 에설런의 설립자들은 스탠퍼드대학을 졸업했다. 1968년, PC 시연이 열렸던 해에, 에설런의 공동 설립자인 마이클 머피는 '몇몇 교수들'의 『스탠퍼드 동문 연감』에 글을 실었는데,[4] 그들 중에 '새로운 자기 탐색이라는 새로운 학과목을 자신의 수업에 도입하고 있던' 전기공학과 교수가 있었다. 에설런의 프로그램을 기반으로 한 워크숍은 800명의 지역 주민들이 참석하며 대학에서 큰 인기를 끌었다. 이 프로그램들은 매우 성공적이어서 샌프란시스코만 해안 지역의 초등학교와 중학교들은 에설런의 기술을 가르치기 위한 자금을 후원받았으며 5만 명 이상이 참가했다. 에설런은 수년간 전문 기술직들에게 인기가 있었으며 1985년 『에스콰이어』

의 한 기사는 "실리콘밸리의 과학자들과 공학도들, 기업가들이 단골 고객이 되었다"[5]고 보도했다. 에설런의 영향력은 계속되었으며, 2005년에 인터넷이 소셜미디어 형태에 진입한 것을 '웹 2.0'이라고 명명한 팀 오라일리[6]는 "오늘날의 인터넷은 우리가 70년대에 에설런에서 이야기 나누었던 것들의 반향이다"라고까지 언급했다.

엥겔바트의 만남집단에 대한 관심은 EST라고 불리는, 부분적으로 에설런으로부터(특히 에설런의 게슈탈트 프로그램으로부터) 영감을 받은 에르하르트 세미나 트레이닝 워크숍에서 생겨났다. 30명의 직원을 동원하여 3개월의 실험 기간을 거쳐 증강연구소에 이것이 도입되기 시작했다. 만남집단이 가져온 급진적인 진정성은 불만의 수문을 열어 방류시켰으며, 이 불만의 대부분은 엥겔바트를 향한 것이었다. "더그(더글러스)가 구석에 처박혀 아이디어를 부화시키는 듯한 인상이었다.[7] 사람들은 이 모든 놀라운 것을 불편해했다. (…) 더그는 전반적으로 사람들이 통제하고 목표를 설정하고 참여하는 것을 충분히 허락하지 않았다." 실험 기간이 끝나면 평가가 이루어졌다. 최종 보고서는 "솔직히 우리는 도대체 무슨 일이 일어나고 있는지 모르겠다"로 끝났다.

그러나 엥겔바트는 EST와 만남집단이 그의 연구팀을 더욱 창의적으로 만드는 데 도움이 될 거라고 확신하며 개의치 않고 압력을 가했다. 직원들에게 강의에 참가할 것을 강요했고 그 비용의 절반을 연구실이 부담했다. 이에 찬성하고 처음으로 그 강의를 수강한 한 직원은 놀라서 눈을 번쩍 뜨고는 열렬한 지지자가 되어 돌아왔으며 점점 더 많은 사람이 빠져들기 시작했다. 사이비 종교와 같은 안개가 드리워졌다. 진정성이 증강연구소를 통해 고약한 냄새를 풍기며 퍼져 나갔다. 이혼의 물결이 일었고, 한 프로그래머는 그의 아내가 그의 가장 친한 친구와 잠자리를 가져왔다는 말을 들었다. 어떤 프로그래머들은 극도로 예민해져서 함께하기 힘들었고 다른 이들은 공동생활 집단으로 이사를 갔으며, 또 다른 이들은 여전히 컴퓨터 연구를 완전히 포기한 상태다. 국방부에서 온 요원들은 연구소를 방문하여 맨발로 원을 그려 앉아 있는 직원들, 마개가 열려 있는 와인병들, 불붙은 마리화나 담배, 한창 진행 중인 만남집단을 보았다. 이것들은 그들의 직장 관계에 별 도움이 되지 않았다.

EST를 거부하며 간신히 버텨왔던 직원들은 이러한 근무 환경을 견딜 수 없었다. 도널드 '스모키' 월리스는 엥겔바트가 그의 사람들을 '실험실의 동물'처럼 다룬다고 불평했으며[8] 그와 몇 명의 사람들은 함께 사임했다. 1974년에 엥겔바트의 자금 지원은 취소가 불가피하게 되었다. 엥겔바트와 일했던 이들의 도움으로 오랜 시간에 걸쳐 새로운 기술의 이점을 취하고 단순함에 주안점을 두고 개선시킴으로써 그의 아이디어를 현실로 바꿀 수 있었던 건 제록스였다. 1979년, 그들은 스티브 잡스라는 야심찬 기술 기업가를 위한 악명 높은 한 비공개 시연회에서 그들의 연구를 선보였으며, 잡스는 자신의 회사인 애플 컴퓨터로 달려가[9] 직원들에게 이를 똑같이 만들어내라고 명령했다. 그러나 잡스를 포함한 지구인들이 엥겔바트의 천재성을 완벽히 따라잡으려면 시간이 좀 걸릴 것이었다. 마우스는 1983년이 되어서야 대중화되기 시작했으며 그의 놀라운 인터넷 비전이 실현되려면 더욱 오랜 시간이 걸릴 것이었다. 제록스의 시연회에서 컴퓨터들이 통신망으로 연결된 것을 본 후, 잡스는 이 기능에 대체로 회의적이었고 그래서 사용자 인터페이스에 전념했다. 엥겔바트는 1980년대에 잡스를 만났던 일을 회상했다.[10] 그는 잡스에게 애플 컴퓨터가 "너무나 제한적이다. 다른 사람의 문서, 이메일, 공동 정보 저장소에 접근할 권한을 가지고 있지 않다"고 말했다고 했다.

하지만 잡스는 이를 이해하지 못했다. "당신이 필요로 하는 모든 컴퓨팅 능력은 당신의 바탕화면에 있을 것입니다"라고 그는 말했다.

"하지만 이는 전화기나 문이 없는 완전히 새로운 사무실을 갖는 것과 같지." 엥겔바트가 대답했다. 그가 말하길, 잡스는 그냥 그를 무시했다.

엥겔바트가 품었던 더 큰 비전의 정신 대부분은, 바스코와 함께 에설런의 괴팍한 '정신적 압제' 컨퍼런스의 초청 연사였을 뿐만 아니라 1968년 시연의 자문위원 겸 카메라맨으로 일했던 한 남자에 의해 미래로 옮겨갈 수 있게 되었다. 엥겔바트의 기술에, 스튜어트 브랜드는 오늘날까지도 컴퓨터 문화를 이끄는 인본주의적 신자유주의 사상을 더했다. 시연회가 있고 한 달 뒤, 브랜드의『홀 어스 카탈로그』가 처음으로 정식 출판되었다. 이 잡지의 본사는 엥겔바트 실험실에서 몇 블록 떨어져 있었다. 아는 사람만 아는 이 시장은 여러 상품을 판매하고 다양한 철학을 선보이는데, 그 표지를 펼치면 이 잡지의 사명이 나온다. 이 잡지는 '우리는 신과 같으므로 이 사실에 익숙해지는 것이 어떨까'라고 선언하며 '개인이 스스로 자신의 교육을 수행하고 자신의 영감을 찾고 자신의 환경을 형성하며 자신의 모험을 관심 있는 모든 이와 공유할 수 있는 힘, 깊고도 개인적인 힘의 영역이 발전하고 있는 중인' 미래를 환호했다. 브랜드의 전기 작가인 스탠퍼드대의 프레드 터너 교수는『홀 어스 카탈로그』가 물건을 사는 것을 통해 세상을 변화시키는 방법, 즉 '항상 존재해왔던 생각'을 선보였다는 점을 중요하게 언급했다.[11] 2005년에 스티브 잡스는『홀 어스 카탈로그』를 "우리 세대의 성경이자……종이책 형태의 구글과 같은 것"이라고 말했다. 이 잡지 마지막 호의 마지막 페이지에는 '끊임없이 갈구하라. 무모해져라 Stay Hungry, Stay Fool'라는 가르침이 실렸는데, 이 말은 그의 삶과 커리어를 말해주는 진언이 될 것이다.

브랜드와 그를 따르던 사람들은 종종 테크노 히피로 묘사된다. 위계 질서가 없는 세계에 관한 그들의 유토피아적 비전은 낡고 중앙집권적이며 권위적인 질서가 사라져 모든 개인이 원하는 대로 자신의 삶을 살아갈 수 있도록 한다. 그리고 이것이 프리드리히 하이에크의 신자유주의 비전, 즉 중앙집권적이며 강압적인 국가 권력이 최소화되도록 무너져 모든 개인이 원하는 대로 자신의 삶을 살아가도록 한다는 것과 굉장히 비슷하다는 사실은 종종 주목받지 못한다. 1995년 브랜드는 『타임』과의 인터뷰에서[12] 이는 "리더 없는 인터넷은 물론 전체 개인 컴퓨터 혁명에 철학적 토대를 제공한 반체제의 중앙집권적 권위에 대한 경멸"이라고 말했다. 실로, 그의 그리스적 정신은 어린 시절부터 두드러졌다. 학생 때, 그는 공산주의자들에 대한 두려움으로[13] 일기에 이렇게 썼다. "만약 싸움이 벌어진다면, 나는 싸울 것이다. 어떤 목적을 가지고 싸울 것이다. 나는 미국을 위해, 가정을 위해, 아이젠하워 대통령을 위해, 자본주의를 위해 싸우지 않을 것이며 심지어 민주주의를 위해서도 싸우지 않을 것이다. 나는 개인주의와 개인의 자유를 위해서 싸울 것이다." 그는 개인주의적이고 자발적 행동가인 기업가들을 추켜올렸으며 진정한 신자유주의자로서 이타주의적 정부에 대한 혐오감을 가지고 있었는데, 훗날 그는 "정부가 자신의 문제를 해결해줘야 한다고 말하는 모든 피해자의 사고방식은 전 지구를 향한 완전한 저주다"[14]라고 발표했다.

그러나 브랜드만큼이나 그와 비슷한 생각을 가지고 있는 그 곁의 영향력 있는 사람들의 관계망이 오늘날의 디지털 문화에 결정적인 영향을 미칠 것이었다. 『홀 어스 카탈로그』로부터 다양한 잡지가 생겨났고 컴퓨터와 모뎀으로 연결되어 '온라인상'에서 모이는 새로운 형태의 공동체가 생겨났다. 브랜드는 이를 '더 홀 어스 렉트로닉 링크The Whole Earth 'Lectronic Link'라고 불렀다. 1987년 브랜드는 더그 엥겔바트와 에설런의 공동 설립자인 마이클 머피를 포함하는 '대단한 사람들'로 구성된 글로벌 비즈니스 네트워크GBN를 공동으로 설립했다. GBN은 IBM, AT&T, 국방부와 같은 고객들에게 조언을 해주면서[15] 자유롭고 유선화된 미래에 대한 비전을 강대국의 사무실과 두뇌에 깊숙이 퍼뜨렸다.

그들의 아이디어는 우리가 보았던 모든 시대의 아이디어가 거품을 일으키며 다급히 뒤섞여 있는 것이었다. 사람을 신으로 여기는 인본주의적 관념, 진정성과 '솔직함'에 대한 에설런의 집착, 자존감 운동 속에서 날뛰는 나르시시즘, 경쟁적인 자유시장이 인간세계에서 게임으로 바뀌는 것을 보려는 신자유주의자의 의지에서 그 점이 가장 분명히 드러난다. 그들은 새로운 시대의 유선 기술이 구체제를 무너뜨리고 전례 없는 자유와 개성의 시대가 열릴 것이라는 견해를 밀어붙이기 시작했다. 너무나 집단적이고 강압적인 정부와 기업의 위계는 무너지고 모든 인간이 자신의 독창성과 이윤 창출의 독립적 중추가 되는 새로운 문명이 출현할 것이었다.

1997년, GBN의 회원인 피터 슈워츠는 GBN이 나아갈 방향에 대한 윤곽을 그린 「장기적인 호황: 1980-2020, 미래의 역사」[16]라는 영향력 있는 소논문을 공동 집필했다. 그는 자신의 비전이 '예견이 아니라 긍정적이고 설득력 있는 각본'이라고 말하면서, 미국은 경제적 번영을 누리고 있으며 "어떤 이상한 재앙을 막는다면, 세계의 대부분이 계속해

317

서 호황을 이어나갈 것이다…… 이는 한 번도 경험해본 적 없는 규모의 호황이다'라고 말했다. 당시 '잔혹해' 보였던 대처와 레이건이 도입한 신자유주의 개혁은 성공적이었다. 컴퓨터 기술의 새로운 진보와 결합된 이러한 변화는 2000년에 이르러 미국이 엄청난 부를 누릴 수 있도록 했다. "유선화된 세계화 사회가 도래하면서 개방성에 대한 개념은 그 어느 때보다 더 중요해졌다. 이것은 새로운 세계를 작동시킬 핵심이다. 간단히 말해서, 다가오는 시대의 주요 수식은 바로 이것이다. 개방은 좋다. 폐쇄는 나쁘다. 이마에 이를 문신으로 새겨라. 이를 기술 표준, 비즈니스 전략, 삶의 철학에 적용하라. 이는 다가올 몇 년 동안 개인과 국가, 지구촌을 위한 승리의 개념이다."

  '개방'이라 쓰고 '자유'라 읽는다. 규제 없는 시장, 무슨 일이든 마음대로 할 수 있는 사업의 자유, '자유롭게' 신자유주의적 삶의 게임을 하는 개인 여성과 남성. 서류상으로 보면, GBN의 회원들은 자유주의자들인데, 자유주의는 흔히 에인 랜드와 그녀의 추종자들과 연관되는 정치적 이념이다. 실제로, 자유주의와 신자유주의는 특히 자유시장에 대한 자비심과 중앙정부의 계획, 국가에 대한 증오라는 핵심 신념에 있어서 엄청나게 큰 공통점을 가지고 있다. 앨런 그린스펀은 스튜어트 브랜드의 많은 동료가 그랬던 것처럼 스스로를 자유주의자라고 불렀다.[17] 아마도 그의 비전을 대중에게 홍보하기 위해 다른 어떤 잡지사보다 더 많은 노력을 했을 『와이어드 매거진』은 자금의 일부를 GBN으로부터 지원받았으며, 자유주의자인 루이스 로세토가 공동 창간했다.[18] (1994년 판은 GBN 자체를 다루었는데[19] GBN의 네트워크상의 사람들을 일련의 상호 연결된 중추로서 시각적으로 묘사했다. 무엇보다 가장 많은 연결을 맺고 있던 사람은 에설런의 마이클 머피였다.)

그중에서도 GBN과 더 홀 어스 네트워크, 『와이어드 매거진』은 1990
년대에 디지털 미래를 위한 신자유주의 비전의 대중화에 크게 성공했
다. 터너는 "1990년대 말에 이르러, 자유주의적이고 유토피아적이며 대
중 영합주의적인 인터넷에 대한 설명이 국회의사당, 『포춘』 선정 500대
기업의 이사회실, 사이버 공간의 채팅방, 미국 개별 투자자들의 주방과
거실에서 메아리치는 소리를 들을 수 있었다"고 발표했다.[20] 『와이어드
매거진』과 더 홀 어스 쪽 사람들의 네트워크는 '기업 규제 완화와 정부
규모 축소, 정부로부터 탈피해 사회적 변화의 주요 장소로서의 유동적
인 공장과 세계 시장으로 돌아서는 요구를 합법화했다'.[21] 새로운 질서
가 오고 있었다. 사업과 기업의 폐쇄적인 위계질서는 무너지고 정부의
규모는 축소되었으며 컴퓨터로 연결된 개방 네트워크의 힘은 개인들이
이전보다 더욱 부유해질 수 있도록 자유를 줄 것이었다. 인간 삶의 게
임화는 실리콘밸리의 기술 덕분에 극적으로 심화될 것이었다. 그러나
다른 모든 위대한 문화 운동과 같이, 사람들의 자아를 무언가로 깊이
울리지 못했더라면 애초에 이는 이렇게 대단히 강력해지지 못했을 것
이다. 그들의 운동은 신자유주의적 자아를 위해 완벽하게 고안된 미래
에 대한 개념이었으며, 이는 1980년대부터 구워삶아지다가 1990년대에
이르러서는 자존감으로 범벅이 되었다.

소논문 「장기적인 호황」이 출간된 지 2년 8개월 10일 뒤, 몰락이 시
작됐다. 2000년 3월 11일, 투자자들은 그들이 돈을 쏟아부은 회사들
이 말도 안 되게 과대평가되었다는 것을 깨닫고 움직이기 시작했다. 한
달도 되지 않아 증권시장에서 1조 원에 가까운 돈이 증발했다. 그러나
인터넷 기반의 IT업체의 불씨가 수그러들자, 유선 인터넷 시대의 새로
운 국면이 그 재 속에서 달아오르기 시작했다. '웹 2.0'이 에설런의 디지

털 자손으로서 재시동을 걸게 되었다. 이는 엥겔바트의 나를 중점으로 하는 기술과 브랜드의 글로벌 비즈니스 네트워크의 신자유주의적 개인주의를 강화했고 나르시시즘은 조금도 더하지 않았다. 이는 자아를 화폐로 하고 개인의 솔직함과 진정성을 금본위로 하는 일종의 전 세계적 온라인 만남집단이 될 것이었다. 인터넷은 미래에 '사회적' 장이 될 것이었다. '나'의 힘을 다시 분명히 발휘할 것이었다. 인터넷 플랫폼은 모든 '나'에게 목소리를, 캐릭터를, 존재감을, 브랜드를 부여함으로써 계층 구조를 무너뜨릴 것이었다. 이것은 신자유주의적인 인생의 게임을 이전에는 상상할 수 없었던 장소로 가져오고 자아와 자아가 팔로어와 피드백, 좋아요를 위한 끊임없는 경쟁 속에서 서로 겨루면서 점점 증가하는 우리의 개인주의적 감각 위에 올라탈 것이었다. 그러나 이것은 또한 지위와 명성, 도덕적 분노와 부족의 처벌에 대한 강력한 원시적인 본능과 연관되어 있는 더욱 어두운 근원을 두드릴 것이었다.

2006년 12월에 이러한 발전을 기념하여 『타임』은 그 유명한 올해의 인물로 '당신YOU'을 선정하고 이를 표지에 실었다.2006년 『타임』 올해의 인물이 실린 12월 호의 표지에는 글자 'YOU'가 크게 들어가 있다. 2주 후, 스티브 잡스는 전 세계에 아이폰을 공개했다. 2006년과 2008년 사이에 페이스북 사용자[22]는 1200만 명에서 1억 5000만 명으로 증가했다. 2007년에서 2008년 사이에 트위터의 분기당 트윗 수[23]는 40만 건에서 1억 건으로 늘어났다. 2010년에 처음으로 전면 카메라가 부착된 아이폰이 세상에 나왔다. 이는 비디오 채팅을 위한 도구로 구상되었던 것이었지만, 사람들은 이 카메라를 대부분 다른 일을 하는 데 사용해서 기술자들을 놀라게 했다. 2014년에 이르러 안드로이드폰에서만 매일 930억 장의 셀카가 촬영되고 있었다. 사진 세 장 중 한 장[24]은 18세에서 24세의 사람들이 스스로의 모습을 찍은 것이었다. '당신'이 도래했다. 그리고 이 '당신'으로 포화된 소셜미디어의 영역에서 남들과 어울리고 앞서 나가기 위해서, 당신은 갑작스럽게 당신을 둘러싸고 있는 다른 모든 당신보다 더 나은 당신이 되어야 했다. 당신은 더 재밌고 더 독창적이고 더 아름다워야 했고, 더 친구가 많고 더 재치 있는 말을 하고 더 정의로운 의견을 제시해야 했다. 당신은 멋진 장소에서 아름다운 조명과 함께 건강하고 맛있고 아름다운 아침 식사를 하면서 멋스러워 보이도록 해야 좋을 것이었다.

2008년, 이미 치열하게 경쟁적이고 지위에 집착했던 신자유주의 왕국은 전 세계적인 경제 대재앙과 충돌했다. 금융위기의 여파 속에서, 서구의 평범한 개인에게 심지어 더욱 큰 압력이 가해지게 됐다. 완벽주의의 시대가 도래했다.

내가 탄 기차는 존 바스콘셀로스가 혈관 우회 수술 후에 몸을 회복하고, 더글러스 엥겔바트가 그의 놀라운 개인 컴퓨터라는 비전을 발전시키고, 스튜어트 브랜드의 홀 어스 조직이 본사를 둔 장소인 멘로파크를 지나갔다. 이 기차는 스탠퍼드대와 제록스 팰로앨토 연구소의 본거지인 팰로앨토와 엥겔바트가 실리콘밸리에서 처음으로 직장을 얻었던 마운틴 뷰캘리포니아주 서부 산호세의 서북쪽에 있는 도시를 거쳤는데, 이곳은 이제 구글의 세상이 되었다. 그곳 사람들은 무척 평범해 보였다. 적갈색, 회갈색, 칙칙한 흰색의 단층 주택이 늘어서 있었으며 차고에는 대형 SUV가 있었다. 마당에는 그들의 집 부지를 훌쩍 넘은 큰 야자나무들이 있었는데, 이 나무들은 풍경을 털이 복슬복슬한 묘한 분위기로 만들었다. 재활용

쓰레기통, 콘크리트 불상, 핏줄이 두드러지게 보이는 반바지를 입고 비싼 자전거를 타는 사람들로 그곳은 일요일 저녁과 같은 분위기가 흘렀다. 마지막으로 그 기차는 애플의 본거지인 쿠퍼티노로 가는 서니베일에 멈췄다. 나는 택시를 타고 구불구불한 언덕을 올라 지붕이 적갈색인 커다란 크림색 건물 레인보 맨션으로 향했는데 오늘날 그곳은 젊고 미래가 밝은 기술산업 종사자들로 이루어진 '마음 맞는 이들이 모인 거주촌'이 되었다.

내 자아에 대한 탐색은 다시 한번 나를 서구 세계의 끝으로 이끌었다. 나는 오늘날 이곳에 도착했으므로, 만약 내가 추구해온 생각들이 옳다면 그들의 수많은 조상의 삶으로 형성된 자아들을 만날 기회가 있을 것이었다. 1980년대와 1990년대에 태어나고 자란 이들은 철저한 신자유주의자로, 아리스토텔레스부터 에인 랜드와 그녀의 컬렉티브를 거쳐 스튜어트 브랜드까지 과거의 수많은 문화적 지도자의 이론을 인정하고 그들이 훌륭하다고 생각하는 사람들이다. 나는 우리의 미래를 만들어나가던 사람들을 괴롭혔던 그 유령들을 과연 내가 발견할 수 있을지 알고 싶었으며 경제를 자신이 누구인지, 어떤 사람이 되고 싶은지, 이 세상이 어떻게 돌아가야만 하는지에 대한 의식으로 변화시키면서 그들이 당대의 경제를 어느 정도로 내면에 흡수했는지 알고자 했다.

기술산업의 호황은 세계의 가장 진보적인 지성인들을 이곳으로 몰려들게 했고 그 결과 공유 생활이 대중화되었다. 샌프란시스코는 이제 미국에서 임대료가 가장 비싼 곳이 되었다. 방 한 개짜리 아파트의 평균 월세가 뉴욕보다 23퍼센트[25] 더 비쌌다. 이러한 단체 숙소는 흔히 '해커스 호스텔'로 알려졌고, 현지 신문들은 마치 와이파이처럼 그들에게서 전파되어 나오는 추문과 기이한 일들에 대한 기삿거리에 혈안이 되었다. 『샌프란시스코 이그재미너』는 샌프란시스코의 네게브 호스텔에 22명이 수용 가능한 집에 60명이 모여 살고 바퀴벌레와 쥐가 들끓으며 '고장 난 온수기에서는 가스 냄새가 계속해서 새어 나오는' 아파트의 이층 침대 중에서도 침대 하나를 임대하는 데 한 달에 1250달러가 청구되는 것을 기사화한 적이 있다.[26] 한편, 샌프란시스코의 근교도시 캐스트로에 있는 셰제이제이 호스텔[27]은 마흔여섯 살의 공무원인 한 이웃 주민의 반복적인 항의로 문을 닫게 되었는데, 그의 말에 따르면 자신은 무척이나 고통스러웠으며 그래서 가끔씩 동요를 제일 크게 틀어놓고 몇 시간씩 집을 떠나 있는 식으로 복수를 했다고 한다. 실리콘밸리에 있는 튜더 양식의 저택인 스타트업 캐슬[28]은 그 입주 요건이 공개되자 조롱의 대상이 되었다. 입주 지원자들은 일주일에 15시간씩 운동을 해야 하고 '일류 대학'의 학위를 소지해야 하며, 반려동물을 사랑해야 했다. 절대 용납되지 않는 것들이 있었는데, 예를 들어, 부모님으로부터 정기적으로 물건을 받거나 '한 번이라도 정신과 처방을 받은 적이 있으면' 이곳에 들어올 수 없었다.

레인보 맨션에서 내가 접촉한 사람은 바네사라는 스페인 출신의 나사 직원이었다. "당신은 지금 미스터리 룸에 있어요." 낡아빠진 샹들리에가 걸려 있고 벽에는 다음 달에 '세계 정복'이라고 적힌 달력이 있는, 천장이 높고 빛나는 로비로 나를 안내하면서 그녀가 말했다. 바네사는 이곳의 침대 하나를 구하려는 근로자들이 세계 각지에서 보내온 지원서를 처리하는 일을 맡고 있었다. "고급 인력들은 이곳에 오고 싶어 하죠." 그녀가 솔직하게 말했다. "내가 사람들을 거르는 첫 번째 기준은 그들이 내게 흥미로운 사람들로 느껴지느냐예요. 우리는 국제적인 환경에서 살아온 사람들, 각자의 분야에서 멋진 일을 하고 있는 사람들, 다른 이들과 잘 어울리는 사람들을 원해요. 만약 그들이 가지고 있는 인맥이 있다면 그것 또한 매우 유용할 수 있는데, 우리도 인맥을 넓힐 수 있기 때문이죠."

그녀는 내게 위층에 있는 공동 침실을 보여줬는데, 그곳은 이곳에 입주하기 위한 면접을 보는 단기 손님들이 묵는 방이었다. 침대는 깔끔하게 정돈되어 있었고 소지품들이 어지럽게 흩어져 있었다. 로버트 치알디니 교수가 쓴 『설득의 심리학』, 영향력 있는 자유주의자이자 투자가이며 트럼프 지지자인 페이팔의 공동 창업주 피터 틸이 쓴 『제로 투원』이 장난스러운 바이킹의 투구와 빨간 물총 옆에 놓여 있었다. 면접 과정 중 그 맨션의 영구 거주자들은 면접자들과 면담을 할 것인데, 이를 통해 참가자들이 잠재적으로 어떤 경력을 쌓게 될 것인지, 성격은 어떠한지에 대해 의논하고 판단을 내리고 투표에 부칠 것이다. 내가 보기엔 이곳에서 한자리를 차지하기 위해서는 무엇보다 다른 사람들에게 이로움을 줄 수 있어야만 하는 것 같았다. 그들은 모든 네트워크의 중심점이었고, 지식과 힘을 갖춘 개개의 섬이었으며 오직 그들이 선보였던 가치 딱 그만큼일 뿐이었다. 가혹해 보였지만 또한 합리적이고 실용적인 듯했다. ……그리고 이는 신자유주의적이자 GBN적이고 자유주의적이며 그리스적으로 보였다.

그날 저녁, 내가 미스터리 룸의 매트리스에 누워 쉬고 있을 때, 제러미라는 기계 공학자가 불쑥 방에 들어왔다. 그는 서른다섯 살로, 아이처럼 열성적이었으며 수수한 회색 티셔츠에 주머니가 여러 개 달린 카고 바지를 입고 있었다. 세 개의 스타트업 기업에서 일한 이쪽에서 베테랑으로 통하는 그는, 아주 유명한 기술 기반 기업에서 비밀 프로젝트를 진행하고 있었다. 그는 그 기업의 이름을 언급하지 말아달라고 부탁했지만 '인터넷으로 검색만 하면 다 알 만한 회사'라고 설명하는 것을 허락해주었다.

우리는 햄버거를 먹으러 나갔다. 쿠퍼티노로 차를 몰고 나가 숫자만 잔뜩 적혀 있는 기이한 낮은 건물들과 찬란한 애플 로고를 지나면서 나는 제러미에게 그가 어떻게 해서 인터넷으로 검색만 하면 다 알 만큼 유명한 기술 회사에 채용되었는지 물어보았다. 그는 그 회사가 자신이 진행했던 프로젝트에 대한 소문을 듣고 그에게 먼저 접근해왔다고 설명했다.

"손목시계 모형으로 손목에 찰 수 있는 웨어러블 기기인데요, 이게 네 개의 프로펠러가 달린 비행 물체로 펼쳐지고, 반동 추진 엔진과 프로펠러를 사용해 당신을 떠나 날아가서 당신의 사진을 찍고 다시 날아와서는 손목시계로 변해서 손목으로 들어오죠."

"말도 안 돼요." 내가 말했다.

"제가 동영상을 보여줄게요."

"그럼, 이게 공중에서 멈춰서 당신의 얼굴을 찾을 줄 안다는 건가요?"

"이 기기는 자신이 어디에 있고 어떻게 다시 돌아와야 하는지를 알아내는 데 필요한 모든 센서를 갖추고 있죠."

"말도 안 돼." 내가 말했다.

우리는 한동안 침묵 속에서 차를 몰았다. "그럼 이게 셀카용 드론이라는 말이에요?" 내가 말했다.

"그리고 이건 진짜 드론이에요." 그가 말했다. "드론은 스스로 결정을 내리는 자율 기기예요. 그러니 이건 진짜 드론이죠."

"그럼 이걸 만드는 데 얼마나 걸렸나요?"

"30일이요." 그가 말했다.

"젠장, 말도 안 돼." 내가 말했다.

"30일이요!"

"그럼 그간 몇 시간씩 일했나요?"

"내내 일했죠." 그가 말했다. "정말 치열해요. 이 분야의 기업가들이 대체로 아주 젊은 데는 다 이유가 있죠. 심신이 정말 지쳐요. 대부분의 사람이 극도의 피로를 호소하죠. 몇몇 직장에서는 창고에 있는 판지 위에서 눈을 좀 붙일 수 있었는데, 그 덕에 밤새 일을 할 수 있었죠."

"본인 책상 밑에서 잠을 잤던 거예요?"

"저는 제 책상도 없었어요. 어떤 날은 하루에 스무 시간씩 일을 했죠. 기간은 짧고, 시간은 돈이고, 벤처자금은 다 떨어져가고, 또 대부분의 경우 주식으로 돈을 지불받아서 회사가 파산하게 되면 우린 돈을 받지 못하게 돼요. 정말 가혹한 처사죠."

파이브가이스에서 햄버거와 감자튀김을 받아 자리에 앉자, 제러미는 셀카 드론이 작동 중인 유튜브 동영상을 내게 보여주었다. 나는 조용한 가운데 이 모든 것이 얼마나 인상 깊은지, 또 얼마나 잔혹한지에 대해 경이로움을 느꼈다. 올더웨이 메뉴와 케이준 양념 감자튀김을 먹기 위해 파이브가이스에 왔던 그날 밤, 그곳에 에인 랜드와 아리스토텔레스가 있었더라면 그들은 제러미를 마치 아들처럼 껴안아주었을 것이다. 나는 이곳에 신자유주의적 자아를 찾고자 왔는데 나는 그들의 필요에 따라 급조되는 팀워크의 중심지를 발견하게 된 것 같았다. 하지만 실리콘밸리에서 일어나고 있는 일들은 다른 곳에서도 점점 일어나고 있다. 아무런 규제 없이 이 직장 저 직장을 옮겨 다니는 것이 급격히 대중화됨으로써 개인이 '자유롭게' 사람들과 잘 어울려 지내고 성공할 수 있다는 이 비전은, 우리에게 '임시직 경제'로 잘 알려져 있다. 이는 또한 '제로아워 계약'의 모습과 같다. 이것은 고용주의 책임을 최소화하고 개인의 책임을 극대화하는 계약으로, 나는 에설런에서 내 가방을 맡아주기를 거부했던 남자가 생각났다. 우리는 이에 대해 책임을 지지 않는다. 이것은 우리 시대를 대표하는 말이 되었다.

1981년에 마거릿 대처는 "경제는 수단이다. 그러나 그 목적은 영혼을 변화시키는 것이다"라고 말했다. 정말 놀라웠던 것은 사람들의 영혼이 정말로 변했다는 것이다. 그것도 정확히 대처가 제시한 그 방법에 의해서 말이다. 오늘날의 젊은이들은 규제가 없는 시장의 시대에 자랐고 이 자유시장은 생존하기 위해 자신의 근면성과 권모술수에 의존하는 자립적인 사업가를 선호한다. 이 세대는 신자유주의적 경제를 내면에 흡수했다. 이것은 그들이 누구이며 어떤 사람이 되고 싶은지에 대한 주요 특징이 되었다. 인류학자 앨리스 마윅 교수는 내게 말했다. "우리는 나쁘든 좋든 간에, 아마도 더 나쁜 쪽인 것 같긴 한데, 시장의 구호가 거의 대중적인 문화가 되어버린 시대에 살고 있습니다. 사람들은 일반적인 사회적 가치로서의 기업가 정신에 관심이 있죠. 사람들은 누구의 앨범이 또는 영화가 얼마의 수익을 거두고 누구의 몸값이 가장 비싼지 등의 소식을 놓치지 않으며 유명인들이 활발히 활동하는 것을 동경하죠. 우리에겐 주식회사의 자본을 좇도록 하는 마음이 있는데, 이때 우리는 제멋대로여서 어떤 말을 해도 듣질 않습니다. 하지만 이것이 진정으로 의미하는 바는 기업의 규범과 가치관이 우리 일상에서 우리가 어떻게 행동해야 하는지를 지시하도록 허용하고 있다는 겁니다."

완벽주의 시대에 우리는 스스로에 대한 책임을 지기 위해서 정부든 기업이든 간에 어떤 집단적인 유기체에 의존해서는 안 된다는 것을 쉽게 받아들이고 있는 듯하다. "더 이상 회사에게는 직원을 훈련시킬 의무가 없고 직원은 한 회사에 수년간 머무르지 않습니다. 우리는 끊임없이 늘어나는 이 프리랜서들에게 보수를 주는데 이들은 한 회사에 1~2년만 머물 뿐, 사람들은 최신 유행에 따라 자신의 능력을 키워야 하고 그렇지 않으면 일을 구하지 못합니다. 그리고 이는 그들의 잘못이죠. 이는 시민들을 돌보지 않는 국가의 책임이 아니라, 당신에게 기대되는 바를 충족하지 못한 당신의 잘못입니다. 내 생각엔 사람들이 정말로 이러한 생각에 빠져든 것 같습니다." 마윅 교수는 말했다.

그러나 이와 같은 경제가 우리 일부가 되면 매우 위험해질 수 있다. 이는 우리가 정말로 도움이 필요한 사람들에 대해 가혹하게 판단하고 또 우리가 도움이 필요할 때 우리 스스로를 가혹하게 판단하는 경향이 있음을 의미한다. 우리는 우리가 실패자라고, 이 게임의 패배자라고 판단한다. 그리고 만약 우리가 완벽주의를 지향하고 환경 속에서 실패 신호에 대해 더욱 민감하게 반응한다면, 자살과 자해에 대해 생각하게 되고 자아가 불안정해지는 위험에 처해진다.

신자유주의의 진수 중 하나는 신자유주의가 지위를 향한 우리의 타고난 욕망을 자신의 전력으로서 가지고 있다는 것이다. 신자유주의는 동물적 인간에게 내재된 충동, 즉 부족 내의 다른 사람들보다 앞서 나가고자 하는 충동을 보상한다. 이는 신자유주의의 아버지인 프리드리히 하이에크가 계획했던 것처럼, 공산주의나 파시즘과 같은 실패한 사상이 그러했던 것과는 다르게, 힘으로 강요될 필요가 없음을 의미한다. "시장은 사람들이 스스로를 규제하도록 함으로써 사람들을 규제하죠. 그렇게 국가는 그저 가만히 앉아 지켜볼 수 있는 겁니다." 마윅이 내게 말했다.

나르시시즘 전문가인 트웽이와 캠벨 교수는 이 자존감 이후의 신자유주의 경제가 우리 가치에 끼친 영향의 일부를 도표화했다. 그들은 젊은 층 사이에서 특히 개인주의나 물질주의와 같은 영역에서의 뚜렷한 가치관의 변화를 시사하는 조사들을 인용했다.[29] 예를 들어, 1965년에는 대학 신입생 중 45퍼센트가 경제적으로 풍요로워지는 것이 중요하다고 말했으며 2004년에는 그 수치가 74퍼센트까지 증가했다. "돈을 많이 버는 것이 중요하다고 생각하는 1970년대의 학생 수는, 그렇다고 생각하는 1990년대의 학생 수의 절반이었어요. 베이비 붐 시대부터 오늘날에 이르기까지의 가장 큰 문화적 변화는 의미 있는 삶의 철학을 찾는 것에 관한 것이었습니다. 그리고 돈을 많이 벌고 싶다는 소망이 가장 크게 증가했습니다. 내적 가치에서 외적 가치로 가치의 중심이 옮겨간 큰 변화가 일어난 거죠." 캠벨이 내게 말했다.

이 모든 것은 우리가 가진 야망의 본질 속에서도 찾을 수 있다. "내 말은, 영국에 있는 당신들도 이러한 유명세 문화를 가지고 있다는 것입니다. 당신들에게서 이런 점을 쉽게 찾아낼 수 있죠." 2006년 영국의 어린이들을 대상으로 한 여론조사에서 아이들은 '세계에서 가장 멋진 일' 중 '유명인이 되는 것'을 최고로 멋진 일로 뽑았다. 같은 해 미국의 또 다른 조사[30]에서는 18세에서 25세 중 절반 이상이 '유명해지는 것'을 본인 세대의 가장 시급한 과제로 뽑았다. 트웽이는 책과 노랫말에서 점점 자기 중심적인 언어를 사용하고 있으며, 특이한 이름을 가진 신생 아들이 늘어나는 것과 같은 개인주의가 증가하고 있음을 암시하는 추가적인 데이터에 주목했다.[31] "하지만 내가 가장 관심을 갖는 데이터는, 영국에서 신과 직접적으로 교감하는 신비로운 경험을 하는 사람의 수에 관한 것입니다. 이는 1960년 이래로 두 배 증가했죠." 캠벨이 말했다.

그들의 책 『나는 왜 나를 사랑하는가』에서 트웽이와 캠벨은 내 플러스카든 수도원에서의 경험에 비추어, 내가 특별히 주목할 만하다고 생각했던 한 발 더 나아간 문화적 변화에 관해 설명한다. 그들은 미국에서 가장 큰 예배 공간인 휴스턴에 있는 레이크우드 교회에 대해 언급하는데,[32] 이곳에는 보기에도 '완벽하게 보정된' 그 교회의 목사인 조엘 오스틴의 초상화가 벽에 걸려 있었다. "하느님께서 당신이 그 꿈을 수행하는 데 필요한 모든 것을 당신에게 주지 않으셨다면, 당신 마음에 그 꿈을 넣지 않으셨을 것입니다." 오스틴은 이에 대해 설명하며 말했다. "하느님은 여러분을 평범한 사람으로 만들지 않으셨습니다. 여러분이 그 누구보다 뛰어난 자가 되도록 만드셨습니다." 과거 내가 스코틀랜드에서 믿었던 종교와 같은 종교라는 것을 믿기 힘들었다. '나는 정말 벌레와 다름없다'는 믿음에서 크게 진보해 있었다. 신자유주의와 자존감 혁명은 심지어 신을 재창조해낸 것 같다.

태어난 순간부터 우리는 우리가 살고 있는 특정 경제에 몸담고 있으며 그 경제의 가치관은 우리가 하는 말과 행동에서 새어 나오기 시작한다. 신자유주의는 마치 방사선처럼 우리 문화 구석구석으로부터 우리를 향해 빛을 발산하고 우리는 이를 우리의 자아 속으로 흡수한다. 이는 우리가 보는 TV 프로그램 속에, 슈퍼의 진열대 위에 존재하며, 심지어 처방전에도 적혀 있다. "사람들을 아름답게 변신시켜주는 티비 쇼나 체중 감량 제품, 또는 당신을 더욱 생산성 높은 사람이 되도록 하는 자기 계발서나 당신이 더욱 오랜 시간 일할 수 있도록 돕는 ADHD 치료약에 대해 생각해보세요. 이는 모두 당신이 더 나은 고용인, 더 나은 사람이 되어야 한다는 책임감을 느끼고 있다는 증거죠. 그리고 당신이 더 나은 사람이 되어가고 있다면 당신은 많은 물건을 사거나 참된 신자유주의 시민이라면 갖춰야 할 모습에 맞게 자신의 몸을 관리해야 할 필요가 있죠. 즉 건강하고 활동적이며 참여적이고 자립적이어야 한다는 말입니다." 마윅 교수가 말했다. 반대로 마윅은 이것이 소수집단 문제에 있어 우리가 점점 더 진보적인 입장을 취하도록 하는 하나의 요소가 됐다고 했다. "동성애자의 권리를 옹호하고 동성결혼이 실현될 수 있었던 동력은 신자유주의의 산물입니다. 동성애자들의 소비력은 대단하죠. 그러므로 내 말은, 이것이 나쁘기만 한 것은 아니라는 겁니다." 그녀가 말했다.

햄버거를 다 먹어갈 때쯤, 실리콘밸리에서는 눈에 띄게 부를 과시하는 사람을 찾아보기 힘든데 그 이유가 무엇인지에 대해 그의 생각을 물었다. 나는 이것이 별난 문화라고 생각했는데 그 이유를 확신할 수 없었다. "글쎄, 엄청난 부를 정말, 정말 빠르게 얻는 것이 매우 쉽고 그래서 이 사실에 별다른 감흥을 느끼지 않기 때문이지 않을까 싶어요." 그가 말했다. "자신이 이룬 업적으로 알려지는 것이 훨씬 더 중요하답니다."

"아니, 왜요?"

"이는 힘의 또 다른 단면이죠. 당신이 만든 어떤 것이 수백만 명의 삶에 영향을 미친다는 거요. 실리콘밸리의 사람들은 세상을 바꾸기 위해 노력하고 있어요. 그렇게 말만 하는 사람도 있고 정말 그렇게 믿는 사람도 있어요. 내 경험상, 한 면에만 치중하면, 문제가 생기게 돼요. 돈만 좇는다거나 세상을 바꾸려고만 하면, 결국 아무것도 제대로 되지 않죠."

"왜요?"

"세상을 바꾸지도 못하고 돈을 많이 벌지도 못한다면 당신은 실패자이기 때문이죠."

레인보 맨션으로 돌아가면서 나는 제러미에게 내가 특별히 추적해 보고자 하는 특정한 종류의 기술산업 종사자가 있다고 말했다. 우리가 부유하고 있는 문화가 우리가 서로를 비교하도록 일반화된 '완벽한 자아'를 형성하듯, 그 문화의 모든 세포는 또한 그 문화만의 전문화된 자아를 생성해낸다. 1943년, 장 폴 사르트르는 완벽한 교사, 완벽한 팝 스타, 완벽한 정치인, 완벽한 부모, 완벽한 사장에 대한 문화적 개념이 존재하듯, 완벽한 웨이터에 대한 문화적 개념이 존재한다는 것을 알아챘다. 실리콘밸리에는 젊은 기술 근로자들이 되고자 꿈꾸는 이상적 자아 모델이 있는데, 이는 서구 전역에서 상당한 영향력을 발휘하게 되었다. 이는 그들의 모든 희망, 가치관, 이상을 집중시킨 것이다. 이는 영감과 용기와 노력을 통해서 자수성가했을 뿐만 아니라 이 세상을 더 나은 곳으로 만드는 결단력 있고 자립심 강한 천재 '창립자'다.

웹 2.0 시대에 실리콘밸리에서 광범위한 현장 연구를 수행한 마윅 교수에게 이 이상한 이상적 모델에 대한 설명을 부탁했을 때, 그녀가 내게 한 말은 다음과 같다. 창시자는 선견지명이 있다. 창시자는 총명하다. 창시자는 독립적인 자다. 창시자는 인습을 깨는 자다. 그는 보통 30세 미만의 백인 남성으로 스탠퍼드나 하버드를 나왔다. 그는 후드티를 입는다. 그는 운동화를 신는다. 그는 자전거를 타고 다닌다. 그는 매우 성실하다. 자신의 세계관에 있어서 타협이란 없다. 그는 어떤 것이 그의 길을 가로막더라도 실행해내고 시도해내고 말 것이라는 비전을 가지고 있다. 그는 괴짜이고 조금 이상하고 별난 성격을 가지고 있다. 그러나 그는 기술에 정통하고 항상 인터넷에 접속해 있고 연결되어 있다. 그리고 그는 이 세상을 변화시킬 것이다.

"아, 당신, 댄이랑 이야기를 나눠야 해요." 제러미가 말했다. "그가 바로 딥스페이스 인더스트리스를 운영하는 사람이죠."

"딥스페이스 인더스트리스가 뭔데요?" 내가 물었다.

"그들은 소행성을 채굴하고자 해요."

"소행성을 채굴한다고요?" 내가 말했다.

"넵."

"오, 젠장. 말도 안 돼."

미스터리 룸의 침대로 돌아가, 나는 베개에 기대앉아 수첩을 꺼냈다. 쿠퍼티노에 도착하기 전에 나는 샌프란시스코에 있는 한 해커 호스텔에서 시간을 보냈다. 이 호스텔은 20미션이라고 불렸는데, 여기서 열리는 정기 파티는 패션 잡지에 보도될 정도로 인기가 있었고 보통 800명 이상의 상류층 인사들을 끌어들였다. 그곳에서 다시, 나는 내가 기원전 2500년부터 추적해온 사상들을 우리가 현대적으로 흡수했다는 증거를 더 많이 발견하게 되었다.

검은색의 철창살 뒤에 있는 아무런 표시도 없는 문을 통해 20미션의 파티장으로 들어가며 스마트폰 앱을 통해 잠겼던 문을 열었다. 정사각형으로 배치된 네 개 회랑의 벽은 1960년대 히피 스타일로 색칠되어 있고 나비와 눈송이 모양으로 오린 시트가 붙어 있었다. 회랑을 벗어나면 41개의 스티커('I♥로봇' '기술에 열광하는 인간쓰레기여 죽어라Die Techie Scum')가 덕지덕지 붙은 침실의 문으로 이어졌다. 중앙에는 안뜰이 있고 이곳에서 닭을 기르곤 했는데 시의회가 이 사실을 알고는 닭장을 두려면 소급 적용되는 건축 설계에 대한 돈을 지불하라고 요구했다. 그 모든 계획에는 결국 1만 달러의 비용이 들었다. 닭들은 달걀을 하나만 낳았다. 그곳의 책임자인 다이애나가 간단히 집 구경을 시켜주었을 때, 그녀는 초자연적인 소동에 대한 불만들이 들려온다고 말했다. "나는 매춘부 귀신이 거기 있다고 믿어요." 그녀가 심드렁히 말했다. "여기서 살해당한 여자일 거야."

"근데 그 귀신이 뭘 어떻게 하는데요?" 내가 물었다.

그녀는 내가 멍청한 소리를 한다는 듯이 나를 쳐다보았다. "글쎄, 그녀는 매춘부잖아." 그녀가 말했다. "그래서 그녀는 당신을 강간하지."

예전에 20미션은 시에라 호텔에 있었다. 당시에는 SRO^{Single Room} Occupancies라고 불리는 이런 장소에 대해 수요가 많았다. 그곳은 이 직업 저 직업을 전전하는 떠돌이 노동자들로 꽉 찬 무시무시한 장소로 알려져 있었는데, 오늘날에는 이 직업 저 직업을 전전하는 떠돌이 노동자들로 꽉 찬 바람직한 곳으로 알려지게 되었다. "사람들의 직장생활은 매우 유동적인데, 특히 소프트웨어 엔지니어들이 그래요." 셰닌이라는 이름의 한 젊은 기업가가 그날 아침 부엌에서 내게 말했다. "나는 '구글에 취직하겠어. 그곳에서 15년 이상은 일할 것 같아'라고 말하는 사람은 단 한 명도 보지 못했어요. 여기는 오히려 '나는 여기서 한 1~2년 일할 것 같고, 그리고 이후에 어떻게 될지는 그때 가서 봐야지'라고 해요."

셰닌이 브로콜리를 오븐에 구워 점심 준비를 다 끝냈을 때, 나는 그를 따라 복도 끝에 있는 그의 방으로 갔다. 그의 방은 방 주인만큼이나 똑똑하고 질서정연했다. 책들이 가지런히 정리되어 있었고 서랍들은 칸막이로 나뉘어 있었으며 티끌 하나 없는 벽에는 뼈대가 탄소로 제작된 3000달러짜리 자전거가 걸려 있었다. 그는 소년 합창단원처럼 아름다웠으며 펜대처럼 말랐다. 그는 그날 아침 구운 사워도 빵 한 조각을 내게 권했다. 빵은 작은 하얀색 종이로 포장되어 있었다. 맛있었다. 그는 2년 전 스물두 살의 나이로 샌프란시스코로 와서 몇몇 스타트업 기업에서 소프트웨어 엔지니어로 일했지만 이제는 자신의 진짜 꿈을 좇기로 결심했다. 그는 홀로 위험을 무릅쓰고 신자유주의 야생의 세계로 나아갔으며 성공적인 창립자가 되는 것을 목표로 삼았다. 그는 어떤 방향으로 자신의 열망을 펼쳐야 할지 조사하던 중, 그의 친구들이 '너는 오븐으로 굽는 것을 좋아하고 오븐에서 구워진 것을 좋아하니까 먹는 것을 만드는 게 좋겠다'고 했다. 그는 대마 기름을 넣은 오렌지 모양의 초콜릿을 생산해 25달러에 팔기로 결심했다. "작년에 캘리포니아에서만 합법적인 대마초 매출이 10억 달러가 넘었어요." 그는 내가 마치 당장이라도 지갑을 꺼내 그의 사업에 3퍼센트를 투자 매입하려는 벤처자본가라도 되는 양 굉장히 진지하게 말했다.

그가 자신은 창업을 하고 싶다고 내게 말했을 때, 나는 그 이유를 물었다. "한동안 좋은 삶이란, 일류 대학에서 교육을 받고 GM이나 포드 같은 대기업이나 큰 연구기관에 들어가서 그곳의 사다리를 오르는 것이었고 사람들은 실제로 그렇게 살았어요. 그리고 이것이 유일한 삶의 방식이 아니라는 것을 깨닫기 시작했어요. 사람들은 더욱 개인주의에 집중하기 시작했어요. 안정적인 일자리를 얻고 차를 갖고 건강보험이 적용되는 회사에서 일하는 것에서 정말로 진실로 자신이 열정을 쏟을 수 있는 일에 집중하는 것으로 바뀐 거죠. 단지 남을 위해 어떤 일을 하고 대가로 월급을 받는 것에서 실제로 자신이 직접 무언가를 하는 것으로 말이에요."

나는 그에게 창립자에 대한 그의 비전이 무엇인지 설명해달라고 했다. "창립자는 자신의 제품을 자신의 아이로 보는 사람입니다." 그가 말했다.

"그렇다면 돈 이상의 비전을 추구하는 것을 의미하나요?" 나는 물었다.

"그것이 벤처자본가가 추구하는 거죠." 그가 끄덕이며 말했다.

나는 오븐에 뭔가 먹을 만한 것을 다시 한 판 구워내서 요리하려는 셰넌을 떠나 다시 부엌으로 돌아왔다가 그곳에서 버클리를 만났다. 스물여섯 살의 성실한 청년인 그는 머리가 짧고 수염은 깔끔했으며 격자무늬 셔츠를 입고 있었다. 버클리는 20미션의 운영을 도왔다. 그는 가상화폐인 비트코인으로 어떤 걸 해서 돈을 번다고 했는데 나는 이를 이해한 척했지만 사실은 이해하지 못했다. 우리는 정부의 역할과 공익을 위한 공동 프로젝트에 대해 이야기를 나누기 시작했는데, 그가 이에 대해 굉장히 회의적이라는 사실을 금방 분명하게 알 수 있었다. "사람들은 공익을 위해 우리가 무언가를 할 필요가 있다고 말하는데, 이는 좀 이상한 말이에요." 그가 말했다. "기술 기업들이 그러한 일을 해냈죠. 그래서 저는 5달러만 내면 이곳저곳을 차를 얻어 타고 다닐 수 있고 그 비용을 두 사람이 나눠서 낼 수도 있죠. 우버와 리프트가 없는 샌프란시스코는 있을 수 없어요. 그리고 시에서 나와 내게 벌금을 물리는데, 사람들이 내 쪽 창문에 벽화를 그려놓았기 때문이죠."

"당신에게 벌금을 물린다고요?" 내가 말했다. 그게 얼마나 짜증나는 일일지 알 것 같았다.

"우리 중 몇 명이 '지금은 시청이 하는 일을 구글이 맡아 했던 때에 우리가 어디서 실험을 했는지 알아요?'라고 말한 적이 있어요. 그들이 일을 시작하도록 내버려두고 어떤 걸 만들어낼지 두고 보자고요?" 그가 말했다.

버클리는 기술산업 종사자의 머리는 그들 주변의 정치인이나 공무원의 머리와는 다른 방식으로 돌아간다는 것이 흥미로운 주제가 될 거라고 생각하는 게 분명해 보였다. 나는 뉴딜정책과 같은 주요 대압착 프로젝트에 대해 물었다. 공공선을 위한 그런 종류의 숭고한 프로젝트들은 국가와 같은 공동체 조직에 의해서만 제공될 수 있는 것이 아닐까?

"그러한 아이디어들은 시도되어왔으며 일부 사람들은 그것이 계획과는 달리 좋은 결과를 내지 못했다고 말할 거예요." 그가 미소 지으며 말했다.

"어떤 점에서 좋은 결과를 내지 못했다는 건가요?"

"글쎄, 미국은 소위 빈곤과의 전쟁을 치렀죠. 그러나 빈곤은 여전히 존재해요."

"하지만 이는 또한 사회경제적 집단의 밑바닥에 있는 사람들에게 기본적인 삶의 수준을 보장해주지 않았나요? 그들을 완전히 비참한 상황에서 구제해주는 것을 넘어서는 목표가 있을 필요는 없어요."

"하지만 여전히 빈곤은 존재하잖아요, 어느 정도."

마치 끊임없이 존재하는 빈곤과 비참함이 자신들의 영향력을 이타적으로 줄이려는 것의 반대 논거라도 되는 듯, 그는 직업상 내가 하는 말을 받아들일 수 없는 것 같았다. 예를 들어, 이러한 사고방식은 국민건강보험이나 국가의 예술활동 지원 기금과 같은 것을 이해할 수 없어하고, 게임 논리와 승자와 패자를 구분하는 무자비하게 경쟁적인 게임만을 이해할 수 있는 사고방식이다.

그가 어떤 정치적 사상을 가지고 있는지 궁금해졌다. 나는 에인 랜드와 그녀가 지지했던 자유주의 이념이 이곳 주변에서 인기가 있다는 소문을 들은 적이 있다. 예를 들어, 스티브 잡스는 랜드의 책 『아틀라스』

를 '인생의 길잡이'로 여겼다고 하고, 우버의 CEO 트래비스 캘러닉[33]은
『파운틴헤드』의 표지를 자신의 트위터 프로필 사진으로 사용했다고 한
다. 하지만 어떤 이유에선지, 기술산업 종사자들이 『이기주의의 미덕』
과 같은 작품을 쓴 작가를 사랑한다고 공개적으로 선언하는 일은 드물
다. 스탠퍼드대 연구원들이 조사하여 널리 알려진 2017년 기술산업을
이끄는 지도자들의 정치적 신념에 대한 설문조사[34] 결과를 보자. 그 결
과는 그들이 노동자 보호법이 너무 강력하고 고용주들이 노동자들을
더 쉽게 해고할 수 있어야 한다는 믿음을 가지고 있을 뿐만 아니라 노
동조합과 주정부의 사업 규제에 강한 반감이 있음을 말해준다. 여기까
지는, 에인 랜드답다. 하지만 노골적으로 물었을 때, 24퍼센트만이 자
유주의 철학을 전적으로 지지할 준비가 되었다고 대답했다. 아니, 사실,
그들은 세금 인상과 부의 재분배, 국가가 가난한 사람들을 돌보는 것에
대해 찬성한다고 주장했다.

그러나 기술산업을 이끄는 지도자들의 온화한 주장은 현실에서의
행동과 극명히 상충되고 있다. 그들은 상당한 정도로 로비를 하는데,
이는 그들의 부유한 동료들이 더욱 자애로워진 정부에 맞추어 더 많은
돈을 지불하게 하고자 압력을 넣기 위해서가 아니라 규제와 싸우고 노
동자들의 권리를 약화시키고, 그럼으로써 그들 회사의 수익성을 증가시
키고 나아가 개인적인 부를 증가시키기 위해서다. 게다가 만약 그들이
정말로 부의 재분배, 빈자를 돌보는 정부, 강한 세금 정책에 찬성한다면
그들의 가장 이타주의적이고, 반랜드주의적이며 친세금적인 환상을
모두 실현시킬 수 있는 즉시 수행 가능한 간단한 방법이 하나 있다. 그
들이 정말로 공정하게 조세를 부담하면 된다.

나는 버클리가 이 모든 것에 대해 어떤 입장을 취하고 있는지 궁금

했다. "저는 자유주의자죠." 그가 조심스럽게 말했다. "저는 정말로 어떤 하나의 이념에 동의하지는 않지만, 이는 뭐랄까……" 그는 말을 멈추었다. 그러나 곧 그는 '창의적인' 행위로서의 스타트업 기업에 대해 말하기 시작했다. 그의 논리는 1960년대와 1970년대의 사람들이 노래, 그림, 시, 패션 등 자기 표현을 통해 자아실현을 하도록 고무된 것처럼 그들의 현대 후손들은 사업을 통해 자아실현을 하고 있다는 것 같았다. "창업하는 것과 예술. 뭐가 다른가요?" 그가 말했다. "우리는 삶 속에서 하는 일들을 통해서 우리 자신을 표현해요. 나는 훌륭한 화가는 아니지만 예술적인 일들을 하기도 하죠." 이는 매력적인 생각이다. 우리 중 누군가에게는 오페라를 쓰는 것이, 또 다른 이에게는 회사를 설립하는 것이 핵심적인 개인 과제일 수 있다. 나는 버클리의 논리를 높이 평가할 만한 다른 사람을 떠올렸다.

"에인 랜드에 대해 들어본 적이 있나요?" 내가 물었다.

"『아틀라스』에 대해서만 들어봤어요." 그가 어깨를 으쓱하며 말했다.

"그러니까, 당신이 당신의 사업을 창조적인 행위라고 말한 것이, 그녀가 높이 평가할 만한 것으로 들리네요."

"그거 흥미롭네요." 그가 말했다. "그렇게 생각해본 적은 없는데. 저는 『아틀라스』를 정말 재밌게 읽었어요."

"그녀가 기술산업 세계에서 아주 영향력이 크다고 들었어요." 내가 말했다. 침묵이 흘렀다. "저는 잘 모르겠어요." 그는 걸어 들어와서 브로콜리를 굽기 시작한 머리가 긴 한 남자에게 돌아섰다. "어떻게 생각해, 크리스?"

"그녀의 책들이 능력주의에 관한 것이라고 사람들은 말하죠. 그리고 능력주의는 이쪽 사람들이 정말 좋아하는 생각이에요." 그가 오븐에 베이킹 트레이를 밀어 넣으며 말했다. "저는 『아틀라스』를 정말 재밌게 읽었지만 좀 이상한 것이, 만약 당신이 그 책을 좋아한다고 말하면 대부분이 곧바로 당신에 대해 나쁘게 생각할 거예요."

버클리는 자신이 전에는 더 자유주의적이었지만 해외에서 일하면서 그의 마음이 조금씩 우파 쪽으로 움직이는 것을 알게 되었다고 설명했다. "어렸을 때, 남미에는 사악한 독재자가 있는데 미국이 그 독재자를 그곳에 두었으며 그 때문에 모두가 우리를 싫어한다는 말을 들었어요." 그가 말했다. "하지만 내가 그곳에 가보니 사람들은 미국을 별로 싫어하지 않는 것으로 밝혀졌고 많은 이가 '그래, 그 독재자, 그는 훌륭한 사람은 아니었지. 하지만 진짜 문제는 지금이야'라고 말했죠."

"그 독재자는 누구였나요?" 내가 물었다.

"피노체트요."

나는 그곳을 떠나 공동 라운지로 와서 깊고 낮은 안락의자에 앉았다. 그곳에는 번들거리는 피부에 마리화나를 피우면서 60인치 텔레비전으로 비디오게임 폴아웃을 즐기는 사람들이 있었다. 구석에는 전자 기타가 세워져 있었고 빈 병들이 널브러져 있었으며 트럼프 카드가 바닥에 떨어져 있었고 벽에는 명상하는 부처님이 그려진 보라색의 큰 모포가 걸려 있었다. 이 방에 한 번도 들어온 적이 없었음에도, 독한 마리화나를 피우고 몇 시간이나 플레이스테이션 게임을 하는 사람들을 지켜봤던 이십대 때의 경험 때문인지 바로 익숙하게 느껴졌다. 나는 어색한 기분이 들었다. 늙어버린 기분이었다.

"어디서 왔어요?" 폴아웃을 하던 젊은이 중 한 명이 내게 물었다.

"영국이요." 내가 말했다. "런던에서 한 시간 정도 떨어진 곳에서 왔어요."

"런던 근처 어디인데요?"

"켄트라고 불리는 곳이요."

그는 마리화나 담뱃대를 깊게 빨아들이고는 무거운 눈꺼풀로 나를 살펴보며 맨발을 커피 테이블 밑으로 뻗고 있었다. "켄트에서 뭐하고 지내나요?"

"음, 난 멀리 산책 나가기를 좋아해요, 정말로요." 내가 말했다. "그리고 뭐 그런, 그런 것들요."

그는 내 얼굴에 시선을 고정한 채 아주 천천히 고개를 끄덕이기 시작했다.

"좋다. 멋진데. 그거 끝내주네요."

게임 화면에서는 총성이 쏟아졌다.

나는 한참을 앉아서 눈을 찡그려 뜨고는 매혹된 채 책장을 바라보는 시늉을 하다가 대화를 다시 시작하고자 했다. 입에서 아무 말도 나오지 않았다. 나는 내가 점점 취해갈 수도 있겠다는 것을 깨달았다. 나는 손에 파란색 연필을 들고는 컬러링 북 색칠에 열중하고 있는 붉은 머리에 짧은 앞머리를 가진 여성에게 창백한 얼굴로 미소를 지어 보였다. 그녀는 '스테피더긱StephTheGeek'이라고 알려져 있는 스테퍼니 파크룰로 밝혀졌는데, 그녀는 위키피디아 페이지에 '인터넷 유명인'으로 소개되어 있었다. 알고 보니, 그녀는 식품 대체 음료인 소이렌트Soylent 외에는 아무것도 먹지 않았다. 나중에, 그녀는 의료용 마리화나 일회분을 두고 이것이 '가장 샌프란시스코다운 것'이라고 트윗을 올렸다. 『뉴욕타임스』의 기술 부편집장이 그녀의 트윗을 리트윗할 것이다.

스테피는 미디엄온라인 출판 플랫폼 중 하나에서 블로그를 운영하고 텀블러에 글을 올리며 웹 개발자로서 또 인터넷 방송인으로서 돈을 벌었다. 그녀의 프로필에 따르면, 그녀는 아침과 몸이 묶이는 것에 흥분을 느끼며 디버깅 코드 전문가이자 '꼼지락대기' 전문가라고 한다. 나는 기술업계에서 다자간 연애가 유행이며 일부일처제는 붕괴 단계에 다다른 구식의 발명품으로 여겨지고 있다는 소문을 들었다. "여기 있는 사람들 절반은 폴리아모리다자간 연애주의자예요. 그리고 이곳에는 분명 색정적인 문화가 있어요. 이곳 사람들은 적극적이고 공개적인 성생활을 해요. 여러 명의 파트너를 갖고 있고 변태적인 취향을 가지고 있으면서 섹스 파티, BDSM 파티에 가는 등 온갖 종류의 것을 즐기죠. 그러니까, 이들은 아주 굉장히, 섹스에 개방적인 사람들이에요. 이는 하루가 다르게 퍼져 나가고 있어요." 그녀가 내게 말했다.

섹스와 스타트업 기업을 이어주는 듯 보였던 것은 자유주의적이고 신자유주의적인 개인주의에 대한 암묵적인 믿음뿐만 아니라 개방성과 진정성에 대한 헌신이었다. 즉 자아의 욕망을 그 어떤 것보다 우선시하는 일은 언제나 진보로 이어질 거라는 것이다. "이는 굉장한 반反러다이트운동 같은 거예요." 그녀가 고개를 끄덕이며 말했다. "'이 세상을 발전시키자, 모든 기술을 사용하자. 그러나 또한 서로에게 연결되어 있는 채로 남아 있자. 마치 모든 인습을 비현실적으로 거부하는 놀라운 히피들처럼.' 그리고 그 위대한 특이점이 있죠."

"나는 정말로 그 특이점이라는 것이 정확히 무엇인지 이해해본 적이 없어요." 내가 말했다.

"이는 기본적으로 우리가 계속해서 더 똑똑하고 더 빠르고 또 더 빠른 기계를 만들 것이라는 건데, 갑자기, 마치 슈우웅 하고 이 기하급수적인 일이 나타나게 되고 우리도 어떤 일이 일어나는지 모르게 되는 거죠. 어떤 사람들은 특이점이 이 세상의 종말 같은 거라고 말하기도 하고, 또 어떤 이들은 우리가 다른 종으로 진화해가는 거라고 말하기도 해요. 이는 가속, 변화 그리고 이 세상의 완전한 변혁의 순간을 나타내기 위한 것이죠."

나는 그녀가 무슨 말을 하는지 전혀 이해할 수 없었다.

나는 그날 밤 슈우웅 하는 미래에 대한 비전으로, 또 의료용 마리화나로 머리가 지끈한 채로 멍하니 밖을 나섰다. 특이점, 다자간 연애, 구운 브로콜리, 피노체트…… 그걸로 충분했다. 20미션이 본거지를 두고 있는 미션 지구에서 시내에 있는 내 호텔로 걸어 돌아가면서 생각을 정리해야겠다고 느꼈다. 걷기 시작한 지 40분쯤 되었을 때, 마치 악마에 의해 설계된 것 같은 마켓가의 한 구역에 들어서니 질 안 좋은 젊은 패거리들, 사기꾼들, 정신 나간 사람들이 24시간 주류 판매점의 불빛 아래 드문드문 모여 있었다. 바지와 속옷을 무릎에 걸친 채 축 늘어진 고환을 내보이며 허벅지에는 대변이 묻어 있는 중년 남자가 비틀거리면서 도로에 들어섰다. 나는 그들과 시비가 붙을까, 또 내 지갑이 털릴까 걱정하며 길을 건넜다. 나는 발걸음을 재촉했다. 내 오른쪽으로는 멋지게 빛나는 트위터 본사, 왼쪽으로는 자랑스러운 시청의 돔이 보였다.

이튿날 아침, 아침 식사 전에 나는 그를 만났다. 그는 상의를 입지 않은 채 무릎까지 오는 푸른색의 운동복 반바지를 입고는 팬케이크를 만들고 있었다. 그는 38세의 딥스페이스 인더스트리스의 CEO인 대니얼 파버로, 태즈메이니아호주 동남쪽의 섬 출신의 키가 크고 몸이 탄탄하며 카리스마 넘치는 천재였다. 그는 조리대 의자에 앉아 있었는데, 나는 그가 어떻게 소행성 채굴의 길에 들어서게 되었는지 물었다. "저는 뉴사우스웨일스대학을 다녔는데 행글라이더, 윈드서핑, 태양열 자동차 제작에 결국 싫증이 났죠." 그가 내게 말했다. "이 세상의 많은 사람을 이롭게 하기 위해서는 실존하는 위험을 다뤄야 한다고 판단했어요. 잠시 생각을 해보고는 사람들을 이 돌덩이로부터 벗어나게 하는 것이 우리가 가장 먼저 해야 할 일임을 깨닫게 됐어요. 그래서 저는 우주에서 첫 번째 영구적인 작업으로 삼을 만한 것들을 나열해봤어요." 그가 생각한 것은 세 가지로 우주 태양광 발전, 우주 관광, 소행성 채굴이었다. "태양광 발전은 우주의 자원을 필요로 하는데, 그렇지 않으면 이는 경제적이지 않고 관광사업자는 뭔가 저와 잘 안 맞는 것 같았어요. 그래서 지금 이 일을 하게 됐죠."

"그러니까 당신은 정말로……" 나는 무례해 보이지 않으면서 나의 의심을 표현하는 방법을 찾고자 했다. "당신은 정말로 이 일이 실현될 거라고 생각하는 건가요?" 내가 무례하지 않게 잘 말한 건지 모르겠다.

"정말로 소행성을 채굴할 건가요?"

"이게 정말 실현 가능한 것인지 의심하는 사람은 없어요." 그가 말했다. "유일한 문제는 그게 과연 언제인가죠."

그는 두 개의 팬케이크를 두 개의 팬에서 동시에 요리하고 있었다. 불끈거리는 이두박근에서 땀방울이 반작거렸다. 그는 칼로카가시아 그 자체였고 그 몇 달 전에 보았던 플러스카든의 내 침대 위에 매달려 있던 섹시한 예수님처럼 그리스적으로 완벽해 보였다.

"그러면 뭘 채굴할 건가요?"

"우리는 그 물질을 지구로 가지고 오려는 것이 아니에요. 우리는 탄화수소, 물, 니켈, 철을 채굴하고자 해요. 우주에 도시를 건설하기 위해서는 이 모든 물질이 필요하죠."

"그렇다면 당신은 정말로 우리가 사는 동안에 우주에서 사는 사람들을 볼 수 있을 거라고 생각하나요?"

"네, 제 생각에 저는 30년은 더 살 것 같아요." 그가 말했다. "일론 머스크는 2026년까지 사람을 화성에 보내고자 하죠. 역사적으로 다른 시대에 다른 사람이 이렇게 말했으면 미쳤다고 했을 거예요. 하지만 그는 일론 머스크잖아요."

나는 그의 창립자 동료들 사이에서 에인 랜드의 영향력이 어느 정도인지 궁금했다. "엔지니어들과 부유한 사람들은 대부분 자유주의자죠." 그가 말했다. "에인 랜드가 지지했던 이 순수한 자유주의는 한 번도 시도된 적이 없어요. 우리는 이를 한 번 더 시도해볼 기회를 찾을 필요가 있어요. 우주에서 만약 다소 정치적으로 고립된 많은 서식지를 갖게 된다면, 이를 실험해볼 수 있겠죠. 이는 필연적으로 일어나게 될 일 중 하나예요. 부유한 사람들은 이러한 장소를 하나 만들고 거기로 가서 원하는 대로 하고 살겠죠." 엔지니어들은 자유주의에 매력을 느끼는 것으로 보이는데, 그 이유가 무엇인지 그에게 물어보았다. "제 생각에 그들이 더 나은 무언가를 만들 수 있다고 생각하는 것 같아요." 그가 말했다. "현 체제에서 볼 수 있는 모든 결점을 생각해보면, 확실히 매력적으로 보이죠."

"당신은 어떻게 바라보나요?"

"저는 자유주의 쪽으로 기울어 있어요." 그가 말했다. "저는 저에게 맞는 옷을 입을 거예요. 또한 저는 모든 계획에는 의도되지 않은 결과들이 따른다고 생각해요. 그렇지만 이를 시도해보지 않고서는 해결책을 찾을 수 없을 거예요."

우리는 자리에 앉아서 댄이 만든 팬케이크를 먹었다.

정말 맛있었다.

|

2016년에 우리는 신자유주의의 일부 영향에 대한 대중의 반란이 처음으로 일렁이는 것을 보았다. 고전적인 이야기 방식과 같이, 강력한 캠페인을 통해 '수준 이하'의 낮은 지위의 세력이 '수준 이상'의 사람들을 무너뜨리고자 모여들었으며, 이 캠페인을 이끄는 사람들조차 그 힘에 놀랐다. 그 떠들썩한 해에 무슨 일이 일어났었는지를 추적한다는 것은 좌파가 평등과 소수자 문제에 집중하기 시작한 시민 평등권의 시대인 1960년대의 집산주의적 시대로 되돌아간다는 것을 의미한다. 이는 멸시받는다는 느낌에 분개하여(그리고 많은 경우 인종차별주의로 인해서) 많은 노동계층의 민주당원들이 공화당으로 떠났던 시기였다.[35] 1964년에 노동자 계층의 55퍼센트는 민주당원이었다. 1980년에 이 숫자는 35퍼센트로 떨어졌다.

신자유주의의 불평등 속에서 백인 노동계급은 고통받았다. 신자유주의가 불러온 새로운 세계화의 시대에는 백인 노동자들이 의존하던 제조업과 서비스업이 해외로 이전되었다. 사람들은 자동화로 인해 일자리를 잃었는데, 그 결과로 더욱 집산주의적이 된 국가는 자동화로 인한 영향을 경감하고자 했을 것이다. 많은 사람이 더욱 잘살게 됐지만 동시에 1970년대 이후 사람들은 자신의 월급 가치가 그대로이거나 떨어지는 것을 봐왔다. 예를 들어, 미국의 하위 90퍼센트 소득자의 평균 실질 소득[36]은 상당히 정체되어왔다. 1972년 3만 5411달러에서 2000년 3만

7053달러로 최고치를 찍고 2013년에는 3만 1652달러로 떨어졌다. 이러한 수치는 고등 교육을 받은 사람들의 소득이 증가한 것을 숨기고[37] 교육을 덜 받은 사람들의 소득이 하락한 것을 알아채기 어렵게 했다. 대압착 기간 동안 대학 교육을 받지 않은 사람들도[38] 노조가 있는 직장에서 일하고 차를 한두 대 소유하고 뒷마당이 있는 전원주택에서 살 수 있었다. 하지만 많은 사람에게 그 시절은 추억으로 남았다. 1975년부터 2005년 사이에,[39] 고등학교를 졸업하지 않은 사람들의 평균 실질 시간당 임금은 18퍼센트 감소했으며 이들의 상당수는 2016년 선거에서 공화당으로 옮겨갔다.[40] 한 연구는 모든 카운티미국의 각 주 아래 가장 큰 정치·행정구획에서 일자리 증가가 더뎌지면 사람들이 더욱 트럼프 쪽으로 움직인다는 것을 발견했다.[41]

정치학자 캐서린 크레이머 교수는 1984년 이후 2016년에 처음으로 공화당을 지지하게 된 위스콘신주의 농촌 노동자 계층 사람들과 함께 몇 년의 시간을 보냈다. 그녀는 그들에게서 지난 40년 동안 무엇인가 심각하게 잘못되어가고 있었다는 강렬한 인상을 받았다.[42] 그들은 자신의 부모님만큼이나 열심히 일하고 세금을 잘 내고 있었지만 그들이 보상받는 삶의 질은 훨씬 나빴다. "그들은 출세하기 위해서 그들이 해야만 한다고 들은 일을 하고 있는 것 같다. 그리고 어찌된 게 이것으로는 충분치가 않다." 그들은 고생에도 불구하고 권력, 돈, 존경과 같은 어떠한 형태의 보상도 받지 못하고 있었다. 그들은 그들의 삶과 더 넓은 세계에 대한 효능감을 더 이상 느끼지 못했고, 영웅 이야기는 중단되었다. 이는 엘리트, 도시민, 기득권, 정부와 같이 대중을 책임지는 사람들에 대한 일반화된 경멸로 굳어진 심각한 불만을 만들어냈다. 마음속 절망과 냉혹함, 오만과 부패가 모두 엉켜버린 가운데 그들도 함께 묶여 있었다.

공화당과 우파 언론의 메시지에 고무되어 많은 이가 해답은 정부에 대한 증오를 가능한 한 최대로 없애는 것에 있다고 판단하게 되었다. 금융위기의 해에 작은 정부에 대한 지지가 급상승하게 되었고 그 상승세는 유지되었다.[43] 그리고 그 배후에 극빈층만 있는 것이 아니었다. 점점 더 많은 미국인이 '정부가 사람들이 스스로 해야 할 일에 관여했다' '정부가 축소될수록 좋다'와 같은 말에 동의하기 시작했다.

또한 2000년대에, 정부가 기업처럼 운영되어야 한다는 의견이 인기를 끌었는데,[44] 이는 많은 사람의 자아 속에 신자유주의가 흡수되었음을 현저하게 보여주는 동향이었다. 정치 과학자들은 이러한 개념이 어떻게 부상하게 되었는지를 추적했으며 크레이머는 위스콘신의 현장에서 이를 발견하게 되었다. "이는 공화당 집단에서만 압도적으로 눈에 띄는 것이 아니라 흔히 나타났다." 그녀가 발표했다. 물론 도널드 트럼프의 집권하에, 수백만 명의 사람은 일자리를 찾을 수 있었다. 이 세계를 거래 체계, 손익의 체계, 얻는 것이 있는 거래 또는 손해를 보는 거래의 체계로 바라보는 한 남자가 있었다. 이뿐만 아니라 그는 사람들이 느끼는 배신감에도 목소리를 내고 워싱턴의 '적폐를 청산하겠다'고 약속했다. 그는 사람들을 다시 한번 영웅으로 만들 것이었다.

이를 정확히 뭐라고 해야 할지는 몰랐겠지만, 몇십 년 전에 무언가가 달라지게 되었으며 그것 때문에 그들이 고통받고 있다는 많은 유권자의 예감은 옳았다. 또한 그들이 무시받았다고 느끼는 것은 당연했다. 대압착의 시대가 끝난 이후로 투표함 앞의 유권자들에게는 두 가지 다른 형태의 신자유주의 중 하나를 선택할 권리가 주어졌다. 많은 사람이, 그들이 잘못 판단했다 치더라도, 모든 정치인은 다 똑같다고 결론짓는 것이 이상한 일인가? 누구한테 투표했든지 정말 아무것도 변한 것이 없는가? 정치학자들이 유권자들의 선호를 실제 정책적 결과와 비교했을 때,[45] 그들은 민주당과 공화당원 둘 다 가장 부유한 사람들이 원하는 것에 따라 움직이는 경향이 있으며, 민주당원들이 아주 약간 더 중산층을 위해 일하는 것을 발견했다. 사회의 가장 가난한 3분의 1의 의견은 거의 전혀 반영되지 않는다.

금융위기 여파의 연기 속에서 분노하고 좌절한 사람들이 반체제적 반군인 좌파(샌더스와 코빈)와 우파(트럼프와 패라지)로 돌아선 것도 이러한 맥락이었다. 충실한 개인주의적 내면의 핵심에 사회주의자들은 흔들리게 되었다. 그렇게 해서 2016년 모두가 정치적 충격에 휩싸이게 됐다. 영국의 유럽연합 탈퇴 투표는 특히 노동의 자유로운 이동에 불안함을 느끼는 자들의 두려움을 이용했던 한 캠페인에 의해 추진되었으며 '터키(인구 7600만)가 EU에 가입한다'고 경고하고 브렉시트Brexit가 정부로 하여금 '국경의 통제권을 다시 장악할 수 있게' 해줄 것임을 약속하는, 민심을 소란케 하는 포스터들이 나돌았다. 한편 미국에서는 도널드 트럼프가 멕시코 국경에 장벽을 세움으로써 자신은 '미국을 최우선시'하겠다고 했으며[46] 사회 기반 시설을 위해 수십억 원을 지출하고 애플이 제조 공장을 미국으로 이전시키도록 하겠다고 밝혔다. 그의 최측근인 한 참모는 "세계화주의자들이 미국 노동계급을 파괴하고 아시아에 중산층을 만들어냈다"고 기자들에게 불만을 호소했다.[47]

정체성 정치학의 원칙에 몰입해 있던 대부분의 좌파에게, 이러한 것들은 구식의 인종차별주의에 호소하는 말도 안 되는 것으로, 아무리 생각해도 너무 혐오스러운 일이라 분별 있는 사람이라면 분명 이러한 것들을 절대로 그냥 넘길 수 없는 것이었다. 그러나 다른 생각을 가진 사람들은 다른 이야기를 들었다. 그들은 변화를 만들어내는 외부자들이 기득권층을 경멸한다는 말을 들었다. 그들은 용감한 반군들이 소수자들을 우대하겠다고 그들을 일상적으로 무시하는 점잖 떨고 정치적으로 올바른Politically correct, 특정 집단의 사람들을 불쾌하게 할 수 있는 말이나 행동을 삼가려는 것 지식 계급을 폄하하는 것을 들었으며 그들이 불평하자 그들을 가르치려 들고 모욕하는 것을 들었다. (트럼프 지지자가 든 피켓은 이랬다. "나는 '비참'하지 않다. 나는 그저 열심히 일하고[48] 세금을 내는 미국인이다!") 이뿐만 아니라, 그들은 세계화에 반대하는 주장도 들었다. 그들은 신자유주의에 반대하는 주장을 들었다.

브렉시트와 트럼프를 지지한 수많은 유권자가 꼭 '신자유주의'에 대해 이야기를 나누고 있었던 것은 아니다. 이 정치인들의 신념과 정책의 진실, 또 EU를 떠나거나 국가를 축소하고 규제를 더욱 철폐하는 것이 유권자들에게 미치는 실제적 영향에 대해 어떠한 견해를 밝힌 것 또한 아니다. 이는 경제 이론을 잘 알려 하거나 선거 운동 연설을 세세히 분석하는 것 또는 보호 정책을, 심지어 더욱 없애려고 할 법한 후보자의 득표율이 왜 낮은가 하는 수수께끼를 숙고해보는 것이 아니었다. 결국 뇌는 사실과 데이터에 특별히 관심이 있는 것이 아니다. 우리는 이야기 모드로 삶을 살아간다. 우리 마음은 인과관계를 단순히 관찰함으로써 세상을 이해한다. 사람들은 그들이 보고 느끼는 것 중 그들의 주인공을 영웅적인 시각으로 비추는 것으로부터 유용하고 그럴듯한 이야기를 짜내며 작화한다. 나아가 그들은 종종 부족적인데, 그들과 비슷하게 보이고 비슷하게 생각하는 동맹을 만들고 또 그렇지 않은 적을 무의식적으로 만들어낸다.

그렇다면 2016년 유권자의 대다수가 말해준 이 세상의 이야기는 대략 무엇이었는가? 그들은 열심히 일하고 세금도 냈지만 사정은 부모님

세대 때보다 좋지 않다는 강한 인식을 가지고 있었다. 그들은 정치인들의 경비 지출 내역과 그들이 로비스트, 은행가들과 밀접하게 연관되어 있다는 것을 근거로, 이것이 부패한 정치인들의 잘못이라는 것을 알고 있었다. 그들은 자신이 누구에게 투표하든 간에 결코 달라지지 않을 것임을 알고 있었다. 그들은 트럼프가 당선되면 머지않아 애플 공장이 문을 열 수도 있다는 것을 알고 있었다. 그들은 그들이 EU에 잔류한다면 수백만 명의 터키인들이 몰려올 거라는 것을 알고 있었다. 그들은 지난달, 어린 딸이 아팠을 때 응급실에 들어가기 위해 여섯 시간을 기다렸는데 그들 앞에는 영어도 하지 못하는 대가족이 있었다는 것을 알고 있었다. 어떻게 이것이 공평한가? 그들은 두 집 건너에 사는 오피오이드 중독자들이 식료품 할인 구매권으로 생계를 이어가고 메이시스 macy's 백화점에서 쇼핑을 하는데,[49] 자신들의 고생으로 그 식료품 할인권이 지급된다는 것을 알고 있었다. 그들은 좌파가 더 이상 그들을 돌보지 않는다는 것, 좌파는 노동자들을 증오하는 과잉 교육을 받은 엘리트들이라는 것, 좌파가 유일하게 신경 쓰는 사람들은 모든 지원금을 받아가고 그들 앞으로 새치기를 할 수 있는 소수자들뿐이라는 것…… 그리고 TV와 인터넷상에서 좌파는 그들과 비슷해 보이고 그들처럼 말하며 그들의 문제를 이해하는 것처럼 보이는 직설적이고 천박한 사업가라는 것을 알고 있었다. 그는 그들의 이야기를 다시 시작할 것을, 수년 전에 멈추었던 전진을 다시 회복할 것을 약속했다.

물론, 트럼프와 브렉시트를 지지한 유권자들이 모두 이런 생각을 한 건 아니다. 그들 모두가 소수자에 대해 편협하거나 이 세상을 단순하게만 본 것은 아니었다. 아마 많은 사람은 마지못해 투표했을 것이다. 나 또한 전형적인 결함이 있는 인간으로서, 이러한 사건들을 나만의 편향

된 관점으로 받아들일 수밖에 없었다는 것을 인정해야겠다. 그러나 중요한 것은 투표의 결과가 냉정하고 이성적인 경제적 셈법이나 단순한 인종차별주의 또는 여성혐오에 관한 것이 아님을 이해하는 것이다. 이는 오히려 자아와 이야기에 관한 것이다. 우리가 말하는 이 세상에 대한 이야기와 그 안의 영웅적 장소에 관한 것이다.

실리콘밸리는 이 모든 일에 관여했다. 디지털 기술이 경제를 변화시킬 것이라는 예측에 있어 글로벌 비즈니스 네트워크^{GBN}는 옳았다. 디지털 기술은 1990년대부터 신자유주의적 세계화 프로젝트를 대단히 촉진시키고 가속화시켰다.[50] 자동화와 인공지능이 중산층과 노동자 계층의 일자리를 앗아갈 것을 전망하여 디지털 기술은 미래를 위해 많은 준비를 했다. 자율주행차가 도입되면 미국에서만 해도 170만 명의 트럭 운전자들의 생계[51]가 위태로워질 것이다. 옥스퍼드대학의 연구원들은 2033년까지 미국의 모든 일자리의 거의 절반[52]이 자동화될 수 있으리라 예측했다. 과학 기술 전문가들은 '장기적 호황'을 약속했다. 그들은 그 호황이 대부분 상류층을 향할 거라고 말하지 않았다.

이 모든 불평등이 어떤 결과를 불러올지 완전하게는 이해하지 못하지만, 우리는 극적이고 호전적인 변화의 시대에 들어선 것으로 보인다. 극단에서는 극보수주의라는 변형된 형태로 파시즘이 다시 부흥하고, 부족적이고 편협하며 점점 더 폭력적인 극진보주의 형태를 가장한 마르크스주의 사상이 다시 깨어나고 있었다. 한편 2017년에는 영국의 좌파 노동당 대표 제러미 코빈에 의해 다시 한번 정치적 충격에 휩싸이게 되었다. 노동당은(노동당의 재야내각 당수인 존 맥도널은 '전반적으로 자본주의 타도를 불러일으키는 것'을 취미로 삼았다[53]) 투표일에 참패할 것으로 예상되었다. 그러나 그들은 국회에 절대다수당이 없게 함으로써 보수당에 굴욕감을 안겨주었으며 테리사 메이 총리는 충격과 눈물 속에 남겨지게 되었다.

코빈과 트럼프의 부상을 연결 짓는 것이 잘못돼 보일 수도 있지만, 이들의 공통점은 신자유주의 시대의 끝이 다가오고 있다는 것에 대한 공동의 이해다. 우리의 경제적 산고를 바라보는 우파적 두뇌의 유권자는 본능적으로 이민과 복지 수당을 타내는 사람들을 비난할 것이다. 좌파적 두뇌의 유권자는 같은 난장판을 바라보면서 축소된 정부와 규제가 미비했던 기업금융단지의 결과를 볼 것이다. 그들이 완전히 반대되는 관점을 가지고 있을지는 몰라도, 좌파와 우파는 모두 같은 문제를 확인했다. 신자유주의와 그것의 세계화 프로젝트였다.

2017년 선거 동안에는 보수당도 변화의 냄새를 맡았다. 대처의 정당은 '이기적인 개인주의 숭배'의 거부와 '제약 없는 자유시장'에 대한 신념을 발표함으로써 많은 사람을 놀라게 했다. 2017년 10월, 그들은 심지어 공공 지원 주택 건설을 시작하겠다고 약속하기까지 했다. 같은 해 신뢰할 만한 한 조사[54]는 그들의 본능이 옳았음을 확신시켜주었다. 그 조사는 지출 확대를 위한 증세 정책에 있어 '좌파 쪽으로 기울어진 것'을 발견했는데, 이 정책에 대한 지지는 32퍼센트에서 2010년 48퍼센트로 증가했다.

코빈과 트럼프가 부상하는 데 실리콘밸리의 기술이 결정적인 역할을 했다. 2016년 선거에서 소셜미디어를 통해 트럼프가 그의 지지자들과 직접 접촉할 수 있게 되면서 트럼프는 전통적인 언론인들을 무시하고 그들을 거짓말쟁이라고 부르며 언론의 힘을 약화시켰다. 그의 강력한 지지자 중 일부는 대학 학위가 없고 실제로 인터넷을 사용할 가능성이 거의 없는[55] 백인 남성인 것이 사실이다. 하지만 트럼프의 트윗이 신문과 주류 텔레비전 채널에서 곧장 반향을 일으킨 것 또한 사실이다. 이런 식으로, 그는 인터넷을 사용하여 심지어 인터넷을 사용하지 않는 사람들에게까지도 자신의 메시지를 퍼뜨릴 수 있었다. 그는 뉴스 안건을 이끌 수 있었고 그러므로 그의 삐딱한 아웃사이더로서의 지위를 재차 확인할 수 있었으며 보란 듯이 기성 정치인들의 코를 납작하게 할 수 있었다.

미국에서는 좌파와 우파의 양극화가 1970년대 이후로 인정사정없이 심화되고 있었다.[56] 그러나 트위터와 페이스북 같은 기술 플랫폼은 이미 심각한 문제였던 것들을 더욱 악화시키는 듯하다. 많은 연구는 일상적인 '오프라인' 생활에서 도덕적 분노를 겪게 되는 경험은 비교적 드물며 우리 중 5퍼센트 미만이 이를 일상적으로 경험한다고 발표했다.[57] 2010년대에 소셜미디어는 일반 대중이 동물적 인간으로서 이전에 전혀 경험해본 적 없고 익숙하지 않은 수준의 분노에 빠지게 만들기 시작했다. 심리학자들은 또한 온라인상에서 부도덕한 행위를 듣는 것이 실제 생활에서 몸소 그런 일을 겪을 때보다 더욱 심한 분노를 일으킨다고 생각한다. 공공 담론의 이러한 급격한 변화의 완전한 영향에 대해 추측하기는 아직 이르다. 하지만 영향은 분명히 있을 것이다.

이미 매일 수백만의 사람들은 우리가 동의하지 않는 사람들이 병적으로 흥분한 상태에서 내뱉은 견해들에 선동되고 격노하고 있다. 우리의 격앙이 우리를 더욱 격렬한 반대에 부딪치게 한다. 감정적이 될수록 이성을 잃게 되고 더욱 올바르게 판단할 수 없게 된다. 스트레스를 잠재우기 위해 우리는 소리를 꺼버리고 차단하고 친구를 끊고 팔로를 취소하기 시작한다. 그리고 우리는 지금 똑같은 아이디어를 증폭, 강화하는 반향실에 있고 우리를 더욱 현명하고 관용적이며 개방적으로 만들었을지도 모르는 다양한 관점으로부터 멀어지고 있다. 우리가 지은 디지털 고치 속에서 우리에게 동의하면서 아첨하는 목소리에 둘러싸여 우리는 우리가 본질적으로 옳다고 믿는 것에 더욱 확신하게 되고, 반대편에 있는 사람들과는 더욱 멀어지게 되면서 그들을 이제 거의 파렴치하고 그릇된 악으로 보기 시작한다.

소셜미디어의 반향실 효과사람들이 기존에 가지고 있던 신념이 미디어로 인해 폐쇄적으로 증폭되고 강화되는 현상는 페이스북과 같은 사이트에서 널리 유통되는 허구의 기사로 인해 더욱 커지게 되었다. 한 조사는 2016년 선거 기간의 마지막 세 달 동안[58] 가장 인기 있었던 거짓 기사들이('프란치스코 교황이 세계를 충격케 해, 도널드 트럼프를 대통령으로 지지') 공유, 반응, 댓글의 형태로 신뢰할 만한 사이트의 상위 20개 기사보다 사람들에게 더욱 많이 노출되었다는 것을 발견했다. 이 모든 것이 끝나고 나서, 심리학자 조너선 하이트 교수는 소셜미디어가 '커다란 문제 중 하나'[59]라고 믿게 되었다고 기자들에게 말했다. "우리 모두가 상대편이 저지른 계속되는 믿을 수 없는 극악무도에 빠져 있는 한, 나는 우리가 어떻게 서로를 믿고 다시 함께 일할 수 있을지 모르겠다."

실리콘밸리에서의 마지막 날, 나는 스타트업 기업에서 채식주의자용 고기를 개발하는 케이트 레비와 우연히 대화를 하게 되었다. 남부에서 자란 기독교인으로서, 그녀는 가끔 자신이 실리콘밸리에 어울리지 않는 사람으로 느껴진다고 내게 말했다. 그녀는 이를 팰로앨토에 있는 그녀의 첫 공동 주택에서 처음으로 느꼈다. 그녀는 그 장소의 모든 환경이 이상하다는 것을 단번에 알아챘다. 그녀는 이곳 거주자는 아이를 한 명만 가질 수 있다는 규칙에 위반되게 쌍둥이를 임신한 이전 방 주인에 대한 이야기를 듣게 되었다. 그곳 사람들은 이 문제에 대해서 '이성적인' 논의를 하기 위해 모였다. 예비 엄마는 쌍둥이 중 한 명을 의학적으로 낙태시키는 것이 가능하다는 것을 알게 되었다. 이 잠재적 해결책은 투표에 부쳐졌다. 다행히도, 이는 통과되지 않았다. 그러나 이런 일이 있었다는 사실 자체가 케이트로 하여금 다른 숙소를 알아보게 했다. 냉철할 정도로 순수한 합리주의에 투철한 이 일화에는, 에인 랜드의 컬렉티브가 너새니얼 브랜든을 죽이는 것이 '합리적인가에 대해 의논했던 일을 떠올리게 하는 무언가가 있었다. 자신에게 이로운 것은 다른 사람에게 이로운 것을 잔혹하게 지배하는 면이 있는 듯 보인다.

케이트는 일요일 밤 저녁 식사의 토론 시간에 흥미로운 질문을 제기하는 레인보 맨션의 전통에 대해서 내게 말해줬다. 그녀는 맨션에서 친구를 여럿 사귀었으며 대부분 주말에 그곳에서 많은 시간을 보냈음에도 '만약 당신이 몇 년이고 살 수 있다면, 얼마나 오래 살고자 하는가?' 같은 특정 질문에 대한 그들의 대답에 불안감을 느꼈다.

"모두가 영원히 살겠다고 대답했어요." 그녀가 내게 말했다.

"저는 영원히 살고 싶지는 않을 것 같아요." 내가 말했다.

"저도 그래요."

"이것이 그들의 정신 나간 야망의 정도에 대해서 무언가를 말해주나요?"

그녀는 고개를 끄덕였다. "하지만 그들은 자신들의 힘을 넘어서는 파급효과에 대해서는 생각하지 않아요. 그들은 진정으로 세상을 바꾸기 위해 노력하고 있지만 제도에 대해서, 그리고 이 새로운 것이 어떻게 구세계를 안 좋은 방식으로 붕괴시킬 수 있을지에 대해서는 생각하지 않죠." 케이트는 새해 전야 파티에서 벌어졌던, 아무런 준비 없이도 모든 음식을 준비해줄 수 있는 값싼 로봇에 대한 열띤 토론을 기억해냈다. 그녀는 이 창조물이 새로운 대량 실업의 물결로 이어질 가능성에 불쾌감을 느끼며 반박했다. "하지만 모든 중산층의 일자리가 이미 이 나라에서 사라졌다! 모두가 대학에 가서 프로그래머가 될 수 있는 것은 아니다!" 그녀는 이렇게 말했고 아무도 그녀의 말에 동의하지 않았다. 그들은 이 가혹한 신자유주의적 현실에서 성공하기 위한 준비를 갖추지 못한 사람들과 자신이 얼마나 다른지를 과소평가하면서 프로이트의 실수를 저지르고 있었다. 게다가 이는 진보이지 않은가? 그리고 진보는 그저 좋을 뿐이지 않은가?

"직접적인 관계를 맺고 있지 않은 사람들에 대한 동정심은 거의 없죠." 그녀가 말했다.

"좀 무정하네요."

"맞아요." 그녀는 고개를 흔들었다. "이곳에 오래 있으면 있을수록 점점 마음이 불편해져요. 당신이 당신과 상당히 비슷한 사람들과 함께 반향실에 있을 때, 당신은 다른 곳에서라면 사회적으로 받아들여지지 않을 법한 말을 하기 시작하죠. '종교인들은 다 바보야' 같은 말이요. 저는 이런 말을 수없이 들어요."

그녀가 말을 하고 있을 때 제러미가 우리를 지나쳤다. "여기 있네!" 그가 싱긋 웃으며 말했다. 케이트는 그가 갈 때까지 기다렸다. "저는 제가 어떻게 해야 할지 모르겠어요."

케이트가 알아차린 것은 이들뿐만 아니라 그들의 문화를 공유하는 많은 사람을 특징짓는 강경한 개인주의의 징후였다. 수 세기 전에 우리가 스스로를 우리의 환경과 서로로부터 독립적인 존재로 정의할 때, 우리는 공자의 후손들이 잘 알고 있던 어떤 진리에 등을 돌렸다. 우리는 연결되어 있다. 우리는 매우 사회적인 종이다. 우리의 거의 모든 행동은 어떤 식으로든 다른 사람에게 영향을 미친다. 우리가 환경에 변화를 일으키면 그 변화의 물결이 형성되고 이는 인간 세계로까지 멀리 퍼져 나간다. 특히 서양인들은 이 대부분을 보지 못한다. 하지만 보지 못하는 척하는 것이, 그리고 신성한 우리 자아에게만 책임을 묻고 그 누구에게도 책임을 묻지 않는 것이 편리하거나 유혹적일지라도 이는 엄연히 존재한다.

미국에서 돌아왔을 때, 나는 캘리포니아로부터 시작된 어떤 물결에 영향을 받은 사람을 만나고 싶었다. 이십대, 밀레니얼 세대, 셀카 세대의 일원이 최적일 것이다. 아마도 젊은이들은 자존감 운동과 자존감 운동이 장려한 자아도취를 고취시키는 양육 방식으로 인해 어떤 식으로든 변해왔을 것이다. 그리고 이들의 서사적 정체성은 실리콘밸리의 웹 2.0 시기에서 만들어져 나온 자아의 버전을 중심으로 형성됐을 것이다. 이는 어떤 의미에서 이 여정의 정점이 될 것이다. 살아 있는 인간의 형태로, 개인적이고 완벽해질 수 있으며 자기중심적이고 신과 같은 '나'의 이야기는 우리가 에게해의 해안에서 처음 만났던 때부터 목적지를 향해 가고 있었다.

오늘 하루 수없이 많이 찍게 될 한 장의 셀카를 위해 카메라를 들기 전, CJ는 본능적으로 앞머리를 만지며 머리를 요리조리 살피고 전문가적인 손놀림으로 가볍게 두드린다.

"느낌만으로 당신의 머리가 어떻게 보이는지 알 수 있어요?" 내가 물었다.

침묵이 흘렀다.

"전에 아무도 나를 이렇게 관찰한 적은 없는데요." 그녀가 말했다. "이상해."

나는 문득 내가 공원에서 예쁜 스물두 살짜리 아이를 곁눈질하는 중년이라는 것을 깨달았다. "미안해요." 내가 중얼거리며 말했다.

"사과할 필요 없는데." 그녀가 말했다. "괜찮아요."

나는 그녀를 믿었다. 그녀는 공손한 아이가 아니었다. CJ는 사람들에게 보여지는 것을 좋아했다. 스스로 중독되었다고 말하는 그녀의 셀카 찍는 습관으로 보건대, 그녀는 우리가 상상할 수 있는 것 이상으로 셀카를 좋아했다. 그녀는 가끔 새벽 4시까지 사진을 편집하고 필터를 추가하고는 '매혹적인, 내 맘을 사로잡는'이라는 설명과 함께 페이스북과 인스타그램에 올릴 만한 가장 멋진 사진을 고른다고 했다.

"메모리 카드에 그 사진들을 계속 저장해두나요, 아니면 새로운 사진을 찍는 대로 삭제하나요?" 내가 물었다.

"메모리 카드를 가지고 있는데요." 그녀가 말했다. "그리고 1테라바이트짜리 하드 드라이브도 있고 몇 주 전에는 아이클라우드 용량을 더 구매해야 했어요. 지금 한 달에 35파운드씩 내고 있어요."

"그럼 그게 다 셀카를 위해서인가요?"

"뭐, 그렇죠."

그녀는 사진을 찍고는 맘에 들지 않는다는 듯 살펴봤다. "내가 피곤해 보이고 화장도 안 했으니까 실제보다 훨씬 더 차가워 보이도록 해야

겠네. 내가 왜 쓰레기처럼 보이는지에 대한 이유를 만들어내야죠." 다음 셀카를 위해서 그녀는 어깨를 턱에 갖다 붙이고 상상 속의 핫초코 냄새를 맡고 있는 듯 따뜻한 꿈을 꾸는 표정을 하고 눈을 가늘게 떴다. "그 사진 좋은데요." 사진을 보고 내가 말했다. "그 사진은 10점 만점에 몇 점인가요?"

"4점." 그녀는 일어서면서 콧방귀를 뀌었다. "적어도 8점이나 9점짜리 사진을 찍을 때까지는 만족 못해요."

CJ는 자신의 하루 일과에 대해 내게 간단히 소개했다. 그녀는 매일 머리와 화장을 어떻게 할지 생각하며 아침 7시 반에 일어난다. "근데 사진 속에서 어떻게 보일지를 구체적으로 생각하는 건가요?" 내가 물었다.

"네, 실생활에서는 어떻게 보일지 별로 신경 안 쓰는데. 화장할 때 저는 거울을 보지 않고 스마트폰을 들고 있어요."

"그러니까 거울은 눈곱만치도 신경 안 쓴다는 건가요?"

"눈곱만치도." 그녀가 끄덕이며 말했다.

그날을 위한 스타일 구상이 끝나면, 그녀는 이를 기록하기 위해 셀카를 찍었다. 약간의 볼터치를 더하고 찰칵, 볼터치를 더 더하고 찰칵. 머리를 하고 옷을 입으면서도 이 과정은 반복된다. 다음으로, 그녀가 서점에서 아르바이트를 한다고 치면, 그녀는 버스에 올라 셀카를 계속 찍곤 했다. 가끔씩, 그녀는 사람들이 키득거리는 것을 듣곤 했다. "그냥 전 '아, 사람들이 나를 바라보고 나에 대해서 생각하고 아마 그날 하루 종일 나를 기억할 거야' 생각해요."

"그게 좋나요?" 내가 물었다.

"그럼요! 얼마든지 그러라고요!"

일하면서도 그녀는 직원실에서 셀카를 찍었고, 상점에서도 고객들과 사진을 찍었다. 그녀는 특히 누군가가 그녀에게 같이 셀카를 찍자고 했을 때 아주 기뻐했다. "그럴 때 내가 그 사진을 찍지 않았다는 것을 사람들이 알 수 있도록 손이 보이게 사진을 찍죠." 그녀가 말했다. "이는 마치 '오, 누군가가 나랑 사진을 찍고 싶어하는군!' 같아요. 그게 좋아요." 저녁이 되면 그녀는 그녀가 사는 기숙사의 복도에서 함께 사는 사람들과 함께 사진을 찍곤 한다. "내가 '우리 오늘 사진 안 찍었네!'라고 말하면 그들은 '으, 오늘은 안 찍으면 안 돼?'라고 말하죠." 그러고 나서 새벽 4시까지, 때로는 4시가 넘도록 사진을 보정한다. "저는 장례식장에서 셀카를 찍은 적도 있어요." 그녀가 말했다. "내 대모님 장례식이었죠. 검은색 옷을 입고 빨간 립스틱을 발랐었죠. 관이 들어오기를 기다리며 서 있었는데 저는 '내가 자주 시도하지 않는 스타일인데'라고 생각하고 있었죠." 그녀의 엄마가 그녀의 부적절한 행동을 지적했을 때, CJ는 "나 오늘 보기 좋은데. 이건 언제나 적절한 일이라고"라고 대답했다고 한다.

CJ는 날씬하고 피부는 창백했으며 요정 같았고 영리했으며 전 과목 최우수 성적을 받는 학생이었다. 그녀가 연극공연학을 전공하는 로햄프턴대학 기숙사 복도 그녀의 방은 형형색색의 하트와 반짝이는 별, 오드리 헵번의 사진으로 장식되어 있었다. 오래된 월트디즈니 영화 포스터들이 액자에 보관되어 있었는데 그 액자 틀에는 '가끔 포기하고 싶을 땐, 썩을 놈들에게 그들이 틀렸음을 증명해 보여야 함을 기억해'라는 좌우명이 써 있었다. 그녀는 팔뚝에 있는 커다란 화살 모양 문신을 포함에 서너 개의 문신을 가지고 있었다. "이건 『헝거 게임』에서 나온 거예요." 그녀가 말했다. "주인공이 '내가 활을 들어 화살의 줄을 당길 때, 화살이 갈 길은 오직 하나뿐, 앞으로'라고 말하죠. 이 말을 정말 좋아해요. 앞으로 나아가라. 인생이 어떤 방향으로 당신을 데려가든 뒤돌아보지 마라." 그녀는 또한 가슴 위에 다이애나 왕세자비의 서명을 문신으로 새겼다. 아름다움과 저항성, 명성의 결합으로 그녀는 CJ가 가장 되고 싶어하는 여자였다.

자신의 인생 목표는 '알려지는 것'이라고 그녀는 내게 말했다. CJ가 몇 가지 나르시시즘적 성향을 갖고 있다고 생각한다면, 이는 맞다. 그녀는 사회심리학자들이 성격 특성을 평가하기 위해 자주 사용하는 척도인 자기애적 성격 검사 또는 나르시시즘 성격지표[NPI] 검사를 실시하는 것에 기꺼이 동의했다. 어떤 것이든 1등이 아니면 안 되는 그녀의 욕망과도 같이, 그녀가 내게 보내준 점수는 인상적이게도 40점 만점에 35점이었다. 이 검사를 진행했던 웹사이트는 이 수치가 그들의 평균 표본보다 97.9퍼센트 높다고 했다.

CJ가 완벽한 연구 사례로 보이고자 과장하지 않았는지는 확신하지 못하지만(NPI 점수를 봐라! 그녀는 또한 수년간 '수십만 장은 우스울 정도로' 셀카를 많이 찍었다고 말했다. 과연 사실일까? 그녀의 말에 따르면 사실이다) 다른 많은 면에 있어서도, 그녀는 분명 우리 시대의 산물로 보인다. 더욱 게임화된 개인주의적 경제가 남들과 잘 어울리고 성공하기 위해서 스스로 점점 더 완벽해야 한다고 느끼게 했다면, 왜 자존감 운동이 대단한 인기를 끌었는지 쉽게 알 수 있다. 이는 환경에 더 잘 적응하고 더 행복해지고 더 나은 선수가 되기 위한 꼼수가 있다고 우리에게 알려준다. 우리의 진정한 자아는 완벽하며 성공하기 위해서 우리가 해야 할 일은 그렇다고 믿는 것뿐이라는 것이다. 이러한 생각이 대중화된 이후 몇 년간, 수많은 데이터는 나르시시즘이 대단히 증가했다는 점에 주목한다. 그리고 이 자기 사랑 문화로부터 실리콘밸리 왕국의 혁신이 탄생했다. 셀카용 카메라다. 자신의 모습을 사진으로 찍고 댓글과 좋아요를 위해서 이를 전시하는 것은 우리가 어떤 사람이 되었는지에 대해 상당히 많은 것을 알려주는 오래된 현상이다. "사람들은 그 기술로 온갖 종류의 일을 할 수 있게 됐습니다. 우리는 꽃 사진, 건축물 사진, 엄마 사진을 매일 찍고 우리 엄마가 얼마나 대단한지 말해주는 '엄마들' 사진으로 인터넷을 가득 채울 수도 있었죠. 하지만 우리는 그렇게 하지 않았습니다. 글쎄, 어느 정도는 그렇게 했는지도 모르죠. 하지만 정말 큰 유행이 된 것은 셀카입니다." 트웽이와 나르시시즘 '전염병' 연구를 공동 집필한 캠벨 교수가 말했다. 셀카 문화를 쉽사리 접하게 된 사람들은 물론 자존감 세대의 자녀들이었다. 80년대, 90년대 그리고 2000년대를 거치는 동안 수백만의 부모가 자녀들에게 그들은 특별하고 훌륭하다고 말해왔다는 것은 아마 이러한 급증의 원인에 대해 무언가를 설명해줄 수 있을 것이다. 부모의 과도한 칭찬과 아동 나르시시즘의 관계를 발견한 연구를 이끌었던 에디 브루멜먼 박사는 이렇게 말했다. "그렇게 생각한다. 우리 연구로부터 직접적인 결론을 내릴 수는 없지만, 우리는 이러한 종류의 양육 방식이 증가하는 것을 확인했다."

이 중 일부는 CJ가 진술했던 그녀의 어린 시절 이야기와 일치했다. 그녀의 이야기는 그녀가 일곱 살이었던 해 어느 주말, 한 소년이 그녀가 알고 지내던 한 소녀의 목에 감히 칼을 들이댔을 때 시작된다. 이는 그들에게 약간의 상처를 남겼다. 그녀는 이에 대해 크게 신경을 쓰지 않았다. "그냥 '기분 좋은 일은 아니지만 뭐, 괜찮아'라고 생각했어요." 하지만 그녀의 부모님은 부정적인 반응을 보였다. "그들은 이 일에 완전히 분노했어요." 그러던 중 1년쯤 지난 후, 그녀가 살던 에식스와 가까운 도시 배질던의 레인던 공원에서 누군가가 그녀를 붙잡아 끌고 가려 했다. "좀 쓰레기 같은 경험이었지만, 당시 아무렇지 않았다"고 그녀는 말했다. 놀라 자빠진 그녀의 부모님은 그녀와 그녀의 두 이복형제를 메이랜드시라고 불리는 텐지 반도의 작은 마을로 보냈다. 하지만 그곳, 진흙이 질척거리는 먼든만 해안에서도 그녀의 부모님은 소중한 딸을 안전하게 지킬 수 없었다. 새로운 학교에서 CJ는 따돌림을 당했다. 그녀의 부모님은 이를 믿을 수 없었다. 그러나 다시 한번, 그들은 행동을 취했다. CJ는 벽돌로 된 벽으로 사방이 둘러싸인 집에서 공부하게 되었다. 그녀는 미친 사람들과 칼을 휘두르는 사람, 심술궂은 아이들로부터 분리되어 갇혀서 공주처럼 안전하게 성 안에 머물며 사랑받고 소중히 여겨졌다. "그때부터, 우리 부모님은 나를 안전한 포장지로 감싸놓으셨어요." 그녀가 말했다. "너는 아무 데도 못 가라고 말하는 것 같았어요."

그녀가 열 살이었을 때, 아버지의 제약회사는 엄청난 수입을 올리기 시작했다. 가족들은 훨씬 더 큰 집으로 이사했다. 그녀의 어머니는 칭찬을 통해 CJ의 자존감을 추켜올렸다. 그녀의 어머니는 CJ가 아름답고 재능이 있으며 무용수, 작가, 사진작가, 배우가 되어야 한다고 말했다. 어머니는 CJ에게 "너는 세상을 변화시킬 수 있는 미소를 가지고 있단다. 너는 멋진 일을 하게 될 거야. 너는 네가 생각하는 것보다 더 대단한 사람이란다"라고 쓴 쪽지를 주었다. 그녀의 아버지는 그녀에게 많은 선물을 사주었다. 아버지에게 "모든 사람이 이 맥 컴퓨터에 대해 이야기하고 있어"라고 말하면 이튿날 그 컴퓨터가 도착했다. 그녀가 "내 폰 이제 질렸어. 핑크색 가지고 싶어"라고 말하면 마술처럼 핑크색 폰이 나타났다. 그녀는 플로리다에서 돌고래와 함께 수영하는 것을 꿈꾸었는데, 그러면 곧장 그녀는 완벽하게 푸른 바닷물 속에 있었고 반짝이는 돌고래 주둥이도 함께였다. "나는 아무것도 바란 적 없어요." 그녀는 말했다. 집에서 CJ는 그녀가 원하는 거라면 뭐든 할 수 있었다. 그녀를 행복하게 할 수 있다면 어떤 것이든. 이것이 법이었다.

여전히 돈은 부족함이 없었다. 그녀가 열여섯 살이 되었을 때, 이번에 그들은 다시 빌러리케이라는 마을의 근사한 저택으로 이사했다. "상상할 수 있는 가장 호화로운 집이었다"고 그녀는 말했다. 그 집은 보안시설을 갖춘 높은 대문과 지하에는 넓은 부엌이 있었고 대리석 바닥에는 온돌이 깔려 있었으며 건물 자체도 아주 크고 넓었다. 천장마다 스피커가 있었다. CJ는 남는 방 중 하나를 독차지했다. 그녀는 랩, R&B, 현대음악, 뮤지컬 음악 등 시끄럽게 음악을 틀고 몇 시간씩이나 춤을 췄다. 어머니는 그녀를 뒤에서 바라보며 "CJ, 넌 정말 대단해! 너는 무대 체질이야"라고 말했고 CJ는 "맞아, 나도 알아"라고 대답하곤 했다. 그들은 그녀를 지도할 개인 과외 선생님을 찾았는데, 그는 아주 매력적인 한 학교의 교장이었다. 그녀가 이사하는 것이 얼마나 성가신 일인지에 대한 에세이를 썼을 때, 그는 그녀에게 "네 나이 또래가 쓴 것 중에서 최고의 글이구나"라고 말했다. 그녀의 어머니는 감탄을 금치 못했다. "너는 정말 멋진 아이야. 너는 최고야. 너는 천재야." 그리고 CJ는 생각했다. '그럼, 그렇고말고.'

그러나 빌러리케이에 있는 높은 대문 뒤의 저택은 곧 긴 복도와 새로이 꾸며진 방 안으로 CJ를 더 깊이 끌어들이기 시작했다. 그녀의 보기 드문 미모와 재능 속에서 그녀를 성가신 사람들로부터 보호하는 것은 그녀의 성역이자 요새인 그녀가 풍기는 섬세한 분위기였다. 그녀는 방문객을 좋아하지 않았다. 숙모와 삼촌, 사촌들이 집에 방문하면 그녀는 '왜 저들이 우리 집에 있지?'라고 생각하며 그들을 노려보곤 했다. 그녀는 문을 잠그고 침대로 달려가곤 했다. 어느 날 오후, CJ가 부엌에서 식사를 하고 있었는데, 그녀의 이복형제 중 한 명이 그녀 뒤로 걸어왔다. 친근한 장난으로 그는 그녀의 허리를 손가락으로 찔렀다. CJ는 의자에서 벌떡 일어나 그를 밀치고 때리며 공격했다. '왜 그런 짓거리를 한 거지?' CJ는 누군가 자신을 만지는 것을 싫어했다. 화가 치밀어 올랐다. 그녀는 자신이 성 안의 공주인지 박스 안의 로봇인지 판단이 서지 않았다. 하지만 그녀는 자신의 끔찍한 행동들을 변화시킬 수 없었고 더구나 스스로 그러길 원하지 않는다는 것을 깨달았다. 부모님은 걱정하기 시작했다. "부모님은 나를 앉혀두고 'CJ, 우리 예쁜 강아지……'라고 말했어요. 그럼 나는 '예쁜 강아지? 한 번만 더 그딴 식으로 말해봐'라고 하고 부모님은 '그렇게 행동하면 안 돼'라고 말하고, 그러면 나는 '왜? 그건 불공평해'라고 말했어요. 그러고 나면, 친척들이 맞장구치면서 '그녀는 도움이 필요해'라고 말했어요. 부모님은 '아니에요. CJ는 괜찮아요. 그녀가 하고 싶은 대로 하게 두세요'라고 말하곤 했어요." 그녀가 말했다.

그러던 어느 날, CJ는 갑자기 다시 그런 느낌이 들었다. 그날 아침에 특별히 어떤 일이 있었던 것은 아니었다. 그녀는 분노를 느끼며 잠에서 깨 의자를 벽에 집어던지고 싶었다. "잠깐 공원에 갈게." 그녀는 산책전, 엄마에게 전화로 그렇게 말하고는 평소 그녀가 혼자서 자주 가던벤치로 향했다. 그녀가 느꼈던 분노는 무한히 커지고 그 분노의 세계는 더 이상 그녀의 작은 몸속에서 억제될 수 없었다. "나는 작은 가지를 하나 발견하고는 이를 엄청 날카롭게 만들었어요. 벤치의 가장자리를 이용해서 이 가지를 반으로 쪼개 더욱더 얇게 만들었는데 그 가지를 약간 뜯어내서 윗부분만 뾰족하게 만들었죠. 그리고 충분히 날카롭다는 생각이 들었을 때 이것을 내 팔로 서서히 가져갔어요." 그녀가 말했다. 그녀는 이 가지를 앞뒤로 계속해서 움직였지만, 이는 그녀에게 연분홍색의 얇은 자국을 남기고 살갗이 까지게 하는 찰과상만 입힐 뿐이었다. '젠장, 뭐야?' 그녀는 생각했다. '나는 손목도 혼자 못 긋네.'

그녀는 집이 비어 있나 확인하러 집으로 걸어갔다. "완벽해." 그녀는 방에 붙어 있는 욕실에서 샤워기를 틀고, 누가 집에 돌아올 것을 대비해 문을 잠그고는 플라스틱 면도기의 케이스를 뜯어 면도칼을 꺼냈다. 그러고는 그 일이 일어났다. "나는 시내로 나갔어요." 그녀가 내게 말했다. "제대로 긋기 위해서." 손목의 연분홍색 자국은 이제 길게 찢어졌다. 힘이 솟아났다. 그녀는 굉장한 것을 느꼈다. 피가 튀기고 뚝뚝 떨어지면서 벽으로 그녀의 몸 아래로 사방에 흘렀다. 선명한 빨간색과 창백한 색의 대조. 이는 마치 누군가가 살해된 것 같았다. 그녀가 범인인가? 그녀는 갑자기 방금 전의 자기 모습에 겁이 나서 바닥에 웅크려 앉았다. 그럼에도 불구하고 그녀는 이 일에 중독되었다. 그녀는 침대 틀 사이에 크리스마스에 받은 작은 철로 된 보물 상자를 보관했다. 그 안에는 면도날 5개(질레트가 가장 좋았다), 손톱용 가위 몇 개와 깨진 CD 조각들이 있었다. 작은 붕대와 소독 크림, 화상 상처용 라벤더 오일도 있었다. CJ는 오로지 춤추거나 자해를 할 때만 살아 있음을 느꼈다. 칼날이 그의 피부로 들어오는 순간, 그 원시적인 느낌의 순간에 그녀는 신과 같은 지배력을 지녔다. 그녀는 그녀가 원하는 대로 원하는 곳을 베어낼 수 있었다. 그녀는 피를 흘러내리게 할지 또는 안 흘러내리게 할지 선택할 수 있었다. 마치 이 세상의 시간과 모든 고통이 자신의 손아귀에 있는 것처럼, 밀리미터 단위로 일어나는 일을 아주 세세하게 느낄 수 있었다. "이는 마치 '나는 힘이 있고, 나는 이곳에 있으며, 나는 무언가를 할 수 있는 선택권을 갖고 있고 내가 선택한 그 일을 할 것이다', 그런 것 같았어요." 그녀가 말했다.

CJ가 공연예술학교에 다니고 싶다고 말했을 때, 그녀의 부모님은 걱정스러워했다. "난 열여섯 살이야." 그녀가 부모님에게 말했다. "내가 원하는 것을 할 수 있다고." 그리고 늘 그랬듯, 그녀는 원하는 것을 가졌다. 그녀는 자신이 반에서 가장 훌륭한 배우라고 생각했다. 그녀는 오만함을 발산하면서 스튜디오와 무대를 거닐었다. 지도 교수들이 그녀의 연기를 비판했을 때, 그녀는 그들에게 "나는 이렇게 연기하고 싶었어. 나를 이해하지 못하는군"이라고 말하곤 했다. 그녀는 기꺼이 그들에게 당신들은 쓰레기라고 말했다. 그녀에겐 당연했다. "나는 정직하고 진실했다." 프리츠 펄스의 유령이 창공에서 히죽이며 웃듯이 그녀가 말했다. 이것은 그녀가 좋은 사람임을 증명했다. 그렇지 않은가? 이따금 그녀는 '저런 개자식 같은'이라는 눈빛으로 그녀를 바라보는 반 아이들의 모습을 포착하곤 했다. 하지만 재밌는 점은, 그녀가 드물게 다른 사람을 칭찬하는 경우, 그들은 좋아서 어쩔 줄 몰라 했다는 것이다. 반 아이들은 점점 그녀의 칭찬에 목매기 시작했다. "내가 좀처럼 그러지 않았으니까 친구들은 항상 내게 칭찬받기를 바랐어요. 나는 '넌 완전 구려'라고 말함으로써 완전 쿨한 사람이 되었죠." 한 남학생이 시험에서 선보일 연기를 오직 CJ 앞에서만 시연했을 때, 그녀는 그에게 공연을 포기하고 뭔가 학문적인 일을 해야 한다고 말했다. "너 왜 여기 있니?" 그녀가 그에게 물었다. "너 진짜 여기 왜 있니?"

"이게 내 꿈이니까." 그가 말했다.

CJ는 부드러우면서도 날카롭게 대답했다. "꿈이 항상 이뤄지는 것은 아냐."

영국에서 가장 좋은 공연예술학교는 브릿스쿨이었다. 에이미 와인하우스와 아델도 이곳에서 공부했다. 문제는 그녀가 브릿스쿨에 있지 않았다는 것이었다. 그녀는 외딴곳의 이 작고 형편없는 학교로 보내졌던 것이다. 그녀와 같은 재능을 가진 아이에게 이곳에서의 날들은 시간 낭비였다. 1년 후, 그녀는 중퇴했다. 그녀는 자신이 글쓰기와 사진 찍기에 재능이 출중하다는 것을 알고 있었기에, 아버지의 격려로 이런 것들을 배워보기로 결심했다. 하지만 대학에서 그녀는 새로운 재미를 발견했다. 그녀는 이전에는 남자들에게 그다지 흥미를 느끼지 못했다. 미래를 위해 할 일이 많은데 그럴 시간이 어디 있겠는가? 하지만 열일곱 살이 되자, 새로운 장소에서, 그녀는 마침내 남자들이 어떤 면에서 좋다는 것을 깨달았다. 그녀는 후드티와 청바지, 컨버스 운동화를 저리 치워두고 머리를 섹시하게 짧은 단발로 잘랐다. 한쪽 머리를 귀 뒤로 넘겼으며 다른 한쪽 머리는 그녀의 요정 같은 얼굴 위로 떨어졌다. 그리고 그때부터는 온통 남자뿐이었다. 매일 밤 남자들과 함께했다.

남자들과 사랑에 빠질 때 가장 놀라운 점은 그것이 매우 쉽다는 것이다. 이는 보통 술집에서 시작된다. 당신은 아주 잠깐, 이따금씩 눈을 마주치기 시작한다. 당신은 남자들을 궁금해서 신경이 쓰이게 하는 상태에 걸려들게 한다. 그녀가 나를 보고 있나? 그들이 착각이라고 생각하는 그때, 그래서 민망해하고 상처받은 순간에 그녀는 입술을 부드럽게 깨물면서 그들에게 직접적이고 관능적인 시선을 던졌다. 그러고는 잠깐 다른 데를 쳐다보곤 했다. 그녀는 가능한 한 오래도록 이 게임을 이끌어냈는데, 이 게임을 할 때마다 그녀의 통제력과 목표물의 고통과 수치심은 점점 커져갔다. 그다음에 그녀는 그들에게 직접적으로 시선을 던지고 계속 쳐다보았다. 은밀한 미소를 계속해서 지으며, 그녀는 마침내 그들을 고통 속에서 구해주었다. 그들이 다가올 용기를 낼 때, "나는 완전, 완전, 완전 친절하게 군다." 그녀가 말했다. 그녀는 엉덩이를 내밀고는 우아하게 천천히 움직였다. "그리고 그들은 내게 와서 '당신은 내가 본 여자 중에 가장 아름다워요'라고 말하죠. 그럼 나는 '그만하세요. 얼굴이 달아오르네요'라고 말해요. 하지만 내 머릿속은 '그럼, 짜식, 그렇고말고'라는 생각으로 가득하죠." 하룻밤에 CJ는 전화번호 10개를 얻어내고 집으로 돌아간다.

하지만 그녀가 사랑이나 섹스를 위해 이러는 것은 아니었다. 그녀는 그 어떤 오르가슴보다 좋은 느낌을 알고 있었다. 완전하고 눈물겨운 강아지 같은 순애보.

"전 끊임없이 확인을 받아야 했어요." 그녀가 말했다. "그리고 만약 아무도 내게 듣기 좋은 말을 해주지 않는 순간이 오면, 나는 '다음 남자로 넘어가자'고 판단해요."

"이게 당신이 느끼는 쾌감인가요?" 내가 말했다. "누군가 당신을 흠모하는 것?"

"네."

"그럼 이것은 당신의 아름다움에 대한 건가요? 아름답다는 소리를 듣는 것?"

"네."

"이건 '너는 멋진 사람이야'와 같은 말은 아니네요."

"아, 그런 건 신경 안 썼어요." 그녀가 말했다. "앤젤리나 졸리는 멋진 사람이지만, 이건 사람들이 주목하는 점이 아니에요. 저는 육체적으로 아름답고 대단하고 놀라운 존재로 보여야 해요. 나는 이를 확인받을 필요가 있었고 게임 상대들을 통해서 그 확인을 받아냈죠."

그녀가 그 게임 상대들을 목표로 삼은 이유는 그들이 그녀에게 가장 큰 도전이 되었기 때문이다. 그들이 넘어온다는 것은 명백히 엄연한 어떤 의미를 가진다. "나는 여자 무리 속에서 남자들이 선택한 여자가 되고 싶었어요." 그녀는 남자들과 거짓 관계를 시작했다. 그녀는 남자들이 뭘 좋아하는지, 어떻게 생각하는지 그들에 대한 모든 것을 알아냈다. 그러고 나면 수집한 정보를 이용해 남자들이 꿈꾸는 여자로 자신을 꾸며내곤 했다. 그녀가 데이트했던 한 남자는 에미넘의 팬이었는데, 그녀는 집에서 형제들로부터 노래 가사를 알아내서 그에게 랩을 들려주면서 그녀 역시 에미넘의 팬인 척했다. 그녀는 심지어 에미넘의 초상화를 그려 그에게 선물하기도 했다. 그는 놀라 거의 말을 잇지 못했다. 그는 "인생 최고의 일이야. 이 정도로 누군가가 나를 생각해준 적이 없었어"라고 훌쩍이며 말했다. 하지만 CJ는 그에게 아무 감정도 느끼지 않았다. "내가 이 게임에서 이겨서 남자들이 '사실 나는 더 이상 그녀와 이 게임을 하고 싶지 않아. 이 여자와 뭔가를 함께 추구하고 싶어'라고 생각하게 하는 것이 내가 원하는 것의 전부였어요. 그렇게 되었다고 생각되면 나는 '그래, 나중에 봐'라고 했죠."

내가 그녀에게 낭만적인 관계를 어떻게 바라보는지 논리적으로 설명해달라고 부탁했을 때, 그녀는 자신의 손가락을 언덕으로 보이는 것 안으로 밀어 넣었다. 그녀는 일단 남자들이 무조건적으로 빠지는 지경에 이르고 나면, 딱히 그 이상의 것이 없다고 설명했다. 그들이 진정으로 그녀가 그들이 만났던 그 어떤 여자보다 더 좋은 여자라고 믿게 되면 그녀는 말했다. "그럼, 그렇고말고. 그럼 이제 꺼져." 정복자의 무자비함으로 그녀는 그 관계를 끊어버린다. 그녀는 너무 바쁘다고 하고 남자들의 전화를 받지 않는다. 그들은 그녀에게 "나는 정말 우리 관계를 잘 해보고 싶어. 우린 인연이야"라고 애원하며 문자를 보내고 그럼 그녀는 미소 짓고 고개를 갸우뚱하며 남자들의 번호를 차단한다. "그러고 나면 뭔가를 에둘러 말하는 페이스북 상태를 확인하게 되죠." 그녀는 웃었다. "그들은 '한 여자를 정말로 사랑하는데 그녀가 내 부재중 전화에 다시 전화하지 않을 때' 같은 바보 같은 글을 게시해요. 그럼 나는 그걸 보면서 '오, 정말 나를 사랑해?'라고 생각해요. 정말이라면, 나는 '네가 날 사랑하게 될 줄 알았어'라고 생각하죠." 가끔씩 남자들은 그녀의 질투심을 유발하기 위해 다른 여자들과 술을 마시는 사진을 올리기도 한다. "나는 '좋아, 네 수가 뻔히 보이는군'이라고 생각하죠. 그리고 그들에게 상냥한 문자를 보내서 그들이 아주 괴로운 기분을 느끼도록 해요. 그러면 그들은 '너 내 부재중 전화에 다시 전화도 안 하고 답장도 안 했잖아'라고 하고, 그럼 나는 '나 정말로 힘든 시간을 보내고 있었어'라고 말해요. 그럼 그들은 '오, 이런'이라고 생각하게 되죠. 그리고 결국 나는 '있잖아, 나 아직 이 관계에 준비가 안 된 것 같아. 봐, 네가 나를 아프게 하잖아.' 이렇게 말해요. 나는 순전히 재미로 이런 일을 하는 거죠."

그녀가 열아홉 살 때, 전혀 예상치 못한 일이 일어났다. CJ는 사랑에 빠졌다. 그녀는 자신의 게임 상대와 섹스를 한 적이 없었는데, 부분적으로는 그들에게 힘을 내어주고 싶지 않았으며 또 그들이 그녀의 몸이 아니라 그녀를 사랑한다는 것을 확신하고 싶었기 때문이다. 그러나 페리는 달랐다. 그녀는 그에게 순결을 잃었으며 운동복 차림으로 픽사 영화를 보면서 그에게 맨 얼굴을 보여주었다. 그러다가, 그의 스마트폰에서 그가 전 애인에게 보낸 문자를 발견했다. "나는 대화를 훑어보았는데, 대부분 그가 그녀와 하고 싶은 것들에 대해 이야기하고 있었어요. 벽에 밀어붙이고 싶어, 거칠게 하고 싶어 뭐 그런 것들이요. 그리고 사진들이 있었어요."

"성적인 사진이었나요?"

"네." 그녀가 대답했다. "더 충격적이었던 건 우리가 함께 있는 동안 그가 사진을 찍어서 보냈다는 거예요. 한번은 밖에서 저녁을 먹었는데 그가 화장실에 가겠다고 말하고는 거기서 사진을 찍었더라고요. 그는 그녀에게 '나 여자 친구랑 저녁 먹으러 나왔어(윙크)'라고 메시지를 보냈어요. 분통이 터졌죠."

그 관계는 금방 끝이 났다. 그녀는 그들이 완벽한 연인이라고 생각했지만 그녀는 실패했다. 그 여파로 CJ는 음식을 가지러 냉장고에 갈 때마다 페리가 전 애인에게 보냈던 사진들이 떠오르곤 했다. 그래서 그녀는 냉장고 문을 열지 않았다. 곧 그녀는 거의 아무것도 먹지 않고 통밀 초콜릿 비스킷 4분의 1만 먹으면서 며칠을 보내곤 했으며 레드불로 연명해갔다. 날씬해질수록 그녀는 더욱 눈에 띄었다. 그녀는 셰이딩 화장과 힐로 쇠약함을 강조하곤 했다. 그녀는 사람들이 아파 보인다고 말해주는 것을 좋아했다. "나는 힘든 시간을 보내고 있어." 그녀는 사람들에게 연기 톤으로 말했다. 또한 그녀는 사람들이 패션쇼에 서도 되겠다고 말해주는 것을 좋아했다. 사람들이 그녀에 대해 이야기하고 있는 한 CJ는 행복했다. "사람들이 내게 할 수 있는 모든 욕 중에서 '너는 나쁜 년이야, 너는 끔찍하고 나르시시스트야' 같은 것들은 아무 의미도 없어요." 그녀가 말했다. "그래요, 아마 나는 그런 사람일 거예요. 하지만 누군가 '너는 하나도 특별하지 않아, 너는 평범할 뿐이야'라고 말한다면……?"

"그건 기분이 나쁜가요?"

"네, 정말 기분 나쁠 것 같은데." 그녀가 말했다. "정말 최악일 것 같아요."

오늘날, CJ의 셀카와 거기에 달리는 사람들의 댓글은 그녀가 자신에 대해 긍정적으로 느끼게 하는 메커니즘으로 작용한다. "좋은 댓글은 나를 하루 종일 흥분하게 해요. 내게 '너는 정말 아름다워'라고 말하는 친구가 있긴 하지만, 그래도 어떤 이유에선지 낯선 사람으로부터 확인을 받고 싶어요. 온라인상의 사람들 말이에요." 그녀는 어깨를 으쓱였다. "나는 이걸 먹고 살죠."

소셜미디어의 팔로어들로부터 확인을 받고자 하는 것이 본질적으로 나쁜 것은 아니지만, 오하이오 주립대 커뮤니케이션 학과의 제시 폭스 교수는 계속해서 주기적으로 그러한 확인이 필요하다면 그건 좋지 않은 일이라고 내게 말했다. "지속적인 사회적 피드백에 익숙해지고 예쁘다는 말을 듣는 것이 위험한 이유는, 그것이 끊기게 되면 자신에 대해 부정적으로 느끼기 시작하기 때문입니다. 사람들은 이 마약이 필요한 거죠." 우리가 스마트폰을 항상 가지고 있다는 사실뿐만 아니라 우리를 유명인사들과 같은 흐름에 올려놓고 동일한 장소를 우리에게 제공해주는 소셜미디어 플랫폼의 구조 또한 이 문제를 악화시킨다. 이는 유명인들과 우리가 동등하다고 느끼도록 하며 스스로를 유명인과 비교하게 만든다. 게다가, 이 새로운 유명인사들은 리얼리티 티비 쇼의 스타들과 소셜미디어 속 스타들이기 때문에, 예전에 유명인사라고 불리던 이들보다 우리와 더욱 닮아 보인다. "오랜 시간을 거치면서 할리우드의 스타들은 결코 닿을 수 없는 수준으로 올라갔어요. 우리는 이 사람들이 유전적으로 재능을 타고났으며 우리보다 더욱 재능 있는 사람이라는 것을 알고 있었죠. 하지만 이제는 누구나 스타가 될 수 있고 우리 모두 이를 갈망하고 있어요." 폭스가 말했다.

이 모든 것은 결국 특히나 젊은 층에게 계속해서 완벽한 상태를 유지해야 한다는 생각을 가중시켰다. "셀카 촬영, 그리고 계속해서 외모에 초점을 맞추는 것의 문제는 '내가 지금 어때 보이지? 뚱뚱해 보이나? 왜 저 남자가 내 머리를 쳐다보지? 거울이 어딨지?'라며 계속해서 자신에 대해서 생각하게 된다는 거예요. 우리는 십대들이 서로에게 잔혹하게 군다는 것을 알고 있어요. 그들은 자신의 외모에 대해, 그리고 다른 사람들이 자신에 대해 뭐라고 할지에 대해 끊임없이 높아진 자각 상태에 있죠." 폭스는 최근에 푸에르토리코에서 열린 학술회의에서 그저 이러한 생각을 해보기만 했을 뿐인데 아주 놀라운 경험을 하게 되었다. "나는 수영장엘 갔고 이에 대해 별 신경을 쓰지 않았어요. 이를테면 내가 수영복을 입은 중년의 여성이라는 것에요. 내가 처음 마주치게 된 사람들은 내 대학원 학생들이었는데, 그들은 모두 수영하고 싶은 맘에 수영장을 바라보면서도 옷을 다 입고 수영장 옆에 앉아 있더라고요. 나는 '너희 다 수영복 챙겨 왔니?'라고 물었고 그들이 '네'라고 하길래 '그럼 수영장에 좀 들어가지 그래!'라고 말했어요. 물론 젊은 사람들이 자신의 몸에 의식적인 것은 당연한 일이에요. 하지만 '만약 다른 사람이 사진을 찍어서 소셜미디어에 올리면 어떡하지?'라는 생각이 이를 악화시키죠."

물론 소셜미디어는 단순히 외모에 관한 것 그 이상이다. 이는 또한 우리 자아를 게임화해온 신자유주의의 심오한 산물로, 우리의 정체성을 디지털 플랫폼에서 좋아요와 피드백, 그리고 친구를 위해서, 즉 부족의 승인을 위해서 경쟁적으로 경기에 임하는 노리개로 바꿔놓았다. 이 게임의 승자들은 궁극적으로 엄청나게 부유한 유명인사가 될 수 있고 패자들은 종종 집단으로부터 거부당하며 때로는 개인에게 끔찍한 결과를 가져오기도 한다. 대부분의 사람은 이러한 게임의 극단에서 멀어져 게임의 중간 어딘가, 성공과 실패 사이를 왔다 갔다 하면서 계속

6. 디지털 자아

해서 뒤흔들리게 된다. 이것이 우울증의 원인이 되는지 명확하게 설명할 수는 없지만, 장기적인 두 연구[60]는 소셜미디어를 더 많이 이용하는 것이 사람들을 불행으로 이끈다는 것을 발견했다. 반면, 그 반대는 사실이 아니다. (또한 흥미로운 점은, 소셜미디어를 하루에 두 시간 이용하고 난 뒤에[61] 사람들이 정말로 불행함을 느꼈다는 것이다.) "우리는 사람들이 항상 더 나은 삶을 영위하는 타인들을 보고 있기 때문에, 소셜미디어가 행복 감소, 삶의 만족도 저하와 관련이 있다는 것을 증명하는 연구를 접합니다." 폭스가 말했다. 그리고 소셜미디어의 역기능을 인식한다고 해서 이것이 우리를 보호해주지는 않는 것 같다. "순간적으로, 우리는 이 모든 허위의 것을 진실로 받아들이죠. 우리는 의심하지 않습니다. 그리고 이 모든 해로운 것은 우리가 특히 외모에 집착하는 것으로부터 야기될 수 있는데, 이는 섭식장애, 인지 능력 저하, 우울증, 자살 충동 같은 정말로 나쁜 결과를 초래합니다." 폭스는 말했다.

비 오는 겨울의 어느 날, 반즈라는 동네에서 CJ에게 작별 인사를 하면서 나는 그녀에게 크리스마스 계획에 대해 물었다. 때는 12월 말이었고, 그녀의 기숙사 복도 부엌에는 우리밖에 없었다. 그곳 전체는 마치 버려진 장소 같았다. "크리스마스 전날과 그 이튿날 일해야 해서, 그냥 여기 있어야 해요." 그녀가 말했다.

"서점 아르바이트 때문에 크리스마스에 집에 안 가는 건가요?"

"바로 그게 좋다는 건데." 그녀가 어깨를 으쓱였다. "축제인 건 알지만 나는 아직 해야 할 일이 있다는 거."

"맙소사." 내가 말했다.

"알아요. 엄마가 이 소식에 섭섭해했죠."

그녀와 헤어질 때, 그녀가 내게 어떤 유쾌한 이야기를 한 것은 아니었지만, 나는 그녀를 여전히 좋아할 수밖에 없었다. 이 모든 것에 그녀가 전혀 변명을 늘어놓지 않고 항상 기꺼이…… 글쎄, 자기 자신에 대해서 이야기를 하고자 한 것에는 무언가가 있다. 아마도 이 모든 것을 말해주는 것은 나의 문화였을 것이다. 그렇지만 나는 그녀가 헌신적으로 진정성을 추구하는 모습이 존경스럽다. 또한 나는 그녀가 부모님보다 일을 우선시하고 있다는 말을 듣고 놀랐다. 오늘날 수천만 권이 팔렸으며 그녀 세대의 사람들에게 시금석이 되는 이야기인 『헝거 게임』에 대한 그녀의 강한 애착이 그래 보였던 것처럼, 이는 그 나름대로 대단히 신자유주의적인 것으로 보였다. 『헝거 게임』이 부분적으로 그리스 신화에서 영감을 받았을 뿐만 아니라[62] 용기 있는 젊은 시민들이 권력기관에 의해서 잔혹하고 공개적인 경쟁에 내몰려 사랑하는 사람과 싸우고 살기 위해서는 이겨야만 한다고 지시받는다는 점에서, 내게 이것은 거의 신자유주의를 비유하고 있는 것으로 보였다.

또한 나르시시즘에 있어서, 나는 물론 CJ가 매우 특별한 경우이고 대부분의 밀레니얼 세대가 모두 그녀와 같다고 결론을 내리는 것은 터무니없음을 안다. 그럼에도 불구하고, 분명히 대체로 증가하고 있던 나르시시즘을 직관적으로 지각하기 위해서는 트웽이와 캠벨이 제공한 데이터에 대해 취재하는 것이 가치 있는 일이라고 느꼈다. 내게는 공감의 결여가 가장 놀라웠다. 이 불쌍한 남자아이들은 실연으로 혼란스러워했다. 그들이 처하게 된 이 세상에, 그 세상에 대한 지도는 존재하지 않았다.

자해를 한다는 점을 제외하고, CJ와 같은 많은 밀레니얼 세대는 내 세대보다 더 건강해 보였다. 나와 X세대 집단이 그녀의 나이였을 때, 우리는 항상 술이나 엑스터시에 취하고 깨기를 반복했다. 물론 체육관 근처에는 가지도 않았다. 사실 오늘날 많은 젊은이가 완벽해야 한다는 압박을 느끼는 것은 실제로 긍정적인 영향을 미치고 있는지도 모른다. 많은 연구는 밀레니얼 세대가 이전 세대보다 약물 사용, 폭음, 흡연, 십대 성관계 같은 위험한 행동들을 피하려는 경향이 더 높다는 결과를 보여준다.[63] 또한 그들은 운동을 많이 하고 더 건강한 식단을 즐긴다.

내가 탐구해온 이 문화적 압력이 이러한 변화의 원인이라고 단정적으로 말할 수는 없으며 우리가 설사 그러한 데이터를 가지고 있다 하더라도 이는 여러 원인이 복합적으로 작용한 결과라고 밝혀질 가능성이 높다. 하지만 완벽주의의 시대와 이를 뒷받침하는 신자유주의 경제가 적어도 부분적으로는 그러한 변화들을 만들어내는 것일 수도 있다고 추측하는 것이 불합리해 보이지는 않는다. 이러한 행동들은 그들을 이득과 성공을 위한 더 나은 엔진으로 만들고 게임의 승자가 되게 할 가능성을 높이는 데 기여한다.

밀레니얼 세대의 또 다른 두드러진 특징은 여전히 사회에 존재하는 심각한 구조적 불평등에 대해 더 잘 인식하고 있다는 것이다.[64] 신자유주의적 관점에서 볼 때, 모든 사람은 자유시장에서 활동하는 데 동등한 기회를 가져야 마땅하고 정체성이 성공의 방해물이 되어서는 안 된다는 것이 아마 이 인식을 부채질하는 근본적인 믿음일 것이다. Z세대라 불리기도 하는 가장 젊은 세대에 대한 데이터는 나르시시즘이 금융위기 이후로 서서히 감소하기 시작했음을 시사한다. (그렇지만 일부 사람들은 이것이 더욱 취약하고 덜 거만한 나르시시즘 형태로의 과도기로 밝혀질 수 있다고도 믿는다.[65])

데이터에 나타난 다른 변화들은 한층 걱정스럽게 느껴진다. 미국 대학생들을 대상으로 한 실험은 그들이 이전 세대보다 성장하는 것에 대해 더욱 불안해하고 '보호를 받았던 어린 시절로 돌아가고 싶다' 같은 말에 동의할 가능성이 더욱 높다는 것을 발견했다.[66] 영국에서 시행한 또 다른 연구는 10명 중 4명의 젊은 사람[67]이 스스로 '지쳐버렸다'고 묘사하고, 젊은 여성의 38퍼센트와 젊은 남성의 29퍼센트가 본인의 정신건강이 걱정된다고 답을 했다고 발표했다. 한편, 언론의 자유에 대한 원칙이 그 어느 때보다 덜 지켜지고 있는 것으로 보인다. 2015년 퓨 연구소의 설문조사 결과 미국의 밀레니얼 세대 중 40퍼센트[68]가 소수자를 향한 모욕적인 발언을 할 수 없도록 정부가 막아야 한다는 것에 동의한다고 대답했다. X세대가 이에 동의한 비율은 27퍼센트이며 베이비붐 세대는 24퍼센트인 것으로 나타났다.

많은 연구에서 나타난 개인주의의 증가 또한 공감 능력의 급격한 감소를 초래한 것으로 보인다. 미시간대의 사라 콘래스 박사의 메타 분석은 오늘날의 대학생들이 1980년대의 대학생들보다 공감 능력이 40퍼센트 떨어진다는 것을 보여줬다.[69] 그들은 '나는 자주 나보다 더 불행한 사람들에게 애정 어린 염려의 감정을 느낀다' '나는 가끔 다른 사람들의 관점에서 상황이 어떻게 보일지 상상해봄으로써 친구들을 더 잘 이해하고자 노력한다'와 같은 진술에 동의할 가능성이 더 적다. 그들은 또한 남을 더욱 믿지 않는다. 퓨 연구소의 연구 자료에 따르면 밀레니얼 세대 중 19퍼센트만이 대부분의 사람을 신뢰할 수 있다고 생각한다고 한다.[70] 반면 베이비 붐 세대는 40퍼센트가 그렇다고 답했다. 학교에서의 왕따 문제는 줄어들었지만[71] 온라인 왕따는 증가하고 있다.[72]

특히 온라인상에서 다른 사람들의 신념이 감시되고 통념에 반하는 것은 야단스럽게 처벌받는다. 이것이 우리가 걸어온 길 위의 피할 수 없는 다음 발걸음이 되지 않을까 하는 생각이 들었다. 우리가 모두 신이라면 우리 감정은 신성한 것이고, 우리 감정이 신성하다면 그 감정을 해치는 사람들은 죄인이어야 한다. 이 모든 것의 중심에는 본질적으로 나르시시즘적인 무언가가 있는 듯했다. 우리 관점은 너무나 소중하기에 이 관점을 공유하지 않는 사람들을 묵살하거나 처벌하는 것이 정당하다고 느끼는 것이다.

나는 이것이 대학 캠퍼스에서 보고되어온 편협성의 증가를 부추긴 것이 아닌가 하는 생각이 들었다. 대학 캠퍼스에서는 연사를 초청하는 것이 금지되고 교수를 처벌하거나 해고하기 위한 운동이 벌어지고 있다. 최근 몇 년간 공격적이고 점점 더 폭력적인 극진보주의의 부상이 눈에 띄고 있다. 버몬트주의 미들베리대에서는 한 교수가 논란의 중심에 선 연사를 연단으로 안내하던 와중에 폭행을 당해 병원에서 치료를 받아야 했다. 워싱턴주의 에버그린 주립대의 자유주의적인 생물학자 브렛 와인스타인 교수는 결석의 날유색인종 학생들과 교직원들이 대학 내에서의 그들의 중요성을 강조하기 위해 하루 학교에 오지 않는 날에 백인 학생들이 결석을 하도록 하자는 제안에 대해 불만을 토로한 후, 극진보주의 학생들에게 둘러싸여서 폭력적인 협박을 당했다. 시애틀의 마테오리치대학 학생들은[73] 서양 고전에 초점을 맞춘 인문학 강좌가 '심리학적인 학대'라며 불만을 토로했으며 학과장인 조디 켈리의 사임을 요구했다. 그녀는 공무 휴직에 들어갔으며 곧 은퇴하게 되었는데, 시위대는 이에 기뻐하며 이를 '수년간의 계획으로 이뤄진 성공'이라고 불렀다. 우스꽝스럽고도 잘 알려져 있는 한 사건으로, 대학 식당에서 허접한 초밥을 판매하던 업자[74]를 문화적 무감각과 문화 전용 등의 죄명으로 학교에서 퇴출시킬 것을 촉구한 일이 있었다. (시위대 중 한 명은 "그 문화 출신이 아닌 사람이 이 음식을 취하고 이를 수정하고는 '정통'이라고 소개한다면, 이는 전유專有다"라고 말했다.) 영국의 유니버시티 칼리지 런던은 니체 학회를 금지했는데,[75] 이 학회의 존재가 학생들의 '안전'에 위협이 된다는 것이 그 이유였다.

이 새로운 논쟁에 있어 한 가지 주목할 점은 학생들이 피해를 나타내기 위해서 사용하고 있는 언어다. 그들은 사람들의 관점을 침범하는 것이 사람들을 불안하게 하고 트라우마를 남기는 '폭력' 또는 '학대' 행위라고 말한다. 마치 그들에게는 내면의 자아, 그들의 '영혼'이 신성불가침의 영역인 양 소중한 것 같다. 또한 주목할 만한 점은 그들의 정치적 활동의 상당 부분이 '나' 중심적이라는 것이다. 기성세대들은 남아프리카, 베트남, 비아프라의 인종차별적 정책과 라틴 아메리카와 카리브해 지역의 미국 외교정책으로 인해 고통받고 있는 사람들과 연대하여 먼 나라 사람들의 심정에 공감하며 시위를 벌였지만, 오늘날 특권을 누리며 분노하는 학생들은 자기 자신을 위해, 또 자신과 가까운 사람들을 위해 세상을 변화시키는 데 훨씬 더 관심을 갖는 것으로 보인다.

내가 캠벨 교수에게, 그렇다면 그가 연구한 자존감 운동이나 '나르시시즘 전염병'이 이러한 현상에 어떤 영향을 미쳤던 것인지에 대해 묻자 그는 말했다. "그러한 일이 벌어지는 한 대학의 교수로서, 이에 대한 견해를 분명히 말씀드리겠습니다. '노코멘트'입니다."

"말하기 너무 위험하죠?" 내가 물었다.

"네, 매우 위험합니다."

7.
완벽주의 시대에서 살아남는 법

오스틴 하인츠는 자신의 아파트 창가에 서 있었다.[1] 샌프란시스코의 가로등 불빛은 그의 눈이 움직임에 따라 춤추는 불꽃의 반점으로 모습을 바꾸었다. 그는 평소처럼 슬리퍼에 청바지를 입고 단추 없는 셔츠 위로 노스페이스 플리스 재킷을 걸쳤으며 록 스타 같은 그의 머리카락은 어깨 너머로 드리워져 있었다. 노스캐롤라이나주에 있는 학교를 다녔던 과거에 그는 괴롭힘을 당했는데, 때로는 그 정도가 심했다. 체구가 왜소하고 사회성이 결여된 것이 결합되어 원인으로 작용한 듯했다. 사람들은 그를 '교수'라고 불렀다. 그는 방대한 양의 정보를 엄청나게 빠르게 흡수하는 일종의 천재성을 지니고 있었다. 종종 격렬한 고심 끝에 어떤 의견에 도달하게 되었을 때, 그는 그 의견을 도발적이고 건방진 태도로 발표하곤 했다. 오스틴은 사람들의 생각을 잘 읽지 못했다. 친구 사귀는 것을 힘들어하고 정신건강으로 인해 어려움을 겪었다. 그러나 이제 그는 서른 살의 나이에 자신의 연구소와 가깝고 베이 브리지, AT&T 야구장, 아름다운 항구가 내려다보이는 탁 트인 전망의 샌프란시스코 기술 지구의 고층 아파트에 살고 있다. 그는 실리콘밸리의 창립자로 번

영과 진보를 창조했고 천재성과 피땀으로 인간의 대의를 발전시켰다. 에인 랜드의 영웅이 살아난 것이다. 그의 아이디어의 결정체이자 그의 회사인 케임브리언 지노믹스는 모든 것을 바꿔놓을 것이었고 그는 이를 확신했다. 그가 투자자들과 기자들에게 계속해서 이야기했듯이, 그들이 개발하고 있던 도구는 언젠가 수소폭탄보다 더욱 큰 영향력을 떨칠 것이었다.

완벽한 인간을 창조하는 것이 가능하다고 상상해보라. 이 과정은 어플리케이션을 만드는 것과 비슷하지만, 설계 언어가 컴퓨터 코드가 아니라 DNA라는 점에서 다르다. 게놈 편집이라고 불리는 소프트웨어를 이용하여 당신의 스마트폰으로 직접 만들어내고, 오스틴 연구소 이메일로 결과물을 보내면 된다. 그들은 당신의 지시 사항대로 DNA를 만든 다음, 이를 당신에게 보낼 것이다. 그들은 이를 건조시켜서 우편물로 보낼 텐데 그렇게 되면 결국, DNA는 살아 있지 못한다. DNA는 네 가지 다른 화학물질의 배열인 중합체다. 이론적으로는, 그 DNA로부터 가장 발전된 형태의 생명체를 만드는 것이 가능하다. 당신은 모든 종류의 질병에 면역력을 갖춘 슈퍼 천재 인간을 만들 수 있다. 영원히 살 수 있는 인간을 만들 수도 있다. 종국에, 우리는 나이가 들고 죽게 될 뿐인데 이는 우리가 구동하는 DNA 프로그램, 즉 인간의 유전 암호가 그런 지시 사항을 포함하고 있기 때문이다. DNA를 그냥 없애버려라. 새로 만들어내라. 안 될 게 뭐가 있나?

인간만 하라는 법이 있나? 당신은 당신이 원하는 모든 형태의 생명체를 디자인하고 창조해낼 수 있다. 미래에 우리는 늘 그래왔듯 수십만 가지 작은 유전적 결함을 만들어내서 결국 슬픔, 질병, 죽음에 이르도록 하는, 모든 것을 다 섞어 넣고 분열시킬 뿐인 엉망진창의 자연에게 이 일을 맡기지 않을 것이다. 우리 아이들과 우리 자신을 포함하여, 모든 것은 인공적일 것이며 목적에 맞게 설계될 것이다. 우리를 제한할 수 있는 유일한 것은 DNA 프로그래밍 능력과 상상력뿐이다. 결과적으로, 우리는 케임브리언 지노믹스의 값비싼 장비를 필요로 하지도 않을 것이다. 우린 화면 속에서 치키노사우루스 렉스를 만들 수 있고 몇 분 뒤면 프린터에서 그것이 종종걸음으로 나오는 것을 보게 될 것이다. 그리고 이미 존재하는 것들을 가지고 요리조리 섞어보는 것에만 갇혀 있지 않아도 된다. 살아 있는 모든 생명체는 단지 20가지의 다른 아미노산으로 구성되어 있다. 범위를 넓혀보는 것이 어떨까? 새로운 것을 만들어볼까? 금속을 식물 또는 동물과 결합해보면 어떨까? 가능성을 상상해보라. 우리가 해결할 수 있는 문제들을 상상해보라.

만약 오스틴이 계획했던 일들이 실제로 일어난다면, 우리는 쥐라기공원은 물론, 터미네이터도 가지게 될 것이다. 그러나 케임브리언 지노믹스가 가져올 미래가 꼭 재난 영화와 같지는 않을 것이다. 모든 질병을 치료하고 영원한 삶을 살며 그 과정 중에 지구상에서 가장 오래된 기술적 문제들을 지구를 파괴하지 않고 잘 해결함으로써, 우리는 인류의 모든 고통을 상당히 줄이게 될 수 있을 것이다. 물론, 미치광이만이 지상낙원에 대해 열변을 토할 것이다. 하지만 1센티미터, 심지어 1킬로미터 지상낙원을 향해서 인류를 움직일 수 있다고 생각하려면 얼마나 미쳐야 할까? 더그 엥겔바트가 정보화 시대의 선지자였다면 아마 역사는 그의 후계자 중 한 명인 오스틴을 언젠가 왕위에 앉힐 것이다. 부단하고 낙천적이며 사회적 부적응자인 오스틴은 인간의 지능을 향상시키는 것이 아니라, 인간 자체를 향상시키는 것을 목표로 하는, 다가오는 합성의 시대의 선지자다.

오스틴은 듀크대에서 합성 생물학 연구 프로젝트를 진행하던 중 사용 가능한 DNA를 생산해내는 새롭고 효과적인 방식을 생각해내게 되었는데, 이는 비용을 수만 달러에서 고작 몇 달러로 절감시킬 수 있는 방법이었다. "DNA를 만드는 사람들은 DNA를 잘못 만들고 나서 이를 수정하려고 합니다. 우리는 수정하지 않습니다. 우리는 어떤 게 좋은지 나쁜지를 살피고 적절한 것을 사용하죠." 그가 말했다. 이러한 급격한 비용 절감은 그들로 하여금 우리가 데이터를 다루는 것처럼 DNA를 다룰 수 있게 했다. 저렴하고 이메일로 발송 가능하고 프로그래밍이 가능하게 된 것이다. 오스틴은 이십대 중반의 나이에 한국에 와서 서울대를 다니며 선택적인 'DNA 프린터'라는 개념을 개발했으며, 민간 부문에서 더 빠르게 발전할 수 있을 거라는 판단을 내렸다. 스물일곱이 되던 해 그는 배수의 진을 치고 그의 비전을 실현할 자금 300달러를 가지고 미국으로 돌아왔다. 그는 자신이 이 세상을 변화시킬 거라는 확신에 차 있는 미서부 해안의 또 다른 천재였다.

그의 기술에 대한 일종의 시범 운행으로서, 그와 몇몇 동료들은 반딧불이의 DNA 유전 암호를 복사하여 출력하고 이를 식물 세포에 삽입해서 반짝이는 관목을 만들기로 했다. 그들의 실험은 성공적이었다. 그 하이브리드 식물은 어둠 속에서 빛을 발했다. 그들은 이 식물을 판매하기로 했다. 그들은 홍보 비디오를 제작하는 데 들어간 1만 달러를 금방 회수할 수 있었다. 판매 첫날 거의 6만 달러에 가까운 매출을, 6주 만에 48만 4013달러의 매출을 올렸으며 최종적으로 그들이 받은 주문은 거의 100만 달러에 달했다. 그는 케임브리언 지노믹스를 설립하고 억만장자 페이팔 창업자 피터 틸과 같은 벤처 투자가들로부터 1000만 달러의 기금을 모았다. 그의 회사는 소규모의 스타트업 기업뿐만 아니라 로

슈, 글락소 스미스클라인과 같은 국제적인 주요 기업들과 제휴를 맺기 시작했다. 그중 스위트피처라는 기업이 있었는데 이 기업은 젊은 생물학도이자 뉴욕의 바드칼리지가 저명한 과학자들에게만 제공하는 장학금을 수여한 오드리 허친슨에 의해 설립되었다. 허친슨은 고통스러운 요로 감염증에 몇 번 시달린 후 질 건강에 관심을 갖게 되었다. 오스틴의 연구에 대해 듣게 된 그녀는, 케임브리언 지노믹스의 기술을 이용해 질 프로바이오틱스를 만드는 회사에 대한 아이디어를 제안하기 위해 오스틴에게 이메일을 보냈다. 고객들은 유전자가 배열되어 있는 면봉을 보낸다. 고객들의 특정 박테리아 집단을 구성하는 특정 미생물 종류가 분석되면, 개인 맞춤형 치료가 전달된다. 오스틴은 즉시 흥미를 느꼈다. 그는 기술적인 면에서 도움을 주는 것뿐 아니라 사업적인 조언 또한 제공하는 것에 동의했다. 그는 그녀의 회사 지분의 10퍼센트를 가져갔다.

그의 연구에 대한 소문은 더욱 빠르게 퍼져 나갔다. 그는 구글의 세르게이 브린, 테슬라와 스페이스엑스의 일론 머스크, 영화배우 재러드 레토와 만났다. 그는 리처드 브랜슨이 소유한 섬에 초대되었는데, 그곳에서 그는 목적을 가지고 설계된 합성 미래에 대한 그의 비전으로 억만장자의 저녁상에 정적만이 흐르게 만들었다. 그는 『포춘』과 내셔널퍼블릭라디오, 『와이어드』와 인터뷰를 했다. CNN은 그의 기술을 '생명을 구할 수 있는 10대 아이디어' 중 하나로 선정했다. 그는 많은 기술 컨퍼런스의 단골손님으로 초대되었는데, 그중 하나는 '데모: 중대한 문제를 해결하는 새로운 기술' 컨퍼런스였다. 2014년 11월 19일 수요일에 산호세에서의 그의 발표 제목은 'DNA 프린터로 당신만의 생명체를 창조하라'였다. "우리 목표는 현존하는 모든 자연적인 것을 취하여 이를 합성된 형태로 만들어 대체시키는 것이다. DNA를 작성함으로써, 우리는 이를 더 좋게 만들 수 있다. 우리는 더 나은 인간을, 더 나은 식물을, 더 나은 동물을, 더 나은 박테리아를 만들 수 있다." 그는 일상적으로 입는 청바지에 목덜미가 벌어진 셔츠와 플리스 재킷을 걸치고 있었다. 그는 이 반짝이는 식물 프로젝트가 시시하게 들릴지도 모른다는 것을 인정했지만 그 의미는 엄청났다. "만약 식물이 어둠 속에서 빛을 발하도록 유전자를 조작할 수 있다면, 또 다른 기능을 하는 어떤 식물을 만들어낼 수 있을지 상상해보라. 식물이 대기 중의 탄소를 빨아들이도록 만들 수 있으며 세계를 먹여 살릴 식량을 생산해내는 식물을 만들 수도 있을 것이다."[2]

　컨퍼런스 전날, 오스틴은 3분짜리 발표를 준비하고 있었는데 그에게 주어진 시간이 10분이라는 이야기를 들었다. 시간을 채우기 위해서 그는 마지막에 케임브리언 지노믹스 기술을 사용하며 그와 제휴를 맺은 몇몇 기업에 관해 간략히 말하기로 결정했다. 그와 제휴를 맺고 있는 페토믹스사의 길라드 고메를 무대 위로 맞이했고, 그는 인분과 트림 냄새를 변화시켜서 이 냄새를 건강 적신호로 사용하자는 아이디어에 관해 이야기했다. "방귀 냄새가 노루발풀향에서 바나나향으로 바뀌면, 그것은 아마도 장내 감염이 발생했음을 의미합니다." 그가 말했다. 그는 비슷한 사례로 스위트피치사를 소개했다. "이 아이디어는 요로 감염증과 질염을 없애자는 것이며 프로바이오틱스를 통해 질의 냄새를 바꾼다는 것입니다. 그렇게 하여, 이러한 프로그램을 직접 짜고, 작성하고 변경할 뿐만 아니라 원하는 대로 만들 수 있습니다. 생활 속의 모든 유전 암호를 통제할 수 있게 되는 것으로 이는 매우 흥미로운데, 이전에 자연세계는 우리 손아귀 밖에 있었기 때문입니다. 이제는 최근 지난 10년의 결과로 자연세계를 이해할 수 있게 되었습니다. 마침내 누구나 자신의 스마트폰으로 이러한 것을 만들어낼 수 있을 만큼 비용이 저렴해졌습니다. 그러니까 이 아이디어는, 당신의 미생물이 균형을 잃을 수 있다는 것입니다. 스위트피치가 균형을 잡을 것이고 냄새를 개선하면 모두가 행복할 것입니다." 그가 설명했다. 모든 사람 냄새의 근원은 박테리아라고 그는 설명했다. 박테리아는 사람 몸에서 살아가는 유기체에 의해 만들어진다. "우리는 당신의 유전 암호와 당신 몸에서 살아가는 것들의 유전 암호를 아는 것뿐만 아니라, 자신의 유전 암호를 직접 만들고 개인에 맞게 만드는 것이 인간의 기본적 권리라고 생각합니다." 그렇다면 오스틴과 고메가 신의 일을 하는 거냐고 컨퍼런스의 사회자가 도발적으로 묻자, 오스틴은 절묘하게 신자유주의식으로 반박했다. "이는 개인에게 권한을 부여한다는 생각입니다. 우리는 국가가 사람들에게 무엇을 먹고 성장할 수 있는지, 어떤 아기를 가질지, 어떤 유전자를 조작할 수 있는지 일일이 다 말해주는 것을 원치 않습니다. 우리는 자기 주도적이길 원하죠."

청중 틈에 있던 아이엔씨닷컴의 한 기자는 그가 들은 말이 '놀랄 만큼 성차별주의적'이라고 생각했다. 결국 그곳에 있던 한 남자는, '여성의 성기를 심미적으로 더욱 만족스럽게 만드는 것'에 대해서 떠들어댔다. 그에게 오스틴은 '경박한 것들을 만들어내면서 기술로 이 세상을 변화시키는 것에 대해서 끊임없이 이야기하는 기술산업계의 부르주아 청년' 중 하나일 뿐인 듯했다. 발표가 끝난 후, 질의응답 시간이 있었다. 고메는 기자에게 향을 변화시키는 것이 고객들이 '더 나은 방식으로' 자기 자신의 상태에 대해 알도록 하는 것일 뿐만 아니라, 그 제품이 실제로 작동된다는 것에 대한 지표라고 설명했다. "이것은 우리에게 단백질이 어디에서 발현되고 있는지를 말해줍니다." 그가 농담을 더하며 말했다. "아님, 차라리 단백질이 빛나게 하는 건 어떨까요?"

그날 오후, 아이엔씨닷컴은 '여성의 은밀한 신체 부위에서 잘 익은 과일 냄새가 나도록 만들고 싶은 스타트업의 사내들'이라는 제목의 기사를 발표했다. 소셜미디어에서 계속 이 기사가 떠돌면서 그 기사는 웹상에서 빠른 속도로 퍼졌으며 사람들의 분노는 급속도로 커져갔다. 곧 『허핑턴포스트』도 이를 소개했다. "두 과학 스타트업 기업의 사내들이 이번 주 새로운 제품의 아이디어를 선보였다. 여성의 질에서 복숭아 향이 나도록 할 프로바이오틱스 보충제." 고우커_{미국 블로그 사이트}는 이를 '과학의 낭비'라고 불렀고, 스위트피치에 대해 "마찬가지로 현대 여성이 최우선으로 여기는 이슈에 역행하는 관점을 가진 삼류 로맨틱코미디 영화처럼 들린다"고 말했다. 그리고 아이엔씨닷컴은 다시 이에 무게를 실었다. "'윽, 쟤 여자랑 논대'라고 말하는 단계에 있는 열한 살짜리 소년 몇명에 의해 탄생된 것 같은 그들의 목표는 여성의 질에서 정말로 '기분 좋은' 냄새가 나게 하는 것이다." 마찬가지로 『살롱』 『버즈피드』 『데일리메일』 『비즈니스 인사이더』 같은 주요 매체에서도 이에 대한 부정적인 기사들이 나오기 시작했다.

이러한 보도는 대단히 부당했다. 오스틴과 고메는 역한 내가 나는 질 문제를 해결하는 데 노력을 쏟아붓기로 결심한 여성 혐오자로 소개되었다. 사실, 오스틴의 강연 대부분은 그의 기술이 어떻게 이 세계를 환상적으로 변화시킬 수 있을지 그 가능성을 설명하는 것이었다. 강연의 제목은 질이 아니라 '자신만의 생명체를 창조하기'였다. 그는 지구온난화의 영향에 대항할 수 있는 식물들에 대해 이야기했으며 이 식물들이 언젠가 전 세계를 먹여 살릴 거라고 했다. 그러고 나서, 덧붙이는 말로, 그는 그들이 제3자와 함께 개발하고 있는 다른 응용 프로그램들에 대해서 언급했다. 오스틴이 완전히 명확하지 않은 방식으로 '질 냄새'에 대해 언급하긴 했지만, 이는 건강식품에 대한 논의의 맥락에서였다. 고메는 발표 후 실제로 냄새를 변화시키는 부분적인 이유는 그 제품이 작동한다는 것을 보여주기 위한 것이라고 명백하게 설명했다. 당시 오스틴과 고메를 공격했던 매체들은 온라인 독자들에게 무료로 뉴스를 제공했으며 수익을 내기 위해서는 많은 독자가 필요했다. 그들은 인터넷 시대의 주요 산물이었고, 그들의 생존은 도덕적 분노의 씨앗을 뿌리고 수확하는 데 크게 의존했다.

스위트피치의 오드리 허친슨과의 후속 인터뷰로 아이엔씨닷컴은 그 분노를 더욱 자극했다. 기사 제목은 '스위트피치의 창립자, 입을 열다: 이 스타트업 녀석들은 내 회사에 대해 잘못 생각했다'였다. 기사는 다음과 같았다. "내가 이번 주 초에 여성의 질에서 과일 향이 나도록 유전자를 조작하는 스위트피치라고 불리는 새로운 프로바이오틱스 보충제에 대해 보도했을 때, 인터넷에 퍼진 분노의 반응은 아주 당연한 것이었다. 도대체 이 일의 배후에 있는 남자들은 누구이며 그들에게 여자 몸에서 어떤 냄새가 나야 한다고 결정할 권리가 있는가?" 그러나 아이엔씨닷컴이 발표한 진짜 이야기는 '다른 의미로 터무니없었다.' 오스틴과 고메의 실수는 허친슨을 언급하지 않았던 데서 그치지 않았다. 아이엔씨닷컴은 그들이 스위트피치를 과일 향이 나는 질을 만들기 위한 도구로 보이도록 만들어 '대중을 오도하고 있다'고 비난했다. 물론, 그들은 그런 짓을 하지 않았다. 기사는 다음과 같았다. 스위트피치에 대한 심각한 오해를 부른 사람은 바로 고메였다. "구체적으로 이 보충제가 단순히 원치 않는 향을 없애기 위해 만들어진 것인지 아니면 복숭아 향처럼 사람들이 좋아할 만한 새로운 향이 나도록 하기 위해서 의도된 것인지 물어보니, 그는 새로운 향기를 사용자에게 제품이 잘 작동하고 있음을 알려주는 표시 염료에 비유하면서 후자라고 주장했다. '색깔 대신에, 향기 또는 맛인 겁니다. 어쨌든 냄새가 좋다는 것은 정말 멋진 일이 아닌가요'라고 그가 말했다." 허친슨은 기자에게 그녀가 이 일로 속이 메스꺼웠다고 말했으며 심지어 토를 두 번이나 했다고 주장했다. 그녀는 『허핑턴포스트』에 이렇게 말했다. "질에서는 질 냄새가 나야 한다. 그리고 그렇게 생각하지 않는 사람은 질 근처에 얼씬도 하지 말아라."

오스틴은 상황을 수습하고자 했다. 그는 자신의 발표에서 허친슨에 대한 충분한 언급이 없었던 것에 대해 사과했으며, 3분이었던 강연 시간이 발표 전날 늘어나게 되면서 강연을 준비할 시간이 부족했다고 설명했다. 또한 고메가 과학에 대한 열정으로 흥분하는 바람에 스위트피치에 대해서 이야기하게 되었다고 했다. "그는 미생물학자로 가능성에 대해서 이야기하는 것을 좋아한다." 전형적으로 눈치 없는 사람처럼, 그는 언론의 관심으로 자신은 투자자들을 잃고 있지만 이는 허친슨에게 좋은 기회가 될 거라고 덧붙였다. "스위트피치에 대한 이 오해는 스위트피치에게 아주 좋은 기회가 될 것이다." 그 또한 『허핑턴포스트』에 필사적으로 해명했다. "질에서 복숭아 향이 나게 하는 것에 대해 말한 적이 없다." 그 어떤 것도 상황을 나아지게 하지 않았다. 11월 24일, 허친슨은 오스틴을 지지하는 몇 개의 트윗을 올렸다. "혼란한 상황 속에서도, 나는 여전히 케임브리언 지노믹스가 스위트피치의 주주인 것이 자랑스럽다고 당당하게 말할 수 있다. 지노믹스의 오스틴 하인츠는 스위트피치가 여성의 건강에 큰 힘이 되도록 하고자 노력하는 나에게 열성적인 지지를 보낼 뿐이다. 그는 이 과정 내내 나의 친구였고 지지자였으며 나의 비전과 회사를 실현시키는 데 큰 역할을 해왔다." 그녀가 말했다.

그러나 젊은 여성 창업자의 이 진술은 거의 무시되었다.

그리고 이 기형적인 사건은 계속되었다. 『허핑턴포스트』는 '어떻게 두 스타트업 형제가 한 젊은 여성의 회사를 곡해하고 그 공적을 차지했는가'라는 제목의 기사를 냈다. "그렇다, 이것은 사실이다. 이 두 '스타트업 형제'는 복숭아 향이 나지 않는 질이 해결되어야 할 심각한 문제라고 생각한다." 『데일리메일』도 '질 프로바이오틱스의 여성 최고경영자, 그녀의 제품을 왜곡해 전달한 남성 동료에 충격받아'라는 제목의 기사를 냈고, 또 『버즈피드』역시 '한 회사를 완전히 잘못 소개한 두 사람…… 그 회사는 여성의 질에서 복숭아 향이 나도록 하지 않아'라는 제목의 기사를 냈다. 『가디언』은 사흘 내내 네 편의 부정적인 기사를 실었다. 『슬레이트』는 '누가 이들에게 관심을 주는가?'라고 물었으며 『데일리 닷』은 '스위트피치 스타트업 기업은 완전한 사기극인가?'에 대해서 알고 싶어했다.

"언론에서 그런 식으로 고통받는 것을 보니 가슴이 찢어질 듯 아팠어요." 오스틴의 누나 에이드리엔이 내게 말했다. 우리는 샌프란시스코의 중심에 위치한 상담실에서 이야기를 나누고 있었는데, 그곳은 그녀가 임상심리학자로 일하는 곳이었으며 그녀의 고객은 대체로 실리콘밸리의 과학기술업계 종사자들이었다. "클릭을 유도하는 미끼성 기사였어요. 기사 제목이 흥미롭기 때문에 계속해서 기사가 쏟아져 나온 거죠. 정말 분해요. 나는 나중에서야 오스틴이 얼마나 괴로웠을지 깨닫게 되었어요. 그는 이것에 대해 쉬지 않고 이야기했어요." 그녀가 말했다.

오스틴은 비밀리에 허친슨이 제품에 향기 신호를 포함시키도록 설득했지만 그녀는 이를 거절했다. 그녀는 그가 강연 뒤에 이어서 간단하게나마 스위트피치에 대해 말할 거라는 계획을 전혀 모르고 있었다. 그

7. 완벽주의 시대에서 살아남는 법

가 그녀의 이름을 언급할 생각을 하지 않았던 것은 문제를 더했을 뿐이었다. 하지만 그의 발표에는 어떠한 악의도 없었다고 에이드리엔이 말했다. 그녀는 오스틴을 자신이 아는 사람 중 '가장 페미니스트적인 사람'이라고 설명했다. "내 말은, 그는 두 여자 형제와 항상 붙어 다니며 함께 자랐다는 거예요." 그는 상황을 수습하려고 했지만, 이는 상황을 더 악화시켰다. "그는 그저 완전 잘못된 말을 했을 뿐이에요. 내 말은, 그는 사회적으로 상황에 잘 대처하지 못했어요. 그 기자는 정말 좋은 사람이었지만 오스틴을 완전히 오해했죠. 기자는 오스틴을 그저 더러운 놈이라고 생각한 거예요."

언론에서 벌어지고 있는 일들로 투자자들은 케임브리언 지노믹스에서 손을 떼기 시작했다. 오스틴의 경영고문 중 한 명이 그는 이쪽 업계에서 빌 코즈비_{미국의 배우, 코미디언, 작가로 사건 사고를 많이 일으켰는데 대부분이 성추행 관련 사건이었다}와 다름없다고 말했다. 그는 2차 자금 조달을 위해 노력했으며 당시 그는 사람들을 해고해야겠다고 생각하고 있었다. 최악의 타이밍이었다. 회사는 레이저 기술 문제로 어려움을 겪고 있었고 그래서 똑똑한 직원들이 최대한 많이 필요했다. "기술적인 문제는 해결됐을지도 몰라요. 그에게는 그를 도와주는 뛰어난 과학자 팀이 있었고, 최악의 경우 그들이 그 기술 문제를 해결할 수 있는 다른 회사에 이 기술을 팔 수도 있었고, 아니면 이 문제에 정진하여 마침내 해결해낼 수도 있었어요. 그렇지만 그건 문제가 아니었어요. 언론의 파장 이후, 자금을 모을 수 있을까 하는 그의 자신감의 문제였어요." 그녀가 말했다.

2014년 말까지 오스틴은 육체적으로 고통받고 있었다. "그는 걸어 다니는 시체 같았어요. 먹지도, 자지도 않았어요. 그는 생각에 너무 깊이 잠겨 있었는데, 끊임없이 돌아가는 주식시장의 증권 시세 표시기가 그의 삶이 어떻게 끝났는지를 보여줘요." 그들은 전화로 긴 대화를 나누었다고 한다. "긴 대화가 끝나고 안정감을 찾게 되지 않았을까 생각하겠지만, 며칠 후 그는 그의 머릿속에 있는 우주로 돌아갔어요."

3월에 오스틴은 밧줄 여러 개를 구매하고 그의 아파트에서 목을 매달려고 했다. 하지만 실패했다. 그는 다시 돌아와서 퇴근 후 운전해 집으로 돌아오고 있던 에이드리엔에게 전화를 걸었다. "나 자살을 하려고 했어." 그가 그녀에게 말했다. 가족들은 그를 시골의 한 와인 고장으로 데려가 휴식을 취하도록 했으며, 어느 날 저녁 식사 후 병원 치료를 하자는 이야기를 꺼냈다. "그는 계속 '나는 죽었어, 나는 죽었어, 나는 죽었다고'라고만 했고, 우리는 '우린 너를 병원에 보낼 거야. 우리는 너에게 정말 필요한 도움을 주려고 해'라고 말했어요." 가족들은 그를 샌디에이고에 있는 병원에 입원시켰다.

2015년 5월 27일, 케임브리언 지노믹스의 한 직원이 긴 주말을 보내고 돌아와 실험실 문을 열고는 그의 시신을 발견했다. 오스틴은 목을 매어 자살했다. 그의 나이 서른한 살이었다.

오스틴은 죽기 직전에, 그의 가장 친한 친구인 마이크 앨프리드와 함께 지내고 있었다. "그는 온 세상이 자기에게 등을 돌렸다고 느끼고 있었어요. 그는 내가 고민 상담을 해주었던 그 누구보다 이 일을 훨씬 더 개인적인 일로 받아들였어요."

"근데 이건 개인적인 문제 맞잖아요." 내가 말했다. "사람들은 그를 '기술산업계의 부르주아 청년'이라고, 성차별주의자라고 불렀잖아요."

"네, 개인적인 문제였죠. 그는 이 문제를 그런 식으로 받아들였죠. 너무 심하게 그랬어요. 그는 매일 자살에 대해 이야기했어요."

나는 사람들이 그에 대해서 하는 말이 정말 사실인지 물었다. 오스틴이 과거에 성차별주의자였다는 어떤 증거가 있었다. 2009년에 그는 스트리퍼와 섹스 파티에 관한 불쾌하고 유치한 이야기를 담은 소설적인 회고록을 자비로 출판한 적이 있다. "전혀 사실이 아닙니다." 그가 말했다. "그는 사람들이 똑똑한지 아닌지에 대한 확고한 의견을 갖고 있었어요. 그는 바보 같은 사람들을 별로 존중하지 않았죠. 하지만 이것이 성별에 대한 것은 아니었어요. 그는 분명 성차별주의자는 아니었어요." 앨프리드에 따르면 문제는 그가 사회적 감수성이 부족했다는 것이었다. "그는 어떻게 하면 '내가 이 사람에게 지금 하려는 말의 의미를 확실히 잘 전달할 수 있을까?' 하고 한참을 고민하는 사람이 아니었어요. 그냥 말할 뿐이었죠."

"그런데 이 기술산업 분야에서는 그런 사람이 흔하지 않나요?" 내가 물었다.

"그런 것 같아요. 재능이 무척 뛰어나지만 다른 사람들의 마음을 읽지 못하는 사람들이 많아요."

앨프리드는 그를 '고통받는 영혼'이라고 묘사했다. 우울증은 오스틴의 고질적인 문제였다. 그는 죽기 전에 조울증을 앓았다고 전해졌는데, 이는 적어도 그가 쓴 자신의 소설적 회고록에 부분적으로 근거하는 주장이다. 에이드리엔은 이에 반박한다. "그는 공식적으로 조울증 진단을 받은 적이 없어요. 나는 이 책이 출간되고 사실 확인이 되지 않았다는 것이 신경 쓰였어요. 그가 받은 공식적인 진단은 주요 우울 장애였어요. 오스틴은 초기 성인기에 여러 차례 정신건강 전문의를 만났죠. 그가 평생 동안 정신적으로 아프거나 우울했던 것은 아니에요. 이러한 문제는 파도처럼 밀려왔고 그의 우울증은 대개 어렵거나 스트레스를 주는 삶 속 사건들에 의해 촉발된 것이었어요." 결국 그의 건강을 쇠락의 길로 접어들게 한 것은 언론의 공격이었다고 그녀는 말했다. "그의 죽음을 그 누구의 탓으로 돌릴 수는 없어요. 그렇다고 착각하지 마세요. 이 우울증을 발현시킨 것이 언론의 공격이라는 것은 분명히 알고 있으니까요." 그녀가 말했다.

에이드리엔에게 오스틴을 완벽주의자라고 부를 수 있을지 물었을 때, 그녀는 고개를 끄덕였다. "그는 완벽주의라고 볼 수 있는 흑백논리와 씨름했어요. '나는 노숙자가 되겠지, 모두가 나를 실패자라고 생각하겠지' 하며 다른 사람들이 어떻게 생각하는지 마음을 읽으려고 하면서 파국화_{부정적인 사건을 비합리적으로 과장하여 파국을 가져올 거라고 생각하는 인지 왜곡} 현상을 보였어요. 그렇게 그가 난관과 마주치기 시작했을 때, 실제로는 그저 심각한 생각의 함정에 빠진 것일 뿐이었죠."

오스틴은 여러 면에서 완벽주의 시대의 희생자였다. 그가 자신의 환경 속에서 실패 신호에 민감하게 반응하는 유형의 사람이었다면, 그가 속했던 환경은 야만적이었던 것이다. 그의 업적과 놀라운 비전에도 불구하고, 그의 연구가 진정으로 이 세상을 변화시켰을지도 모르는 가능성에도 불구하고, 그는 잘못된 시대의, 잘못된 성격을 지닌 잘못된 사람이었다. 그가 언제나 매력적인 사람은 아니었을 것이고 거만하고 남을 무시하는 사람으로 보였을 것이다. 그렇다고 그가 언론으로부터 그렇게 대우받아도 된다는 뜻은 아니었다. 그가 견뎌낸 폭도 속에는 정의도 자비도 없었다.

내가 만난 두 명의 학자는 우리 시대의 이러한 유난히 불쾌한 모습에 대해 언급했다. "이는 점점 두드러지고 있습니다. 대중적인 인물이 실수를 하게 되면, 훨씬 더 강력하고 격렬하고 더 빠른 반발이 나타나는 것 같습니다. 오늘날 자라나는 어린이들은 실수를 하면 어떻게 되는

7. 완벽주의 시대에서 살아남는 법

지를 이를 통해 보게 되고 실수를 매우 두려워하게 되죠." 완벽주의의 위험을 다루는 전문가인 고든 플렛 교수가 내게 말했다. 다른 한 학자는 사회적 고통의 전문가인 킵 윌리엄스 교수였다. "좌우 양쪽에서 모두 찾아볼 수 있어요. 사람들에게는 집단의 반응에 순응해야 한다는 압력과 그들에게 동의하지 않는 사람들을 저지하고 배척하는 반응을 즉각적으로 보여야 한다는 압력이 있습니다." 그가 말했다. 이러한 종류의 사건들을 등장시킨 새로운 디지털 세계의 아이러니는 이 디지털 세계에서의 성공이 우리의 가장 오래된 모습 일부에 의존한다는 것에 있다. 우리는 부족이며 가끔은 야만적으로, 내집단의 규칙을 위반하는 사람들을 본능적으로 처벌하길 원한다. 이 강력하고 위험한 본능은 우리를 쉽게 압도할 수 있다.

오스틴의 이야기가 암시하는 바는 바로 자아는 균형이라는 것이다. 마이크 앨프리드는 기술산업계에는 그의 친구처럼 재능이 뛰어나지만 '다른 사람들의 마음을 읽지 못하는' 사람들이 많다고 내게 말했다. 그들은 어떤 일에는 뛰어나지만, 그만큼 다른 일에서는 부족함을 보이는 것 같다. 그들은 우리 이야기의 정점으로 꼽히는 힘, 권력, 이해심, 배려심을 두루 갖춘 영웅들과는 다르다. 이 규칙은 우리 모두에게 적용된다. 아무리 노력해도 잘 못하는 것도 있고, 절대 숙달할 수 없는 어떤 삶의 방식들이 있다. 우리가 스스로와 사랑하는 사람들에게 하는 많은 약속과는 무관하게, 우리가 갖고 싶어도 가질 수 없는 개인적 자질이 있다.

문화를 정의하는 격언 중 하나로, 원한다면 뭐든 될 수 있다는 말이 있다. 신자유주의적 게임에서 이기기 위해서 우리는 그저 꿈꾸고, 이 꿈에 마음을 쏟아붓고, 이를 몹시 원해야 한다. 이러한 메시지는 영화관에서, 뉴스와 소셜미디어에서 읽게 되는 따뜻하고 영감을 주는 이야기에서, 광고에서, 자기계발서에서, 교실에서, 텔레비전에서, 우리 환경 모든 곳에서 새어 나온다. 우리는 이것을 내면화하여 자아의식에 편입시킨다. 하지만 이는 사실이 아니다. 사실 이것은 완벽주의 시대의 본질에 있는 음흉한 거짓말이다. 그리고 나는 이것이 수많은 불행의 원인이라고 생각한다. 진실은 이러하다. 100만 권이 팔린 자기계발서, 유명한 동기 부여 연설가, 행복 전문가, 할리우드 흥행작 시나리오 작가들은 당신이 그 사실을 모르기를 바라는 것 같다. 당신에겐 한계가 있다. 불완전하다. 그리고 이는 어쩔 수 없다.

졸업식이었다. 한 학생이 간절한 마음으로 심리학과 교수인 브라이언 리틀에게 다가왔으며 학생의 부모님은 그녀의 뒤를 따라오고 있었다. "오, 엄마! 아빠! 리틀 교수님을 소개해드리고 싶어요."[3] 그녀가 말했다. "제가 가장 좋아하는 교수님이에요. 리틀 교수님이 제 인생을 완전히 바꿔놓은 교훈을 주셨어요. '무슨 일이든지 네가 이루지 못할 일은 없다'고 말씀해주셨죠." 이 순간을 회상하면서 브라이언은 내게 말했다. "이 말에 대한 두 가지 대답이 내 머릿속을 맴돌았어요. 하나는 내가 이미 한 말이었는데, '음, 그거 참 흥미롭지 않니?'라는 말이었고 다른 하나는 '너는 완전 똥덩어리야. 내가 한 말을 하나도 듣지 않은 것이 분명해'였어요."

케임브리지대학과 하버드대학에서 성격 심리학을 가르치는 브라이언은 부분적으로 존 바스콘셀로스와 같은 문화적 지도자들이 가진 전능한 자아에 관한 믿음에 책임이 있다고 하는데, 이러한 믿음이 오늘날 너무 만연해 있는 것 같다고 한다. "자존감 운동은 몇 가지 매우 부정적인 영향을 끼쳤어요. 내가 이에 관해 강의를 하면, 그 강의에서 평소 패기에 넘치던 학생들도 정말 깊은 생각에 빠지고 슬퍼하게 돼요. 내가 학생들에게 무한한 통제의 신화에 대해 이야기할 때면 그들은 깊은 환멸을 느껴요." 그가 내게 말했다. 그가 만났던 어떤 학생은 산부인과 의사가 되기를 꿈꾸었다. "나는 정말 그 학생에게 소리 지르고 싶었어요. '이 세상의 자궁을 위해서, 산부인과로 가지 마!'라고요."

브라이언과 같은 성격 심리학자들은 아마도 개방성, 성실성, 외향성, 우호성, 신경증성으로 규정되는 인간의 기본적인 특성에 관한 연구로 잘 알려져 있을 것이다. 인간의 성격은 대략 이 다섯 가지의 조합으로 압축될 수 있다는 것이 요점이다. 나의 성격 특성을 알아보기 위해, 나는 뉴캐슬 성격 검사를 시행했다. 나는 내가 개방성이 높다(호기심, 예술성, 모험성에 관한 것이다)는 것을 알게 되어 기뻤고 외향성과 우호성이 낮다는 것(심술궂은 외톨이라는 것)을 발견한 점은 별로 놀랍지 않았으며, 신경증성 또한 높다는 것은 의아함을 자아냈다. 나는 뭔가 문제가 있는 것처럼 들리는 신경증성을 더욱 잘 이해하고 싶어서 성격 검사를 설계한 사람 중 한 명인 대니얼 네틀 교수의 『성격의 탄생』을 읽었다. 책 내용은 입을 떡 벌어지게 했다. 나는 서재를 서성이고 욕을 중얼거렸다. 예를 들어, "신경증적 성질이 수백만 명의 사람에게 커튼이나 문 뒤에 숨겨져 있는 끔찍하고 사적이며 평생을 따라가는 고통을 발생시킨다는 것은 의심의 여지가 없다"[4]는 부분이었다. 이는 단지 우울증의 위험 인자가 아니라, "우울증과 밀접하게 연결되어 있어서 완전히 다른 것으로 보기 어렵다는 것이다."[5] 이것의 가장 잔인한 특징은 "근심이 있는 사람들이 실제로 속 편한 사람들보다 걱정해야 할 일이 더욱 많다는 것이다.[6] 이어진 후속 연구들은 신경증성이 높은 사람들이 인생의 부정적인 사건들에 더 강한 반응을 보일 뿐만 아니라, 그렇게 반응하게 될 부정적인 사건을 더욱 많이 겪게 된다는 것을 보여주었다.[7]

그러나 이 모든 연구 중에서도 가장 놀라운 것은, 사람들은 인생의 어느 시기에 몇 번의 시험을 겪게 되는데 그때도 성격은 좀처럼 극적으로 변하지 않는다는 사실이다. 그들은 영원히 그 모습 그대로다. "성격이 변했으면 하고 바라겠지만,[7] 내가 더 높거나 더 낮은 수준의 외향성을 갖길 바라는 것은 예를 들어 내가 1777년에 태어났으면 하고 바라는 것과 마찬가지로 의미가 없다"고 네틀은 발표했다.

나는 그와 만나기로 약속했다. 우리는 뉴캐슬대학 중심에 있는 시끄러운 학생 식당에서 점심을 먹으면서 이야기를 나눴다. 그는 창백하고 말랐으며 얼굴은 수척했고 눈은 초롱초롱, 볼은 약간 움푹 들어가 있었다. 식당으로 향하는 길에 나는 이러한 생각들이 더욱 널리 알려지지 않았다는 것에 놀라움을 표했다. 그는 '위신'이 결여된 성격 심리학에 대해 한마디 했다. 그가 새우 샐러드를 주문할 때, 나는 그에게 그게 무슨 뜻인지 물었다. "데이터 같은 게 아직 충분하지 않은 건가요?"

"데이터는 무수히 많지만 정말로 쓸모없어요. 모든 것은 설문지로부터 시작되죠. 그래서 사람들은 '이봐, 당신들은 어떤 것에 대해 질문하고 약간 다른 방식으로 또다시 같은 것에 대해 질문을 하고는, 이 두 가지가 상관관계가 있다고 말하고 있는 거잖아'라고 해요. 하지만 나는 이것이 변하고 있다고 생각해요. 사람들은 '뇌의 어떠한 차이점들이 이러한 다른 반응들을 만들어내는가?' 또 일부는 '어떤 유전적 차이가 있는가?'라고 묻기 시작했어요." 그가 말했다.

본질적으로 그 가설은 머리, 엉덩이, 목소리가 다 다르게 태어나는 것처럼, 우리 뇌 또한 다 다르게 태어난다는 것이다. 우리가 물려받은 유전자는 그것들이 어떻게 연결되는지가 중요하다. 유전자는 또한 뇌의 화학물질을 조절하는데(예를 들어 세로토닌 체계는 태어날 때 거의 결정된다), 이는 우리가 세상을 어떻게 인지하는지뿐만 아니라 세상에 어떻게 반응할 것인지에도 영향을 미친다. 뇌의 회로에서 일어나는 이러한 변화는 이론대로라면 다섯 가지의 성격 특성과 연관된다. "외향성을 예로 들어봅시다. 보상과 기쁨, 상품의 습득이라는 뇌의 메커니즘에 대한 방대한 문헌이 있습니다. 이러한 메커니즘은 외향성과 상당히 관련이 있죠." 그가 말했다. 마찬가지로 세로토닌과 편도체라고 불리는 뇌 부위가 다양한 방식으로 불안감에 영향을 줄 수 있다는 것에 대해서도 많은 문헌이 존재한다. "이는 신경증적 성격과 연관된 것으로 생각되고 있습니다." 개방성과 우호성 같은 특성의 다양한 원인은 대체로 수수께끼로 남아 있다. 하지만 뇌 특정 부위의 손상이 특정한 성격적 변화를 일으킬 수 있다는 것은 잘 알려져 있다. 치매부터 종양, 신체적 상해에 이르기까지의 모든 것이 사람들을 살인자로, 도둑으로, 소아성애자로 만드는 것으로 밝혀졌다. "이들 중 많은 이가 이전에 모범적인 시민이었는데 충동적으로 행동하기 시작했어요. 이는 성실성으로, 성실성은 아주 좋은 예가 됩니다. 이러한 다섯 가지 특성이 사실이라면 돌연변이 또는 한 가지 특성에는 영향을 미치지만 나머지 네 가지 특성에는 영향을 미치지 않는 뇌손상을 발견할 수 있어야 하기 때문이죠." 대니얼이 말했다.

우리가 확인한 것처럼 우리의 신경 연결은 자궁에서 나올 때 완성된 것이 결코 아니다. 우리가 누구인지의 핵심은 사실상 우리가 무력한 상태인 인생의 초기 단계에 설정된다. 생명 활동, 문화, 경험에 의해서 일부는 선천적으로 또 일부는 환경적으로 만들어진다. 비생물학적 부분에 있어서는 어쨌든 자유로운 것처럼 들릴지도 모르겠다. 하지만 생명 활동은 제쳐두고, 우리가 어떤 사람이 될지는 주로 통제력과 상황을 역전시킬 능력이 거의 없는 어린 시절의 사건들로 인해 분명해진다. 내 성격이 정말로 어떤지를 이해할 수 있을 만큼 나이가 들어서 성격을 바꾸기 위해 뭔가 할 수 있는 일이 없을까 생각하기 시작할 때쯤에는 모든 것이 대부분 결정돼 있다.

이 중 어느 것도 우리가 원하는 것은 뭐든 할 수 있는, 우리가 되고자 하는 사람은 그 누구라도 될 수 있는 능력에 관해 만족스러운 말을 해주지는 않는 것 같다. 나는 존 프리드모어를 떠올렸다. 천주교의 길로 들어선 그였지만, 자신의 차에 침을 뱉은 남자를 패고 있을 때 그는 여전히 존 프리드모어였다. 나는 자존감의 마법의 물약을 마셨다고 주장했음에도 분노와 우울감과의 끝나지 않는 싸움을 했던 존 바스콘셀로스를 떠올렸다. 또한 에설런에서의 내 경험을 떠올렸다. 따뜻하고 너그럽게 그 집단에 받아들여진 것으로 그 당시로서는 변화한다는 느낌을 받았지만, 무심코 히피들에게 '바보 같은 놈들'이라고 툴툴대며 중얼거렸을 때, 진실이 내 입에서 쏟아져 나왔다. 그리고 나서 에설런 연구소의 정신적 압제 컨퍼런스의 충격적인 연설이 있었다. "최고의 치료사는 신이 아닌 인간의 내면을 지녔음이 밝혀졌다. 그리고 프리츠는 더러운 노인이었다. 또 프로이트는 시가를 끊지 못했다. 또한 윌 슈츠는 기뻐서 날뛰는 법이 없었다." 또한 에설런의 공동 창립자 마이클 머피의 전 애인이 남긴 말을 어떻게 잊으랴. "그는 이 나라 최고의 심리학자 몇 명으로부터 백만 달러 상당의 조언을 받았으며 이는 아무런 도움도 되지 않았다." 이는 항상 거의 그대로인 것 같다. 전문가는 해결책을 찾았다고 주장하지만, 분명히 변화는 일어나지 않았다.

물론 그렇다고 해서 우리가 절대 변할 수 없고 변하지 않는다는 것은 아니다. 사람은 성장하고 원숙해지며 많은 것을 배우고 더욱 지혜로워지고 노련해진다. 외상적 사건은 사람들에게 피해를 입힐 수 있으며 개인적인 위기에서 회복되면 신경증적 성격을 나타내는 특징은 사라지게 된다. 심리치료는 성격에 영향을 미칠 수 있는 것으로[8](하지만 변화되는 것은 아니다) 알려져 있다. 또한 우리가 나이 들어감에 따라 예측 가능한 다양한 성격상의 변화가 생긴다. 예를 들어, 흔히 중년기를 벗어나게 되면서 개방성이 줄어들게 된다.[9] 환경적 압력에 따른 반응으로 변화가 일어나는 것처럼 말이다. 문화적 변화는 특정 사람들에게서 나르시시즘의 증가를 유발할 수 있으며 전쟁 상황은 전반적인 불안감의 상승을 유발할 수 있다. "성격의 안정성이라는 개념은 우리가 평균적인 수준에서 아무것도 변화시킬 수 없다는 의미로 받아들여져서는 안 됩니다. 가자 지구 사람들은 매우 불안감이 큽니다. 하지만 가자 지구 내에서도 어떤 사람들은 남들보다 훨씬 더 불안감이 크죠." 대니얼이 말했다. 하지만 이것이 한 개인이 순수한 의지의 힘으로 자신의 근본적인 천성을 바꿀 수 있음을 의미하는 것은 아니다. 유전자가 운명을 결정짓는 것은 아니지만, 유전자는 어떤 한계를 설정한다. 나는 대니얼의 책을 읽고 성인의 성격을 완전한 구속이 아니라 창문 쪽으로 약간은 움직일 수 있는 감옥으로 생각하게 되었다고 그에게 말했다. "그 비유가 아주 완벽한 것은 아닐 수도 있습니다. 예를 들어 사람들은 사회적 관계를 개선시키거나 일 중독으로부터 벗어나기 위해 정말로 노력해볼 수 있고, 실제로 한동안은 그런 모습을 유지할 수도 있어요. 하지만 습관이 튀어나오게 되죠. 여기에는 마치 원래로 되돌아오게 하는 흐름이 있는 것 같아요." 그가 말했다.

"그럼 바닥이 경사진 감옥이라는 건가요?"

그는 아마도 어깨를 으쓱했다.

이 다섯 가지 성격 특성은 스위치와 같은 것이 아니라는 점에 유념해야 한다. 우리는 이것 아니면 저것이 아니다. 그보다 각 특성이 더 높게 또는 더 낮게 설정된 눈금판이다. 그러나 수천 개 유전자의 작은 변화에 의해 설정된 그 미세한 눈금의 조율은 우리 삶에 극적인 영향을 미칠 수 있다. 우호성을 예로 들어보자. 당신이 매주 얼마나 많은 상호작용을 겪게 되는지 상상해보라.[10] 그 상황에서 당신은 어떤 방식으로든 거절당할 수도 있다. 이러한 '거부'는 노골적인 공격 행위부터 어조나 몸짓 언어 같은 아주 감지하기 힘든 해석에 이르기까지 그 종류는 다양할 수 있다. 성격적 특성의 설정은 당신이 실제로 이러한 사건들을 얼마나 많이 인지하는지뿐만 아니라, 이것에 어떻게 반응할 것인지를 안내해줄 것이다. 어떤 사람들은 어깨를 으쓱하고 긍정적으로 생각하는 경향이 있는 반면, 또 어떤 사람들은 분노하고 편집증적이고 복수심에 불탈 것이다. 또한 여전히 정말 명백하게 직면하는 것이 아닌 이상, 아무것도 쉽게 눈치채지 못할 것이다. 이는 또 다른 경보 시스템이다. 종소리가 울리기 시작하는 그 한계점이 모두 약간씩 다른 것이다. 마치 우리가 그 소리에 각자 다른 반응을 보이는 것처럼 말이다. 편도체에서 발견되는 작은 차이 때문에, 당신은 당신보다 아주 조금 더 우호적인 사람에 비해 속임수 열 개 중 하나를 더욱 잘 감지하여 그것에 분노를 표출할 수 있는 것이다. 하지만 일주일에 갈등을 하나 더 겪게 되는 것은, 말하자면 당신에게 전반적으로 매우 다른 삶을 경험하게 하는 데 충분하다. 당신은 직장에서와 친구들이나 가족들 사이에서 다른 평판을 갖게 될 가능성이 높다. 당신은 사람의 본성, 권위의 본질, 사회적 영역의 본질에 대해서 각기 다른 암묵적인 신념을 가지게 될 수도 있다. 당신은 아마도 자신에 대해서 다르게 생각할 것이다. 당신의 뇌가 타고난 방식에 근거한 그 작은 차이는 당신의 특성을 모아서 당신을 다른 삶 속으로 던져버리기에 충분하다.

'사회적 환기喚起'와 '사회적 선택'의 과정을 통해 이러한 차이점들은 우리가 살아가기 위한 어떤 환경을 만들어낼 수 있는데, 그 환경은 우리의 자연적인 성향들을 강화시키기만 할 뿐이다. 성격은 상당 부분 우리 세계를 만들어낸다. 우리는 우리와 비슷한 사람과 교제하는 경향이 있는데, 이는 마치 자신에게 맞는 공동체와 고용 형태에 이끌리는 것과 같다. 아마도 이 가장 좋은 예는 플러스카든의 수도사들이 아닐까 싶다. 특히 마틴 신부는 극도로 조용하고 규칙적인 일상이 절실하게 필요해 보였으며 그는 그가 찾아낸 그곳에서 정말로 기가 막히게 행복해 보였다. 성격은 우리의 기질과 같은 반응을 다른 사람에게서 촉발시키기도 한다.[11] 심술궂음은 심술궂음을 유발하고 명랑함은 명랑함을 불러온다. 우리는 고도로 사회적인 동물로서, 우리가 사는 이 세계는 대체로 관계와 상호작용의 세계다. 성격은 사회적 세계의 구조와 온도를 규정하는 데 도움을 준다. 우리가 함께 살아가는 사람들의 일상생활 속 경험은 흔히 모두 다 다르다.

그 결과, 이러한 사회적 반응들은 우리에게 일어난 일들을 수정한다. 외향적인 사람들은 정말로 이야기를 더 많이 하고[12] 더 많은 파티에 초대되는데, 그렇게 자기 강화적인 양상이 시작된다. 성격은 삶을 구성하는 사소한 일상의 사건들을 특정 방향으로 밀어내는 탁월풍과 같다. 이는 또한 다양하고 극적인 미래의 결과들을 예측한다. 높은 신경성은 이혼할 확률을 높인다고 예측할 수 있다.[13] 낮은 성실성은 어떤 해에는 사망 위험을 약 30퍼센트 정도[14] 증가시킨다고 여겨진다. 외향적이라는 것은 문란하다는 걸 말해줄 수 있다.[15] 성격은 외모와 주변 환경에서도 드러난다. 많은 연구는 외향적인 사람들이 걸을 때 팔을 더 흔드는 경향이 있다는 것을, 개방성이 높은 사람들은 종종 추레해 보이고, 신경증적인 사람들은 어두운 옷을 입고 사무실에 동기를 부여하는 인용문 포스터를 전시해놓을 가능성이 높다는 것을 보여주었다.

당신 뇌의 특정한 메커니즘은 또한 놀라운 방식으로 당신의 일대기를 써내려간다. 미국 남성 600명의 삶을 추적한 한 주요 연구[16]는 불행한 어린 시절이 알코올 중독의 주요 요인이 아니라는 것을 발견했다. 다른 연구는, 알코올 중독자가 될 가능성이 높은 사람들은 사실 술에 다르게 반응하는 사람이라는 것을 시사했다. 그들은 생물학적 이유로 술의 진정 작용에 덜 민감하게 반응하는 행복한 주정뱅이라는 것이다.[17] 술을 먹으면 졸음이 쏟아지는 사람들은 문제를 일으킬 가능성이 낮다. 한 사람의 유전자형이 그 사람이 신자유주의 게임의 승자가 될 가능성을 바꾸어놓듯, 사람들이 폭력과 학대에 영향을 받는 방식 또한 변화시킨다.[18] 승리를 통해 더욱 큰 인지적 보상을 경험한 사람들은 다른 이들의 부러움을 받는 1퍼센트의 구성원이 될 가능성이 더 높다. "경쟁적인 사람들만이 백만장자가 되는 것은 아니에요. 하지만 백만장자인 사람들은 모두 경쟁적이죠." 대니얼이 말했다. 성실성 또한 성공과 긍정적인 상관관계가 있다.[19] 우리의 완벽함 모델을 얼마나 성공적으로 충족시키느냐의 상당 부분은, 우리 안에 존재하는 신경적 메커니즘에 달려 있으며 우리는 이를 변화시킬 능력이 없다.

7. 완벽주의 시대에서 살아남는 법

유전의 대물림은 차치하고, 우리 문화에 대한 고정관념에 완전히 상반되는 또 다른 성격 연구 결과가 있는데 바로 부모가 아이들의 성격에 조직적인 영향을 미치지 않는다는 것이다. 대니얼은 일란성 쌍둥이가 태어나자마자 떨어져서 양육됐음에도 결국 똑같은 기질을 보였다는 연구로부터 이를 부분적으로 알 수 있다고 말했다. "그리고 실제로 같은 가족 내에서 자란 형제자매 또한 놀라울 정도로 서로 다르다"고 덧붙였다. 그렇다고 해서 부모의 지나친 칭찬과 나르시시즘에 대한 연구 결과가 보여주듯이 부모가 아무런 영향을 미치지 않는다는 것은 아니다. 양육 방식을 포함한 환경적 요인들이 어떻게 연결되어 있는가에 따라 아이마다 각각 다른 작용을 촉발시키는 것이다. "두 아이가 경제적으로 힘든 상황에 놓이면 그 아이들은 아마 이에 다른 방식으로 반응할 수 있습니다. 한 아이는 어린 시절의 역경에 자극을 받아 추진력이 강한 사람이 될 수 있고 다른 아이는 상처를 입게 될 수도 있죠." 그가 말했다. 이러한 반응들은 너무 일관성이 없고 예측 불가능해서 부모는 자녀들이 어떻게 될지에 대해 자신들이 상당한 영향력을 미치고 있다고 과대평가하는 경향이 있다. "당신의 자녀들에게 친절해야 하는 주된 이유는 동네 상점을 운영하는 사람에게 친절해야 하는 것과 같은 이유입니다. 그들을 오래도록 봐야 하기 때문이죠." 그가 말했다.

"그러니까 자녀들에게 좋은 부모가 되고 그들이 좋은 사람으로 자라길 바라는 것은 의미가 없다는 말인가요?"

"어찌 됐든 아이들은 정말 끔찍한 사람으로 자라날지도 모릅니다. 당신의 자녀들은 무슨 일이 일어나게 되든 아마도 엉망으로 자라날 것이기 때문에, 이게 당신 탓인지 아닌지 걱정할 필요 없어요."

이러한 관점은 보고된 나르시시즘의 증가에 대한 이해를 돕기도 하고 의문점을 던지기도 한다. 대니얼이 생각하기에 진 트웽이와 그녀의 동료들이 발견한 것은 사람들이 개인주의의 부상과 자존감 운동의 영향에 그 누구보다 더 민감하게 되면서 인구에 평균적으로 나타나게 된 일부 성격 유형의 변화다. 즉 사람들은 외향성이 높아지고 우호성이 낮아지게 되었다. 이런 특정 방식으로, 그런 사람들은 아직 정체성이 제대로 형성되지 않았던 어린 시절에 과도한 칭찬과 같은 환경적 영향에 더욱 취약했을 것이다.

이런 생각에 회의적인 사람들은 우리가 다른 상황에서는 다른 사람이 될 수 있다는 것을 보여주는 연구에 주목한다.[20] 우리에게는 어머니와 함께 있을 때의 모습과 애인과 함께 있을 때의 모습, 또 다른 이와 함께 있을 때의 모습이 다 다르다. 하지만 이러한 모습들이 여전히 우리 모습이라는 것을 기억하는 것은 중요하다. 행동은 상황 그리고 유전자가 결합된 결과다. 이 사회 세계는 놀이공원의 거울로 된 미로와 같은데, 각 거울은 우리 자아의 한 측면을 과장하고 또 다른 측면은 약화시키는 반면 본질적인 핵심은 남아 있다. 특성이 표출되는 평균적인 수준은 상황에 따라 달라질 수 있지만 그 상황에서 다른 사람과 비교하여 내가 누구인가는 대체로 고정돼 있을 것이다. 예를 들어, 롤러코스터를 타고 있는 몹시 신경증적인 사람은 여전히 그 롤러코스터에서 가장 불안감이 높은 사람일 것이다. 하지만 우리에게는 또한 '자유 특성'으로 알려진 것을 훈련할 수 있는 능력이 있다. 내성적인 사람은 공개 발표를 하거나 면접에서 사교적인 사람으로 비추어지기 위해서 분명히 외향적인 특성을 차용할 수 있다. 그러나 우리는 '성격을 이탈'하여 행동할 때, 스스로 그렇게 행동한다는 것을 느낄 수 있다. 리틀은 "유전생물학적으로 우호적인 성격의 여성이 법률 사무소에서 상냥함을 억누르고 공격적으로 행동하도록 요구받는다면 그녀는 심장 박동수 증가, 발한, 근육 긴장, 더욱 강해진 놀람 반응과 같은 자율신경계의 흥분을 경험하게 될 수 있다"고 발표했다.[21] 이 모든 것은 소위 '자아 환상'이라고 불리는 것을 조사하면서 내가 믿게 되었던 것들과 모순된다. 결국, 진정한 자아라는 것이 있음이 밝혀진 것이다. 에설런의 내면 탐구가들이 주장한 것처럼 신은 아니겠지만, 어쨌든 있긴 있다.

자, 당신은 어느 날 아침에 일어나 당신이 되고 싶었던 그 사람이 자신이 아니라는 것을 깨닫는다. 당신은 다른 누군가다. 어떻게 이런 일이 일어난 것인지 궁금할 것이다. 당신은 삶을 돌아보는데, 이는 스스로 내린 선택으로 만들어진 무한궤도식 바퀴처럼 보이며 대부분은 당시에 옳았던 것으로 또는 아마도 필연적이었던 것으로 보이지만, 그 하나하나가 당신의 길을 좁혀왔다. 당신은 지금 28세 또는 35세 또는 47세 또는 52세 또는 68세인데, 자신이 매우 특별한 장점과 단점, 특별한 세계관을 지니고 특별하고 다채로운 분위기와 반응을 갖고 있는 매우 특별한 사람이라는 것을 알게 되었다. 젊었을 때는 마치 세상이 대초원같이 열려 있는 듯 보였는데, 당신이 원하는 곳은 어디라도 배회할 수 있고 되고자 하면 누구든 될 수 있을 것 같았다. 그러나 당신은 당신의 어머니, 아버지의 모습으로 자라났으며 그 위에 새롭게 더해진 것이 스스로를 더욱 현대적이고 '유행에 밝은' 사람으로 느끼도록, 그리고 심지어는 조금 더 똑똑하다고 느끼게 한다. 당신이 특별히 침울한 기분을 느낀다면, 그리고 오늘 아침, 특히나 어두침침하고 축축한 기분을 느꼈다면, 당신은 부모님이 신자유주의적으로 업데이트된 버전에 지나지 않는다고 결론 내릴 수 있을 것이다. 너무 지나칠지도 모르겠다. 하지만 이는 당신이 내린 선택이 당신이 느낀 것만큼 자유로운 것이 아님을 암시한다. 선택은 보이지 않지만 강력한 유전적 영향에 의해서 만들어졌다. 당신의 영혼은 당신의 문화 속 유령들과 음모를 꾸미고 있는 죽은 선조들의 지배를 받고 있으며 그들은 대체로 당신을 정복한다.

　이 모든 충격이 채 가시기도 전이었다. 하지만 그 일이 일어났을 때 나는 이것이 실제로는 큰 위로가 된다는 것을 깨닫고 놀랐다. 심지어 해방되는 느낌이었다. "우리에게는 완벽하지 않으면 자신을 자책하는 문화가 있습니다. 우리는 심리치료가 효과가 있음을 지지하죠. 모든 이는 스스로 문제를 해결할 수 있다고 생각해요. 하지만 나는 여기에 어떤 순진한 면이 있다고 생각합니다. 만약 당신이 내성적이고 신경질적인 사람이라면 스스로를 힘든 상황에서 벗어나도록 만드세요. 스스로를 너그럽게 봐주세요. 우리가 책임져야 할 이 골칫덩어리는 우리가 이 엉망진창이 된 것들을 책임지지 않아도 된다고 해도 충분히 골치 아픕니다. 그렇다고 '정시에 출근하는 것은 힘든 일이니 시도해보지도 않겠어'라는 일종의 운명론을 옹호하는 것은 아닙니다. 제시간에 출근하는 것은 가치 있는 일이죠. 하지만 당신이 출근하기 세 시간 전에 일어나서 통밀빵을 굽는, 그런 사람이 될 거라고 상상하는 것은 무의미한 일이죠." 대니얼이 말했다.

　대니얼의 책을 읽은 후, 나는 인간을 독특한 아종亞種을 갖고 있는 집단으로, 일종의 유전적 부족으로서 보기 시작했다. 만약 누군가가 무례하다면, 나는 "오 저런, 우호성이 낮네" 또는 누군가가 불쾌할 정도로 흥을 주체하지 못한다면 "저 외향적인 사람들로부터 나를 구하소서"라고 생각할 것이다. 대니얼이 샐러드를 다 먹었을 때 나는 그가 어떤 유전적 부족에 속하는지 궁금했다. "오, 저는 엄청나게 신경증적인 사람이죠." 그가 내게 말했다.

7. 완벽주의 시대에서 살아남는 법

"그럼 스스로를 불행한 사람이라고 생각하나요?"

"엄청나게요!" 그가 미소를 지으며 말했다. 사람들은 때때로 대니얼이 책과 강연으로 빈둥빈둥 여기저기를 돌아다니며 멋진 삶을 살고 있다고 생각한다. "하지만 이는 악몽일 뿐이에요. 나는 세 가지만 빼고 벌써 다음 일들이 걱정스러워요. 연구에 있어서, 흔히 일어나는 일이긴 한데, 연구 지원금 신청에 실패하면 저는 정말로 망연자실해요. 정말로 우울해지죠. 다른 사람들은 그저 '아, 뭐야, 될 줄 알았는데. 내년에 다시 지원해봐야지' 생각하고 마는데 말이에요. 하지만 어떤 면에서는 스스로에 대한 끊임없는 불만족이 좋기도 합니다. '아마 더 좋은 방법이 있을 거야'라고 생각하게 만들기 때문이죠." 그는 걸핏하면 걱정을 하고 자기 회의적인 것이 성공을 도울 수 있다고 설명했다. "하지만 이는 유쾌하진 않죠. 우리는 성공한 사람들은 행복하고 행복한 사람들은 성공적이라는 매우 어리석은 생각을 갖고 있어요. 나는 그 두 가지 중 어느 것도 사실이 아니라고 생각해요. 다른 사람의 삶을 안다고 생각하는 것은 대단한 자만이에요. 이는 우리가 '아, 내가 모차르트라면 얼마나 좋을까. 그의 모든 음악을 봐'라고 말하는 것과 같은 어리석음이에요. 모차르트가 된다는 것은 엄청난 악몽이 될지도 몰라요. 그는 아마 고통스러웠을 겁니다. 만약 누군가가 '아, 윌 스토가 이 모든 책을 다 썼다니, 내가 윌 스토였으면' 하고 말한다고 해보죠. 그 사람은 그게 어떤 것인지 알기나 할까요?"

"아마도요." 내가 말했다.

"하지만 만약 그 사람이 행복하고 만족스러워하는 사람이라면, 그 사람은 아마 그 책들을 쓰지 않았을 거예요." 그가 말했다. "이것이 역설이죠. 그렇기 때문에 무언가를 소망할 때는 아주 신중해야 합니다.

내가 덜 신경질적인 사람이 되고 싶을까요? 글쎄, 아니요, 그러면 제 인생에서 가장 흥미로웠던 일들을 아마도 해내지 못했을 거예요. 그러니까 제 말은, 덜 신경증적이면 아마 더 편하게 지낼 수 있긴 하겠죠. 하지만 스스로에게 물어봐야 해요. 무엇을 가치 있게 여기는가? 임종을 앞두고 있다고 해보죠. 내가 신경증적이긴 하나 실제로는 꽤나 흥미로운 일들을 해냈다는 것을 바람직하게 여길까요? 아니면 내가 즐겼다는 것을 바람직하게 여길까요?"

나는 그의 대답을 기대하며 빈 접시 너머의 그를 바라보았다.

"그 질문에 답은 없습니다." 그가 말했다.

대니얼과의 점심 식사가 끝날 무렵, 그가 무심코 던진 여담은 내가 나 스스로에 대해서 생각하는 방식을 영원히 바꿔놓았다. 우리는 오늘날까지 남아 있는 자존감 운동의 영향에 대해서 이야기했다. "우리는 자존감을 대단한 것인 양 떠받드는 경향이 있습니다." 계산서를 기다리며 그가 말했다. 주변 학생들은 서둘러 식당을 나서고 있었다. "우리는 '자존감을 높일 필요가 있다'와 같은 말을 끊임없이 하는데, 특히 아이들에게 그러하죠. 나는 학교 안 이곳 근처에서 이런 일들을 목격해왔어요. 하지만 자존감이 높은 사람들은 꽤나 밉살스럽지요. 모든 건 그저 정말 단순해요."

"그럼, 자존감이 높다는 것이 완전히 좋은 것은 아니라는 뜻인가요?" 내가 물었다.

"그럼요, 물론이죠." 그가 잠시 생각하더니 말했다. "자존감이 낮은 사람들이 많은 문제를 가지고 있기도 하지만 이것으로 이득을 볼 수도 있어요. 낮은 자존감은 신경증적 성향이 매우 높다는 것과 거의 같은 말이죠. 이 둘은 아주아주 밀접하게 연결되어 있어요."

이는 정말로 내 모습이었다. 나는 신경증적 성향이 높았고, 내가 배운 바에 따르면 신경성은 안정적으로 나타나는 성격 특성이다. 바스코의 신조와 마찬가지로, 내 자아가 독감에 걸린 것처럼 어떤 치유 가능한 병에 걸려 고통받고 있는 것이 아니었다. 그게 바로 나였다. 나는 '남녀가 주로 심리적 장애를 극복하여 성공과 행복에 이르는 현대적 이야기'가 된 자존감 '신화'에 대한 존 휴잇의 발표를 떠올렸다. 뭐랄까, 나는 그 신화에 완전히 빠졌었다. 나는 이에 분노했다. 속은 기분이었다.

주목할 만한 점은 내가 이 생각들을 얼마나 흡수했는가였다. 이는 십대 시절 내내 나와 함께했으며 내 자아는 바스코의 환상을 받아들이고 온갖 것을 비축하기 좋아하는 까치처럼 이를 고이 수집해놓았다가 나의 서사적 정체성을 구축하기 위해 사용했다. 내가 그렇다고 추측한 이유는 내 가정 환경 및 기독교와 관련이 있는데, 자존감이 낮은 사람으로서 내 삶의 임무 중 하나는 자존감은 높이는 것이었다. 하지만 이보다 더 해로운 것은, 내가 속한 문화에서 말하는 완벽한 자아에 대한 개념 또한 내가 흡수했다는 것이다. 완벽한 자아는 상냥하고 행복하고 인기 있고 자신감 있으며, 자신에게 만족하고 낯선 이들과 편히 잘 어울리는 사람이 되어야 했다. 그런 사람들은 나와 같아서는 안 되었다. 나는 진정한 자아를 상상 속 완벽한 자아와 비교했으며 내가 잘못되었다고 판단했다. 나는 바꿀 수 없는 것을 바꾸려고 노력했으며 실패했다고 스스로를 질책했다.

나 혼자서만 이러고 있었던 것은 아니었다. 서구 문화는 능력에는 한계가 있다는 것을 우리가 믿지 않길 바란다. 서구 문화는 자아가 열려 있으며 자유롭고 순수하고 밝게 빛나는 가능성일 뿐이라는 허구의 이야기를 우리가 믿길 원한다. 마치 폭스콘_{대만의 전자기기 주문자 상표 부착 생산 기업}의 생산 라인이 인간의 뇌를 찍어내기라도 하듯, 우리 모두는 신경학적으로 '텅 빈 백지'와 같이 다 같은 잠재력을 가지고 태어난다고 믿길 바란다. 이는 우리가 마음먹은 것은 무엇이든 해낼 수 있고 되고자 하는 것은 무엇이든 될 수 있다고 말하는 문화적 거짓말을 수긍하도록 유혹한다. 이 잘못된 생각은 신자유주의적 경제에 대단한 가치를 지닌다. 모든 참가자가 승리를 위한 동일 조건에서 출발한다고 하면, 신자유주의적 경제가 우리에게 임하도록 강요하는 이 게임은 도덕적으로 정당화될 수 있다. 게다가, 만약 모두가 동등하다고 믿게 되면, 이는 기업에 대한 규제 철폐와 더 작은 정부에 대한 요구를 정당화한다. 즉 패배한 자들이 그저 이를 간절히 원하지 않았음을, 그들은 그저 이를 믿지 않았음을 의미한다. 이 경우, 왜 다른 누군가가 추락하는 패배자들을 붙잡아줘야 하는가?

이 모든 것을 악화시키는 건 우리가 프로이트와 마찬가지로 타고나기를 다른 사람의 마음이 우리 마음과 같다고 생각하도록 되어 있는 듯하다는 사실이다. 이는 우리가 남들에 대해 더욱 가혹한 판단을 내리는 함정에 빠지도록 음모를 꾸민다. '나도 할 수 있는데, 다른 사람들이 못하겠어?'라고 생각한다. 물론 완벽주의자적 신조를 되뇌며 같은 논리를 스스로에게 적용시켜 '남들도 하는데 왜 내가 못하겠어?'라고도 생각한다. 이 모든 것은 우리가 우리의 통제력을 근본적으로 과대평가하는 경향이 있다는 사실 때문에 더욱 악화된다. 전문가들의 말을 무시하기로 하고 우리에게는 완전한 자유의지가 있다고 주장할지라도,

서구인들은 흔히 다른 사람들보다 더욱 '선택에 대한 망상'을 가지고 있으며 한 사람의 실패는 생물학적 현상, 환경, 상황보다 그 사람의 결함에 기인하다고 가정할 가능성이 높은 것으로 나타났다. 개인주의는 우리를 비난의 대상으로 만든다. 우리에게 비난이란 우주의 조롱거리, 실재하는 어떤 것, 누군가에게 귀속되는 어떤 것이다. 비난이 우리 몫인지 다른 누군가의 몫인지 판단할 때, 우리는 누군가가 왜 그와 같이 행동하는지에 관한 몹시 복잡한 성질을 알지 못한 채 행동한다. 약물 중독자들, 노숙자들, 폭력적인 사람들, 비만인 사람들의 상황은 그들을 감옥 속의 완전한 어둠으로 이끌며 우리는 재빠르게 그들을 비난하기에 이르고 아주 느리게 그들을 용서한다. 만약 그러하다면, 그리고 당신이 실패하게 된다면, 그건 바로 당신이 나쁜 사람이라는 것이다.

우리가 왜 이러한 생각에 무의식적으로 이끌리게 되는지는 쉽게 알 수 있다. 이는 그리스인들이 완벽한 자아에 대한 개인주의적 견해를 형성했던 기원전 2500년 이래로 계속해서 공기 중에 있어왔으며, 오늘날까지도 우리를 매료시키고 있다. 우리 문화에 홀려, 우리는 남들이 이성적이고 항상 자신의 행동을 통제하길 기대한다. 그들이 실망을 안겨줄 때 우리는 불신과 분노로 대응한다. 그러나 사람들은 우리가 생각하는 것과 다르다. 기계로 정밀하게 가공된 똑같은 부품으로 만들어진 것이 아니다. 우리 모두가 환경의 어려움에 맞설 수 있도록 완벽하게, 동일하게 설계되어 있지 않다. 우리는 생물학적 덩어리로 대부분 우연한 사건에 의해 으깨지고 빻아져서 모양을 형성하게 된다. '인간의 잠재력'에는 한계가 있다.

하지만 우리 문화가 계속해서 보여주는 자아 모델은 이와 다르다. 그 대신, 우리에게는 완전한 자유의지를 가진, 또한 원하면 어떤 사람이든 될 수 있는 능력을 가진 한 개인이 소개된다. 그리고 그런 사람들이 대개 되고자 하는 사람은 외향적이고 날씬하며 개인주의적이고 낙천적이며 성실하고 인기 있으며 사회성이 있으면서도 자존감이 높고 기업가적 자질을 갖춘 사람으로, 이러한 점은 모두 에인 랜드가 영웅으로 여겼을 특징들이다. 그들은 그리스인이기 때문에, 이 문화적 영웅들은 내면과 외면 모두 아름다울 것이고 완벽해지고자 할 것이다. 그들은 인본주의적이기 때문에, 진실되고 '진짜'가 될 것이며 자신에게 일어난 모든 일에 책임을 질 것이다. 그들은 신자유주의자들이기 때문에, 그들은 자급자족하고 성공을 거둘 것이며 맹렬한 갈망으로 그들의 꿈을 좇을 것이다.

신자유주의 문화는 이야기화되고 환상적인 필터를 씌운 것 같은 모습의 사람을 찬미한다. 신자유주의 문화는 신자유주의 문화 맞춤형 영웅을 창조하고 우리에게 선전한다. 우리가 친구로부터, 신문으로부터, 소설로부터, 영화로부터 듣게 되는 이야기들은 다른 사람들의 중요성을 깎아내리면서 흔히 이러한 범주의 사람을 환호하며 맞이한다. '조용한 외톨이'는 사실상 우리 문화에서 '연쇄 살인범'과 동의어인데, 수전 케인은 자신의 책 『콰이어트』에서 신자유주의 문화가 지향하는 '이상적인 외향적 인물'을 아주 잘 묘사했다.[22] 대니얼 네틀은 외향적인 사람들은 '목표를 추구하기 위해서 엄청난 양의 에너지를 사용할 수 있는 매우 활동적인 사람'[23] '명성과 부를 추구하기 위해 매우 열심히 일할 준비가 되어 있는 사람'이며 '지위를 얻고 사회적 관심을 받는 것'을 즐기는 사람이라고 발표했다. 그는 고대 그리스의 자아나 신자유주의적 영웅을 묘사하고 있던 것일 수도 있다.

우리가 알게 된 바와 같이, 완벽주의 시대에서 이 이상적 자아 모델이 사람들과 잘 어울리고 출세하는 데 가장 적합한 모델인 것은 우연이 아니다. 고조된 개인주의, 금융위기, 심화되는 불평등, 증가하는 개인 부채, 작은 정부, 규제 철폐, 긴축정책, 임시직 선호 경제, 제로아워 계약, 완벽함을 요구하는 이상적인 성 관념, 임금 감소, 비현실적인 신체 이미지 지향, 완벽주의자의 모습을 하고 집단적 분노와 이에 따른 공개적 처벌을 요구하는 소셜미디어…… 이들은 우리 세계를 무대로 한 게임에서 이길 가능성이 더욱 높은 사람들로, 이사회실의 한자리를 차지하거나 10억 달러 가치의 헤지 펀드나 스타트업 기업들을 발견하고는 수익을 재투자하면서 강력한 소비자가 될 이들이다. 현대의 부족적 환경은 우리가 이런 모습이 되길 바란다.

이 길고 경이로운 여정에서 내가 깨달은 가장 놀라운 것은 스토리텔링이 부족의 선전 활동의 한 형태라는 것이다. 수렵 채집민이었던 조상들의 이기적인 사람과 이타적인 사람들에 대한 소문이 구성원들에게 호되게 얻어맞고 배척당하는 악당이 되기보다는 이타적인 영웅이 되라고 가르침으로써 부족을 지배하는 데 도움이 되었듯이, 오늘날에도 이와 같은 메커니즘이 강력한 사회적 압력을 행사한다. 신자유주의적 이야기들은 이상적 자아의 형태가 있다고 은밀하게 우리를 설득한 다음 우리를 위해 이상적 자아를 정의한다. 우리는 이 이야기와 영웅을 내면에 흡수한다. 우리는 우리 부족의 이야기를 우리 이야기로 만든다. 우리는 이를 우리의 소문과 스토리텔링 속에 퍼지도록 하고 이 음모에 무의식적으로 가담한다. 그리고 나서 헬스장에서, 사무실에서, 심리상담소의 1인용 소파에서 그 영웅의 모습에 스스로를 억지로 끼워 맞추면서 영웅이 되고자 노력한다. 너무 자주 우리는 실패한다. 우리 삶의 줄거리가 '기준과 기대에 크게 미치지 못해서' 막히고 다시 우리가 영웅이라고 느낄 수 있게 될 방법이 보이지 않을 때, 바로 그때 위험한 완벽주의적 사고가 촉발될 수 있다. 우리는 우리가 이 게임의 패자라고 판단하게 된다. 우리는 자기혐오를 느낀다. 심지어 이미 자살, 자해, 섭식장애에 대한 끔찍한 통계에 수치를 더하고 있는 자신을 발견할지도 모른다. 하지만 이러한 이야기가 우리에게 말해주지 않는 것은 이 모든 것이 거짓이라는 것이다. 우리는 영웅이 아니다. 정말로 아니다. 우리는 그냥 우리일 뿐이다.

이는 절망의 메시지가 아니다. 반대로, 실제로 행복을 찾을 수 있는 더 나은 길로 우리를 이끈다. 이를 위한 첫걸음은 부족의 선전을 믿지 않는 것이다. 이 모든 것은 그저 강요 행위일 뿐이고 문화가 당신을 당신이 될 수 없는 누군가로 만들려 한다는 것을 깨닫게 되면, 문화의 요구로부터 자신을 해방시키기 시작할 수 있다. 낮은 우호성과 높은 신경성이 어떤 부끄러운 심리학적 결함의 징후라기보다 내 성격의 비교적 안정적인 측면이라는 것을 알게 된 이후, 나는 내 자신을 너무 자주 질책하는 일을 그만두었다. 내 마음은 이제 그 어떤 곳보다 훨씬 더 평온한 장소가 되었다. 모순적이게도 나는 더 행복해졌다.

나는 프리츠 펄스가 말하는 '이것이 진짜 나다, 이를 받아들여라'의 대중적인 자기 수용 방식을 장려하는 것이 아니다. 이는 더욱 고요한 이해로, 가끔 내 자신의 모습에 화가 나고 이를 보완하며 때로는 사과하지만 또한 있는 그대로의 내가 되고자 하는 나를 공격하지 않으려 노력하는 인식이다. 우리는 문화 속에서 자라났고, 당연히 상당 부분 그 문화가 될 수밖에 없다. 문화의 요구에 완전히 귀를 닫아버릴 수는 없다. 나의 어떤 부분은 항상 내가 친구가 더 많았으면, 더 부자였으면, 더 말랐으면, 더 매력적이었으면 하고 바란다. 하지만 '완벽하다'는 것은 어떤 환상이고 부족의 선전이라는 것을 아는 것만으로 깊은 위안이 되었다.

마음속에서 일어나고 있는 완벽함을 위한 전쟁을 막는 것은 단지 첫 걸음일 뿐이다. 일단 스스로 내가 아닌 누군가가 되고자 노력하는 것을 그만두고 나면, 당신의 삶 속에서 당신이 하고 있는 일들에 대해 평가를 내려볼 수 있다. 리틀 교수는 '개인적 과제'에 대한 연구에서 스스로의 한계를 이해하는 것이 매우 중요하다고 주장한다. 그래야 우리는 분수에 맞는 목표를 추구할 수 있다. "우리는 이와 같이 우리에게 의미를 가져다주는 과제이자 우리가 성취할 수 있는 과제에 시간과 노력을 쏟아야 합니다. 그리고 그 과제가 성취 가능한 것이 아니라면, 그냥 포기하고 '인생은 끔찍해'라고 말하는 것이 아니라 의미 있는 삶을 살 수 있는 다른 방법을 생각해봐야 합니다. 목표를 바꾸는 거죠." 그가 내게 말했다.

그가 말하는 것은 자신을 바꾸지 않고도 우리가 느끼는 방식을 바꾸는 방법이다. 다음은 내가 생각해낸 방법이다. 빙산 위에 도마뱀을 올려놓는다고 생각해보자. 도마뱀은 불행하다. 이제 도마뱀을 사하라 사막에 놓아주자. 그 도마뱀의 본질은 조금도 변하지 않았지만 도마뱀은 이제 행복하다. 이때 도마뱀의 삶의 경험이 변한 것이지 자아가 변한 것은 아니다. 만약에 우리가 행복에 조금이라도 다가가고 싶다면, 우리는 우리 모습을 바꾸려는 시도를 그만두고 자신의 환경, 즉 당신이 생활 속에서 하고 있는 일들, 함께 살아가는 사람들, 우리가 가진 목표들을 바꾸고자 노력해야 한다. 우리는 추구해나갈 과제를 찾아야 하는데 그 과제는 우리에게 의미 있을 뿐만 아니라 효험이 있어야 한다. 이것이 직업 혹은 거창하게 이타적인 어떤 것일 필요는 없다. 그저 우리가 되어야 한다.

만약 자아가 이야기라면, 서구의 자아가 하고 싶은 이야기는 진보에 대한 것일 것이다. 현실은 혼돈하고 우연적이고 불공평하며, 우리 미래에는 병과 사별, 죽음이 기다리고 있다. 우리에게는 무서운 변화만이 있을 뿐이며 우리는 이에 속수무책이다. 하지만 우리의 자아 감각은 이 불편한 사실을 우리에게서 숨긴다. 이것은 우리 삶의 줄거리를 쓰는 작가가 되어 스스로를 영웅이라고 믿도록 한다. 우리는 사탄과 싸우는 존 프리드모어이며, 프로이트와 싸우는 프리츠 펄스이며, 이타주의자와 싸우는 에인 랜드이며, 미디어 언론의 냉소주의자들과 싸우는 존 바스콘셀로스이며, 소행성에서 철을 캐낼 그날을 위해 싸우는 대니얼 파버다. 우리가 싸움에서 지고 또 계속해서 질 때, 우리는 꼼짝없이 덫에 빠지게 되고 굴욕감을 느끼게 되며 망가진 영웅이, 끊임없이 많은 것을 요구하는 우리 문화의 적이 된다. 그렇게 되면, 우리 자아인 그 이야기는 몰락하기 시작한다. 살아 있는 인간이 자아를 압박하는 것이 어떠한 것인지를 보여주는 현실의 참모습과 마찬가지로 자아는 삐걱거리고 금이 가기 시작한다.

우리가 그토록 원했던 것은 통제하고 있다는 환상이었다. 하지만 우리는 그 어떤 것도 정말로 통제하지 못한다. 그리고 빛나는 완벽함 속에서 그토록 위협적으로 보이는 우리 주변의 사람들 역시 그렇지 못하다. 궁극적으로, 우리는 실제로 모두가 완벽하지 않으며 우리 중 누구도 완벽할 수 없다는 것을 이해함으로써 위안을 얻을 수 있다. 사람들이 우리에게 약속한 것처럼 우리는 '신과 같지' 않다. 반대로, 우리는 동물이지만 우리가 동물이 아니라고 생각한다. 우리는 진흙으로 만들어졌다.

실리콘밸리를 떠나기 전, 나는 레인보 맨션의 몇몇 거주자와 함께 로켓 발사 행사에 갔다. 일론 머스크의 회사 스페이스엑스는 나사의 인공위성을 궤도에 진입시키는 하청 계약을 맺고 있었다. 쿠퍼티노에서 벗어나 남쪽으로 차를 몰고 가면서 나는 내 스마트폰 지도에 있는 파란 점이 서쪽으로 멀지 않은 빅서와 에설런을 지나가는 것을 보았다. 우리 앞에 놓인 거대한 캘리포니아의 하늘을 향해 달려가는 고속도로에서, 나는 나의 다른 여정에 대해 생각해보고 있었고 이제 드디어 그 여정은 막바지에 다다르고 있었다.

이 여정은 권력이 다른 세력들을 부인하면서 개인에게 집중된다는 생각의 흐름을 따랐다. 이 생각이 2500년 동안 모든 사람을 매혹시켰다. 이 여정은 이 생각을 추적했다. 이 생각은 경제의 큰 움직임에 발맞추어 그 형태를 바꾸었고 어떻게 이러한 변화들이 놀라운 사람들에 의해 성문화되고 수정되고 복음화되었는지를 보여주었다. 그동안 형태 없는 문화 속에서 휩쓸려왔던 남녀는 이 문화와 함께 변화하게 되었다.

나는 다시 한번, 이 모든 것이 얼마나 직관에 반하는지 생각했다. 우리 견해와 신념이 개인의 자유의지적인 지혜로부터 나온다는 게 아무리 설득력 있어 보일지라도, 내 연구는 사실 우리가 상당 부분 문화 그 자체임을 암시했다. 물론 우리가 모두 복제인간이라는 것은 아니다. 성격, 내집단의 정체성, 정치적 성향 등은 제각기 다르다. 하지만 가끔씩 우리가 서로 얼마나 다르다고 느끼는지와 무관하게 이 모든 것은 우리 모두를 한 가족이라고 느끼게 만드는 이야기, 영웅, 꿈과 두려움의 촘촘한 거미줄 속에 자리잡고 있다.

로켓 발사 행사가 열리고 있던 샌타바버라 인근의 해군기지에 도착했을 때, 나는 제러미, 바네사, 케이트와 함께 차에서 내려 동영상 화면 상의 로켓 이미지를 지나갔다. 이는 CJ의 팔뚝에 있던 화살 모양 문신을 떠올리게 했다. 이는 물론 『헝거 게임』에 나온 것으로, 하위 계층에 속했던 용감한 여주인공이 싸우도록 강요된 잔혹한 경쟁의 규칙을 한 수 위에서 갖고 놀며 결국에는 부패한 권력을 무너뜨리기 위해 음모를 꾸민다는 이야기다. "주인공이 '내가 활을 들어 화살의 줄을 당길 때, 화살이 갈 길은 오직 하나뿐, 앞으로'라고 말하죠." CJ가 내게 말했다. "이 말을 정말 좋아해요. 앞으로 나아가라. 인생이 어떤 방향으로 당신을 데려가든 뒤돌아보지 마라."

우리가 관람 구역을 향해 걸어가고 있을 때, 나는 바네사가 제러미에게 하는 이야기를 엿들었다. 그녀는 우주비행사가 되고자 했던 그녀의 도전에 관해 이야기하고 있었다. 나사의 지원 절차 중에는 정신건강 검진이 있었다. 나는 나사가 무엇을 물어보았는지 알고 싶었다. 나사 같은 기구는 한 사람이 제정신이라는 것을 어떤 종류의 질문으로 증명할 수 있다고 생각할까?

"그들이 한 질문 중 하나는 이거예요. 당신은 사람들이 선하다고 생각합니까? 아니면 악하다고 생각합니까?" 그녀가 말했다.

"당신은 뭐라고 답했나요?"

"저는 사람들이 선하다고 생각해요."

우리는 계속 걸었다. 나는 그들과 함께할 수 있음에 감사했다. 나는 즐거운 시간을 보내고 있었다.

그날 아침은 안개가 짙었다. 카운트다운이 시작되자 모두 조용해졌다. 우리는 손에 스마트폰을 쥔 채 태평양으로 떨어지는 절벽이 있는 서쪽을 바라보았다. 커다란 함성이 울려 퍼졌다. 우리는 무슨 일이 일어나고 있는지 볼 수 없었지만 미소를 지었다. 우리는 카메라를 들어 올렸다. 땅이 흔들리고 있었다.

감사의 말

이 책을 집필하는 동안 나 때문에 여러 번 고생한 나의 편집자 크리스 도일(나는 이로써 장을 구분하지 않고 의식의 흐름대로 서술하는 실험을 다시는 하지 않을 것을 약속한다), 폴 배게일리, 찰리 캠벨, 윌 프랜시스, 니컬러스 블레이크, 그레그 캘러스에게 감사를 전한다.

또한 이 책의 영감이 된 로이 바우마이스터의 약력을 의뢰해준 잡지 『매터』의 바비 존슨(그리고 끝없는 인터뷰에 응해준 로이 바우마이스터에게도), 매우 유용한 의견을 제시해주었으며 뛰어난 재능을 갖춘 타샤 유리치 박사, 전사轉寫를 해준 나의 구원자 어밀리아 진 존스, 우정과 조언을 아끼지 않은 크레이그 피어스, 문 키트 루이, 앨릭스 빌메스, 매슈 드러먼드, 커비 킴, 리베카 폴랜드. 또한 이 책이 출간되기 전 원고를 검토해준 명석한 두뇌로 구성된 나의 패널 소피 스콧 교수, 콘스턴틴 세디키데스 교수, 스튜어트 리치 박사, 헬렌 모랄레스 교수에게 감사를 표한다. 또한 한없이 친절한(이해심이 깊은?) 폴 블룸 교수에게도 감사한다. 그는 완전히 낯선 이였던 나를 도와주는 것을 넘어 크리스마스이브에 누락된 인용문을 찾는 성가신 일을 기꺼이 해주었다.

무엇보다 직접 만나서 혹은 전화로, 어떤 식으로든 내게 생각과 시간을 내어준 모든 이에게 감사의 말을 전하고 싶다. 호명한 사람 모두에게, 대단히 감사드린다.

마지막으로, 멋지고 훌륭한 나의 아내 파라에게 고맙다는 말을 전한다.

이 책의 방법론에 대하여

언론인으로서, 나의 지식은 넓지만 얄팍하다. 이 책에서 다루고 있는 생각의 대부분은 내 연구의 주요 출처였던 학술적이기도 하고 대중적이기도 한 다양하고 훌륭한 서적들과 정기간행물에 상세히 기록되어 있다. 나는 주로 교수 등으로 구성된 전문가와의 인터뷰로 이 조사를 보완했다. 이 책의 전반적인 개념들은 비교적 논란의 여지가 적으며 널리 받아들여지고 있다.

일부 논란의 여지가 있는 과학 분야에 대해 조사할 때, 전문 지식이 없는 기자인 내가 이를 제대로 이해하기엔 너무 어려울 것이라 우려되어 전문가의 자문을 구했다.

마지막으로, 나는 전문성을 갖춘 학자로 구성된 팀을 꾸려 원고의 전체 혹은 일부를 읽도록 했다. 그들은 내가 원고에서 실수를 범한 부분에 대해 설명과 조언을 해주었다.

이 책은 2차 자료에 의존하기 때문에 그 체계가 불완전하다. 또한 현재 그 의의가 불안정하다는 격동을 겪고 있는 사회심리학적 발견에 많은 부분 초점을 맞추고 있다. 더구나 나는 내가 편견으로부터 자유롭다고 단언하지 않으며 절대 실수를 하지 않는다고도 함부로 말할 수 없다. 만약 오류를 찾거나 어떤 새로운 발견이 이 책의 주장을 무효화한다면, 향후 이 책의 판본을 수정하고 최신 정보를 수록할 수 있도록 나의 웹사이트(willstorr.com)를 통해 그러한 사실을 일러준다면 매우 감사하겠다.

당연히 이 책은 관련된 과학적 사실의 극히 일부만을 수록하고 있다. 분명히 어떤 학자들은 내가 이 책에서 인용하는 학자들에 동의하지 않을 것이다. 만약 이런 점이 당신의 호기심을 자극한다면, 더욱 깊게 파고들 것을 권한다. 당신은 분명히 더욱 최신의, 그리고 이 책의 몇몇 연구와 충돌하는 과학적 사실을 발견하게 될 것이다.

일부 이름은 바꾸었고 모든 인터뷰는 편집되었으며 문체를 간결하게 하고자 인용문 내에서 생략 부호를 사용하지 않았다. 이 책의 몇몇 부분은 이전에 『모자이크』『에스콰이어』『뉴요커』『매터』『가디언』『이언 Aeon』『GQ 호주』『코즈모폴리턴』 같은 정기간행물에 다른 형태로 실렸음을 밝힌다.

0. 죽어가는 자아

1　데비의 자살 시도에 관한 이야기는 데비와의 인터뷰와 자비출판한 그녀의 회고록 『섹스, 자살 그리고 세로토닌Sex, Suicide and Serotonin』을 바탕으로 했다.

2　Office for National Statistics: Suicides in the United Kingdom: 2014 registrations.

3　여러 이유로 이에 관해 정확히 검증하기는 어렵다. 먼저 소수의 환자에게 정말로 항우울제 복용의 부작용으로, 자살 경향성이 약간 증가되는 것으로 보인다(하지만 일부 연구는 이런 효과를 발견하지 못했다). 두 번째로, 연구원들은 현재 항우울제가 자살에 미치는 전반적인 영향력에 대해서 대립된 의견을 보이고 있다. 일부는 그 어떠한 영향력도 부인하는 반면, 다른 이들은 항우울제가 현저하게 자살을 감소시켰다는 것을 발견했다.

4　WHO Global Health Observatory Repository, apps.who.int/gho/data.node. main.RCODWORLD?lang=en, accessed 7 September 2015.

5　https://afsp.org/about-suicide/suicide-statistics/. AFSP는 자살 시도가 실제로 이보다 더 많을 것으로 추정한다. 고든 플렛은 자살 사망 수의 25배에 달하는 자살 시도가 있다고 본다. 세계보건기구의 보고서(Preventing Suicide, A Global Imperative)는 그 수치를 20배라고 추정하긴 하지만, 이 데이터가 완벽하지 않다는 점을 인정한다.

6　영국에서는 남성의 자살이 78퍼센트를 차지한다. "남성의 자살률은 2001년에 가장 높았다고 영국 통계청은 밝혔다. 영국 통계청은 영국에서의 남성 자살률은 2007

년 이후로 '현저하게 증가했고' 여성의 자살률은 '계속해서 감소하고 있다'고 발표했다."
Daily Telegraph, 19 February 2015. 미국에서는 79퍼센트를 차지한다. CDC, National
Center of Injury Prevention and Control, Suicide fact sheet, 2012. 호주의 경우는
77퍼센트다. Australian Bureau of Statistics, Gender Indicators, Australia, January
2013, Suicides. 캐나다에서는 남성의 자살률이 '여성의 자살률보다 약 세 배 더 높다.'
'The silent epidemic of male suicide', Dan Bilsker and Jennifer White, *British
Columbia Medical Journal* (December 2011), vol. 53, no. 10, pp. 529-534.

7   로리 오코너.

8   'Gender-Related Schemas and Suicidality: Validation of the Male and Female
Traditional Gender Scripts Questionnaires', Martin Seager, Luke Sullivan, John
Barry, *New Male Studies: An International Journal* (2014), vol. 3, issue 3, pp.
34-54.

9   'Men, Suicide and Society, Why disadvantaged men in mid-life die by
suicide', Samaritans' research report, Clare Wyllie et al., September 2012.

10   'Suicide as escape from self', Roy Baumeister, *Psychological Review* (January
1990), 97(1), pp. 90-113.

11   로리 오코너. 사실 확인 과정 중 이메일로 언급했다.

12   'Cross-national prevalence and risk factors for suicidal ideation, plans and
attempts', Matthew K. Nock et al., *British Journal of Psychiatry* (January 2008),
192(2), pp. 98-105.

13   'Tiny waist, insect legs: fashion still in thrall to triple zero', Josh Boswell and
Elisabeth Perlman, *Sunday Times*, 25 October 2015.

14   'Tiny waist, insect legs: fashion still in thrall to triple zero', Josh Boswell and
Elisabeth Perlman, *Sunday Times*, 25 October 2015.

15   'Predicting dépression, anxiety and self-harm in adolescents: The role of
perfectionism and acute life stress', Rory O'Connor et al., *Behaviour Research
and Therapy* (January 2010), 48(1), pp. 52-59. 이 보고서에서 연구원들은 '극심한 생활
스트레스와 상호작용하는' 사회적 완벽주의가 '자해의 전조'가 된다는 증거를 발견했다.
'Perfectionism and eating disorders: Current status and future directions', Anna M.
Bardone-Cone et al., *Clinical Psychology Review* (April 2007), 27(3), pp. 384-405.

16 'Perfectionism Is Increasing Over Time: A Meta-Analysis of Birth Cohort Differences From 1989 to 2016', T. Curran and A. P. Hill, *Psychological Bulletin* (2017).

17 *Adult Psychiatric Morbidity Survey: Survey of Mental Health and Wellbeing, England,* 2014, NHS Digital, Chapter 12: 'Suicidal thoughts, suicide attempts and self harm'.

18 'NHS figures show 'shocking' rise in self-harm among young', Denis Campbell, *Guardian*, 23 October 2016.

19 'Teen Depression and Anxiety: Why the Kids Are Not Alright', Susanna Schrobsdorff, *Time Magazine*, 27 October 2016.

20 'NHS figures show 'shocking' rise in self-harm among young', Denis Campbell, *Guardian*, 23 October 2016.

21 'Stark rise in eating disorders blamed on overexposure to celebrities' bodies', Denis Campbell, *Guardian*, 25 June 2015.

22 'The prevalence of body dysmorphic disorder in the United States adult population', L. M. Koran et al., *CNS Spectrums* (April 2008), 13(4), pp. 316-322. 신체 불만족감이 만연해 있다는 것을 발견한 2016년의 연구 또한 참고하길 바란다. 'Correlates of appearance and weight satisfaction in a U.S. National Sample: Personality, attachment style, television viewing, self-esteem, and life satisfaction', David Frederick et al., *Body Image* (June 2016), vol. 17, pp. 191-203. (남성의 15퍼센트와 여성의 20퍼센트는 자신의 몸무게에 극도로 불만족스러워했다.)

23 'Body Image Disorders and Abuse of Anabolic-Androgenic Steroids Among Men', Harrison G. Pope Jr et al., *JAMA* (January 2017), 317(1), pp. 23-24.

24 'Number of men referred for eating disorder treatment rises by 43percent', *Daily Telegraph*, 24 July 2017.

25 'Spiralling anabolic steroid use leaves UK facing health time bomb, experts warn', Peter Walker, *Guardian*, 19 June 2015.

26 'UK gym membership spending up by 44%', Rebecca Smithers, *Guardian*, 18 August 2015.

27 All Party Parliamentary Group on Body Image, final report, 19 September 2014,

p. 7.

28 'Campus Suicide and the Pressure of Perfection', Julie Scelfo, *New York Times*, 28 July 2015.

29 'The destructiveness of perfectionism revisited: Implications for the assessment of suicide risk and the prevention of suicide', Gordon L. Flett, Paul L. Hewitt, Marnin J. Heisel, *Review of General Psychology* (September 2014), 18(3), pp. 156–172.

30 Christian Jarrett, 'Perfectionism as a risk factor for suicide – the most comprehensive test to date', *British Psychological Society Digest*, 27 July 2017.

31 'Teenage girl killed herself amid fears she would be branded racist over joke photo she sent friends, inquest hears', Lydia Willgress, *Daily Telegraph*, 28 August 2016.

32 'Campus Suicide and the Pressure of Perfection', Julie Scelfo, *New York Times*, 28 July 2015.

33 인터뷰 대상자의 요청으로 가명을 사용했다.

34 'Perfectionism Is Increasing Over Time: A Meta-Analysis of Birth Cohort Differences From 1989 to 2016', T. Curran and A. P. Hill, *Psychological Bulletin* (2017). 이 연구 보고서는 저자가 모든 연구를 완료한 뒤, 정식 출간 전 온라인에서 사전 출간되었다. 참고로 이 연구 보고서는 이 책 원서 초판 발행 7개월 뒤인 2018년 1월 2일에 출간되었다.

1. 부족으로서의 자아

1 존의 이야기는 인터뷰와 그의 자서전을 바탕으로 한다. *From Gangland to Promised Land, with Greg Watts* (2nd edn: Transform Management, 2004).

2 *Human Frontiers, Environments and Disease: Past Patterns, Uncertain Futures*, Tony McMichael (Cambridge University Press, 2004), p. 133.

3 *Why We Believe in God(s)*, J. Anderson Thomson Jr. with Clare Aukofer (Pitchstone Publishers, 2011), p. 35.

4   *Demonic Males*, Richard Wrangham and Dale Preston (Bloomsbury, 1996), p. 26.

5   *Who's In Charge?* Michael S. Gazzaniga (Robinson, 2011), p. 149.

6   *Demonic Males*, Richard Wrangham and Dale Preston (Bloomsbury, 1996), p. 24.

7   *Demonic Males*, Richard Wrangham and Dale Preston (Bloomsbury, 1996), p. 23.

8   *Demonic Males*, Richard Wrangham and Dale Preston (Bloomsbury, 1996), p. 24.

9   *Just Babies*, Paul Bloom (Bodley Head, 2013), p. 80.

10 *Moral Tribes*, Joshua Greene (Atlantic Books, 2013), p. 41.

11 *The Origins of Virtue*, Matt Ridley (Penguin, 1996), pp. 157–159.

12 *Demonic Males*, Richard Wrangham and Dale Preston (Bloomsbury, 1996), p. 131.

13 *Demonic Males*, Richard Wrangham and Dale Preston (Bloomsbury, 1996), p. 187.

14 *Our Inner Ape*, Frans de Waal (Granta, 2005), p. 43.

15 *Our Inner Ape*, Frans de Waal (Granta, 2005), p. 44.

16 *Our Inner Ape*, Frans de Waal (Granta, 2005), p. 68.

17 *Demonic Males*, Richard Wrangham and Dale Preston (Bloomsbury, 1996), p. 26.

18 'Intergroup Relations', D. Messick, D. Mackie, *Annual Review of Psychology* (1989), vol. 40, pp. 45–81.

19 *Just Babies*, Paul Bloom (Bodley Head, 2013), p. 105.

20 *Just Babies*, Paul Bloom (Bodley Head, 2013), p. 113.

21 이에 대한 더 많은 정보를 위해서는 내 책을 참고하라. *The Heretics*, Will Storr (Picador, 2013). 이러한 영향에 대한 고전적인 연구로는 'Experiments in intergroup discrimination', H. Tajfel, *Scientific American* (1970), vol. 223, pp. 96–102.

22 http://australianmuseum.net.au/humans-are-apes-great-apes.

23 *The Self Illusion*, Bruce Hood (Constable, 2011), p. 138.

24 'Five-Year Olds, but Not Chimpanzees, Attempt to Manage Their Reputations', J. M. Engelmann, E. Herrmann, M. Tomasello, *PLoS ONE* (October 2012), 7(10).

25 Interview, Dr Giorgia Silani, International School for Advanced Studies.

26 65퍼센트라는 수치는 조슈아 그린 교수가 제시했으며, 그의 책에 등장한다. *Moral Tribes*, Joshua Greene (Atlantic Books, 2013), p. 45. 90퍼센트라는 수치는 마이클 가자니가 교수가 제시했으며, 그의 책에 등장한다. *Human*, Michael Gazzaniga (Harper Perennial, 2008), p. 96.

27 'Even preschoolers like to gossip', Christian Jarrett, *Psychological Research Digest*, 2 September 2016.

28 *Human*, Michael Gazzaniga (Harper Perennial, 2008), p. 96.

29 *Just Babies*, Paul Bloom (Bodley Head, 2013), p. 95.

30 'Bad gossip affects our vision as well as our judgment', Ed Yong, *Discover Magazine*, 20 May 2011.

31 http://webpages.charter.net/sn9/literature/neocortex.html.

32 조너선 하이트는 소문을 '선생님이자 경찰'이라고 설명한다. *Human*, Michael Gazzaniga (Harper Perennial, 2008), p. 96. 이타적인 처벌이 진화된 본능인지에 대해서는 논란이 있으나, 블룸은 자신의 책 91쪽에서 "인간은 언제 어디서나 무임승차자를 처벌한다"고 했다. *Just Babies*, Paul Bloom (Bodley Head, 2013), ch. 3.

33 *The Redemptive Self*, Dan P. McAdams (Oxford University Press, 2013), p. 29.

34 *Just Babies*, Paul Bloom (Bodley Head, 2013), p. 8.

35 *Just Babies*, Paul Bloom (Bodley Head, 2013), p. 27.

36 조슈아 그린의 책에 이 연구에 대한 설명이 아주 잘 기술되어 있으므로 추천한다. *Moral Tribes*, Joshua Greene (Atlantic Books, 2013). 그는 자신의 책(23쪽)에서, 우리가 도덕적인 사람이라고 여기는 사람은 본질적으로 "이타주의적이고 사심이 없으며 다른 사람을 이롭게 하기 위해 개인을 희생하려는 의지가 있다"고 묘사한다.

37 이기적인 자에 대한 부족의 처벌이 그 집단에게 아니면 그 개인에게 또는 집단과 개인 모두에게 이롭기 때문에 행해지는 것인지에 대해서는 의견이 분분하다. 집단이든 개인이든 그 결과가 어떻게 되든지, 이러한 맥락의 요점은 단순히 이기심은 나쁜 것으로 여겨지고 그러한 행동은 처벌되었다는 것이다. 이기적인 행동이 나에게 또는 모두에게 아니면

셀 피

나와 모두, 둘 다에게 나쁜 것이었든 간에 어쨌든 부족은 이기적인 행동을 억누르기 위해 매일 노력해야만 원활하게 기능할 수 있었다.

38 'Naïve theories of social groups', M. Rhodes, *Child Development* (2012), 83(6), pp. 1900-1916.

39 'It's payback time: Preschoolers selectively request resources from someone they had benefitted', Markus Paulus, *Developmental Psychology* (August 2016), 52(8), pp. 1299-1306.

40 *Just Babies*, Paul Bloom (Bodley Head, 2013), pp. 80-81.

41 조너선 하이트에 따르면 "도덕적 시스템은 가치, 미덕, 규범, 관례, 동질감, 제도, 기술, 이기심을 억누르거나 통제하고 사회생활을 가능케 하는 진화된 심리학적 메커니즘을 긴밀히 하나로 연결시키고 있다"고 한다. *Who's In Charge?* Michael S. Gazzaniga (Robinson, 2011), p. 166.

42 'Naïve theories of social groups', M. Rhodes, *Child Development* (2012), 83(6), pp. 1900-1916.

43 적어도 일부 사회과학자에 따르면, 이타적 행위는 주로 개인의 희생이 그리 크지 않을 때 일어나는 경향이 있다고 한다. 부족 바깥의 사람들이나 내집단의 사람들에게 친절을 베푸는 행위는 비교적 드물다. 물론, 이타적으로 행동하면 평판이 더욱 좋아진다는 보상을 얻는다. 더욱 자세한 정보를 위해서는 *Moral Tribes*, Joshua Greene (Atlantic Books, 2013), p. 39를 참고. "우리는 무엇보다도 친인척과 친구들을 신경 써서 돌보지만, 지인들이나 낯선 사람에 대해서도 그러하다. (…) 우리는 우리가 크게 희생하지 않아도 되는 한, 대가를 바라지 않고 기꺼이 낯선 이를 돕고자 한다."

44 *The Power of Myth*, Joseph Campbell with Bill Moyers (Broadway Books, 1998), p. 127.

45 *Just Babies*, Paul Bloom (Bodley Head, 2013), p. 55.

46 가자니가의 작화증 실험에 대한 설명은 그의 책 *Who's In Charge?* (Robinson, 2011) 와 *Human* (Harper Perennial, 2008)을 참고. 이에 대한 또 다른 명론을 *The Happiness Hypothesis*, Jonathan Haidt (Heinemann, 2006)에서 찾아볼 수 있다.

47 *Mindwise*, Nicholas Epley (Allen Lane, 2014), p. 31.

48 *The Self Illusion*, Bruce Hood (Constable, 2011), p. 114.

49 *Who's In Charge?* Michael Gazzaniga (Robinson, 2011), p. 77.

50 'The Danger Of Inadvertently Praising Zygomatic Arches', Robert Sapolsky, *Edge*, 2013.

51 이 주제에 대한 다양하고 흥미로운 논의를 알고자 한다면, *The Self Illusion*, Bruce Hood (Constable, 2011); *Incognito: The Secret Lives of the Brain*, David Eagleman (Canongate, 2011); *The Happiness Hypothesis*, Jonathan Haidt (Heinemann, 2006)를 참조.

2. 완벽할 수 있는 자아

1 *Paideia, The Ideals of Greek Culture*, vol. 1, Werner Jaeger, trans. Gilbert Highet (Oxford University Press, NY, 1945), p. 4.

2 *Self Illusion*, Bruce Hood (Constable, 2011), pp. 14–15.

3 *The Brain*, David Eagleman (Pantheon Books, 2015), Kindle location 85.

4 *The Self Illusion*, Bruce Hood (Constable, 2011), p. 28.

5 *The Self Illusion*, Bruce Hood (Constable, 2011), p. 27.

6 *The Brain*, David Eagleman (Pantheon Books, 2015), Kindle location 85.

7 'Synesthesia: A new approach to understanding the development of perception', Ferrinne Spector, Daphne Maurer, *Developmental Psychology* (January 2009), 45(1), pp. 175–189.

8 *Self Illusion*, Bruce Hood (Constable, 2011), p. 15.

9 'Meta-analysis of the heritability of human traits based on fifty years of twin studies', Tinca J. C. Polderman et al., *Nature Genetics* (May 2015), 47, pp. 702–709.

10 'Are we products of nature or nurture? Science answers age-old question', 19 May 2015, https://www.theguardian.com/science/2015/may/19/are-we-products-of-nature-or-nuture-science-answers-age-old-question.

11 소피 스콧과의 인터뷰.

12 콘스턴틴 세디키데스가 관련 내용을 확인해주었다.

13 *The Domesticated Brain*, Bruce Hood (Penguin, 2014), p. 45.

14 *Ancient Greece* (3rd ed), Sarah B. Pomeroy et al. (Oxford University Press, 2012), pp. 18–19.

15 *Phaedo*, Plato, 109a–b.

16 *The Geography of Thought*, Richard E. Nisbett (Nicholas Braeley, 2003), p. 34.

17 'Classics for the people – why we should all learn from the ancient Greeks', Edith Hall, *Guardian*, 20 June 2015.

18 *Paideia, The Ideals of Greek Culture*, vol. 1, Werner Jaeger, trans. Gilbert Highet (Oxford University Press, NY, 1945), p. xix.

19 *Ancient Greece*, Paul Cartledge (Oxford University Press, 2011), p. 2.

20 *Ancient Greece*, Paul Cartledge (Oxford University Press, 2011), p. 1.

21 *Ancient Greece* (3rd ed), Sarah B. Pomeroy et al. (Oxford University Press, 2012), p. 23.

22 *The Suppliants*, Euripides, 103–8.

23 *Aristophanes in Performance 421 BC–AD 2007: Peace, Birds and Frogs*, Edith Hall and Amanda Wrigley (Oxford, 2007), p. 1.

24 *The Geography of Thought*, Richard E. Nisbett (Nicholas Braeley, 2003), p. 2.

25 *The Geography of Thought*, Richard E. Nisbett (Nicholas Braeley, 2003), p. 3.

26 *The Geography of Thought*, Richard E. Nisbett (Nicholas Braeley, 2003), p. 30.

27 *Ancient Greece* (3rd ed), Sarah B. Pomeroy et al. (Oxford University Press, 2012), p. 84.

28 *Classical Mythology*, Helen Morales (Oxford University Press, 2012), p. 43.

29 *The Geography of Thought*, Richard E. Nisbett (Nicholas Braeley, 2003), pp. 2–3.

30 'Megafauna', *London Review of Books*, vol. 37, no. 13, p. 25.

31 *The Ideals of Greek Culture*, vol. 1, Werner Jaeger, trans. Gilbert Highet (Oxford University Press, NY, 1945), p. xxii.

32 *Ancient Greece* (3rd ed), Sarah B. Pomeroy et al. (Oxford University Press, 2012), pp. 2–3.

33 *Ancient Greece* (3rd ed), Sarah B. Pomeroy et al. (Oxford University Press, 2012), p. 79.

34 *Ancient Greece* (3rd ed), Sarah B. Pomeroy et al. (Oxford University Press, 2012), p. 79.

35 *The Ideals of Greek Culture*, vol. 1, Werner Jaeger, trans. Gilbert Highet (Oxford University Press, NY, 1945), p. 4.

36 *The Geography of Thought*, Richard E. Nisbett (Nicholas Braeley, 2003).

37 어떤 이들은 일화적 기억과 자서전적 기억을 같은 것으로 여긴다.

38 *Making up the Mind*, Chris Frith (Blackwell, 2007), p. 109.

39 이 부분에 대해서 더 자세히 알고 싶다면 나의 책 *The Heretics*를 참조해라.

40 'The Illusion of Moral Superiority', Ben M. Tappin and Ryan T. McKay, *Social Psychological and Personality Science* (2016), pp. 1–9.

41 *Mindwise*, Nicholas Epley (Penguin, 2014), p. 54.

42 *The Construction of the Self*, Susan Harter (Guildford Press, 2012), p. 39.

43 *The Construction of the Self*, Susan Harter (Guildford Press, 2012), p. 50.

44 *The Redemptive Self*, Dan P. McAdams (Oxford University Press, 2013), p. xii.

45 *The Redemptive Self*, Dan P. McAdams (Oxford University Press, 2013), p. 284.

46 *The Stories We Live By*, Dan P. McAdams (Guilford Press, 1997), p. 91.

47 더 자세한 정보를 원한다면 나의 책 *The Heretics*를 참조해라.

48 *The Power of Myth*, Joseph Campbell with Bill Moyers (Broadway Books, 1998), p. 126.

49 *The Seven Basic Plots*, Christopher Booker (Continuum, 2005), p. 555.

50 *The Seven Basic Plots*, Christopher Booker (Continuum, 2005), pp. 123–124.

51 *The Seven Basic Plots*, Christopher Booker (Continuum, 2005), p. 268.

52 *Redirect*, Timothy D. Wilson (Penguin, 2013), p. 268.

53 *The Geography of Thought*, Richard E. Nisbett (Nicholas Braeley, 2003), p. 34.

54 *The Geography of Thought*, Richard E. Nisbett (Nicholas Braeley, 2003), p. 31.

55 공자에 대한 이야기의 출처는 주로 *Confucius and the World He Created*, Michael Schuman (Basic, 2015); *Confucianism*, Daniel K. Gardner (Oxford University Press, 2014).

개인주의자와 집산주의자의 자아가 자신들이 살아가기 위한 각기 다른 장소들을 어떻게 만들어내는지 보기 위해 중국에 가볼 필요는 없다. 사회학자들이 홈스테드Homestead 와 림록Rimrock이라고 부른, 겉보기에 비슷해 보이는 뉴멕시코주에 있는 두 마을의 약 250명의 사람들을 대상으로 실시한 1953년 MIT의 한 놀라운 연구는 그 영향의 일부를 보여주고 있다. 두 마을 모두 문화적으로는 미국인이지만, 그들이 어느 정도로 개인주의자인가 하는 것에 있어서는 약간의 차이가 있었다. 림록은 모르몬교의 선교사들에 의해 세워져 지역사회의 협력에 관심을 가졌던 반면, 홈스테드는 건조 평원 지대의 이주자들에 의해 세워졌다. 홈스테드에서는 침례교, 장로교, 감리교, 나사렛교, 캠벨교, 성결교, 제7일 안식일 예수 재림교, 모르몬교, 가톨릭교, 오늘날의 교리와 같은 신성한 기독교 종파가 모두 섞여 있었고 심지어는 두 명의 무신론자도 있었으며, 훨씬 개인주의적이었다. 이들의 세계관에서 드러나는 차이점은 비교적 미미했으나 사회적 관계에 있어서는 그렇지 않았다. 이러한 차이점들은 상당히 실질적인 영향을 일으켰고 이는 각 마을에 상당한 영향을 미쳤다.

마을에 자갈을 깔아 거리를 포장할 수 있는 기회가 찾아오자, 림록의 집산주의자들은 회의를 소집했다. 의견 충돌 끝에 한 가구당 20달러의 돈을 기부하기로 했고 상인들은 더 많은 돈을 지불해야 했다. 이렇게 이 일은 마무리되었다. 그들은 거리에 자갈을 깔았다. 개인주의자들이 사는 홈스테드에도 같은 기회가 왔을 때, 마을 주민들은 자갈을 까는 것이 그들에게 별로 직접적인 이로움을 주지 않을 수도 있다는 생각에 돈을 지불하는 것을 꺼려했다. 몇몇 지역 사업체들은 돈을 지불하고 자신의 사유지 앞에 자갈을 깔았다. 하지만 '나머지 마을의 거리들은 비 오는 날이면 진흙으로 진창이 되었다.'

고등학교 체육관 건립 계획에 있어서도 비슷한 일이 일어났다. 집산주의자들이 사는 림록은 또다시 의견 대립 끝에, 건장한 사람들은 50시간의 노동을 제공하거나 그렇지 않으면 50달러를 기부하는 것으로 합의에 이르렀다. 건립 계획은 완수되었고 그들은 체육관을 갖게 되었다. 하지만 64킬로미터 떨어진 개인주의자들의 마을인 홈스테드에서는 같은 계획이 거부되었다. 건설을 위한 자금이 조달되었을 때, 마을의 모든 이는 시간당 지불을 요구했다. 그러나, 그러자 현금이 바닥나고 작업은 중단되었다. 보고서의 저자들은 발표했다. "오늘날, 지어지다 만 체육관, 비가 오면 천천히 무너져 내리는 만여 개의 흙벽돌더미는 홈스테드 주민들의 개인주의의 기념물로 서 있다."

물론 동아시아 지역의 매우 높은 자살률과 피비린내 나는 공산주의의 비참한 역사가 엄격한 집산주의를 채택한다고 해서 세상이 마법처럼 유토피아 같은 곳이 되지 않을 것이라는 건 분명하다. 하지만 이 연구와 같이, 단 하나의 사례에 국한하여 접근하는 것은, 적어도 이 미묘한 차이가 얼마나 큰 영향을 미칠 수 있는지를 보여주기에 흥미롭다.

56 *Confucius and the World He Created*, Michael Schuman (Basic Books, 2015), p. xvii.

57 *Confucianism*, Daniel K. Gardner (Oxford University Press, 2014), p. 5.

58 *The Geography of Thought*, Richard E. Nisbett (Nicholas Braeley, 2003), pp. 31–32.

59 *The Geography of Thought*, Richard E. Nisbett (Nicholas Braeley, 2003), p. 31.

60 리처드 E. 니스벳과의 인터뷰.

61 'Culture and cause: American and Chinese attributions for social and physical events', Michael W. Morris, Kaiping Peng, *Journal of Personality and Social Psychology* (December 1994), 67(6), pp. 949–971.

62 'Attending holistically versus analytically: comparing the context sensitivity of Japanese and Americans', T. Matsuda and R. E. Nisbett, *Journal of Personality and Social Psychology* (November 2001), 81(5), pp. 922–934.

63 'Holistic Versus Analytic Expressions in Artworks: Cross-Cultural Differences and Similarities in Drawings and Collages by Canadian and Japanese School-Age Children', S. Senzaki et al, *Journal of Cross-Cultural Psychology* (June 2014), 45(8), pp. 1297–1316.

64 'Culture and cause: American and Chinese attributions for social and physical events', Michael W. Morris, Kaiping Peng, *Journal of Personality and Social Psychology* (December 1994), 67(6), pp. 949–971.

65 'Ecocultural basis of cognition: Farmers and fishermen are more holistic than herders', Ayse K. Uskul, Shinobu Kitayama, and Richard E. Nisbett, *Proceedings of the National Academy of Sciences of the United States of America* (June 2008), 105(25), pp. 8552–8556.

66 'Insult, aggression, and the southern culture of honor: an experimental ethnography', D. Cohen, R. E. Nisbett, B. F. Bowdle, N. Schwarz, *Journal of Personality and Social Psychology* (May 1996), 70(5), pp. 945–960.

67 'Large-Scale Psychological Differences Within China Explained by Rice Versus Wheat Agriculture', T. Talhelm et al., *Science* (May 2014), 344(6184), pp. 603–608.

68 *The Geography of Thought*, Richard E. Nisbett (Nicholas Braeley, 2003), p. 97.

69 *Quiet*, Susan Cain (Penguin, 2013), p. 187.

70 리처드 E. 니스벳과의 인터뷰.

71 김의철과의 인터뷰.

72 'Self-esteem in American and Chinese (Taiwanese) children', Lian-Hwang Chiu, *Current Psychology* (December 1992), 11(4), pp. 309-313.

73 *The Autobiographical Self in Time and Culture*, Qi Wang (Oxford University Press, 2013), pp. 46 and 52.

74 *The Cultural Animal*, Roy Baumeister (Oxford University Press, 2005), p. 102.

75 'Suicide in the World', Peeter Värnik, *International Journal of Environmental Research and Public Health* (March 2012), 9(3), pp. 760-771.

76 'Tackling South Korea's high suicide rates', Lucy Williamson, BBC News, 8 November 2011.

77 'Poll Shows Half of Korean Teenagers Have Suicidal Thoughts', Yewon Kang, *Korea Realtime*, 20 March 2014.

78 'Back from the edge', *The Economist*, 28 June 2014.

79 *Politics and Vision: Continuity and Innovation in Western Political Thought* (Princeton, 2004), pp. 71-72.

3. 나쁜 자아

1 *Pluscarden Abbey*, Dom Augustine Holmes OSB (Heritage House, 2004), p. 28.

2 *Rule of St Benedict*, 72.4.

3 *Rule of St Benedict*, 7.19.

4 *Rule of St Benedict*, 7.51-52.

5 *Our Purpose and Method*, Abbot Aelred Carlyle OSB (Pluscarden Abbey, 1907), p. 3.

6 *Medieval Britain*, John Gillingham and Ralph A. Griffiths (Oxford University Press, 2000), p. 101.

7 *Medieval Britain*, John Gillingham and Ralph A. Griffiths (Oxford University Press, 2000), p. 69.

8 *Medieval Britain*, John Gillingham and Ralph A. Griffiths (Oxford University Press, 2000), p. 75.

9 *The Secret of our Success*, Joseph Henrich (Princeton University Press, 2016), p. 36.

10 *The Secret of our Success*, Joseph Henrich (Princeton University Press, 2016), p. 44.

11 *The Secret of our Success*, Joseph Henrich (Princeton University Press, 2016), p. 46.

12 *The Secret of our Success*, Joseph Henrich (Princeton University Press, 2016), p. 130.

13 *The Secret of our Success*, Joseph Henrich (Princeton University Press, 2016), p. 37.

14 *The Secret of our Success*, Joseph Henrich (Princeton University Press, 2016), p. 42.

15 *The Secret of our Success*, Joseph Henrich (Princeton University Press, 2016), pp. 38-40.

16 *The Secret of our Success*, Joseph Henrich (Princeton University Press, 2016), p. 42-44.

17 *The Secret of our Success*, Joseph Henrich (Princeton University Press, 2016), p. 42.

18 *The Secret of our Success*, Joseph Henrich (Princeton University Press, 2016), p. 119.

19 *The Secret of our Success*, Joseph Henrich (Princeton University Press, 2016), p. 42.

20 *Our Inner Ape*, Frans de Waal (Granta, 2005), p. 56.

21 *Our Inner Ape*, Frans de Waal (Granta, 2005), p. 56; *The Secret of our Success*, Joseph Henrich (Princeton University Press, 2016), p. 56.

22 'Prestige-biased cultural learning: bystander's differential attention to potential models influences children's learning', Maciej Chudek et al., *Evolution and Human Behavior* (January 2012), 33(1), pp. 46-56.

셀피

23 *The Secret of our Success*, Joseph Henrich (Princeton University Press, 2016), p. 43.

24 *The Secret of our Success*, Joseph Henrich (Princeton University Press, 2016), p. 43.

25 *The Secret of our Success*, Joseph Henrich (Princeton University Press, 2016), pp. 125–126.

26 *The Secret of our Success*, Joseph Henrich (Princeton University Press, 2016), p. 154.

27 *Story*, Robert McKee (Methuen, 1999), p. 137.

28 *The Happiness Hypothesis*, Jonathan Haidt (Heinemann, 2006), p. 220.

29 *Brain and Culture*, Bruce Wexler (MIT Press, 2008), p. 76.

30 'Just think: The challenges of the disengaged mind', Timothy D. Wilson et al., *Science* (July 2014), 345(6192), pp. 75–77.

31 'Dopamine Jackpot! Sapolsky on the Science of Pleasure', http://www.dailymotion.com/video/xh6ceu_dopamine-jackpot-sapolsky-on-the-science-of-pleasure_news.

32 나는 스티브 콜의 연구에 관해서 『뉴요커New Yorker』('A Better Kind of Happiness', 7 July 2016)에 기사를 썼다. 에우데모니아적 행복에 대한 그와 그의 동료들의 연구는 긍정 심리학에 뿌리를 둔 연구 결과를 전적으로 지지하는 것에 부분적으로 반대하는 것으로 보이는 과학자들로부터 맹렬하고도 지속적으로 비판을 받아왔다. 그들은 몇 번이고 이 연구가 '틀렸음을 드러내고자' 시도했던 이력이 있다. 그러자 콜은 그들의 계속되는 비판이 그저 또 다른 불평을 하기 위해서일 뿐이라고 말했다. 내가 이 책을 쓰는 내내, 이러한 상황은 여전히 계속되었다.
나 또한 이 과학자들과 같이 긍정 심리학에 본능적인 의구심을 갖고 있지만, 나에게는 그들의 특정 행동 양식이 이성적이기보다는 이념적인 동기를 무심코 드러내는 것이 아닌가로 보였다. 물론 이는 내 의견일 뿐이다. 물론 어떤 이의 동기가 이념적이라고 해서 무조건 그것이 잘못되었다고 할 수 없음을 밝히는 바이다. 본문에서 말했듯이, 이는 초기의 연구라는 점을 감안하고 받아들여야 한다. 이 논쟁에 대해 좀더 알고자 한다면, 훌륭한 기자인 조 머천트의 앞선 재판에 관한 『네이처』 보고서, 'Immunology: The pursuit of happiness', *Nature* (November 2013), 503(7477), pp. 458–460로 시작하는 것이 좋을 것이다.

33 'Purpose in Life as a Predictor of Mortality Across Adulthood', Patrick Hill and Nicholas Turiano, *Psychological Science* (May 2014), 25(7), pp. 1487-1496.

34 브라이언 리틀과의 인터뷰 그리고 *Me, Myself and Us*, Brian Little (PublicAffairs, 2014), p. 183 참고.

35 *Our Purpose and Method*, Abbot Aelred Carlyle OSB (Pluscarden Abbey, 1907), p. 6.

36 *The Victory of Reason*, Rodney Stark (Random House, 2005), pp. 55-61.

37 *The Victory of Reason*, Rodney Stark (Random House, 2005), p. 9.

38 *The Victory of Reason*, Rodney Stark (Random House, 2005), p. 11.

39 *The Victory of Reason*, Rodney Stark (Random House, 2005), p. x.

40 *The Victory of Reason*, Rodney Stark (Random House, 2005), p. 8.

41 *The Victory of Reason*, Rodney Stark (Random House, 2005), p. 5.

42 나의 훌륭한 교열 담당자 니컬러스 블레이크의 주석이다. 나는 그가 시장의 광장에서 사람들을 가르친 줄 알았다.

43 지크문트 프로이트의 어린 시절에 대한 이야기는 *Freud: Darkness in the Midst of Vision*, Louis Breger (John Wiley and Sons, 2000); *A Compulsion for Antiquity: Freud and the Ancient World*, Richard Armstrong (Cornell University Press, 2005); *Freud and Oedipus*, Peter L. Rudnytsky (Columbia University Press, 1987); *Classical Mythology*, Helen Morales (Oxford University Press, 2012)를 출처로 한다.

44 추측이긴 하나 프로이트가 모니카에게 성추행을 당했다는 데는 의심의 여지가 없다. 프로이트는 "그녀는 성적인 면에 있어서 나의 선생님이다"라고 기록했으며 또 "부덕한 간호사들이 우는 아이들의 성기를 쓰다듬어서 재웠다는 것은 잘 알려져 있다"라고 기록되어 있다. *Freud and Oedipus*, Peter L. Rudnytsky (Columbia University Press, 1987), p. 58.

45 http://www.freud.org.uk/education/timeline/.

46 *Freud and Oedipus*, Peter L. Rudnytsky (Columbia University Press, 1987), p. 16.

47 Quoted in *Freud and Oedipus*, Peter L. Rudnytsky (Columbia University Press, 1987), pp. 51-52.

48 *Mindwise*, Nicholas Epley (Penguin, 2014)를 참고.

49 *Mindwise*, Nicholas Epley (Penguin, 2014), p. 101.

50 'Believers' estimates of God's beliefs are more egocentric than estimates of other people's beliefs', Nicholas Epley et al., *Proceedings of the National Academy of Sciences of the United States of America*, vol. 106, no. 51.

51 'Believers' estimates of God's beliefs are more egocentric than estimates of other people's beliefs', Nicholas Epley et al., *Proceedings of the National Academy of Sciences of the United States of America* (December 2009), 106(51), pp. 21533 – 21538.

52 *Mindwise*, Nicholas Epley (Penguin, 2014), p. 111.

53 *Classical Mythology*, Helen Morales (Oxford University Press, 2012), p. 71.

54 *Classical Mythology*, Helen Morales (Oxford University Press, 2012), p. 74.

55 *Classical Mythology*, Helen Morales (Oxford University Press, 2012), p. 69.

56 *The Renaissance*, Jerry Brotton (Oxford University Press, 2006), pp. 24 – 28.

57 이 이야기는 1969년에 출간된 프리츠 펄스의 자서전 *In and Out the Garbage Pail* (Bantam, 1972)을 바탕으로 한다. 펄스는 책에서 쪽수를 매기지 않았다. 맥락과 관련된 세부 사항은 *Esalen: America and the Religion of No Religion*, Jeffrey J. Kripal (University of Chicago Press, 2007); *The Upstart Spring: Esalen and the Human Potential Movement, The First Twenty Years*, Walter Truett Anderson (iUniverse, 2004)를 출처로 한다.

4. 착한 자아

1 물론 에설런만이 이러한 생각을 했던 것은 아니다. 예를 들어, 진정성은 하나의 확고한 가치로서 노동자 계층 문화에서 흔히 나타난다. 에설런이 흥미로운 지점은 중산층을 위한 여러 개념을 재포장하고 재정의해냈다는 것이다.

2 *Smile or Die*, Barbara Ehrenreich (Granta, 2010), p. 75.

3 *God's Salesman: Norman Vincent Peale and the Power of Positive Thinking*, Carol V. R. George (Oxford University Press, 1993), p. viii.

4 *Self Help*, Samuel Smiles (John Murray, 1859), p. 9 (1996 edition).

5   *Stories of the Supernatural: Finding God in Walmart and Other Unlikely Places*, Tyler Johnson (Destiny Image, 2010), p. 34.

6   *The Varieties of Religious Experience*, William James (Longmans, Green, 1902), p. 93.

7   *One Simple Idea: How Positive Thinking Reshaped Modern Life*, Mitch Horowitz (Crown, 2014), p. 126.

8   *One Simple Idea: How Positive Thinking Reshaped Modern Life*, Mitch Horowitz (Crown, 2014), p. 126.

9   *One Simple Idea: How Positive Thinking Reshaped Modern Life*, Mitch Horowitz (Crown, 2014), p. 132.

10   *The Rise and Fall of American Growth: The US Standard of Living Since the Civil War*, Robert J. Gordon (Princeton University Press, 2016), p. 613.

11   *The Rise and Fall of American Growth: The US Standard of Living Since the Civil War*, Robert J. Gordon (Princeton University Press, 2016), p. 606.

12   *The Rise and Fall of American Growth: The US Standard of Living Since the Civil War*, Robert J. Gordon (Princeton University Press, 2016), p. 613.

13   *The Rise and Fall of American Growth: The US Standard of Living Since the Civil War*, Robert J. Gordon (Princeton University Press, 2016), p. 609.

14   *Quiet*, Susan Cain (Penguin, 2013), p. 127.

15   *Smile or Die*, Barbara Ehrenreich (Granta, 2010), p. 92에서 인용.

16   *Dilemmas of the American Self*, John P. Hewitt (Temple, 1989), p. 96.

17   *From Counterculture to Cyberculture*, Fred Turner (University of Chicago Press, 2006), p. 29.

18   *From Counterculture to Cyberculture*, Fred Turner (University of Chicago Press, 2006), p. 29에서 인용.

19   *Carl Rogers: The Quiet Revolutionary*, Carl R. Rogers and David E. Russell (Penmarin, 2002), p. 62.

20   *The Therapeutic State: Justifying Government at Century's End*, James L. Nolan Jnr (New York University Press, 1998), Kindle location 191에서 인용.

21   *Carl Rogers: The Quiet Revolutionary*, Carl R. Rogers and David E. Russell

(Penmarin, 2002), p. 244.

22 *Carl Rogers: The Quiet Revolutionary*, Carl R. Rogers and David E. Russell (Penmarin, 2002), p. 244.

23 https://www.ewtn.com/library/PRIESTS/COULSON.TXT에서 인터뷰를 볼 수 있다.

24 *The Upstart Spring: Esalen and the Human Potential Movement, The First Twenty Years*, Walter Truett Anderson (iUniverse, 2004), pp. 10-11.

25 특별히 언급되지 않는 한, 에설런의 이야기에 대한 내 설명은 두 개의 주요하고 또한 일반인도 열람 가능한 역사적 기록을 출처로 한다. 이 둘 모두 훌륭하고 그것들이 지닌 관점은 읽을 만한 가치가 있다. 그 기록은 다음과 같다. *The Upstart Spring: Esalen and the Human Potential Movement, The First Twenty Years*, Walter Truett Anderson (iUniverse, 2004); *Esalen: America and the Religion of No Religion*, Jeffrey J. Kripal (University of Chicago Press, 2007).

26 *The American Soul Rush: Esalen and the Rise of Spiritual Privilege*, Marion Goldman (New York University Press, 2012), p. 4.

27 *The American Soul Rush: Esalen and the Rise of Spiritual Privilege*, Marion Goldman (New York University Press, 2012), p. 1.

28 *The American Soul Rush: Esalen and the Rise of Spiritual Privilege*, Marion Goldman (New York University Press, 2012), p. 1.

29 *The American Soul Rush: Esalen and the Rise of Spiritual Privilege*, Marion Goldman (New York University Press, 2012), p. 12.

30 폴라 쇼의 이름을 제외하고, 나의 에설런에서의 경험에 대한 이야기 속 사람들의 이름은 모두 가명이다.

31 *The Upstart Spring: Esalen and the Human Potential Movement, The First Twenty Years*, Walter Truett Anderson (iUniverse, 2004), p. 93.

32 *The American Soul Rush: Esalen and the Rise of Spiritual Privilege*, Marion Goldman (New York University Press, 2012), p. 36.

33 *The American Soul Rush: Esalen and the Rise of Spiritual Privilege*, Marion Goldman (New York University Press, 2012), p. 127.

34 *The American Soul Rush: Esalen and the Rise of Spiritual Privilege*, Marion

Goldman (New York University Press, 2012), p. 129.

35 https://www.youtube.com/watch?v=ZsZqJXf4vMI, 'Fritz Perls Here and Now...', https://www.youtube.com/watch?v=6AAgeT1X5oI에서 '프리츠 펄스의 대학생 심리치료'를 볼 수 있다.

36 'Joy is the Prize: A Trip to Esalen Institute', Leo E. Litwak, *New York Times*, 31 December 1967.

37 *The American Soul Rush: Esalen and the Rise of Spiritual Privilege*, Marion Goldman (New York University Press, 2012), p. 13.

38 'Joy is the Prize: A Trip to Esalen Institute', Leo E. Litwak, *New York Times*, 31 December 1967.

39 'Jane Fonda: 'I never was a hippie!'', Andrew O'Hehir, *Salon*, 9 June 2012.

40 *The Upstart Spring: Esalen and the Human Potential Movement, The First Twenty Years*, Walter Truett Anderson (iUniverse, 2004), p. 157.

41 *San Francisco Chronicle*, 23 October 1978의 인터뷰.

42 *Esalen: America and the Religion of No Religion*, Jeffrey J. Kripal (University of Chicago Press, 2007), p. 168.

43 *The Upstart Spring: Esalen and the Human Potential Movement, The First Twenty Years*, Walter Truett Anderson (iUniverse, 2004), p. 178.

44 *The American Soul Rush: Esalen and the Rise of Spiritual Privilege*, Marion Goldman (New York University Press, 2012), p. 6.

45 *The Ego Trick*, Julian Baggini (Granta, 2011), p. 119.

46 *The Self Illusion*, Bruce Hood (Constable, 2011), p. 51.

47 *Being and Nothingness*, Jean-Paul Sartre (Gallimard, 1943), p. 59.

48 'Stop Reverting to Childhood on Your Holiday Visit Home', Melissa Dahl, *New York Magazine*, 25 November 2015.

49 'Social Perception and Interpersonal Behavior: On the Self-Fulfilling Nature of Social Stereotypes', Mark Snyder et al., *Journal of Personality and Social Psychology* (1977), 35(9), pp. 655–666.

50 'Behavioral Confirmation of the Loneliness Stereotype', Ken J. Rotenberg, Jamie A. Gruman and Mellisa Ariganello, *Basic and Applied Social Psychology*

(2002), 24(2), pp. 81–89.

51 *The Self Illusion*, Bruce Hood (Constable, 2011), p. x.

52 'The Heat of the Moment: The Effect of Sexual Arousal on Sexual Decision Making', Dan Ariely and George Loewenstein, *Journal of Behavioral Decision Making* (April 2006), 19(2), pp. 87–98; *Commentary in Predictably Irrational*, Dan Ariely (HarperCollins, 2008), p. 96.

53 *Incognito*, David Eagleman (Canongate, 2012), p. 108.

54 *The American Soul Rush: Esalen and the Rise of Spiritual Privilege*, Marion Goldman (New York University Press, 2012), p. 5.

55 *The American Soul Rush: Esalen and the Rise of Spiritual Privilege*, Marion Goldman (New York University Press, 2012), p. 6.

56 'Joy is the Prize: A Trip to Esalen Institute', Leo E. Litwak, *New York Times*, 31 December 1967.

57 'Joy is the Prize: A Trip to Esalen Institute', Leo E. Litwak, *New York Times*, 31 December 1967.

58 *The American Soul Rush: Esalen and the Rise of Spiritual Privilege*, Marion Goldman (New York University Press, 2012), p. 38.

59 *The Upstart Spring: Esalen and the Human Potential Movement, The First Twenty Years*, Walter Truett Anderson (iUniverse, 2004), p. 234.

60 *Loneliness: Human Nature and the Need for Social Connection*, John Cacioppo and William Patrick (WM Norton, 2009)를 참조해라.

61 'Familiarity promotes the blurring of self and other in the neural representation of threat', Lane Beckes et al., *Social Cognitive and Affective Neuroscience* (August 2013), 8(6), pp. 670–677.

62 'Social hierarchy modulates neural responses of empathy for pain', Chunliang Feng et al., *Social Cognitive and Affective Neuroscience* (March 2016), 11(3), pp. 485–495.

63 *The Righteous Mind*, Jonathan Haidt (Allen Lane, 2012), p. xv.

64 *La Jolla Program Newsletter*, Self-Esteem Task Force Edition, vol. XX, no. 8, April 1988, pp. 1–2.

65 Letter from W. K. Coulson to Robert Ball, Exec Director CA Task Force etc., 22 March 1988, Inventory of the Task Force to Promote Self-esteem and Personal and Social Responsibility Records, Sacramento, California.

66 그 컨퍼런스는 종종 유교에 입각한 일부 동양철학에 대한 환멸을 드러냈다. "인간 잠재력 운동은 신비주의가 윤리적이지 않다는 것을 깨닫기 시작했다. 영적 권위는 흔히 도덕적 압제와 거의 같은 것이라고 할 수 있으며 마치 고대의 위계질서 체계에 뿌리를 두는 듯한 동양의 지배체계는 현대 자유민주주의에 정말로 많은 영향을 미칠 수 있다"고 크리팔은 발표했다. (*Esalen: America and the Religion of No Religion*, University of Chicago Press, 2007, p. 288)

67 *Upstart Spring: Esalen and the Human Potential Movement, The First Twenty Years*, Walter Truett Anderson (iUniverse, 2004), p. 254.

68 'The New Narcissism', Peter Marin, *Harper's Magazine*, October 1975.

69 *The Upstart Spring: Esalen and the Human Potential Movement, The First Twenty Years*, Walter Truett Anderson (iUniverse, 2004), pp. 262–263.

70 *The Upstart Spring: Esalen and the Human Potential Movement, The First Twenty Years*, Walter Truett Anderson (iUniverse, 2004), p. 148.

71 'Esteeming to retirement', Timothy Roberts, *Silicon Valley Business Journal*, 10 February 2002.

72 'Joy is the Prize: A Trip to Esalen Institute', Leo E. Litwak, *New York Times*, 31 December 1967.

5. 특별한 자아

1 에인 랜드, 너새니얼 브랜든, 앨런 그린스펀에 대한 이야기는 특별히 언급된 부분을 제외하고는 다음의 책들을 참고했다. *Ayn Rand and the World She Made*, Anne C. Heller (Anchor, 2009); *Ayn Rand Nation*, Gary Weiss (St Martin's Griffin, 2012); *My Years with Ayn Rand*, Nathaniel Branden (Jossey-Bass, 1999); *Maestro: Greenspan's Fed and the American Boom*, Bob Woodward (Simon and Schuster, 2000); *Alan Shrugged: Alan Greenspan, the World's Most Powerful Banker*, Jerome Tuccille

(John Wiley, 2002); *Alan Greenspan: The Oracle Behind the Curtain*, E. Ray Canterbury (World Scientific, 2006).

2   *The Life of I*, Anne Manne (Melbourne University Press, 2014), Kindle location 2599.

3   *My Years with Ayn Rand*, Nathaniel Branden (Jossey-Bass, 1999), pp. 62-63.

4   *The Fountainhead*, Ayn Rand (Bobbs-Merrill, 1943), p. 513.

5   *My Years with Ayn Rand*, Nathaniel Branden (Jossey-Bass, 1999), p. 226.

6   All Watched Over, Machines of Loving Grace, episode one (BBC, 2011).

7   The Mike Wallace Interview에서 랜드의 발언. https://www.youtube.com/watch?v=HKd0ToQD00o에서 시청 가능하다.

8   The Mike Wallace Interview에서 랜드의 발언. at https://www.youtube.com/watch?v=HKd0ToQD00o에서 시청 가능하다.

9   *The Psychology of Self-Esteem*, Nathaniel Branden (Jossey-Bass, 1969), p. 109.

10   *Ayn Rand and the World She Made*, Anne C. Heller (Anchor, 2009), p. 378.

11   *Capitalism: The Unknown Ideal, Ayn Rand* (New American Library, 1966), p. 47.

12   *My Years with Ayn Rand*, Nathaniel Branden (Jossey-Bass, 1999), p. 113.

13   *My Years with Ayn Rand*, Nathaniel Branden (Jossey-Bass, 1999), p. 113.

14   *Ayn Rand and the World She Made*, Anne C. Heller (Anchor, 2009), p. 275.

15   *Alan Greenspan: The Oracle Behind the Curtain*, E. Ray Canterbury (World Scientific, 2006), p. 6.

16   *Ayn Rand and the World She Made*, Anne C. Heller (Anchor, 2009), p. 398.

17   *Ayn Rand and the World She Made*, Anne C. Heller (Anchor, 2009), p. 242.

18   *Ayn Rand and the World She Made*, Anne C. Heller (Anchor, 2009), p. 276.

19   *The Virtue of Selfishness*, Ayn Rand (New American Library, 1964), p. 126.

20   *My Years with Ayn Rand*, Nathaniel Branden (Jossey-Bass, 1999), p. 219.

21   *Ayn Rand and the World She Made*, Anne C. Heller (Anchor, 2009), p. 372.

22   *Ayn Rand and the World She Made*, Anne C. Heller (Anchor, 2009), p. 370.

23   'Looking Back Objectively', Trish Todd, *Publisher's Weekly*, 10 January 1986, p. 56.

24   *Neoliberalism*, Manfred B. Steger and Ravi K. Roy (Oxford University Press,

2010), p. 7.

25 *Alan Greenspan: The Oracle Behind the Curtain*, E. Ray Canterbury (World Scientific, 2006), p. 7.

26 신자유주의의 부상에 대한 이야기의 출처는 다음과 같다. *Masters of the Universe: Hayek, Friedman and the birth of Neoliberal Politics*, Daniel Stedman Jones (Princeton University Press, 2012); *The Constitution of Liberty*, F. A. Hayek (Routledge, 1960); *The Rise and Fall of American Growth: The US Standard of Living Since the Civil War*, Robert J. Gordon (Princeton University Press, 2016); *Neoliberalism: A Brief History*, David Harvey (Oxford University Press, 2005); *Neoliberalism*, Manfred B. Steger and Ravi K. Roy (Oxford University Press, 2010); *Ill Fares the Land*, Tony Judt (Penguin, 2010); *Globalisation*, Manfred B. Steger (Oxford University Press, 2013).

27 *Masters of the Universe: Hayek, Friedman and the birth of Neoliberal Politics*, Daniel Stedman Jones (Princeton University Press, 2012), p. 30에서 인용됐다.

28 Stephen Metcalf, 'Neoliberalism: the idea that swallowed the world', *Guardian*, 18 August 2017.

29 *Masters of the Universe: Hayek, Friedman and the birth of Neoliberal Politics*, Daniel Stedman Jones (Princeton University Press, 2012), p. 59.

30 *Masters of the Universe: Hayek, Friedman and the birth of Neoliberal Politics*, Daniel Stedman Jones (Princeton University Press, 2012), p. 69에서 인용됐다.

31 *The Constitution of Liberty*, F. A. Hayek (Routledge, 1960), p. 11.

32 나는 윌 데이비스의 에세이 'How 'competitiveness' became one of the great unquestioned virtues of contemporary culture'에서 처음으로 신자유주의가 사회를 게임화시킨다는 것을 읽었다. 이에 대한 내용은 2014년 5월 19일자로 런던 정치경제대학교 홈페이지에 게시되어 있다. http://blogs.lse.ac.uk/politicsandpolicy/the-cult-of-competitiveness/.

33 *The Constitution of Liberty*, F. A. Hayek (Routledge, 1960), p. 41. 나는 2016년 11월 14일자로 『가디언』에 발행된 조지 몬비오의 칼럼 'Neoliberalism: the deep story that lies beneath Donald Trump's triumph'에서 하이에크의 이러한 생각에 대해서 처음 알게 되었다.

34 *Friedrich Hayek: A Biography*, Alan O. Ebenstein (St Martin's Press, 2014), p.

291.

35 *Friedrich Hayek: A Biography*, Alan O. Ebenstein (St Martin's Press, 2014), p. 291.

36 *Neoliberalism: A Brief History*, David Harvey (Oxford University Press, 2005), p. 23에서 인용됐다.

37 *Alan Greenspan: The Oracle Behind the Curtain*, E. Ray Canterbury (World Scientific, 2006), p. 1.

38 'The central banker of neoliberalism: Alan Greenspan steps down as Fed Chief', Joel Geier, http://socialistworker.org/2006-1/575/575_06_Greenspan.shtml.

39 *Neoliberalism*, Manfred B. Steger and Ravi K. Roy (Oxford University Press, 2010), p. 2.

40 *Neoliberalism*, Manfred B. Steger and Ravi K. Roy (Oxford University Press, 2010), p. 113.

41 *Globalisation*, Manfred B. Steger (Oxford University Press, 2013), p. 57.

42 *Globalisation*, Manfred B. Steger (Oxford University Press, 2013), p. 54.

43 *Neoliberalism: A Brief History*, David Harvey (Oxford University Press, 2005), p. 23에서 인용.

44 'Fitting In or Standing Out: Trends in American Parents' Choices for Children's Names, 1880–2007', Jean M. Twenge et al., *Social Psychological and Personality Science* (2010), 1(1), pp. 19–25.

45 내가 말하는 존 바스콘셀로스의 삶과 일에 관한 이야기는 자존감 대책위원회의 기록이 보관되어 있는 새크라멘토주의 기록 보관소와 바스콘셀로스의 개인적인 기록이 보관되어 있는 샌타바버라 캘리포니아대학의 기록 보관소에서 수행된 문헌 연구를 출처로 한다. 이뿐만 아니라 오늘날의 뉴스 보도, 인터뷰와 여러 프로필 정보를 조사했다. 나는 바스콘셀로스의 친구 데이비드 E. 러셀에게 감사를 표한다. 샌타바버라 캘리포니아대학 도서관 구전 역사 프로그램의 러셀은 1993년 바스콘셀로스 어머니와의 인터뷰를 내게 제공해주었다. 나는 이에 더해 추가적으로 바스콘셀로스를 알고 그와 함께 일했던 사람들을 직접 인터뷰했다.

46 'The West Interview: John Vasconcellos', *Mercury News*, 4 January 1987.

47 'The Self-Esteem Task Force: Making California Feel Good', Siobhan Ryan,

California Journal, June 1990.

48 Profile, Richard Trainer, *California Magazine*, October 1987.

49 앤드루 메카와의 인터뷰.

50 'Pondering Self-Esteem', David Gelman with George Raine, *Newsweek*, 2 March 1987.

51 대책위원회에 대한 1987년의 한 보고서는 "자존감이 오늘날 우스꽝스러운 것으로 여겨지는 이유는 자존감이 지금까지도 대체로 무시되어왔기 때문이다"라고 지적했다. 'Self-esteem panel says it's no joking matter', Elizabeth Fernandez, *San Francisco Examiner*, 13 February 1987.

52 자존감에 대한 일곱 번째 연례 컨퍼런스에서의 연설.

53 Carl Rogers eulogy, 21 February 1987.

54 Preliminary Guide to the John Vasconcellos Papers, Online Archive of California. http://www.oac.cdlib.org/findaid/ark:/13030/kt3c601926/entire_text/.

55 Carl Rogers eulogy, 21 February 1987.

56 'The Case of the Liberated Legislator', Ralph Keyes, *Human Behaviour*, October 1974.

57 Profile, Richard Trainer, *California Magazine*, October 1987.

58 'The Case of the Liberated Legislator', Ralph Keyes, *Human Behaviour*, October 1974.

59 'The 'Touchy Feely' Legislator', Gail Schontzler, *California Journal*, December 1975.

60 'The Case of the Liberated Legislator', Ralph Keyes, *Human Behaviour*, October 1974.

61 'The Unsettled Self-Esteem of John Vasconcellos', Jacques Leslie, *Los Angeles Times*, 23 August 1987.

62 1974년자 '셰리'의 메모로부터. The John Vasconcellos Papers, Department of Special Collections, Davidson Library, University of California, Santa Barbara.

63 'Bachelor? But don't preface it with confirmed', Carol Sarasohn, *San Jose Mercury*, 16 August 1978.

64 'A New Vision of Man, Human Nature, and Human Potential', John

Vasconcellos, *Humanist*, November/December 1972.

65 'The 'Touchy Feely' Legislator', Gail Schontzler, *California Journal*, December 1975.

66 캠페인 문서, 날짜 미상.

67 바스콘셀로스는 이러한 생각과 관련된 기사들을 스크랩하여 소장하고 있었다. 그중 한 기사의 다음 구절에 빨간 펜으로 동그라미가 그려져 있었다. "'패티는 아버지와 근친상간 관계를 맺은 첫 번째 여성이 아니다. 수천 명의 여성들이 항상 그래왔다.' 그는 그리고 이제 금기시되는 것들이 거의 없어진 시대에, 더욱 많은 여성이 사랑을 나누는 법을 아버지로부터 배웠다는 사실에 대해 실제로는 정말로 자랑스러워한다는 것을 인정하기까지 한다고 덧붙였다."

68 어떤 이들은 입법부에서 존 바스콘셀로스를 두 번째로 영향력 있는 인물로 생각하고 다른 사람들은 하원의장 다음이라고 생각하기도 한다.

69 'What's so bad about feeling good?', Jon Matthews, *Sacramento Bee*, 10 February 1987.

70 'The Unsettled Self-Esteem of John Vasconcellos', Jacques Leslie, *Los Angeles Times*, 23 August 1987.

71 'The Unsettled Self-Esteem of John Vasconcellos', Jacques Leslie, *Los Angeles Times*, 23 August 1987.

72 'Self-esteem's prophet slips', Bee Capitol Bureau, *Sacramento Bee*, 5 July 1987.

73 날짜 미상의 'Self Esteem Talk'라는 제목의 연설 녹취록.

74 이 일화에 대한 이야기는 바스콘셀로스가 그의 책 *The Social Importance of Self Esteem*의 초안 원고에 실은 서문을 출처로 한다.

75 'On Self Esteem', *San Francisco Chronicle*, 29 September 1986.

76 'What's so bad about feeling good?', Jon Matthews, *Sacramento Bee*, 10 February 1987.

77 'When the Smug Laughs Stop', *Long Beach Press Telegram*, 19 February 1990.

78 'What's so bad about feeling good?', Jon Matthews, *Sacramento Bee*, 10 February 1987.

79 'Self-esteem panel says it's no joking matter', Elizabeth Fernandez, *San*

Francisco Examiner, 13 February 1987.

80 'Self-esteem panel: another state joke?', *Pittsburgh Post Despatch*, 13 February 1987.

81 'Maybe Folks Would Feel Better If They Got To Split the $735,000', Carrie Dolan, *Wall Street Journal*, 9 February 1987.

82 'Now, The California Task Force to Promote Self-Esteem', *New York Times*, 11 October 1986.

83 'Still Getting the Feel of Things', Deborah Hastings, *Herald Examiner* (date unclear in clipping, but apparently 11 September 1988).

84 'Assemblyman Dead Serious About Self-Esteem Panel', Robert B. Gunnion, *San Francisco Chronicle*, 9 February 1987.

85 'What's so bad about feeling good?', Jon Matthews, *Sacramento Bee*, 10 February 1987.

86 'Creator says task force gaining esteem', Jim Boren, *Fresno Bee*, 20 June 1987.

87 'John Vasconcellos in conversation with Tricia Crane', *Los Angeles Herald Examiner*, 13 April 1987.

88 'Panel to Study Self-Esteem', *Education Week*, 5 November 1986.

89 'Esteem: 'Comic-strip' task force members make their public debut', Jon Matthews, *Sacramento Bee*, 26 March 1987.

90 Annual Progress Report, January 1988, p. 6.

91 'State Self-Esteem Committee is Getting a Lot More Respect', McClatchy News Service, *LA Daily Journal*, 23 February 1988.

92 'Checking In With the State's Task Force, The Quest for Self-Esteem', Beth Ann Krier, *Los Angeles Times*, 14 June 1987.

93 Annual Progress Report, January 1989, p. 19.

94 'Interview with John Vasconcellos', Tricia Crane, *Los Angeles Herald Examiner*, 13 April 1987.

95 'The Unsettled Self-Esteem of John Vasconcellos', Jacques Leslie, *Los Angeles Times*, 23 August 1987.

96 'Doonesbury vs. Self-Esteem', Arnold Hamilton, *Mercury News*, 날짜 미상.

셀 피

97 'Checking In With the State's Task Force, The Quest for Self-Esteem', Beth Ann Krier, *Los Angeles Times*, 14 June 1987.

98 'Yeah, but tell me how you feel', John Corrigan, *Los Angeles Daily News*, 28 February 1988.

99 'They feel better already', Bill Johnson, *LA Herald*, 2 February 1988.

100 밥 볼과의 인터뷰.

101 'Notes on Self-Esteem for the California Task-Force', Nathaniel Branden.

102 Submission to the task-force: Self Respect, Not Arrogance.

103 'When business boosts self-esteem', Robert J. McGarvey, *Kiwanis Magazine*, October 1989.

104 *Esteem* newsletter, vol. 2, February 1988.

105 'Human frontier, self-esteem panel a scouting party', *Marin Independent Journal*, 26 March 1987.

106 대책위원회 위원의 메모, 1 November 1988.

107 Annual progress report, January 1988.

108 *Esteem* newsletter, vol. 1, November 1987.

109 Second annual progress report, January 1989.

110 'Self-esteem panel gaining some respect', *San Francisco Examiner*, 2 January 1989.

111 Tribune, Oakland, California, 1 January 1989.

112 Orange County Register, 2 January 1989.

113 North County Blade Tribune, 1 January 1989.

114 Orange County Register, 2 January 1989.

115 1989년 10월 1일의 편지.

116 'Uplifting panel winds down', Jon Matthews, *Sacramento Bee*, 12 April 1989.

117 밥 볼과의 인터뷰.

118 'Self-esteem is the social vaccine – Task force says if you feel good, you usually are good', Bill Ainsworth, *Sacramento Union*, 24 January 1990.

119 대책위원회 기록물에 보관된 클린턴이 바스콘셀로스에게 쓴 편지.

120 *The Therapeutic State: Justifying Government at Century's End*, James L.

Nolan Jnr (New York University Press, 1998), Kindle location 3059.

121 'Self-esteem proposals ambitious', Steven A. Capps, *San Francisco Examiner*, 25 January 1990.

122 'The Confidence Man', Carol Horner, 7 February 1990.

123 'Learning Self Esteem', 29 January 1990.

124 'Task force finds good citizens are those with high self-esteem', Joan Morris, 22 January 1990.

125 'Official: self-esteem is a social vaccine', Kathleen L'Ecluse, 24 January 1990.

126 'In Calif., Food for The Ego', Jay Matthew, 24 January 1990.

127 대책위원회가 바버라 부시에게 쓴 편지, 5 March 1990.

128 *The Therapeutic State: Justifying Government at Century's End*, James L. Nolan Jnr (New York University Press, 1998), Kindle location 2957.

129 'California's Newest Export', Beth Ann Krier, *LA Times*, 4 April 1990.

130 Internal memo, 'Phase II and III of Media Plan for Maximising Release of the Final Report...', 19 February 1990.

131 'Self-esteem has arrived, says Oprah Winfrey', Mary Corey, *Baltimore Sun*, 15 June 1990.

132 'Self-esteem: California's newest export is a hot item', Beth Ann Krier, *Alameda Times Star*, 7 June 1990.

133 'Self-Esteem Movement Gains Popularity in Schools', *San Francisco Chronicle*, 10 April 1990.

134 'Self-Esteem Benchmarks: An Astonishing Revolution', Report, Task Force to Promote Self-esteem and Personal and Social Responsibility Records, California State Archives, Sacramento, California.

135 *The Therapeutic State: Justifying Government at Century's End*, James L. Nolan Jnr (New York University Press, 1998), Kindle location 2991.

136 *The Therapeutic State: Justifying Government at Century's End*, James L. Nolan Jnr (New York University Press, 1998), Kindle location 1847.

137 'Hey, I'm Terrific!', Jerry Adler et al., *Newsweek*, 17 February 1992.

138 *Generation Me*, Jean Twenge (Atria, 2006), p. 55.

139 'Hey, I'm Terrific!', Jerry Adler et al., *Newsweek*, 17 February 1992.

140 *Nutureshock*, Ashley Merryman (Ebury, 2011), p. 115.

141 'Hey, I'm Terrific!', Jerry Adler et al., *Newsweek*, 17 February 1992.

142 *The Therapeutic State: Justifying Government at Century's End*, James L. Nolan Jnr (New York University Press, 1998), Kindle location 3032.

143 *The Myth of Self-Esteem*, John P. Hewitt (Palgrave Macmillan, 1998), p. xiii.

144 이 인용은 1988년 9월 8일의 녹음에서도 확인할 수 있다.

145 녹음 테이프에서 스멜서가 한 말. "캘리포니아대학은 5만 달러를 들여 우리의 자원을 동원해 당신을 돕는 것에 동의했다."

146 'Advocate says self-esteem movement finally gets respect', *San Diego Union*, 22 January 1990.

147 1990년 3월 6일, 바스콘셀로스가 대책위원회에게 쓴 대책위원회 활동을 위한 청사진에 대한 메모.

148 배로퍼드 초등학교에 관한 이야기의 출처는 다음과 같다. 'Headteacher whose praise for pupils went viral falls foul of Ofsted', Richard Adams, *Guardian*, 24 September 2015; 'Inspectors slam primary school where there's no such thing as a naughty child', Jata Narain, *Daily Mail*, 25 September 2015; 'There Are Many Ways Of Being Smart: Encouraging School Letter About Student Test Results Goes Viral', Megan Willett, *Business Insider*, 18 July 2014; 'School that told pupils they were better than results is rated inadequate, Ofsted', Eleanor Busby, *Times Educational Supplement*, 25 September 2015; 'School which banned teachers from raising their voices hits back at 'unfair' headlines', Jon Robinson, *Lancashire Telegraph*, 7 July 2015; 'School's Letter Reminds Students That They Are More Than Just Test Scores', Rebecca Klein, *HuffPost Education*, 15 July 2014.

149 이에 대한 이야기는 주로 로이 바우마이스터, 그의 여동생 수전, 그의 아내 다이앤 타이스와의 인터뷰를 출처로 한다.

150 'Should Schools Try to Boost Self-Esteem?', Roy Baumeister, *American Educator*, Summer 1996.

151 'Relation of Threatened Egotism to Violence and Aggression: The Dark Side of High Self-Esteem', Roy F. Baumeister et al., *Psychological Review* (January

1996), 103(1), pp. 5–33.

152 *The Art of Living Consciously*, Nathaniel Branden (Simon and Schuster, 1997), excerpt: http://www.nathanielbranden.com/what-self-esteem-is-and-is-not.

153 'Does High Self-Esteem Cause Better Performance, Interpersonal Success, Happiness or Healthier Lifestyles?', Roy Baumeister et al., *Psychological Science in the Public Interest* (May 2003), 4(1), pp. 1–44.

154 'Letting Go of Self-Esteem', Jennifer Crocker and Jessica J. Carnevale, *Scientific American Mind* (September/October 2013), 24(4), pp. 26–33.

155 'The Nature and Function of Self-Esteem: Sociometer Theory', Mark R. Leary and Roy F. Baumeister, *Advances in Experimental Social Psychology* (2000), 22, pp. 1–62.

156 'Threatened Egotism, Narcissism, Self-Esteem, and Direct and Displaced Aggression: Does Self-Love or Self-Hate Lead to Violence?', Brad J. Bushman and Roy F. Baumeister, *Journal of Personality and Social Psychology* (1988), vol. 75, no. 1.

157 진 트웽이, 키스 캠벨과의 인터뷰.

158 'Egos Inflating Over Time: A Cross-Temporal Meta-Analysis of the Narcissistic Personality Inventory', Jean M. Twenge et al., *Journal of Personality* (June 2008), 76(4), pp. 875–902.

159 *Generation Me*, Jean Twenge (Atria, 2006), p. 31.

160 *The Narcissism Epidemic*, Jean M. Twenge and W. Keith Campbell (Free Press, 2010), p. 2.

161 *The Narcissism Epidemic*, Jean M. Twenge and W. Keith Campbell (Free Press, 2010), p. 9.

162 'Every Every Every Generation Has Been the Me Me Me Generation', Elspeth Reeve, *Atlantic*, 9 May 2013; 'It Is Developmental Me, Not Generation Me: Developmental Changes Are More Important Than Generational Changes in Narcissism', Brent W. Roberts et al., *Perspectives on Psychological Science* (January 2010), 5(1), pp. 97–102.

163 'Rethinking Generation Me: A Study of Cohort Effects From 1976–2006',

Kali H. Trzesniewski and M. Brent Donnellan, *Perspectives on Psychological Science* (January 2010), 5(1), pp. 58–75; 'Reevaluating the Evidence for Increasingly Positive Self-Views among High School Students: More Evidence for Consistency Across Generations (1976–2006)', Kali H. Trzesniewski and M. Brent Donnellan, *Psychological Science* (July 2009), 20(7), pp. 920–922; 'Do Today's Young People Really Think They Are So Extraordinary? An Examination of Secular Changes in Narcissism and Self-Enhancement', K. H. Trzesniewski, M. B. Donnellan, and R. W. Robins, *Psychological Science* (February 2008), 19(2), pp. 181–188; 'Is 'Generation Me' really more narcissistic than previous generations?', Kali H. Trzesniewski, M. Brent Donnellan, and Richard W. Robins, *Journal of Personality* (August 2008), 76(4), pp. 903–918.

164 'Origins of narcissism in children', Eddie Brummelman et al., *Proceedings of the National Academy of Sciences of the United States of America* (March 2015), 112(12), pp. 3659–3662.

165 *Generation Me*, Jean Twenge (Atria, 2006), pp. 62–63.

166 'Record number of first-class degrees awarded to students', Josie Gurney-Read, *Daily Telegraph*, 14 January 2016; 'One in four students earns a top degree', Harry Yorke, *Daily Telegraph*, 13 January 2017.

167 'A-level overhaul to halt rampant grade inflation', Julie Henry, *Daily Telegraph*, 28 April 2012.

168 'Age and Birth Cohort Differences in Self-Esteem: A Cross-Temporal Meta-Analysis', Jean M. Twenge and W. Keith Campbell, *Personality and Social Psychology Review* (2001), 5(4), pp. 321–344.

169 'Self-Esteem Fair': 'Some Bad Vibes at Self-Esteem Conference', David A. Sylvester, *San Francisco Chronicle*, 23 February 1990. 대책위원회의 위원이자 「눈물 흘리지 않기」Chicken Soup for the Soul」의 저자인 잭 캔필드는 같은 결론에 도달하는 같은 이야기를 인용한다. "이는 전국적으로 폭발적인 증가다. 대부분의 내 연구는 캘리포니아 내에서만 알려지곤 했다. 이제 내 연구의 대부분은 캘리포니아 밖에서도 자자하다."

170 'Self-Esteem: The Hope of the Future', Wanda Urbanska, *New Woman*, March 1991.

171 'Hey, I'm Terrific!', Jerry Adler et al., *Newsweek*, 17 February 1992.

172 그린스펀이 빌 클린턴에 끼친 영향에 관한 이야기는 주로 *Maestro: Greenspan's Fed and the American Boom*, Bob Woodward (Simon and Schuster, 2000); *Alan Greenspan: The Oracle Behind the Curtain*, E. Ray Canterbury (World Scientific, 2006)를 출처로 한다.

173 클린턴의 경제 계획 연설: 대통령의 국정연설 원고; http://www.nytimes. com/1993/02/18/us/clinton-s-economic-plan-speech-text-president-s-address-joint-session-congress.html?pagewanted=all

174 'Taking Hard New Look at a Greenspan Legacy', Peter S. Goodman, *New York Times*, 8 October 2008.

175 'Taking Hard New Look at a Greenspan Legacy', Peter S. Goodman, *New York Times*, 8 October 2008.

176 'I Saw the Crisis Coming. Why Didn't the Fed?', Michael J. Burry, *New York Times*, 3 April 2010.

177 'Many Who Lost Homes to Foreclosure in Last Decade Won't Return', Laura Kusisto, *Wall Street Journal*, 20 April 2015.

178 'Employment loss and the 2007-09 recession: an overview', Christopher J. Goodman and Steven M. Mance, *Monthly Labor Review*, April 2011.

179 'Financial Crisis Led To 3.7 Million Job Losses', http://news.sky.com/story/financial-crisis-led-to-37-million-job-losses-10454101.

180 'The 2008 Global Financial Crisis: effects on mental health and suicide', David Gunnell et al., University of Bristol Policy Report 3/2015.

181 'Economic suicides in the Great Recession in Europe and North America', Aaron Reeves et al., *British Journal of Psychiatry* (September 2014), 205(3), pp. 246-247.

182 'Taking Hard New Look at a Greenspan Legacy', Peter S. Goodman, *New York Times*, 8 October 2008.

183 나는 여기서 신자유주의가 도래한 이래, 임금이 정체된 적이 없는 많은 사람에 대해서 언급하고 있는데, 예를 들어 미국의 학사학위를 가진 사람들 혹은 그보다 더 높은 자격을 지닌 미국의 고용인들을 말한다. *The Rise and Fall of American Growth: The*

US *Standard of Living Since the Civil War*, Robert J. Gordon (Princeton University Press, 2016), p. 616.

184 *Globalisation*, Manfred B. Steger (Oxford University Press, 2013), p. 42.

185 The United Nations Millennium Development Goals Report 2015. http://www.un.org/millenniumgoals/2015_MDG_Report/pdf/MDG%202015%20PR%20Key%20Facts%20Global.pdf.

186 *Neoliberalism: A Brief History*, David Harvey (Oxford University Press, 2005), p. 15.

187 *Mirror, Mirror*, Simon Blackburn (Princeton University Press, 2014), p. 97.

188 'Top CEOs make more than 300 times the average worker', Paul Hodgson, *Fortune Magazine*, 22 June 2015.

189 *Globalisation*, Manfred B. Steger (Oxford University Press, 2013), p. 54.

190 *The Rise and Fall of American Growth: The US Standard of Living Since the Civil War*, Robert J. Gordon (Princeton University Press, 2016), p. 617.

191 'Middle Income Households, 1977–2011/12', Office for National Statistics, 2 December 2013.

192 *Mirror, Mirror*, Simon Blackburn (Princeton University Press, 2014), p. 98.

193 소비자 부채 통계Consumer Debt Statistics, 미 연방 분비 제도 이사회Federal Reserve; http://www.money-zine.com/financial-planning/debt-consolidation/consumer-debt-statistics/

194 'How The $1.2 Trillion College Debt Crisis Is Crippling Students, Parents And The Economy', Chris Denhart, *Forbes Magazine*, 7 August 2013.

195 'Q&A: Student loan repayments', Adam Palin, *Financial Times*, 19 June 2015.

196 *The Rise and Fall of American Growth: The US Standard of Living Since the Civil War*, Robert J. Gordon (Princeton University Press, 2016), p. 615.

197 *The Rise and Fall of American Growth: The US Standard of Living Since the Civil War*, Robert J. Gordon (Princeton University Press, 2016), p. 614.

198 'Just over 800,000 people on zero-hours contract for main job', 9 March 2016, https://www.ons.gov.uk/news/news/justover800000peopleonzerohourscontractformainjob.

199 'Nearly one in six workers in England and Wales in insecure work', Katie Allen, *Guardian*, 13 June 2016. '불안정한 직업'은 변동적인 근무 패턴, 임시 계약직, 제로아워 계약 또는 대리점 계약으로 정의된다.

200 'US concentrated poverty in the wake of the Great Recession', Elizabeth Kneebone and Natalie Holmes, *Brookings Institute*, 31 March 2016. 여기에서 '극빈층' 지역들은 '인구조사 표준 지역에서 인구의 40퍼센트 또는 그 이상이 연방정부가 기준을 정한 빈곤선 아래의 수준에서 살아가는 것'으로 정의된다.

201 *Mirror, Mirror,* Simon Blackburn (Princeton University Press, 2014), p. 97.

202 'Tim Cook condemns Apple tax ruling', Julia Kollewe, *Guardian*, 1 September 2016.

203 This American Life, WBEX Chicago, episode 415: 'Crybabies', originally aired 24 September 2010.

204 *Disrupted,* Dan Lyons (Hachette, 2016), pp. 117–118.

205 사실 확인을 하던 중 마지막 단계에 이르러 나는 이 판매 호황이 무료로 책을 배포하기 위해 엄청난 돈을 책정하고 돈을 들인 에인 랜드 연구소의 공작이라는 것을 제기하는 기사('Ayn Rand: the Tea Party's Miscast Matriarch', by Pam Martens, *CounterPunch*, 27 February 2012)를 우연히 발견했다. 나는 이 가능성에 공감하지만, 아직 그 주장 전개는 설득력이 없다. 두 소식통('Atlas felt a sense of déjà vu', *The Economist*, 25 February 2009; 'What Caused Atlas Shrugged Sales to Soar?', David Boaz, cato.org, 18 May 2009)에 따르면 2008년 이후 『아틀라스』의 매출 상승은 아마존과 닐슨북스캔nielsen bookscan에 모두 등록되어 있다고 한다. 그 주장대로라면, 에인 랜드 연구소는 학교에 책을 재분배하기 위해서 아마존과 다른 도서 판매점으로부터 그들의 책을 '계산대에서 직접' 구입해야 했을 것이다. 이에 대한 에인 랜드 연구소의 의견을 얻고자 연구소에 연락을 시도했을 때, 출판 매니저인 리처드 랠스턴은 "2009년의 『아틀라스』 매출 증가는 절대 우리가 구매해서 그렇게 된 것이 아니었다"고 했다. 그는 연구소가 ISBN이 다른 특별판을 주문하고 배포하는 것에 대해서는 인정했다. 이는 연구소가 북스캔이나 다른 판매점의 매출 통계에 매출을 등록할 수 없다는 것을 의미한다.

206 *Ayn Rand Nation,* Gary Weiss (St Martin's Griffin, 2012), p. 16.

207 "Atlas Shrugged' Still Flying Off Shelves!', 14 February 2012; https://ari.aynrand.org/media-center/press-releases/2012/02/14/atlas-shrugged-stillflying-off-shelves.

208 *Ayn Rand Nation*, Gary Weiss (St Martin's Griffin, 2012), p. 4.

209 2016년 12월 13일에 제임스 호먼은 '에인 랜드의 추종자 도널드 트럼프, 자신의 내각을 오브젝티비스트로 가득 채우다Ayn Rand-acolyte Donald Trump stacks his cabinet with fellow objectivists'라는 기사를 발표했다. 물론 이 중 어느 것도 랜드가 트럼프 대통령의 발언과 정책을 모두 지지했을 것이라는 말은 아니다. 그녀가 영향력 있다고 해서 그녀가 영향을 미친 모든 사람의 생각과 업적에 그녀가 꼭 전부 동의할 수는 없을 것이다. 사실, 우리가 랜드에 대해 말할 때, 어처구니없을 정도로 그녀에 관해 잘못 이야기하고 있는 듯하다.

6. 디지털 자아

1 더그 엥겔바트, 에임스 연구센터, EST 및 스튜어트 브랜드에 대한 이야기의 출처는 대부분 다음과 같다. *What the Dormouse Said*, John Markoff (Penguin, 2005); *From Counterculture to Cyberculture*, Fred Turner (University of Chicago Press, 2006); *The Network Revolution*, Jacques Vallee (Penguin, 1982); *Bootstrapping*, Thierry Bardini (Stanford University Press, 2000); 'Chronicle of the Death of a Laboratory: Douglas Engelbart and the Failure of the Knowledge Workshop', Thierry Bardini and Michael Friedewald, *History of Technology* (2003), 23, pp. 191–212; 'Douglas Engelbart's lasting legacy', Tia O'Brien, *Mercury News*, 3 March 2013. 엥겔바트의 프레젠테이션 영상은 온라인에서 쉽게 찾아볼 수 있다. 본문에서 내가 하는 이야기는 이해와 결말을 위해서 약간 편집되었다.

2 'The Mother of All Demos–150 years ahead of its time', Cade Metz, *Register*, 11 December 2008.

3 *What the Dormouse Said*, John Markoff (Penguin, 2005), p. 9.

4 'Esalen: Where Man Confronts Himself', Michael Murphy, *Stanford Alumni Almanac*, May 1968.

5 'Encounters at the Mind's Edge', George Leonard, *Esquire*, June 1985.

6 'The Trend Spotter', Steven Levy, *Wired*, 1 October 2010.

7 *Bootstrapping*, Thierry Bardini (Stanford University Press, 2000), pp. 198–200.

8 'Chronicle of the Death of a Laboratory: Douglas Engelbart and the Failure of the Knowledge Workshop', Thierry Bardini and Michael Friedewald, *History of Technology* (2003), 23, pp. 191–212, at p. 206.

9 *Steve Jobs*, Walter Isaacson (Abacus, 2015), pp. 96–97.

10 'Douglas Engelbart's lasting legacy', Tia O'Brien, *Mercury News*, 3 March 2013.

11 'Stewart Brand's Whole Earth Catalog, the book that changed the world', Carole Cadwalladr, *Guardian*, 5 May 2013.

12 'You Say You Want a Revolution? Records and Rebels 1966–1970', the Victoria and Albert Museum, London의 전시회에서 인용된 바와 같다.

13 *From Counterculture to Cyberculture*, Fred Turner (University of Chicago Press, 2006), pp. 41–42.

14 *From Counterculture to Cyberculture*, Fred Turner (University of Chicago Press, 2006), p. 287.

15 'Long Boom or Bust; A Leading Futurist Risks His Reputation With Ideas on Growth And High Technology', Steve Lohr, *New York Times*, 1 June 1998.

16 'The Long Boom: A History of the Future, 1980–2020', Peter Schwartz and Peter Leyden, *Wired*, 1 July 1997.

17 'Taking Hard New Look at a Greenspan Legacy', Peter S. Goodman, *New York Times*, 8 October 2008.

18 *From Counterculture to Cyberculture*, Fred Turner (University of Chicago Press, 2006), p. 217.

19 *From Counterculture to Cyberculture*, Fred Turner (University of Chicago Press, 2006), Plate 15.

20 *From Counterculture to Cyberculture*, Fred Turner (University of Chicago Press, 2006), p. 215.

21 *From Counterculture to Cyberculture*, Fred Turner (University of Chicago Press, 2006), p. 216.

22 *Status Update*, Alice E. Marwick (Yale University Press, 2014), p. 2.

23 https://en.wikipedia.org/wiki/Twitter.

24 S. Diefenbach, L. Christoforakos, 'The Selfie Paradox: Nobody Seems to Like Them Yet Everyone Has Reasons to Take Them. An Exploration of Psychological Functions of Selfies in Self-Presentation', *Frontiers in Psychology*, 2017;8:7. doi:10.3389/fpsyg.2017.00007.

25 'Golden gates', *The Economist*, 5 November 2015.

26 'SRO tenants' tales tell scary story', Jessica Kwong, *San Francisco Examiner*, 21 November 2014.

27 'An SF Hacker Hostel Faces the Real World and Loses', Davey Alba, *Wired*, 22 August 2015.

28 'Silicon Valley's 'Startup Castle' is looking for roommates, and the requirements are completely bonkers', Kevin Roose, Fusion.net, 13 May 2015.

29 *Generation* Me, Jean Twenge (Atria, 2006), p. 99.

30 *The Narcissism Epidemic*, Jean M. Twenge and W. Keith Campbell (Free Press, 2010), pp. 93 – 94.

31 'Increases in Individualistic Words and Phrases in American Books, 1960 – 2008', Jean M. Twenge et al., *PLOS ONE* (July 2012), 7(7); 'Fitting In or Standing Out: Trends in American Parents' Choices for Children's Names, 1880 – 2007', Jean M. Twenge et al., *Social Psychological and Personality Science* (2010), 1(1), pp. 19 – 25.

32 *The Narcissism Epidemic*, Jean M. Twenge and W. Keith Campbell (Free Press, 2010), pp. 248 – 249.

33 스티브 잡스의 워즈니악 사임(Wozniak on Steve Job's Resignation, Bloomberg, 24 August 2011) 동영상 8분 46초부터[워즈니악: '그는 책 몇 권을 분명 읽었을 텐데 그 책들은 그의 인생 지침서였고 나는 『아틀라스』가 그가 그 당시 언급했던 책 중 하나가 아니었을까 생각한다.'] www.bloomberg.com/news/videos/b/d93c1b72-31e2-41de-ba4a-65a6cb4f4929. 'Silicon Valley's Most Disturbing Obsession', Nick Bilton, *Vanity Fair*, November 2016.

34 David E. Broockman, Gregory Ferenstein, Neil Malhotra, 'Wealthy Elites' Policy Preferences and Economic Inequality: The Case of Technology

Entrepreneurs', 5 September, 2017. https://www.gsb.stanford.edu/faculty-research/working-papers/wealthy-elites-policy-preferences-economic-inequality-case

35 'The Decline of the White Working Class and the Rise of a Mass Upper Middle Class', Ruy Teixeira and Alan Abramowitz, *Brookings Working Paper*, April 2008.

36 *The Rise and Fall of American Growth: The US Standard of Living Since the Civil War*, Robert J. Gordon (Princeton University Press, 2016), p. 610.

37 대학 학위를 가진 사람들의 평균 시간당 임금은 1979년에서 2005년 사이에 22퍼센트 올랐다. *Red, Blue and Purple America: The Future of Election Demographics*, Alan Abramowitz and Roy Teixeira (Brookings Institution Press, 2008), p. 110.

38 *The Rise and Fall of American Growth: The US Standard of Living Since the Civil War*, Robert J. Gordon (Princeton University Press, 2016), p. 609.

39 *Red, Blue and Purple America: The Future of Election Demographics*, Alan Abramowitz and Roy Teixeira (Brookings Institution Press, 2008), p. 110.

40 'Reality Check: Who voted for Donald Trump?', BBC News, 9 November 2016. "고교 졸업장이 없는 유권자들의 경우 트럼프 대통령에 대한 지지 51퍼센트, 클린턴 전 대통령에 대한 지지 45퍼센트로 큰 변화를 보여줬다. 4년 전, 이 집단은 미트 롬니에게는 35퍼센트의 지지를 보였던 것에 반해 오바마 대통령에게는 64퍼센트의 지지를 보였다."

41 'Stop Saying Trump's Win Had Nothing To Do With Economics', Ben Casselman, fivethirtyeight.com, 9 January 2016.

42 'A new theory for why Trump voters are so angry—that actually makes sense', Jeff Guo, *Washington Post*, 8 November 2016.

43 *The Politics of Resentment*, Katherine J. Cramer (University of Chicago Press, 2016), p. 152.

44 *The Politics of Resentment*, Katherine J. Cramer (University of Chicago Press, 2016), p. 174.

45 *The Politics of Resentment*, Katherine J. Cramer (University of Chicago Press, 2016), p. 3.

46 트럼프는 "미국 최우선주의는 내 정부의 가장 중요한 과제가 될 것이다"라고 말했다. 'Donald Trump's foreign policy: 'America first'', Jeremy Diamond and Stephen Colinson, CNN, 27 April 2016.

47 'Ringside With Steve Bannon at Trump Tower as the President-Elect's Strategist Plots 'An Entirely New Political Movement'', Michael Wolff, *Hollywood Reporter*, 18 November 2016.

48 https://digest.bps.org.uk/2016/11/14/we-have-an-unfortunate-tendency-to-assume-were-morally-superior-to-others/에서 확인 가능하다.

49 앨리 러셀 교수가 제공한 정보다. 'Arlie Russell Hochschild's View of Small-Town Decay and Support for Trump', Benjamin Wallace-Wells, *New Yorker*, 20 September 2016를 참고해라.

50 *Globalisation*, Manfred B. Steger (Oxford University Press, 2013), p. 35.

51 'Robots could replace 1.7 million American truckers in the next decade', Natalie Kitroeff, *Los Angeles Times*, 25 September 2016.

52 'The Future of Employment: How Susceptible are Jobs to Computerisation?', Carl Benedikt Frey et al., 17 September 2013. www.oxfordmartin.ox.ac.uk/downloads/academic/The_Future_of_Employment.pdf에서 확인 가능하다.

53 Andy Beckett, 'How Britain fell out of love with the free market', *Guardian*, 4 August 2017.

54 Patrick Butler, 'UK survey finds huge support for ending austerity', *Guardian*, 28 June 2017.

55 'Americans' Internet Access: 2000-2015', Andrew Perrin, Pew Research Center.

56 *The Politics of Resentment*, Katherine J. Cramer (University of Chicago Press, 2016), p. 2.

57 M. J. Crockett, 'Moral Outrage in the Digital Age', *Nature Human Behaviour* (2017) doi:10.1038/s41562-017-0213-3.

58 'Viral Fake Election News Outperformed Real News On Facebook In Final Months Of The US Election', Craig Silverman, BuzzFeed, 16 November 2016.

59 'Why social media is terrible for multiethnic democracies', Sean Illing, Vox,

15 November 2016.

60 https://www.ncbi.nlm.nih.gov/pubmed/26783723; https://www.ncbi.nlm.nih.gov/pubmed/22268607.

61 Jean Twenge, 'Making iGen's Mental Health Issues Disappear', *Psychology Today*, 31 August 2017.

62 'The Classical Roots of 'The Hunger Games'', Barry Strauss, *Wall Street Journal*, 13 November 2014.

63 'What is happening to children and young people's risk behaviours?', 영국 정부의 보고서로 여기서 확인이 가능하다. https://www.gov.uk/government/uploads/system/uploads/attachment_data/file/452059/Risk_behaviours_article.pdf. 미국 관련 정보에 대해서는, 미 질병통제예방센터의 청소년 위험행동 감시망Youth Risk Behavior Surveillance System을 참조. https://www.cdc.gov/healthyyouth/data/yrbs/index.htm. 다음에서 개관을 확인할 수 있다. https://www.cdc.gov/features/yrbs/. 또한 훌륭한 대화형 보고서를 참조. 'Today's teens...', Sarah Cliff, Soo Oh and Sarah Frostenson, *Vox*, 9 June 2016, http://www.vox.com/a/teens.

64 여기서 나는 정체성 정체학의 발흥에 대해서 이야기하고 있다. 만약 당신에게 이에 대한 어떠한 참고문헌이 필요하다면, 당신이 참 부럽다.

65 키스 캠벨 교수가 나에게 이메일로 이 내용을 보내왔다.

66 'I don't want to grow up, I'm a [Gen X, Y, Me] kid: Increasing maturity fears across the decades', April Smith et al., *International Journal of Behavioral Development*, 21 June 2016.

67 'Young Women's Trust, No Country for Young Women', Young Women's Trust Annual Survey 2016. 다음에서 열람 가능하다. http://www.youngwomenstrust.org/assets/0000/4258/No_country_for_young_women__final_report.pdf.

68 '40% of Millennials OK with limiting speech offensive to minorities', Jacob Poushter, Pew Research Center, 20 November 2015. http://www.pewresearch.org/fact-tank/2015/11/20/40-of-millennials-ok-with-limiting-speech-offensive-to-minorities/에서 확인 가능하다.

69 'Changes in Dispositional Empathy in American College Students Over Time: A Meta-Analysis', Sara Konrath, *Personality and Social Psychology Review*

(May 2011), 15(2), pp. 180–198.

70 'Millennials in Adulthood: Detached from Institutions, Networked with Friends', Pew Research Center, 7 March 2014. http://www.pewsocialtrends. org/2014/03/07/millennials-in-adulthood/에서 확인 가능하다.

71 'Trends in Bullying and Peer Victimization', David Finkelhor, Crimes Against Children Research Center, August 2014. http://scholars.unh.edu/cgi/viewcontent. cgi?article=1054&context=ccrc에서 확인 가능하다.

72 'Trends in Cyberbullying and School Bullying Victimization in a Regional Census of High School Students, 2006–2012', Kessel Schneider et al., *Journal of School Health* (September 2015), 85(9), pp. 611–620.

73 'Under Fire, a Dean Departs', Scott Jaschik, *Inside Higher Education*, 25 July 2016; 'Supporters slam Seattle U.'s treatment of dean Jodi Kelly', Katherine Long, *Seattle Times*, 8 June 2016; 'Too many 'dead white dudes'? Seattle U students protest program's curriculum', Katherine Long, *Seattle Times*, 17 May 2016.

74 'Oberlin Students Take Culture War to the Dining Hall', Katie Rogers, *New York Times*, 21 December 2015.

75 *I Find That Offensive*, Claire Fox (Biteback, 2016), p. 48.

7. 완벽주의 시대에서 살아남는 법

1 오스틴 하인츠에 대한 이야기는 그녀의 누나 에이드리엔과 그의 친구 마이크 앨프 리드 그리고 오드리 허친슨(메일을 통해서)의 인터뷰를 출처로 한다. 또한 다음을 참고 하라. 'Interview, Sciencepreneur Extraordinaire–Pioneers Festival 2014', https:// www.youtube.com/watch?v=QYE3ancjrjk – Pioneers Festival 2014; 'Interview, Austen Heinz invented a DNA laser printer for you to create new creatures', https://www.youtube.com/watch?v=cPnq5pcYfew&t=598s; 'Interview, This Week In Startups, Austen Heinz, DNA laser printing demo and exploration of the dark side', https://www.youtube.com/watch?v=VWMOSviTF4Y; 'Interview, Draper TV, Creating Animals from Imagination (And DNA Sequencing) | Founder of Cambrian

Genomics Austen Heinz', https://www.youtube.com/watch?v=aiHHxnh4fsM; 'Interview, Extreme Tech Challenge, Cambrian Genomics: Democratizing Creature Creation', https://www.youtube.com/watch?v=D3OgIMJwd0Q; 'Interview, The Company Printing DNA Made To Order', Forbes, https://www.youtube.com/watch?v=petjCQDucII; 'New start-up goal: Make vaginas smell peachy (literally)', Jenny Kutner, Salon.com, 20 November 2014; 'How Not to Disrupt Women's Bodies', Maria Aspan, Slate.com, 21 November 2014.

2 DEMO사의 데브라 베커가 오스틴의 프레젠테이션 동영상을 기꺼이 내게 제공해 주었다. 'There's a dark side to startups, and it haunts 30% of the world's most brilliant people', Biz Carson, *Business Insider*, 1 July 2015; 'The Vagina BioHack That Wasn't: How Two 'Startup Bros' Twisted and Took Credit for a Young Woman's Company', Jessica Cussins, *Biopolitical Times*, 25 November 2014; 'The CNN 10, Healing the Future', http://edition.cnn.com/interactive/2014/04/health/the-cnn-10-healing-the-future/; 'Sweet Peach won't make vaginas smell like fruit or taste of Diet Coke', Hannah Jane Parkinson, *Guardian*, 24 November 2014; 'Startup bros trying to bio-hack vaginas is the problem with Silicon Valley', Arwa Mahdawi, *Guardian*, 22 November 2014; 'The history of feminine hygiene products is far from peachy', Liz Cookman, *Guardian*, 25 November 2014; 'People with a vagina have needs – but making their baby-cannon smell of fruit is not one of them', Lindy West, *Guardian*, 25 November 2014; 'How Not to Disrupt Women's Bodies', Maria Aspan, Inc.com, 20 November 2014; 'Male Startup Founders Think Your Vagina Should Smell Like a Ripe Peach', Natasha Tiku, Valleywag, 19 November 2014; 'Sweet Peach' Probiotic Developed, Two Men Will Make Women's Vaginas Smell Like Peaches', Nina Bahadur, *Huffington Post*, 20 November 2014; 'Put Down The Pitchforks: New Product Doesn't Make Vaginas Smell Like Peaches', Chuck Bednar, Redorbit, 24 November 2014; 'R.I.P. Austen Heinz, Biotech Entrepreneur and Rebel', Zach Weissmueller, Reason.com, 30 June 2015; 'Sweet Peach has nothing to do with scent!' Female CEO of vaginal probiotic is 'appalled' by male colleagues who misrepresented her product to the public', Margot Peppers, *Mail* Online, 24 November 2014; 'Sweet Peach Founder

셀피

Speaks: Those Startup Dudes Were Wrong About My Company', Jeff Bercovici, Inc.com, 21 November 2014; 'Would you take a pill to smell like peaches… down there? Two male entrepreneurs launch probiotic supplement that alters women's natural scent', Margot Peppers, *Mail* Online, 20 November 2014; 'The Founder Of Sweet Peach Is Actually A Woman And She Doesn't Want Your Vagina To Smell Like Fruit', Arabelle Sicardi, BuzzFeed, 20 November 2014; 'Is the Sweet Peach startup a complete scam?', Selena Larson, Daily Dot Tech, 21 November 2014; 'The Vagina Bio-Hack That Wasn't: How Two 'Startup Bros' Twisted the 'Sweet Peach' Mission', Jessica Cussins, *Huffington Post*, 26 November 2014; 'These 2 tech bros want to make vaginas smell like peaches', Selena Larson, Daily Dot Tech, 19 November 2014; 'These Startup Dudes Want to Make Women's Private Parts Smell Like Ripe Fruit', Jeff Bercovici, Inc.com, 19 November 2014; 'Why We Need to Talk More About Mental Illness in Tech and Business', Jeff Bercovici, Inc. com, 7 July 2015; *Life Without a Windshield*, Austen James (Broken Science, 2009).

3 브라이언 리틀과의 인터뷰.

4 *Personality*, Daniel Nettle (Oxford University Press, 2009), p. 243.

5 *Personality*, Daniel Nettle (Oxford University Press, 2009), p. 114.

6 *Personality*, Daniel Nettle (Oxford University Press, 2009), p. 120.

7 *Personality*, Daniel Nettle (Oxford University Press, 2009), p. 103.

8 *Personality Psychology*, R. Larsen et al. (McGraw Hill, 2013), p. 115. 'Volitional Personality Trait Change: Can People Choose to Change Their Personality Traits?', Nathan W. Hudson and R. Chris Fraley, *Journal of Personality and Social Psychology* (September 2015), 109(3), pp. 490-507를 참조. 이 책이 인쇄에 들어갈 예정이었을 때, 치료적 개입이 신경증적 성격에 상대적으로 상당한 영향을 또한 다른 성격 특성에는 그보다는 훨씬 덜한 영향을 미칠 수 있다는 것을 발견한 새로운 연구 보고서('A Systematic Review of Personality Trait Change Through Intervention', Brent Roberts et al., *Psychological Bulletin*, 5 January 2017)가 발표되었다. 이 치료적 개입에는 세로토닌 재흡수 억제제와 다른 약물이 포함되어 있다. 이러한 효과는 부분적으로 일단 위기로부터 회복하기 위해 그 약물들을 찾은 환자들 때문인 것 같다. 그 보고서의 저자 중 한 명인 브렌트 로버츠는 "우리는 성격이 스스로를 극적으로 재편성한다고 말하는 것이 아니다.

내성적인 사람을 데려다 외향적인 사람으로 만든다는 것이 아니다. 그러나 이[연구]는 성격은 발전하고 발전될 수 있다는 것을 밝혀냈다"고 설명한다. (이에 대해 급하게 도움을 주신 스튜어트 리치에게 감사를 표한다!) https://news.illinois.edu/blog/view/6367/448720.

9   *Personality Psychology*, R. Larsen et al. (McGraw Hill, 2013), p. 114, fig. 5.3.

10   이에 대해 더 알아보고자 한다면 *Personality*, Daniel Nettle (Oxford University Press, 2009), p. 43를 참조.

11   *Personality*, Daniel Nettle (Oxford University Press, 2009), p. 46.

12   *Personality*, Daniel Nettle (Oxford University Press, 2009), p. 46.

13   'Personality and compatibility: a prospective analysis of marital stability and marital satisfaction', E. L. Kelly and J. J. Conley, *Journal of Personality and Social Psychology* (January 1987), 52(1), pp. 27−40.

14   'Psychosocial and behavioral predictors of longevity: The aging and death of the 'Termites'', H. S. Friedman et al., *American Psychologist* (February 1995), 50(2), pp. 69−78.

15   'The relationship between personality traits and sexual variety seeking', Bita Nasrollahi et al., *Procedia–Social and Behavioral Sciences* (2011), 30, pp. 1399−1402.

16   *The Natural History of Alcoholism Revisited*, George E. Valliant (Harvard University Press, 1995).

17   *Me, Myself and Why*, Jennifer Ouellette (Penguin, 2014), pp. 132−134.

18   대니얼 네틀과의 인터뷰.

19   'What grades and achievement tests measure', Lex Borghans et al., *Proceedings of the National Academy of Sciences of the United States of America* (November 2016), 113(47), pp. 13354−13359.

20   예를 들어 *The Self Illusion*, Bruce Hood (Constable, 2011), pp. 173−174를 참조.

21   *Me, Myself and Us*, Brian Little (PublicAffairs, 2014), p. 62.

22   *Quiet*, Susan Cain (Penguin, 2013), Part One: The Extrovert Ideal.

23   *Personality*, Daniel Nettle (Oxford University Press, 2009), pp. 83−84.

옮긴이의 말

"너 자신을 알라." 소크라테스의 그 유명한 말로 철학상 자아의 자각은 시작되었다. 인간 자아에 대한 열띤 논쟁과 담론은 이전부터 있어왔고 기원전 5세기로까지 거슬러 올라간다. 근래에 자아의 문제는 철학의 주제가 되어 다시 논의되기 시작했으며, 이제 우리는 '자아'라는 말이 너무나도 익숙한 세상을 살고 있다.

하지만 이 책의 출발점인 2500년 전부터 오늘날에 이르기까지 우리가 그렇게 알고자 했고 열렬히 이야기해왔던 자아란 정말 손에 잡힐 듯 잡히지 않는 어떤 것이라는 생각이 든다. 그 열기는 사그라지지 않고 오늘날 여전히 '자존감'은 사회 속, 생활 속에서 중요한 단어로 자리 잡았다. 수만 권의 책과 수없이 쏟아져 나오는 소셜미디어, 언론 기사를 통해 우리는 쉽게 자존감에 대해 접한다. 성공한 사람들은 공통적으로 자존감이 높고, 개인적인 것이든 사회적인 것이든 어떤 문제가 발생하면 '자존감이 낮아서' 생기는 일이라고 생각하게 되었다. 그리하여 많은 사람이 자존감이 높으면 성공한, 행복한 인생을 살 수 있다고 믿는다. 자존감이 높으면 사람들과 잘 어울리고 성적도 높아지고, 직장에서 동료들과 잘 지내고 인정받을 것이라고, 그래서 자존감만 높이면 내 인생이 더욱 행복해질 거라고 생각한다. 그렇게 오늘날 자존감은 행복하고 성공적인 인생의 열쇠가 되었다.

쏟아지는 SNS의 홍수에 사람들은 열광한다. 하지만 매일 SNS에 올라오는 친구 혹은 전혀 모르는 사람의 멋진 모습을 보며, 그들의 행복한 삶을 마냥 축복해주고 함께 기뻐하기만 할 수 있을까? 누구나 한 번쯤 알 수 없는 박탈감으로 어딘가 마음 한쪽이 아려오는 감정을 겪어본 적이 있을 것이다. 우리는 '아름답고 성공적이며 날씬하고 사교성 좋고 열심히 일하며 외향적인' 사람들의 모습을 미디어와 SNS에서 수없이 만난다. 우리 사회는 이런 이들을 이상적인 또는 완벽한 자아를 가진 사람으로 정의한다. 그러나 이 책의 저자 윌 스토가 말하듯, 우리 문화가 규정하는 이 완벽한 자아는 사실 불가능할 정도로 높은 기준으로, 문화는 이 말도 안 되는 잣대를 우리에게 시도때도 없이 들이댄다. 오늘날 젊은 세대 중 많은 이가 어떻게든 이 기준에 부합하고자 노력하고 있으며, 그 결과 자기 자신을 벼랑 끝으로 내몰기도 한다. 소셜미디어 속 완벽해 보이는 사람들을 부러움의 눈길로 바라보며 좌절하고, SNS에서 마주한 우울감은 그대로 삶의 깊은 곳으로 들어와 우울증을 겪게 되고 심한 좌절을 느끼기도 한다. 그리고 이는 사회적 문제로까지 대두되기 시작했다. 하지만 여기에 굴하지 않고 젊은 세대는 '셀카 세대'로 자리잡기 시작했다. 2014년 한 해 동안 안드로이드 스마트폰에서만 매일 930억 장의 셀카가 촬영되었다고 한다. 자신의 모습을 남과 비교하며 좌절하면서도, 동시에 우리는 끊임없이 자신의 모습을 촬영하고 또 그것을 누구나 볼 수 있는 공개적인 공간에 업로드하기도 한다. 이러한 나르시시스트의 면모는 셀카 세대에서 찾아볼 수 있는 대표적인 특징이다. 무엇이 젊은 세대를 이렇게 모순적이게, 또 좌절하도록 만든 걸까?

나 역시 SNS 속 사람들에게 질투를 느끼거나 부러운 마음이 들 때가 있다. 그들의 모습을 내 현실과 비교하게 되는 것도 사실이다. '미라클 모닝' 열풍이 불면서 아침 일찍부터 부지런히 하루를 시작하는 사람들, 코로나의 영향으로 누군가는 실직과 생계 유지의 어려움을 겪는 반면, 전혀 영향을 받지 않고 잘 살고 있는 것 같아 보이는 사람들. 방송과 SNS를 통해 연예인의 삶을 들여다보면 꼭 우리와 다른 세상에 살고 있는 것처럼 느껴지기도 한다. 또 우리는 이십대에 벌써 성공한 스타트업 청년 사업가들과 어린 시절부터 인기와 부를 축적한 아이돌의 이야기를 듣는다. 물론 그들이 이룬 성과가 하루아침에 이루어진 게 아니라는 걸 알고 있고, 그들의 노력에 진심으로 박수를 보낸다. 그러나 박수를 치는 스스로의 모습을 바라보면, 한없이 초라해진다. 나 또한 이러한 감정들을 겪고 이런저런 경험을 하고 난 뒤, 이렇게 결론을 내렸다.

'결국 뭐, 다 내가 부족한 탓이지.'

자존감이 중요하다는 말을 끊임없이 듣고 미디어와 SNS 속 행복하고 성공적인 삶을 사는 이들의 모습을 보면서 사람들은 좌절한다. 그러다 또 금세 "자존감을 높여서 나도 저들처럼 되겠어!"라고 굳게 다짐하기를 반복한다. 나 역시 그랬다. 그런데 우리가 정말 '자아'와 '자존감' 열풍에 관해서 잘 알고 있는 걸까? 자아와 자존감은 공기 중을 떠돌며 마치 현대의 신화가 된 것만 같다. 그렇다면 도대체 자아와 자존감의 신화는 어떻게 시작된 걸까? 나는 그것이 궁금했다.

그러던 어느 날, 아주 가까운 사람에게서 이 책을 선물 받게 되었다. 외국의 한 서점에서 열린 저자와의 만남에서 직접 저자를 만나고 온

터라 책의 속표지에는 저자의 서명이 담겨 있었다. 사실 이 책을 선물 받고 꽤 오랫동안 읽지 않고 두었다. 그리고 시간이 흘러 앞서 이야기한 불행한 감정과 자아의 신화에 대한 궁금증이 깊어져갈 때쯤, 이 책을 떠올리고 바로 읽기 시작했다. 내가 궁금한 건 세 가지였다. 첫째, 도대체 자아가 무엇이길래 우리가 이토록 집착하는가. 둘째, 자아와 자존감이 행복의 열쇠인 줄 알았건만 우리는 왜 여전히 불행한가. 마지막으로, 자존감을 높이고 행복해지고 싶은데 그러려면 내가 어떻게 해야 될까. 과연 노력하면 되는 문제일까?

"어떻게 우리 사회는 자아에 이토록 사로잡히게 되었을까?"라는 질문에서 출발하여 이 책은 자아 탐구의 여정을 펼쳐나간다. '자아'에 대한 조사가 선행되고 이어서 우리가 살아가는 환경인 '문화'를 살펴보는 식이다. (그리고 독자들은 이 둘이 결코 다르지 않음을 알게 될 것이다.) 그리하여 우리는 이 책의 처음에서 현 인류 태초의 조상인 유인원을 만난다. 오늘날 우리 모습과 별로 다르지 않은 유인원의 모습에 놀라고 있을 새도 없이, 저자는 다양한 사람과 자아를 독자의 눈앞에 가져다놓는다. 우리는 그렇게 고대 그리스인에서 시작해 고대 철학자, 동양의 유학자들까지 그들이 어떤 사람이었는가를 살핀다. 또한 저자는 자아의 탐구를 위한 여정에 도움이 될 만한 매우 흥미로운 사람들을 직접 만나고 그들과 나눈 이야기를 책에 담았다. 저자가 만난 셀카 중독인 이십대 여성은 오늘날 이 자아의 시대를 그대로 흡수해 '나르시시즘의 전형'을 보여준다. 또 한때 런던에서 주먹깨나 쓰던 전직 불량배의 이야기는 자아가 한 사람의 인생을 어떤 식으로 이끌어가고 바꿀 수 있는지를 보여준다. 저자의 잠입 취재는 계속된다. 수도원에 들어가 수도승들을 만나기도 하고, 캘리포니아로 날아가 자존감 열풍을 불러일으킨 주

범인 에설런 연구소의 프로그램에 직접 참여해 그 실체를 낱낱이 파헤치기도 한다. 한편 기술과 혁신의 아이콘이자 성공한 사람들이 모여 있는 실리콘밸리의 자아는 어떨까?

이 길고 흥미진진한 여정의 끝에, 우리는 부풀려진 자아와 자존감 신화의 민낯을 마주하게 된다. 막바지에 이르러 자존감 신화의 민낯을 들추고 나면, 당장 자존감을 높일 수는 없을지라도, 그래서 허무한 생각이 들더라도 아마 조금이나마 마음이 편해지고 안심하게 되지 않을까 싶다. 내가 이 책을 우리말로 옮기면서 독자들이 이 긴 자아 탐구의 여정에 꼭 끝까지 함께하기를 간절히 바란 이유다.

월 스토는 자존감 신화의 전말을 폭로하면서 우리에게 새로운 시각을 제시한다. 우리 문화는 끊임없이 영웅적이고 이상적인 인간상을, 다시 말해 성공한 사람, 유명한 사람을 이상적인 모델로 제시한다. 하지만 우리는 '우리'일 뿐이다. 우리는 영웅이 아니다. 나는 이상과 현실의 괴리에서 오는 좌절감과 우울감으로 힘들어하는 우리 시대의 많은 젊은이가 문화가 만들어낸 기준에 얽매이지 말고 문화가 제시하는 허상을 깨치고 나오기를 바란다. 누군가가 되기를 바라기보다 먼저 '나' 자신이 되기를, 내 모습을 있는 그대로 받아들이기를 바란다. 물론 2500년 전부터 지금까지 전해져 내려오는, 우리를 둘러싸고 있는 문화를 하루아침에 바꾸기란 쉽지 않을 것이다. 그렇지만 무엇보다 삶의 행복과 안정은 문화가 제시하는 이상적인 모델에 가까워짐으로써 얻어지는 것이 아니다.

나는 이 책을 통해 앞서 밝힌 세 가지의 궁금증을 해결할 수 있었다. 가장 중요한 건 마지막 질문, '자존감은 노력하면 되는 문제인가'에 대해 내가 찾은 정답은 노력의 문제가 아니라는 것이다. 그 전에 문화가 제시하는 허상을 깨치고 먼저 '나'를 받아들이는 것이 행복과 건강한 삶의 열쇠라는 것이다. (물론 그렇다고 이 모든 것을 회의적인 운명론으로 받아들이는 것은 아니다.) 저자의 철저하고 심도 있는 조사도 놀라웠지만, 이 자아 탐구 여정의 마지막에 이르러 머리를 한 대 맞은 듯한 충격으로 다가온 이 궁극적인 메시지가 나로 하여금 꼭 이 책을 번역해야겠다는 결심을 하게 했다.

"그래, 이게 나인걸."

내 모습이 이상과는 다소 거리가 멀어 보이더라도, 오늘날의 신자유주의적 경쟁 세계에 나라는 사람이 적합하지 않아 보이더라도 너무 슬퍼하고 우울해하지 말기를, 불지도 않는 바람에 휘청이지 않기를 바란다. 이상은 결국 허구일 뿐, 당신은 이 세상 그 무엇보다 진실한 존재니까.

찾아보기

셀피

1판 1쇄 2021년 9월 30일
1판 3쇄 2024년 9월 4일

지은이 윌 스토
옮긴이 이현경
펴낸이 강성민
편집장 이은혜
마케팅 정민호 박치우 한민아 이민경 박진희 정유선 황승현
브랜딩 함유지 함근아 박민재 김희숙 이송이 박다솔 조다현 정승민 배진성
제작 강신은 김동욱 이순호

펴낸곳 (주)글항아리 **출판등록** 2009년 1월 19일 제406-2009-000002호
주소 10881 경기도 파주시 심학산로 10 3층
전자우편 bookpot@hanmail.net
전화번호 031-955-2689(마케팅) 031-941-5158(편집부)

ISBN 978-89-6735-960-7 03300

www.geulhangari.com